Norbert Vogel, Michael Krämer (Hg.)

Perspektiven katholischer Erwachsenenbildung im gesellschaftlichen Kontext

34 EB Buch

© W. Bertelsmann Verlag GmbH & Co. KG
Bielefeld 2013

Gesamtherstellung:
W. Bertelsmann Verlag, Bielefeld
wbv.de

Umschlagabbildungen:
keb DRS Imagefilm

Bestellnummer: 6004356
ISBN Print: 978-3-7639-5245-8
ISBN E-Book: 978-3-7639-5246-5
Printed in Germany

Das Werk einschließlich seiner Teile ist urheberrechtlich geschützt. Jede Verwertung außerhalb der engen Grenzen des Urheberrechtsgesetzes ist ohne Zustimmung des Verlags unzulässig und strafbar. Insbesondere darf kein Teil dieses Werkes ohne vorherige schriftliche Genehmigung des Verlages in irgendeiner Form (unter Verwendung elektronischer Systeme oder als Ausdruck, Fotokopie oder unter Nutzung eines anderen Vervielfältigungsverfahrens) über den persönlichen Gebrauch hinaus verarbeitet, vervielfältigt oder verbreitet werden.

Für alle in diesem Werk verwendeten Warennamen sowie Firmen- und Markenbezeichnungen können Schutzrechte bestehen, auch wenn diese nicht als solche gekennzeichnet sind. Deren Verwendung in diesem Werk berechtigt nicht zu der Annahme, dass diese frei verfügbar seien.

Bibliografische Information der Deutschen Nationalbibliothek
Die Deutsche Nationalbibliothek verzeichnet diese Publikation in der Deutschen Nationalbibliografie; detaillierte bibliografische Daten sind im Internet über http://dnb.d-nb.de abrufbar.

Inhalt

Vorwort 7

Einleitung 9

Teil 1 Wissenschaftsbezogene und/oder konzeptionelle Perspektiven

Erwachsenenpädagogische Perspektiven der katholischen Erwachsenenbildung im gesellschaftlichen Kontext
Norbert Vogel 17

Lernen aus Videofällen – Darstellung eines Fortbildungskonzepts zur Professionalisierung des Kursleiterhandelns
Josef Schrader/Sabine Digel 63

Die ethische Bedeutung von Bildung
Hille Haker 75

Religiöse und interreligiöse Bildung im Erwachsenenalter
Friedrich Schweitzer 91

„Darum werden wir erst." (Ernst Bloch)
Michael Krämer 103

Rechenschaft über die christliche Hoffnung als sinnstiftender Auftrag konfessioneller Erwachsenenbildung
Joachim Drumm 123

Extra muros ecclesiae? Herkunft und Zukunft der Evangelischen Erwachsenenbildung
Helmut Dopffel 137

Volkshochschule im Spiegel Kirchlicher Erwachsenenbildung
Hermann Huba 159

„Tüchtigkeit" und „Herzensbildung"
Clemens Dietz 165

Geistes Gegenwart
Michael Krämer 171

„Kommt und seht ..." – Kirchenführung als Vorschule zur Glaubensästhetik
Christoph Schmitt 193

Mut zur Malgemeinschaft in der kulturellen Bildung!
Emanuel Gebauer 205

Kirche und Gesellschaft
Michael Krämer 219

Teil 2 Praxisbezogene Perspektiven

Bausteine zu einer interkulturellen Elternbildung
Wilfred Nann 231

Wie in einem Spiegel – Interkulturelle Filmgespräche führen
Ludger Bradenbrink 243

Zwischen „Digitaler Demenz" und „digitaler Relevanz" – Herausforderungen der Mediatisierung für die Katholische Erwachsenenbildung
Christian Kindler 249

Vom Suchen und Finden – Perspektivische Überlegungen zur Lernbegleitung
Paul Schlegl 257

Perspektiven der Frauenbildung
Elisabeth Baur/Barbara Schwarz-Sterra 265

Sorge dich nicht und werde alt
Anna Jäger 271

Männerarbeit – ein gutes Stück katholischer Erwachsenenbildung
Tilman Kugler 283

Perspektiven für die Familienbildung in kirchlicher Trägerschaft
Mechtild Alber 289

Erwachsenenbildung und Inklusion
Lothar Plachetka 299

Innehalten – Anmerkungen zum Qualitätsmanagement in der keb
Dorothee Kluth 309

Im Blick der Anderen – die Anderen im Blick
Dorothee Kluth 321

Vorwort

GABRIELE PENNEKAMP

Die Katholische Erwachsenenbildung Diözese-Rottenburg-Stuttgart e. V. (keb DRS) kann 2013 auf ihr 40-jähriges Bestehen zurückblicken. Als Dachorganisation steht sie für die offene katholische Erwachsenenbildung in Württemberg, deren Aktivitäten sie nach innen koordiniert und nach außen repräsentiert. Sie tut dies in Kooperation mit 24 eigenständigen Bildungswerken auf Kreisebene bzw. kreisfreien Städten, mit unterschiedlichen bildungsaffinen Verbänden sowie diözesanen Kirchenorganen, wodurch auch die Ressourcen von diözesanen Fachstellen wie Eltern und Familie einbezogen werden. Mit der 2009 vollzogenen Neubenennung der Dachorganisation in keb DRS wurde Katholische Erwachsenenbildung als Dachmarke für die vielfältigen offenen Erwachsenenbildungsaktivitäten der Bildungswerke, Verbände und Diözesanstellen etabliert.

Funktion der als Verein bürgerlichen Rechts firmierenden Dachorganisation ist neben der Administration und Verteilung der Landes- und Diözesanmittel die Übernahme von Aufgaben, welche die Möglichkeiten der Einzelorganisationen übersteigen. Dazu gehören insbesondere Personal- und Organisationsentwicklung, Marketing, Qualitätsmanagement sowie die Konzeptionsentwicklung der offenen Erwachsenenbildung in der Diözese Rottenburg-Stuttgart.

Um konzeptionelle und organisationale Impulse geht es auch in diesem Band. Als Autoren wurden Wissenschaftler unterschiedlicher Fachrichtungen sowie Bildungspraktiker mit unterschiedlichem Erfahrungshintergrund angefragt. Aufgezeigt werden sollten Perspektiven katholischer bzw. konfessioneller Erwachsenenbildung mit dem Ziel, deren Gegenwart und Zukunft im gesellschaftlichen Kontext auszuleuchten und Handlungsperspektiven aufzuzeigen. Herausgekommen sind vielfältige Anregungen und Impulse in konzeptioneller wie bildungspraktischer Hinsicht, die je auf ihre Weise aufzeigen, welchen Beitrag konfessionelle Erwachsenenbildung im Dienst der Gesellschaft leistet bzw. welche Potentiale noch weiter auszubauen sind. Wenn dieser Band zugleich werte-bezogene Akzente zum Fachdiskurs in der Erwachsenen- und Weiterbildung setzen könnte, hätten sich unsere Erwartungen erfüllt.

Dieser Band verdankt seine Entstehung der Kooperation und dem Engagement vieler Menschen.

Ein besonderer Dank gilt Herrn Professor Dr. Vogel sowie Herrn Dr. Krämer und Frau Dorothee Kluth und allen Autorinnen und Autoren, die zum Gelingen dieses Projektes beigetragen haben.

Nicht zuletzt sei den Herausgebern der KBE-Reihe „eb-Buch" für die Aufnahme in dieser Reihe gedankt. Der Band hat damit das Forum erhalten, das Wissenschaft wie Praxis gleichermaßen anzusprechen vermag. Wir erhoffen uns damit einen Diskurs, der Theorie wie Praxis der (konfessionellen) Erwachsenenbildung beleben und befruchten kann.

Gabriele Pennekamp, Vorsitzende keb DRS

Einleitung

Norbert Vogel / Michael Krämer

Konfessionelle Erwachsenenbildung gehört seit den Anfängen moderner Erwachsenenbildung zu deren wesentlichen Elementen und ist heute neben den Volkshochschulen der wichtigste Trägerbereich öffentlich geförderter Erwachsenenbildung in Deutschland. Diese Kontinuität, die zugleich als Erfolgsgeschichte gewertet werden kann, darf jedoch nicht darüber hinwegtäuschen, dass konfessionelle und mit ihr katholische Erwachsenenbildung in einer zunehmend säkularen Gesellschaft vor neuen Herausforderungen steht. So ist unverkennbar, dass Institutionen kirchlicher Träger- bzw. Mitträgerschaft zunehmendem Legitimationsbedarf ausgesetzt sind. Zudem ist zu klären, in welcher Weise sich das Nachfrageverhalten der Adressat/-innen verändert hat und weiter verändern wird. Dies gilt in thematischer Hinsicht, wo zu fragen ist, inwieweit keb in genuiner Weise wertebezogene Themen (be)setzen kann, die von anderen Bereichen der Erwachsenenbildung nicht oder nur partiell vertreten werden. Dies gilt auch mit Blick auf die Organisationsformen. Hier ist insbesondere zu fragen, auf welche Weise erfolgreich praktizierte kooperative Formen der Zielgruppenarbeit durch neue beratungsbezogene individuelle Lernsettings zu ergänzen sind.

Insgesamt wird es für die keb darauf ankommen, den gesellschaftlichen Kontext ihrer Bildungsarbeit in konzeptioneller wie bildungspraktischer Hinsicht im Blick zu behalten und einer permanenten Reflexion zu unterziehen. Zugleich wird es darum gehen, nicht allein auf gesellschaftliche Trends zu reagieren, sondern auch gesellschaftliche Entwicklung und die ihr innewohnenden Dynamiken selbst zu thematisieren und kritisch zu reflektieren. Dazu gehört auch, dass Werteprämissen und wertebezogene Zugänge nicht nur dem gesellschaftlichen Diskurs zugeführt, sondern auch, dass die eigenen Werteimplikationen öffentlicher kritischer Reflexion verfügbar gemacht werden.

Dieser Band soll das vielfältige konzeptionelle wie praktische Spektrum der keb im Kontext pluraler Erwachsenenbildung in den Blick nehmen und zugleich deren Entwicklungspotentiale markieren. Dazu werden verschiedene Perspektiven aufgezeigt: Neben Wissenschaftler/-innen, die theoretische und konzeptionelle Überlegungen aus Sicht verschiedener Wissenschaftsdisziplinen entfalten, werden professionelle Akteure bildungspraktische wie konzeptionelle Perspektiven auf der Grundlage ihrer Bildungspraxis und Milieukenntnis formulieren. Da sich keb als konfessionelle Erwachsenenbildung im Rahmen öffentlich geförderter Erwachsenen- und Weiterbildung verankert sieht, sind auch die Evangelische Erwachsenenbildung sowie der Landesverband der Volkshochschulen in Baden-Württemberg mit ihren jeweiligen Perspektiven vertreten.

Entsprechend der Logik des Bandes werden die insgesamt 24 Beiträge zwei Teilen zugeordnet: Im ersten Teil finden sich Beiträge, die sich auf wissenschaftsbezogene und/oder konzeptionelle Perspektiven fokussieren. Im zweiten Teil sind Beiträge platziert, die vorwiegend praxisbezogene Perspektiven thematisieren. Beginnend mit dem ersten Teil, sollen die Beiträge nachfolgend kurz umrissen und eingeordnet werden.

Erwachsenenpädagogischer Kern des Bandes ist der Beitrag von **Norbert Vogel**. Darin wird transparent gemacht, welche genuine Bildungsdienstleistung keb für die Gesellschaft erbringt bzw. erbringen kann. Zugleich werden erwachsenenpädagogische Theorie- und Empiriebefunde aufgezeigt, um Akteure der keb dabei zu unterstützen, ihre spezifische Rolle bei der Gewährleistung professioneller Lehr-/Lern- bzw. Bildungsprozesse in ihrem ureigenen Segment öffentlich verantworteter Erwachsenenbildung zu reflektieren und weiterzuentwickeln. Auf diese Weise wird einer theologischen Begründung von keb eine erwachsenenpädagogische Legitimationsgrundlage im Rahmen pluraler Erwachsenen- und Weiterbildung zur Seite gestellt.

Wird in diesem Zusammenhang bereits generell die Bedeutung erwachsenenpädagogischer Professionalität für qualitätsvolles Handeln in der keb herausgearbeitet, so wird dies im Beitrag von **Josef Schrader** und **Sabine Digel** in spezifischer Weise mit Blick auf die Gruppe der Kursleitenden akzentuiert. Darin wird vor dem Hintergrund eines in Kooperation mit der Katholischen Bundesarbeitsgemeinschaft für Erwachsenenbildung realisierten Forschungsprojekts zur Entwicklung eines Online-Fall-Laboratoriums aufgezeigt, welche Möglichkeiten Videofallarbeit im Rahmen örtlich wie zeitlich flexibler Aus- und Weiterbildungsmaßnahmen für die Professionalitätsentwicklung von Kursleitenden bietet.

Aus philosophischer Sicht legt **Hille Haker** dar, welchen Beitrag (Erwachsenen-)Bildung in der Moderne und hier insbesondere in demokratischer, sozialer und sozioökonomischer Hinsicht leistet. Mit Blick auf die christlich-ethische Bedeutung der Bildung wird keb die Aufgabe zugewiesen, Menschen zur Partizipation an gesellschaftlichen, ökonomischen, kulturellen und politischen Entscheidungsprozessen zu befähigen.

Die hierbei anklingende theologische Dimension von Bildung und die daraus resultierende Verantwortung konfessioneller Erwachsenenbildung ist Gegenstand des Beitrags von **Friedrich Schweitzer**, der aus religionspädagogischer Perspektive Aufgaben der Evangelischen Erwachsenenbildung in Bezug auf Individuum, Kirche und Gesellschaft in einem bildungstheoretischen Horizont aufzeigt. Besonderes Augenmerk gilt hierbei der Formulierung von interreligiösen Bildungsaufgaben, wie sie in einer multikulturellen und multireligiösen Gesellschaft zunehmend an Bedeutung gewinnen.

Braucht Katholische Erwachsenenbildung eine theologische Begründung? Dieser Frage geht **Michael Krämer** nach und macht deutlich, dass eine theologische Begründung dann sinnvoll und notwendig ist, wenn sie Auswirkungen hat auf die Themen und Zielgruppen-Ansprache und auf die methodische Gestaltung von Erwachsenenbildung.

Joachim Drumm verweist im Zusammenhang theologischer Hintergründe auf das Spezifikum der Hoffnung. Vor dem Hintergrund des Paradigmas der Transformationsgesellschaft zeigt er, in welcher Weise die urchristliche Aufforderung zur Rechenschaft über „Unsere Hoffnung" für die keb perspektivenwirkend sein kann.

Am kirchlichen Bildungsauftrag setzt **Helmut Dopffel** an, wenn er aus Sicht der evangelischen Landeskirche den Beitrag evangelischer Erwachsenenbildung nach innen und außen umreißt und hierbei von Angleichungstendenzen innerkirchlicher und gesellschaftlicher Erwartungen ausgeht. Neben einem Plädoyer für einen theologisch begründeten Bildungsbegriff steht das Postulat der Bildungsgerechtigkeit.

Hermann Huba zeigt aus Volkshochschulsicht auf, welche Gemeinsamkeiten und Differenzen sich zur konfessionellen Erwachsenenbildung ergeben. Er votiert mit Blick auf Strukturfragen und Öffentlichkeitsarbeit im Rahmen öffentlich geförderter Erwachsenenbildung für jeweils klare Positionierungen. Zugleich sieht er angesichts allgemeiner Ökonomisierungstendenzen in der Bildungsarbeit die gemeinsame Aufgabe, die Frage nach dem Spannungsverhältnis von Anpassung und Widerstand in der Erwachsenenbildung wieder neu zu stellen.

Vor dem Hintergrund des Bildungsverständnisses von Adolph Kolping akzentuiert **Clemens Dietz** die Bildungsarbeit des Kolpingwerks als Beitrag, Menschen bei ihrer Lebens- und Berufsgestaltung aktiv zu unterstützen. Nicht minder wird aber auch die Aufgabe verbandlicher Bildungsarbeit betont, Menschen in ihrer Bereitschaft zu stärken, aus ihrem christlichen Grundverständnis heraus Verantwortung für freiwilliges, ehrenamtliches und bürgerschaftliches Engagement zu übernehmen.

Einen Schwerpunkt des Buches bilden die Veröffentlichungen zur kulturellen Bildung. Kulturelle Bildung ist hier weit gefasst verstanden als Öffnung der Tradition für Menschen heute. **Michael Krämer** zeigt in seiner Einführung (Geistes Gegenwart) die Notwendigkeit auf, die kulturellen Archive unserer Gesellschaft immer wieder neu zu erschließen. Er macht das deutlich am Beispiel der literarischen Bildung. **Christoph Schmitt** verfolgt einen ähnlichen Ansatz, wenn er für die Kirchen(Raum)Pädagogik die spirituelle Dimension einklagt, und **Emanuel Gebauer** zeigt, dass die Kirchen(Raum)Pädagogik ihre Ursprünge in der Museumspädagogik hat. Gleichzeitig liegt auch ihm am Herzen, Dimensionen zu eröffnen, in denen Menschen dann zu mehr kommen, als Erwachsenenbildung intendiert: Zu persönlichen Erfahrungen und Entscheidungen.

Michael Krämer verweist in seinem Artikel „Kirche und Gesellschaft" darauf, dass theologische und religiöse Bildung heute und angesichts einer sich zunehmend selbst vergessenden Gesellschaft die Aufgabe hat, ebenfalls kulturelle Archive des Christentums zu erschließen und Menschen an die Schwelle eigener Entscheidungen zu führen. **Wilfred Nann** und **Ludger Bradenbrink** berichten von einem interkulturellen Projekt, in dem die Dimension unterschiedlicher kultureller Hintergründe eine besondere Form der Arbeit notwendig macht. Es sind zwei Artikel mit hohem Praxiswert. Und schließlich macht **Christian Kindler** darauf aufmerksam, dass Kultur längst die üblichen Medien überschreitet und auch im www ihren Ort gefunden hat.

Paul Schlegl stellt aus Sicht eines Einrichtungsleiters perspektivische Überlegungen zur Lernbegleitung an. Vor dem Hintergrund von Wirkungen der Transformationsgesellschaft und anstehender Klärungsprozesse in Kirche und Erwachsenenbildung wird dargelegt, wie veränderten Erwartungen und Interessen mit neuen Organisationsformen begegnet werden kann. Im Anschluss an erwachsenenpädagogische Erkenntnisse geht es dabei um Unterstützungsprozesse in Form individueller (Lern-)Beratung, aber auch um Serviceleistungen, die Kirchen- wie politische Gemeinden oder einzelne Gruppen in ihrer Lernentwicklung zu fördern vermögen.

Mit dem Artikel von **Elisabeth Baur** und **Barbara Schwarz-Sterra** wird der Hinweis gegeben, dass auch im postfeministischen Zeitalter Veranstaltungen für Frauen als eigene Zielgruppe keineswegs überholt sind. Sie werden darin unterstützt von **Anna Jäger**, die in ihrem Text sehr deutlich macht, in welcher Weise gerade ältere

Frauen auf der Suche nach einer Begründung ihrer Lebensperspektive sind und wie sie gerade im Alter neue Entwicklungen für sich zu entdecken beginnen.

Tilman Kugler nimmt in diesem Kontext die Männerperspektive ein. Er fragt nach der Bedeutung der Männerbildung und macht darauf aufmerksam, dass Männer gesellschaftlich – insbesondere als Jungen – ins Hintertreffen zu geraten beginnen. Gleichzeitig zeigt er Perspektiven auf, wie dem zu begegnen ist.

Mechthild Alber weist exemplarisch auf die Bedeutung der Familienbildung hin, die im Rahmen der keb einen besonderen Platz einnimmt. Familie als eine Form auch zukünftigen Miteinanders zu verstehen und zu unterstützen und gleichzeitig die unterschiedlichen Familienformen zu respektieren, ist ihr Anliegen.

Lothar Plachetka berichtet über ein Inklusionsprojekt im Landkreis Friedrichshafen. Auf eine insgesamt inklusive Gesellschaft hin zu arbeiten ist ein Anliegen, das die kirchliche Erwachsenenbildung grundsätzlich verfolgt. Für die Katholische Erwachsenenbildung ist Inklusion eine mögliche pädagogische Umsetzung der „Option für die Armen".

Eine eigene Bedeutung haben die beiden Hinweise von **Dorothee Kluth**. Der Artikel über das Qualitätsmanagement hat gleichermaßen werbenden wie statuierenden Charakter. Er zeigt zum einen, auf welchem Stand die keb in der Diözese Rottenburg-Stuttgart in diesem Punkt ist und wirbt zugleich um eine Form von Zukunftsfähigkeit durch Qualitätsmanagement, ohne die die keb vermutlich nicht weiteragieren kann. Der Artikel über „Aufsuchende Weiterbildung" nimmt vorhandene Modelle auf und zeigt, welche Möglichkeiten sich hier bieten. Dabei geht sie insbesondere ein auf die demographische Entwicklung, wie sie auch neue Methoden für die Erwachsenenbildung angesichts der gegenwärtigen Forschung einfordert.

Es bleiben viele Fragen offen. Die politische Bildung fehlt in diesem Band ebenso wie beispielsweise ausdrückliche Anmerkungen zum Ehrenamt und zum bürgerschaftlichen Engagement.

Im Rahmen der einzelnen Texte wird aber deutlich, dass diese Momente durchaus im Blick sind und in der keb nicht vernachlässigt werden.

Und zum Schluss: Dieser Band ist ein Denkanstoß, eine Aufforderung, das eigene erwachsenenbildnerische Handeln immer wieder neu zu reflektieren. Mehr nicht. Weniger nicht.

Teil 1
Wissenschaftsbezogene und/oder konzeptionelle Perspektiven

Erwachsenenpädagogische Perspektiven der katholischen Erwachsenenbildung im gesellschaftlichen Kontext

Norbert Vogel

Einleitung

Katholische Erwachsenenbildung versteht sich als Teil öffentlich verantworteter Erwachsenenbildung und stellt sich mit ihrem offenen Angebot in den Dienst des einzelnen Menschen wie auch der gesamten Gesellschaft. Erwachsenenbildung sieht sich heute einem breiten Anforderungsspektrum gegenüber. Denn es gilt, individuellen Wünschen und Interessen ebenso zu entsprechen, wie auf soziale, politische, ökonomische und gesellschaftliche Anforderungen zu reagieren. Diese Gemengelage unterschiedlicher Ansprüche und Aufgabenzuweisungen stellt die katholische Erwachsenenbildung vor die besondere Herausforderung, ihre Arbeit in einen weiteren gesellschaftlichen Kontext zu stellen, ohne dass ihre dezidiert subjektbezogene Ausrichtung verloren geht. Angesichts dieses Spannungsfeldes stellt sich die Frage, in welcher Weise sich katholische Erwachsenenbildung im gesellschaftlichen Kontext selbst verortet, aber auch bei wissenschaftlicher Außenbetrachtung einordnen lässt.

In diesem Beitrag soll am Beispiel der katholischen Erwachsenenbildung in der Diözese Rottenburg-Stuttgart untersucht werden, inwieweit ihre Strukturen und Konzepte den Erfordernissen einer breit aufgestellten Erwachsenenbildung mit einem klar profilierten Dienstleistungsangebot entgegenkommen und welche noch nicht ausgeschöpften Potentiale auszumachen sind. Konkret soll dies einerseits anhand einer Analyse der Träger-, Institutionen- und Angebotsstruktur geschehen, die in den Rahmen erwachsenenpädagogischer Lehr-/Lernorganisation gestellt wird. Neben dieser bildungspraktischen Dimension soll andererseits auch die konzeptionelle Dimension erfasst werden. Dazu soll der Bildungsbegriff, dem eine besondere Affinität zur katholischen Erwachsenenbildung zugeschrieben wird, herangezogen werden. Hier wird zu prüfen sein, inwieweit neben dem personbezogenen Aspekt des Bildungskonzepts auch dessen gesellschaftliche Implikationen Berücksichtigung finden. Zudem wird zu fragen sein, inwieweit Potentiale für eine Professionalitätsentwicklung gegeben sind, die einer öffentlich verantworteten Erwachsenenbildung entsprechen. Schließlich soll bilanzierend aufgezeigt werden, welche Perspektiven sich für die katholische Erwachsenenbildung, die hier auch als Teil konfessioneller Erwachsenenbildung gesehen wird, im gesellschaftlichen Kontext ergeben. Mit Blick auf die Fokussierung der gesellschaftlichen Dimension wird davon ausgegangen, dass die katholische Erwachsenenbildung aufgrund ihrer wertebezogenen Ausrichtung eigene Impulse für die Entwicklung einer werte-bewussteren Gesellschaft zu leisten vermag.

Dieser Beitrag richtet sich einerseits nach außen. So soll auf der Grundlage erwachsenenpädagogischer Systematisierung und Verortung aufgezeigt werden, welche Ressourcen katholische Erwachsenenbildung in ihrem Dienst an der Gesellschaft einbringen kann, aber auch, welche Potentiale noch weiterzuentwickeln sind. Andererseits wendet sich dieser Beitrag auch nach innen. Hier geht es aus erwachsenenpädagogischer Sicht darum, allen beteiligten Akteuren eine Möglichkeit zu bieten, ihre Rolle bei der Gewährleistung erwachsenengemäßer Lehr-/Lern- bzw. Bildungsprozesse in einem ureigenen Segment öffentlich verantworteter Erwachsenenbildung zu reflektieren und zu entwickeln. Die Bereitstellung relevanten erwachsenenpädagogischen Wissens soll dazu verhelfen, die eigene Arbeit vor dem Hintergrund lehr-/lerntheoretischer Grundlagen zu verorten und konstruktive Möglichkeiten zu deren Weiterentwicklung aufzunehmen. Mit anderen Worten: Es wird aufzuzeigen sein, dass die Zukunftsfähigkeit der katholischen Erwachsenenbildung in hohem Maße davon abhängen wird, inwieweit es ihr gelingt, relevantes erwachsenenpädagogisches Theorie- und Empiriewissen zur Lehr-/Lernorganisation Erwachsener mit ihren eigenen Prämissen zu verbinden und ein klar konturiertes Profil im Rahmen pluraler Erwachsenen- und Weiterbildung zu entwickeln.

Für diese exemplarische Analyse, in die auch empirische Befunde und bildungspolitische Dokumente einbezogen werden, wird ein erwachsenenpädagogischer Bezugsrahmen gewählt. Dies lässt sich damit begründen, dass es um die Organisation von Lehr-/Lernprozessen für Erwachsene geht, für welche die Erwachsenenpädagogik als maßgebliche Bezugswissenschaft das entsprechende Theorie- und Empiriewissen bereithält. Dies gilt jenseits träger- und institutionenspezifischer Gegebenheiten und betrifft die mikro- wie makrodidaktische Ebene erwachsenenbildnerischen Handelns ebenso wie die Integration programmplanerischer Entscheidungen in ein professionell verantwortetes Weiterbildungsmanagement. Im

Sinne einer mikrologisch angelegten Betrachtung gelten die getroffenen Aussagen zunächst für die katholische Erwachsenenbildung in der Diözese Rottenburg-Stuttgart. Dabei wird aber unterstellt, dass sich aus der Betrachtung der regionalen Situation durchaus Hinweise für eine Gesamteinschätzung ergeben können.

1 Strukturelle Verortung

Wie sich die katholische Erwachsenenbildung (keb) in der pluralen Weiterbildungslandschaft legitimiert, lässt sich historisch wie gesellschafts- bzw. demokratietheoretisch begründen. So wird in der Historiographie der Erwachsenenbildung/Weiterbildung (EB/WB) darauf verwiesen, dass Einzelpersonen und Gruppierungen im katholischen Umfeld oder die katholische Kirche spätestens seit Beginn des 19. Jahrhunderts Lern- bzw. Bildungsdefizite Erwachsener aufgegriffen und eigene Wege angeboten haben. Neben dieser historischen Legitimation sichern gesellschafts- bzw. demokratietheoretische Begründungen der keb einen eigenständigen Platz im Feld der plural verfassten EB/WB in Deutschland, indem davon ausgegangen wird, dass relevante gesellschaftliche Gruppierungen einen legitimen Anspruch darauf haben, sich in die Gesellschaft mit eigenen Lern- bzw. Bildungsangeboten einzubringen (vgl. Wirth, 1978, S. 391).

Konkret spiegelt sich die Präsenz der konfessionellen EB auch in der Teilnahmestatistik wider. So ist dem ‚Integrierten Gesamtbericht zur Weiterbildungssituation in Deutschland' aus dem Jahre 2006 zu entnehmen, dass EB in katholischer wie evangelischer Trägerschaft im Jahre 2003 mit 5 % aller Teilnahmefälle in der allgemeinen Erwachsenenbildung nach den Volkshochschulen (26 %), privaten Instituten (13 %), Verbänden (nicht Berufsverbänden) (9 %), Arbeitgebern/Betrieben (8 %) auf gleicher Höhe mit den nicht-kirchlichen Wohlfahrtsverbänden an fünfter Stelle steht (vgl. Bundesministerium für Bildung und Forschung, 2006, S. 287). In der öffentlich geförderten Erwachsenenbildung rangiert die konfessionelle EB nach den Volkshochschulen bundesweit an zweiter Stelle. Nimmt man noch regionale Besonderheiten hinzu (vgl. ebd., S. 294), zeigt sich, dass in Baden-Württemberg im Jahre 2003 nach den kommunalen Trägern (74 %) gut ein Viertel des öffentlich geförderten Unterrichtsvolumens auf kirchliche Träger entfällt (26 %). Damit hat sich konfessionelle EB in Baden-Württemberg als bedeutsamer Anbieter in der öffentlich geförderten Erwachsenenbildung etabliert.

Jenseits dieser legitimatorischen Einordnung der keb, die auf Ansprüche wie auch auf daraus resultierende Anforderungen verweist, erhebt sich die Frage, wie sich die keb selbst darstellt, aber auch wie sie dargestellt wird. Gängige Ordnungsschemata erweisen sich durch eine teilweise diffuse oder gar missweisende Signalwirkung als nur partiell hilfreich, wenn es darum geht, das Bildungsangebot der keb in der pluralen Struktur der EB/WB zu verorten. Dies erscheint misslich, wenn zu klären ist, wie sich für organisiertes Erwachsenenlernen in einer pluralen Bildungslandschaft die nötige Transparenz für alle maßgeblichen Akteure – Adressaten und Teilnehmende, Auftraggeber, Mitarbeitende, Staat usw. – herstellen lässt. keb steht wie jegliche EB/WB vor der Aufgabe, die vielfältigen und zum Teil widersprüchlichen Lern- und Bildungsanforderungen zur Passung zu bringen und auf der Grundlage professionell verantworteter makro- wie mikrodidaktischer Entscheidungen profilierte Lernsettings bereitzustellen. Wie sich dies mit Blick auf die Gestaltung von Träger-, Institutionen- und Angebotsstruktur darstellt und im Kontext eines erwachsenenpädagogisch fundierten Weiterbildungsmanagements verortet werden kann, soll im Folgenden nacheinander erörtert werden.

1.1 Trägerstruktur: Erwachsenenbildung in katholischer Trägerschaft

Bei einem Blick auf gängige Ordnungsschemata, die Auskunft darüber geben sollten, welche Antworten institutionalisierte Lernangebote angesichts der multiplen und komplexen Lernanforderungen erwarten lassen und wie der jeweilige Beitrag im gesamtgesellschaftlichen Kontext zu benennen ist, gelangt man hinsichtlich der hier fokussierten keb zu unterschiedlichen Erkenntnissen, aber nicht in jedem Fall zu befriedigenden Ergebnissen. Bei Unterscheidung nach „Institutionentypen", deren Angebot als „öffentlich", „partikular" oder „privat" verantwortet gilt (Faulstich & Zeuner, 2008, S. 184–185), lässt sich die keb als „partikular" den „Interessenorganisationen", genauer den „Konfessionen", zuordnen (ebd., S. 185). Abgesehen davon, dass nur ungenau zwischen Institutionen und Trägern differenziert wird und sich das Merkmal ‚Interesse' mit allen drei Institutionen- bzw. Trägertypen und nicht nur mit ‚partikularen' verbinden lässt, werden ‚öffentliche' Belange, die dem „Staat" zugerechnet werden, nur mit der Institution Volkshochschule verknüpft (ebd.).

Nur unzureichend wird hier abgebildet, dass die konfessionelle EB und mit ihr die keb als öffentlich geförderte EB ebenfalls in das Interessenfeld des Staates (Bund, Länder) eingebunden und insofern zu Recht der „öffentlich verantworteten WB" (Gnahs, 2010, S. 289) zuzurechnen ist. Gnahs verweist darauf, dass neben den Volkshochschulen auch konfessionell getragene Einrichtungen „im Regelfall in die staatliche Förderung über Ländergesetze einbezogen (sind) und damit staatlicher Weichenstellung und finanzieller Förderung (unterliegen)" (ebd). Unterstellt wird hierbei, dass „die Einrichtungen im öffentlichen Interesse handeln" (ebd.). Eben jener Interessensaspekt spielt auch bei Rohlmann (2001, S. 240 f.) wie bei Nuissl (2010, S. 224) eine Rolle, wenn sie öffentliche Verantwortung mit gesamtgesellschaftlichen Interessen und damit einhergehenden Aufgabensetzungen in Verbindung bringen.

Zieht man jedenfalls das Merkmal ‚Interesse' zur Diskrimination heran, um Träger/Institutionen der EB/WB aus der Außensicht einzuordnen, lässt sich zusammenfassend festhalten, dass sich für die konfessionelle EB im Zuge bildungspolitisch gewollter Setzungen spätestens seit den 1970er Jahren eine Verschiebung von partikularem Eigeninteresse hin zu öffentlichem Interesse ergeben hat. Dies ist insofern von Bedeutung, als damit verbundene finanzielle Alimentationen nicht unwiderruflich gelten, sondern einem ständigen Legitimationsbedarf unterliegen. Es wird deshalb angesichts dieser Legitimationsfragilität vermehrt darauf ankommen, das von außen zugeordnete Interesse konzeptionell wie bildungspraktisch unter Beweis zu stellen. Nicht unwesentlich hierbei dürfte sein, wie sich keb von innen in ihrer Trägerstruktur definiert und nach außen darstellt, ob also eher Partialinteresse – in diesem Falle der katholischen Kirche – oder Allgemeininteresse der Gesamtgesellschaft nahegelegt wird.

Ein Blick auf gewählte Begrifflichkeiten offenbart eine unterschiedliche Nähe. Während die Titulierung als ‚kirchliche Erwachsenenbildung' oder als ‚Erwachsenenbildung in kirchlicher Trägerschaft' die größte Affinität zur Kirche aufweist, signalisieren Begriffe wie ‚religiöse Erwachsenenbildung', oder ‚theologische Erwachsenenbildung' inhaltliche Schwerpunkte, die zunächst keinem bestimmten Träger zuzuordnen sind, aber dafür nur für Teilsegmente stehen. Die Begriffe ‚katholische Erwachsenenbildung', ‚evangelische Erwachsenenbildung', ‚christliche Erwachsenenbildung' oder ‚konfessionelle Erwachsenenbildung' verweisen auf die konfessionelle Ausrichtung von Erwachsenenbildung und damit auf spezifische Grundhaltungen und Wertbezüge, die mit Glaubensgemeinschaften verbunden werden. Wie viel Nähe oder Distanz zur Kirche sich dadurch ergibt, ist damit zunächst nicht benannt, sondern hängt vom Einzelfall und der jeweiligen rechtlichen Konstruktion ab.

Gerade mit Blick auf die Rechtskonstruktion zeigt sich, dass diese das Verhältnis zwischen Erwachsenenbildungseinrichtungen und Kirchen recht unterschiedlich definiert, also mehr oder weniger Nähe zur (Amts-)Kirche signalisiert. Dies soll am Beispiel der keb der Diözese Rottenburg-Stuttgart, die gebietsmäßig in etwa mit dem Landesteil Württemberg zusammenfällt, verdeutlicht werden. Wenn hierbei von Erwachsenenbildung in katholischer Trägerschaft die Rede ist, soll darauf abgehoben werden, dass es sich um eine in hohem Maße von Laienkatholik/-innen verantwortete Bildungsarbeit mit Erwachsenen handelt. Zu unterstreichen ist hierbei, dass diese von Verbänden und Vereinen wahrgenommen wird.

Bei historischer Einordnung der heutigen keb ist darauf zu verweisen, dass diese im Grunde an Errungenschaften der bürgerschaftlichen Revolution des 19. Jahrhunderts anknüpft, ‚katholische Vereine' auf Initiative von Gläubigen zu gründen. Als Spezifikum des deutschen Katholizismus dienten die vereinsmäßigen Assoziationen der Identitätsstiftung nach innen ebenso wie der Interessenvertretung nach außen: „Durch Bildungs- und Kursarbeit, die den Bereich religiöser Themen überschritt, übernahmen sie Aufgaben, die heute der Erwachsenenbildung zugewiesen werden" (Aschoff, 2008, S. 125).

Als es nach 1945 darum ging, die katholische EB als offenes Angebot zu konzipieren, ließ sich insofern auf eine bewährte Tradition der Institutionalisierung laiengetragener (Bildungs-)Arbeit zurückgreifen: „Denn die katholischen Vereine führten ihre Existenz nicht auf ein Handeln der kirchlichen Autorität zurück, sondern sind aus freier Initiative von Gläubigen entstanden, also ohne Mitwirkung kirchlicher Autoritäten, und sie basierten in der Regel auf der Grundlage des bürgerlichen Vereinsrechts" (Zinkl, 2011, S. 5). Dies bedeutet, dass man sich nicht primär auf kirchliche Autoritäten berufen musste, sondern eigenständige Zielsetzungen definieren konnte (vgl. Zinkl, 2011, S. 5). Ein kirchlicher Verein ist – wie dies Zinkl allgemein in einem Arbeitspapier zum kirchlichen Vereinsrecht formuliert – „Teil der Kirche, er ist aber nicht schon Bestandteil der kirchlichen Verfassungsstruktur, sondern hat eigenen Stellenwert als besondere Form einer spezifischen Gemeinschafts- bzw. Vereinigungsstruktur innerhalb der Kirche" (Zinkl, 2011, S. 9).

Vergewissert man sich nun der konkreten Entstehungszusammenhänge der keb in der Diözese Rottenburg-Stuttgart, so zeigt sich, dass bei deren Institutionalisierung nach 1945 bis in die 1970er Jahre hinein neben einzelnen Kirchengemeinden und Akademie vor allem verbandliche Gruppen Initiativträger waren. Im Zuge des bildungspolitisch forcierten Ausbaus der EB und der damit einhergehenden Verrechtlichung der EB in Baden-Württemberg in den 1970er Jahren erfolgte eine Neustrukturierung, indem als Koordinierungsstelle für die sich neu konstituierenden Bildungswerke in den Landkreisen und in Stuttgart, aber auch der bereits bildungsaktiven Verbände, eine Dachorganisation geschaffen wurde. Konstituiert wurde diese als ‚Bildungswerk der Diözese Rottenburg-Stuttgart' am 02.02.1973 in Stuttgart. Als Rechtsform wurde wie für die Kreisbildungswerke der bürgerliche Verein gewählt (vgl. Gschwender, 1983, S. 26).

Erhard Gschwender, der im selben Jahr zum ersten Geschäftsführer des neu gegründeten diözesanen Bildungswerks bestellt wurde, begründete die dezidierte Entscheidung für die Vereinsform bürgerlichen Rechts mit der dadurch gebotenen Möglichkeit der Zusammenarbeit eigenständiger Mitglieder: „Bewusst wählte man die Rechtsform eines freien e.V., in dem die eigenständigen Mitglieder zusammenarbeiten könnten" (ebd., S. 29.). Zugleich hob er hervor, dass man in der Satzung „auf ein ausgeglichenes Verhältnis zwischen bestehenden Verbänden als den bisherigen Trägern der Erwachsenenbildung und neu hinzukommenden Kreisbildungswerken bedacht war" (ebd.). Außerdem verwies er auf die in der Satzung eingeräumte Möglichkeit der Mitgliedschaft aller mit Erwachsenenbildung befasster kirchlichen Stellen und Einrichtungen. Neben den genannten Argumenten sei erwähnt, dass die Entscheidung für die Rechtskonstruktion des bürgerlichen Vereins auch mit der Absicht verbunden war, eine vom Gesetzgeber gewollte klarere Unterscheidung zwischen rein innerkirchlichen Weiterbildungsveranstaltungen und offener Erwachsenenbildung treffen zu können.

An der hier umrissenen Ursprungskonstruktion hat sich bis heute prinzipiell nichts geändert. Verschoben hat sich lediglich die Gewichtsverteilung zwischen Verbänden und Bildungswerken. In der heutigen diözesanen Dachorganisation, die 2009 in ‚Katholische Erwachsenenbildung Diözese Rottenburg-Stuttgart e. V.' (keb DRS) umbenannt wurde, stellen denn auch die 24 Bildungswerke in den Kreisen und kreisfreien Städten sowie die 18 bildungsaffinen Verbände (einschl. der Arbeitsgemeinschaft katholischer Organisationen und Verbände) hinsichtlich der abrechnungsfähigen Unterrichtseinheiten die stärksten Kontingente. Aber auch nach vollzogener Namensänderung, die ‚katholische Erwachsenenbildung' gewissermaßen als Dachmarke für offene EB in der Diözese Rottenburg-Stuttgart etabliert, gilt: Die keb wird von relativ autonomen Vereinen und Verbänden organisiert. Die Verbände setzen im Rahmen ihrer spezifischen Hauptaufgaben eigene (Weiter-)Bildungsakzente, mit denen die jeweiligen Mitglieder, aber auch sonstige Interessenten erreicht werden sollen. Die Vorstände in den Bildungswerken auf Diözesanebene wie in der Fläche agieren auf der Grundlage selbständiger Vereine bürgerlichen Rechts relativ frei und sind – jenseits eng gefasster Eingriffsmöglichkeiten der Kirche bei Maßnahmen, „durch die Glaubensfragen und sittliche Fragen berührt werden", sowie bei Fragen der ordnungsgemäßen Mittelverwendung – gemäß Vereinssatzung nur der Mitgliederversammlung verantwortlich (vgl. Satzung keb Katholische Erwachsenenbildung Diözese Rottenburg-Stuttgart e. V., §14, Abs. 2 und 3).

Die relative Autonomie der keb in der Diözese Rottenburg-Stuttgart lässt sich auch daran ablesen, dass zwischen der diözesanen Dachorganisation und der Diözese Rottenburg-Stuttgart ein förmlicher Kooperationsvertrag geschlossen wurde. In diesem wird im Sinne eines kooperativen Verhältnisses klar geregelt, welche Aufgaben die beiden Kooperationspartner mit Blick auf die EB in der Diözese wahrnehmen. So wird festgelegt, dass die Dachorganisation satzungsgemäß „der Förderung und Vertretung der katholischen Erwachsenenbildung in der Diözese

Rottenburg-Stuttgart sowie der Koordination und Kooperation zwischen den Mitgliedern und mit anderen Trägern der Erwachsenenbildung (dient)" (§ 1, Abs. 1 der Kooperationsvereinbarung). Außerdem wird mit Blick auf die Förderungsfähigkeit der keb auf der Grundlage des Weiterbildungsgesetzes in Baden-Württemberg geregelt, dass die Dachorganisation „Aufgaben der offenen Erwachsenenbildung i. S. der staatlichen Förderung wahrnimmt und die Diözese ... für die Aufgaben der Erwachsenenbildung im übrigen zuständig ist" (§ 1, Abs. 2 der Kooperationsvereinbarung).

Ausgehend von der Frage, inwieweit die keb eher Partialinteressen einer Organisation oder dem öffentlichen Interesse verpflichtet ist, konnte am Beispiel der Trägerkonstruktion in der Diözese Rottenburg-Stuttgart deutlich gezeigt werden, dass sich die offene EB als integraler Bestandteil öffentlich verantworteter EB versteht. Und ebenso deutlich konnte dargelegt werden, dass die offene EB aufgrund ihrer relativen Autonomie, die mit Blick auf die Bildungswerke auch auf der Grundlage ehrenamtlicher Vorstände auf der Ebene der Dachorganisation wie in der Fläche gewährleistet wird, tragfähige Potentiale gegeben sind, nach außen zu wirken und sich mit ihrem eigenen Profil in die Landschaft pluraler Erwachsenenbildungsanbieter im Land – und zwar in der gesamten Fläche – einzubringen. EB in katholischer Trägerschaft hebt hier darauf ab, dass katholische Laien in Kooperation mit der (Amts-)Kirche Bildungsarbeit mit Erwachsenen als ureigene Aufgabe von engagierten Christinnen und Christen wahrnehmen und neben ihrer Lebenserfahrung ihre jeweiligen Kompetenzen in diese Arbeit einbringen. Insofern dürfte sich im Kern nichts an der Feststellung von Olbrich (2001, S. 66) geändert haben, wenn er aus historiographischer Sicht mit Blick auf die Anfänge der konfessionellen Erwachsenenbildung konstatiert: „Von ihrem Ursprung her war die konfessionelle Erwachsenenbildung in Deutschland weniger von der Amtskirche selbst getragen als von einzelnen Persönlichkeiten, die sehr stark von sozialem und christlichem Engagement geprägt waren".

1.2 Institutionenstruktur: Kooperativ angelegte Erwachsenenbildung

Mit Blick auf die kooperativ angelegte Trägerschaft der keb in der Diözese Rottenburg-Stuttgart war von einem – durchaus produktiven – Spannungsverhältnis zwischen verbandlichen bzw. vereinsmäßigen Organisationsstrukturen einerseits und (amts-) kirchlichen Organisationsstrukturen andererseits ausgegangen worden. Ein ähnliches Spannungsverhältnis lässt sich auch auf der Ebene der Institutionalisierung der keb in der Diözese Rottenburg-Stuttgart ausmachen. Insofern kann man in träger- und institutionenstruktureller Hinsicht von einem doppelten Spannungsverhältnis sprechen, das als produktives und innovatives Movens nach innen wie nach außen ausstrahlen kann.

Betrachtet man die Institutionalisierung der keb in der Diözese Rottenburg-Stuttgart genauer, zeigt sich, dass diese im Kern kooperativ angelegt ist. So wurde bereits aufgezeigt, dass deren Anfänge nach 1945 sehr stark von verbandlichen Initiativen, aber auch von der Entstehung von Bildungswerken geprägt waren. Bei den Verbänden machte EB in der Regel nicht die Hauptaufgabe aus, wurde aber als wichtige Aufgabe betrachtet. Bei den Bildungswerken indessen machte und macht EB die Hauptaufgabe aus, was als Antwort auf den sich abzeichnenden gesellschaftlichen Wandel und den politischen Gestaltungswillen verstanden werden kann. Ging es zunächst darum, EB aus katholischer Sicht einen sichtbaren Ausdruck zu geben, war spätestens im Zusammenhang mit der Verrechtlichung der EB/WB auf Landesebene, die der keb einen eigenständigen Platz in der öffentlich geförderten EB zuwies, deutlich geworden, dass zur Herauskristallisierung arbeitsfähiger wie transparenter Organisations- und Institutionsformen eine neue Institutionalisierungsebene vonnöten war, nämlich das ‚Bildungswerk der Diözese Rottenburg-Stuttgart e. V.'. Dieses firmiert seit 2009 als ‚keb Katholische Erwachsenenbildung Diözese Rottenburg-Stuttgart e. V. '.

Die kooperative Ausrichtung wurde hierbei im Grundsatz nicht verlassen. So ist satzungsgemäß festgelegt, dass sich der Verein als „der freie Zusammenschluss von katholischen Trägern der Erwachsenenbildung in der Diözese Rottenburg-Stuttgart" versteht (§ 2, Abs. 1 der gültigen Satzung). Im Sinne der öffentlichen wie bildungspolitischen Wahrnehmbarkeit nach außen ist dabei geregelt, dass „dieser Zusammenschluss der Förderung und Vertretung der offenen Erwachsenenbildung in der Diözese Rottenburg-Stuttgart sowie der Koordination und Kooperation zwischen den Mitgliedern und mit anderen Trägern der Erwachsenenbildung (dient)" (§ 2, Abs. 2 der gültigen Satzung). Stehen insofern kooperative und koordinierende Aufgaben nebeneinander, so zeigt sich Letzteres u. a. darin, dass dem Diözesanverbund neben der „Mittelbeschaffung und Mittelverteilung" insbesondere auch folgende Aufgaben obliegen: „Konzeption und Weiterentwicklung der Erwachsenenbildung in der Diözese Rottenburg-Stuttgart", die „Übernahme von Aufgaben, die die Möglichkeiten von einzelnen Mitgliedern übersteigen" sowie die „Vertretung der offenen Erwachsenenbildung in der Diözese Rottenburg Stuttgart a) gegenüber den zuständigen politischen Gremien, b) in der Landesarbeitsgemeinschaft für katholische Erwachsenenbildung Baden-Württemberg, c) in der kirchlichen Landesarbeitsgemeinschaft (Kilag)" sowie „gegenüber der Öffentlichkeit" (§ 3, Abs. 1,3,6,7,9 der gültigen Satzung).

Mit diesen satzungsmäßigen Vereinbarungen kommt klar zum Ausdruck, dass die Institutionalisierung der keb in der Diözese Rottenburg-Stuttgart auf einem vereinsrechtlich getragenen Kooperationsverhältnis zwischen verschiedenen Partnern basiert: Bildungswerken, die für die Bildungsarbeit auf Kreisebene zuständig sind und sich zur Bündelung mancher Aufgaben auch zu kreisübergreifenden Verbünden zusammengeschlossen haben; Verbänden, die neben ihren jeweiligen Hauptaufgaben auch Bildungsarbeit betreiben; diözesan verankerte Fachstellen, die u. a. auch in der EB tätig sind, sowie letztlich der Diözesanverbund, der als übergreifendes Kooperations- und Koordinierungsorgan der Konzeptionsentwicklung, Mittelverteilung und Interessenvertretung auch steuernde Aufgaben auf strategischer und operativer Ebene wahrnimmt.

Insgesamt wird deutlich, dass die keb DRS über Strukturen verfügt, die in ihrer Verankerung in Vereinen und Verbänden im näheren und weiteren Umfeld der Kirche gesamtgesellschaftliche Öffnungspotentiale bereithält. Dies trifft insbesondere auch für die Angebotsentwicklung zu, die auf der Ebene der Bildungswerke nicht nur auf die Mitwirkung kirchlicher Gemeinden und Gruppierungen setzt, sondern auch die Beteiligung weiterer Gruppen und Initiativen aus allen Bereichen der Gesellschaft ausdrücklich vorsieht. Darauf wird im Zusammenhang mit der nunmehr anstehenden Erörterung der Angebotsstruktur noch näher einzugehen sein.

1.3 Angebotsstruktur: Inhaltliche Breite mit Wertebezug

Jenseits der oben vorgenommenen träger- und institutionenstrukturellen Einordnung der EB in katholischen Trägerschaft, womit zunächst deren genuiner Platz in einer pluralen Weiterbildungslandschaft, aber auch deren relative Autonomie im kirchlichen Kontext legitimiert wird, ist nun zu fragen, in welcher Weise sich dieses Lern- bzw. Bildungsangebot inhaltlich profiliert und wie sich dessen Beitrag für die gesellschaftliche Entwicklung gegenwärtig gestaltet, aber auch künftig aussehen kann.

Vor diesem Hintergrund dürfte ein weiteres Ordnungsschema, welches das Lernangebot der EB/WB nach seiner vorwiegenden inhaltlichen Ausrichtung als allgemein, politisch oder beruflich klassifiziert (vgl. etwa Wittpoth, 2003, S. 109), mit Blick auf die keb nur eingeschränkt tauglich sein. Ein solches Klassifikationsschema scheint jedenfalls dann fraglich, wenn keb vorwiegend mit allgemeiner EB identifiziert wird und damit ihr möglicher Beitrag zur beruflichen oder politischen Weiterbildung aus dem Blick gerät. Nicht oder nur nachrangig gewürdigt würde hierbei nämlich, dass das Angebotsspektrum der keb für beruflich motiviertes Lernen in hohem Maße anschlussfähig ist, aber möglicherweise aus einem breiteren Grundverständnis erwächst, als dies betriebliches Lernen in aller Regel erbringen kann. Zudem dürften im Falle des einzelnen Lernsettings auch und gerade aus Sicht der Teilnehmenden weit mehr Verbindungslinien zwischen allgemeinem, beruflichem wie politischem Lernen aufscheinen, als dieses Ordnungsschema dies vermuten lässt. Insofern dürfte die Multidimensionalität, wie sie die seit langem erhobene Forderung nach Integration von allgemeiner, politischer und beruflicher EB beinhaltet (vgl. etwa Pflüger, 2010, S. 155–156.), hierbei ebenso wenig erfasst werden wie die Multiperspektivität und Multifunktionalität von Erwachsenenlernen.

Angesichts der bereits angesprochenen Wertethematik, aber auch mit Blick auf einen zweifellos höheren Aussagegehalt, bietet es sich an, auf ein wissenstheoretisches Klassifikationsschema zurückgreifen, das Erwachsenenlernen danach unterscheidet, ob es um die Vermittlung bzw. Aneignung von Handlungs-, Interaktions-, Identitäts- und Orientierungswissen geht (vgl. Schrader, 2003, S. 235 ff.). Dieser Zugang, Weiterbildungsanbieter „danach zu befragen, welches Wissen sie organisieren, lokalisieren, klassifizieren, kontrollieren, legitimieren und für Lern- und Aneignungsprozesse verfügbar halten" (ebd., S. 229), erscheint hier insofern relevant, als damit spezifische Angebotsprofile identifiziert und eingeordnet werden können. Während Schrader zufolge Identitätswissen auf „Fähigkeiten im Umgang mit der eigenen Person" zielt, geht es beim Orientierungswissen „um die Fähigkeit zum Verhalten in der Welt, um Fragen nach dem guten und richtigen Leben sowie nach Fundament und Sinn menschlicher Existenz, um Werte und Normen in einem weiteren Sinn und damit um Aushandlung, Engagement und Partizipation" (ebd., S. 244 f.). Jenseits der Frage, ob sich beide Wissensformen auch und gerade als bildungsrelevantes Wissen fassen lassen, wird eine hohe Affinität zum Angebotsspektrum der keb unverkennbar.

Dass das Leistungsangebot der keb über die Vermittlung von Identitäts- und Orientierungswissen hinaus auch Handlungswissen und Interaktionswissen zu umfassen vermag, legen Befunde aus einer empirischen Studie über die Programmstruktur in konfessioneller Trägerschaft von Heuer und Robak (2000) nahe, auf die nunmehr näher einzugehen sein wird. Trotz der Exemplarik und der damit einhergehenden Aussagenreichweite erscheint diese Untersuchung, die sich im Rahmen einer vergleichend angelegten Programmanalyse auf die Angebote von jeweils drei katholischen und evangelischen Weiterbildungseinrichtungen der Jahre 1986 und 1996 bezieht, hier insofern besonders relevant, als sie bis heute als eine der detailliertesten qualitativen empirischen Untersuchungen im Bereich der konfessionellen EB gelten kann. Heuer und Robak differenzieren in ihrer Programmanalyse nicht nur hinsichtlich der Fachsystematik, sondern auch nach „lebensweltlichen Schwerpunkten", indem erfasst wird, inwieweit „in den Programmangeboten auf Interessen, Wertorientierungen und Bewältigungsstrategien von Problemlagen eingegangen (wird)" (ebd., S. 119). Damit können Angebote registriert werden, in denen verschiedene Wissensformen kombiniert auftreten können. Mit diesem Zugang kann nicht nur der Programmplanungslogik in der Praxis der EB eher entsprochen, sondern auch der Multidimensionalität von Erwachsenenlernen stärker Rechnung getragen werden.

Folgt man zunächst der Fachsystematik, ermitteln Heuer und Robak (vgl. ebd., S. 124–125) mit Blick auf 1986 und 1996 bei den fünf am stärksten repräsentierten Fachgruppen (bei insgesamt 11), die als „profiltragend" definiert werden, für die keb folgende Rangplätze:

1. ‚Psychologie/Pädagogik/Philosophie/Theologie' (insgesamt 669), 2. ‚Kulturelle Bildung' (593), 3. ‚Gesundheit' (448), 4. ‚Gruppenorientierte soziale Bildung' (287), 5. ‚Politische Bildung ' (247). Da sich in der evangelischen EB – allerdings bei veränderter Reihenfolge auf den ersten fünf Plätzen – die gleichen Fachbereiche finden, schließen Heuer und Robak daraus (ebd., S. 127), „dass die kirchlichen Bildungsträger ähnliche Bildungsanliegen haben und insgesamt eine eigenständige Trägerart in der gesamten Trägerlandschaft der Bundesrepublik bilden".

Neben der hier erfassten Fachsystematik gehen die Autorinnen auch der Frage nach, inwieweit sich die unterschiedlichen Thematiken lebensweltlich einordnen lassen (vgl. S. 131–132). Dazu werden die Angebote drei lebensweltlichen Kategorien zugeordnet: Kategorie 1 fragt danach, inwieweit bestimmte Themenfelder dazu geeignet sind, die soziale Lebenswelt der Menschen abzustützen. So wird etwa davon ausgegangen, dass Angebote zur gruppenorientierten sozialen Bildung oder zum Erwerb von Schlüsselqualifikationen oder zur EDV-Grundbildung dazu beitragen können, veränderte Anforderungen der sozialen und beruflichen Lebenswelt zu bewältigen. Kategorie 2 fragt danach, inwieweit sich bestimmte Themenfelder dazu eignen, gesellschaftspolitische und persönliche Lage zu verbinden, um Handlungsorientierung zu finden. Hier wird unterstellt, dass hierzu Themenfelder etwa der Selbstfindung und Selbstbestimmung sowie die Fachgebiete Politische Bildung und Gesundheitsbildung einen Beitrag leisten können. Kategorie 3 fragt danach, inwieweit bestimmte Themenfelder es ermöglichen können, christlich-religiöse Bildung und bürgerliche Kultur in der Lebenswelt zu unterstützen. Es wird angenommen, dass hierzu Themenfelder wie Lebenshilfe und kulturelle Teilhabe sowie Fachgebiete wie Psychologie, Pädagogik, Theologie, Philosophie, aber auch kulturelle Bildung und Fremdsprachen einen Beitrag leisten können.

Legt man dieses Kategoriensystem zugrunde, zeigt sich, dass die beiden konfessionellen Anbieter mit 1050 Angeboten im Jahr 1996 ihre Hauptaufgabe in der Unterstützung der christlich-religiösen Bindung in einem bürgerlichen Kulturkontext sahen. An zweiter Stelle standen in der keb 585 Angebote dafür, die soziale Lebenswelt abzustützen, während an dritter Stelle 494 Angebote rangierten, die dazu beitragen sollen, gesellschaftspolitische und persönliche Lage zu verbinden, um Handlungsorientierung zu finden.

Aus dieser Studie lässt sich ein mehrfacher Ertrag ableiten: Konfessionelle EB leistet einen Beitrag zur Lebensweltgestaltung ihrer Teilnehmenden. Mit unterschiedlichen Schwerpunkten sollen die Teilnehmenden dabei unterstützt werden, sich in ihrer sozialen Lebenswelt auf der Basis christlicher und bürgerlicher Werte zurechtzufinden, aber auch als informierte und aufgeklärte Individuen auf der Basis ethischer und politischer Leitmotive selbstverantwortlich zu handeln. Mit Blick darauf erscheint eine Begrenzung des Bildungsangebots konfessioneller Träger auf religiöse und theologische Themen widersinnig. Ebenso fragwürdig erscheint eine oft vorgenommene Trennung der EB/WB in allgemeine, politische und berufliche Bildung. Nicht die fachsystematische Zuordnung eines Angebots von Seiten des Trägers entscheidet über den Verwendungszusammenhang des angeeigneten Lernangebots, sondern die von den Teilnehmenden ausgehende Suchbewegung und lebensweltliche Integrationsleistung.

Versucht man nun, einen aktuellen Bezug zur keb in der Diözese Rottenburg Stuttgart herzustellen, so deuten sich trotz der partiellen Unvergleichbarkeit der unterschiedlich kategorisierten Daten und der gewählten Bezugsgrößen gewisse Parallelen zu den Mitte der 1990er Jahren erhobenen Befunden an. Laut ‚keb Jahresbericht 2011–2012' (S. 14) ergeben sich folgende Schwerpunkte: An erster Stelle steht mit 31,8 % die Angebotsgruppe ‚Erziehungs- und Schulfragen, Pädagogik, Psychologie, Gruppendynamik, Eltern- und Familienbildung, Gerontologie'. Mit deutlichem Abstand folgt an zweiter Stelle die Angebotsgruppe ‚Gesundheit, Gymnastik, Körperpflege, Haushaltsführung' mit 20,0 %. Mit noch deutlicherem Abstand, aber ähnlich gewichtet, folgen dann an dritter Stelle die Angebotsgruppe ‚Philosophie, Theologie, Religion' (10,7 %) sowie auf Rang 4 die Fachgruppe ‚Literatur, Kunst, Kunstgeschichte, Musik, Massenmedien, Länder- und Heimatkunde, Dritte Welt' (10,0 %). Leicht dazu abfallend, ergeben sich für die Angebotsgruppen ‚Kreatives Gestalten, Freizeitaktivitäten' (8,7 %) und ‚Sprachen' (8,0 %) die Plätze 5 bzw. 6. Am unteren Rand liegen die Gruppen ‚Mathematik, Naturwissenschaften, Technik' (3,5 %), ‚Wirtschaft und kaufmännische Praxis' (3,0 %), ‚Zeitgeschehen, Politik, Geschichte' (2,8 %) und ‚Soziologie, Wirtschaft, Recht, Diakonie' (1,3 %).

Bei aller gebotenen Vorsicht hinsichtlich einer vergleichenden Bewertung der Ergebnisse von 1996 und 2011, lassen sich doch gewisse Trends feststellen: So scheint sich die von Heuer und Robak (2000, S. 139) konstatierte „Tendenz zu größerer Vielfalt im Angebotsspektrum" weiter zu verstetigen. Zugleich zeigt sich, dass allein eine fachsystematische Kategorisierung der Angebote nur bedingt Aussagen zur Profilbildung eines Trägers zulässt. Denn wenn man allein diese im Falle der keb in der Diözese Rottenburg-Stuttgart anlegte, könnte man angesichts einer Platzierung der Fachgruppe ‚Philosophie, Theologie, Religion' auf dem – hinter den ersten beiden Rängen – deutlich abfallenden dritten Platz möglicherweise schlussfolgern, die keb akzentuiere diese Angebotsgruppe zu wenig zur eigenen Profilbildung. Abgesehen davon, dass eine angebotsorientierte Programmplanungsstrategie immer auch eine Antizipation von Adressatenerwartungen enthält (vgl. Schlutz, 2006, S. 45–46), ist hier entgegenzuhalten, dass sich das Profil der keb als konfessionellem Träger nicht primär in der isolierten Beschäftigung mit theologischen, religiösen und philosophischen Fragen erweist, sondern in der lebensweltlichen Einbettung wertbezogener Suchbewegungen der Teilnehmenden, die zudem in ihrer konfessionellen Bindung sehr heterogen sein können.

Wenn es hier um die lebensweltliche Einbettung wertbezogener Suchbewegungen von Teilnehmenden geht, ist aus erwachsenenpädagogischer Sicht das implizite Suchschema gemeint, das in der Wahl oder Nicht-Wahl eines angebotenen Themas steckt. Lebenswelt steht insofern für eine „gedeutete Wirklichkeit, in der Personen sich bewegen und ihre Chancen und Perspektiven sehen" (Heuer & Robak, 2000, S. 130). Um festzustellen, was das Profil eines Anbieters ausmacht, reicht es insofern nicht zu betrachten, ob bei einem konfessionellen Träger religiöse und theologische Themen in vorderster Reihe stehen. Vielmehr ist zu würdigen, inwieweit die verschiedenen Fachgebiete lebensweltlich relevant sind. Es kommt mithin darauf an, dass Themenstellungen verschiedener Fachgebiete und Fachsystematiken für die Teilnehmenden in biographischer Hinsicht anschlussfähig sind.

1.4 Programmplanerische Schlussfolgerungen

Im Zuge der Erörterung der Träger-, Institutionen- und Angebotsstruktur der keb wurden bereits Implikationen für programmplanerische Entscheidungen angesprochen. Was bislang eher beiläufig benannt wurde, soll im Folgenden explizit aufgegriffen und auf erwachsenenpädagogischer Grundlage systematisiert werden. Die anstehenden programmplanerischen Schlussfolgerungen sollen zu diesem Zweck im Rahmen eines träger-/institutionenübergreifenden Weiterbildungsmanagementmodells (vgl. Abb. 1) verortet werden. Die darauf bezogenen Begriffe werden zur Verdeutlichung *kursiv* gesetzt.

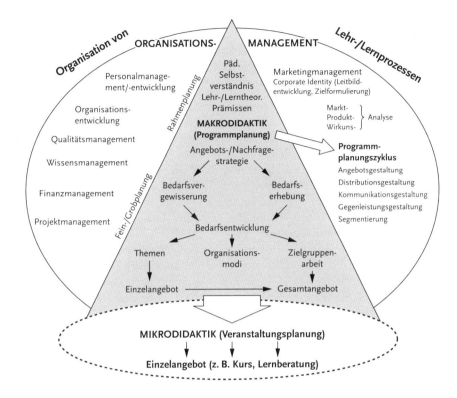

Abb. 1: Organisation von Lehr-/Lernprozessen durch professionelles Weiterbildungsmanagement

Da es letztlich um die *Organisation von Lehr-/Lernprozessen* geht, gilt das Primat der Pädagogik. Dieses legitimiert sich auf der Basis forschungsbasierter *lehr-/lerntheoretischer Grundlagen* und manifestiert sich in der Formulierung eines *pädagogischen Selbstverständnis*ses, das – organisationstheoretisch formuliert – als „Vision" den Sinn einer Weiterbildungseinrichtung wie deren „allgemeine Mission" definiert (Zech, 2008, S. 33). Bei der Formulierung von konkretisierenden Zielsetzungen für die Weiterbildungsorganisation und deren Programmangebot liefert insofern das pädagogische Selbstverständnis die entscheidenden Impulse.

Vor allen träger- und institutionenspezifischen Profilierungen ist prioritär immer zu gewärtigen, dass das Spezifikum einer „Bildungsorganisation", aber auch deren Funktion im gesellschaftlichen Kontext gewahrt bleibt. Allgemein formuliert geht es in der EB/WB darum, „Menschen mit Kompetenzen und Potentialen auszustatten, die sie benötigen, damit das Berufs- und Privatleben sowie die Beteiligung an der sozialen und politischen Gemeinschaft besser gelingt" (ebd., S. 18). Vor diesem Hintergrund ließe sich „das pädagogische Ziel von Bildungsorganisationen" mit Zech im Sinne einer übergreifenden Verständigungsformel als „Förderung gelungenen Lernens ihrer Teilnehmenden" (ebd.) bestimmen.

Neben diesen Implikationen des *pädagogischen Selbstverständnisses* für die organisations- und angebotsrelevanten *Zielsetzungen,* ist zu berücksichtigen, dass dieses auch die Basis für die Entwicklung eines *Leitbildes* abgibt (Zech, 2008, S. 32–33). Insofern versteht sich das Leitbild „als Ausweis des Selbstverständnisses der Weiterbildungsorganisation" (ebd., S. 31) und dient als orientierender „Werte- und Verhaltenskodex" für alle beteiligten haupt- und nebenberuflichen wie auch ehrenamtlichen Akteure der Organisation (ebd., S. 32–33). D. h. alle programmplanerischen Kernentscheidungen – in der Abb. 1 sind dies die im Dreieck angeordneten –, aber auch alle darauf bezogenen Entscheidungen des Organisationsmanagements, bedürfen der didaktischen Fundierung und Einordnung. Dies scheint deshalb geboten, weil Entscheidungs- und Steuerungsakte nicht nur auf der Mikroebene, also im konkreten Lehr-/Lernprozess, sondern auch und gerade auf der Makroebene, also der Programmplanung, anfallen, „ohne dass allerdings immer deren Grundlagen, Rationalität und Legitimität transparent werden" (Vogel, 2008, S. 295). Das erwachsenendidaktische Repertoire bietet theoretisch fundierte Instrumente und Steuerungshilfen an, anfallende Entscheidungen transparent werden zu lassen und somit deren Legitimation zu erhöhen. Dass das hier umrissene Primat der Pädagogik auch Konsequenzen für die Professionalitätsentwicklung hat, erscheint einleuchtend und soll an späterer Stelle weiter ausgeführt werden (vgl. Pkt. 2.2).

Entscheidungen, die das *Organisationsmanagement* betreffen, verhalten sich gegenüber der pädagogischen bzw. makrodidaktischen Logik insofern nachrangig. Im Rahmen von *Marketingmanagement* eingesetzte Marketinginstrumente – wie etwa das auf das Konstrukt der sozialen Milieus bezogene Milieumarketing (vgl. Barz & Tippelt, 2004a) – erweisen sich dann als adäquat, wenn sie einer pädagogischen Begründung standhalten. Insofern erscheint es notwendig, neben dieser segmentierenden Zielgruppenbestimmung die Entwicklung pädagogisch definierter *Zielgruppenarbeit* nicht aus dem Auge zu verlieren. Zu deren Differenzierungskriterien gehören etwa Vorkenntnisse, Alter, Geschlecht, Zugehörigkeit zu einer Berufs- und Mitarbeitergruppe oder Behinderung.

Neben dem Betroffensein von affinen Lebens- und Arbeitssituationen bzw. von individuellen wie gemeinsamen Problemlagen, erweisen sich auch sozial definierte Problemlagen als programmplanerische Ausgangs- und Bezugspunkte für zielgruppenorientierte Arbeit. Historisch gesehen, machte die letztgenannte Form der Zielgruppenarbeit mit gesellschaftlichen Problem- und Randgruppen bis in die 1970er Jahre hinein ein wesentliches Motiv kompensatorisch verstandener EB aus und setzte sich damit zugleich einer Etikettierungs- und Stigmatisierungsgefahr aus. Schiersmann (2010, S. 322) greift diese Problematik auf und verweist angesichts der Tatsache, dass in der heutigen Gesellschaft „Instabilität und Diskontinuität zu biographischen Normalerfahrungen (werden)", zugleich auf die Notwendigkeit einer Neudefinition von pädagogischer Zielgruppenarbeit: „Neben die Intention, einen Beitrag zum Abbau sozialer Ungleichheiten zu leisten, tritt die Unterstützung bei der Sicherung der individuellen Ressourcen, ..." (ebd.). Indem den Menschen Hilfestellung geleistet wird, ihre eigenen Deutungs-, Wahrnehmungs- und Handlungsmuster zu reflektieren und im Gruppen- bzw. Sozialraumkontext zu verorten, ergeben sich Räume für eine mögliche Neubewertung und Neugestaltung biographischer Prozesse.

Im Sinne einer differenzierenden Zielgruppenarbeit lässt sich die vielgestaltige Arbeit der keb mit Paaren, Familien, Alleinerziehenden, Senioren, Trauernden, pflegenden Familienangehörigen, Migranten usw. neu vermessen und einordnen. Diese Organisationsform der EB kann in eine *nachfrageorientierte Strategie* der Programmplanung einordnet werden. Diese ist dadurch gekennzeichnet, dass „man sich zwar mit einem bestimmten Leistungsprofil auf den Markt begibt, aber ansonsten ‚maßgeschneiderte' Lösungen – je nach Nachfrage und Bedarf möglicher Abnehmer – vorlegt oder erst entwickelt" (Schlutz, 2006, S. 46). Insofern geht es darum, Interessen, Wünsche oder Erwartungen mittels einer breiten Methodenpalette zu erheben und die gewonnenen Daten programmplanerisch umzusetzen (vgl. auch Gieseke, 2008). Hier lassen sich auch kooperative Angebote einordnen, die mit spezifischen Kooperationspartnern entwickelt oder auch mit anderen Trägern der EB/WB realisiert werden.

Was den erstgenannten Aspekt, also die kooperative Angebotsentwicklung anbelangt, gilt es hervorzuheben, dass der Kooperationsaspekt nach innen ja grundsätzlich eine wesentliche Größe bei der Angebotsplanung in der Fläche, also den einzelnen Bildungswerken, ausmacht. So sind die einzelnen Kirchengemeinden als strukturell verankerte Kooperationspartner ebenso in die Angebotsentwicklung einbezogen wie auch weitere Kooperationspartner, die den jeweiligen regionalen Gegebenheiten vor Ort Rechnung tragen. Die zweitgenannte Kooperationsvariante, also die Zusammenarbeit mit anderen Partnern der EB, wird in der keb häufiger praktiziert und empfiehlt sich, wenn mit Synergieeffekten ohne Profilverlust der einzelnen Kooperationspartner zu rechnen ist. Über die strukturell verankerte kooperative Angebotsentwicklung hinaus geht es im Rahmen einer *nachfrageorien-*

tierten Strategie ebenso um die punktuelle und begrenzte Entwicklung von Angeboten, die auch bei temporären Projekten erfolgen kann.

Zur *angebotsorientierten* Strategie der Programmplanung (vgl. Schlutz, 2006, S. 46) wird in der keb sicherlich am häufigsten gegriffen. Hier gilt es, Adressateninteressen und -wünsche zu antizipieren und Angebote zu entwickeln, die in dieser Hinsicht passgenau erscheinen. Es gilt aber auch, übergreifende Trends und Entwicklungen in Gesellschaft und Arbeitsleben aufzugreifen und angebotswirksam werden zu lassen. Hier geht es mit Hilfe der angebotsorientierten Programmplanungsstrategie darum, mit herausfordernden Themen neue Impulse zu setzen, die obsolete Deutungsmuster, Denk- und Verhaltensmuster hinterfragen und überwinden helfen. Insofern ist die angebotsorientierte Programmplanungsstrategie insbesondere da angebracht, wo es – wie im Falle der keb – auch und gerade darauf ankommt, Impulse und Akzente zu setzen, die Bildungsprozesse auszulösen vermögen. Wenn Bergold mit Blick auf Angebote der theologischen EB (2005, S. 198) für einen Wechsel von der „Angebots- zur Unterbrechungsperspektive" plädiert, um offene, nicht verplante ‚Frei-Räume' und „Unterbrechungspotentiale" bereitstellen zu können, kann dies dazu dienen, die Grenzen angebotsorientierten Vorgehens zu reflektieren. Als generelle Absage an diese Strategie der Programmplanung dürfte dies allerdings nicht zu verstehen sein.

Nun geht es im Kontext von Weiterbildungsmanagement auch darum, mit Hilfe geeigneter empirischer Instrumente auf dem Wege einer Markt-, Produkt-, Wirkungs- und Imageanalyse zu überprüfen, wie man als Anbieter mit seinem Programm bei den Adressat/-innen ankommt. Dazu sei exemplarisch auf eine Fragebogenuntersuchung aus dem Jahre 2008 verwiesen, die im Auftrage der keb Hessen bei Teilnehmenden aus den Bistümern Limburg, Mainz und Fulda durchgeführt wurde und aufschlussreiche – wenn auch nicht in jedem Falle repräsentative – Ergebnisse zeitigte (Katholische Erwachsenenbildung Hessen, 2009). Demgemäß wurden überwiegend Frauen erreicht (75 %), bei einem Durchschnittsalter von 61 Jahren bei Frauen und 60 Jahren bei Männern (ebd., S. 8 u. 10). Von den Teilnehmenden waren 63 % katholisch, 27 % evangelisch, 8 % ohne Religionszugehörigkeit (ebd., S. 12). Bei einem Bevölkerungsanteil der Katholiken in Hessen von 25,9 % sowie der evangelischen Glaubensangehörigen von 41,6 %, gelangt man in der Studie zum Ergebnis, dass „das Angebot der KEB als ökumenisch offen wahrgenommen wird", aber auch dass „die katholische Trägerschaft bei interessierenden Angeboten offensichtlich von Nicht-Katholiken kaum als Hindernis wahrgenommen (wird)" (ebd.). Hinsichtlich der inhaltlichen Qualität zeigten sich 53,6 % als sehr zufrieden sowie 45,6 % als zufrieden. Mit dem Veranstaltungsangebot insgesamt waren 32,8 % sehr zufrieden sowie 64,9 % zufrieden, während mit Beratung und Information 38,2 % sehr zufrieden sowie 59,8 % zufrieden waren (ebd., S. 26).

Besonders interessant erscheinen die Imagewerte, die ja als Aussagen über die Fremderfahrung von keb zu werten sind. Am stärksten wird die keb – bei einer Skalierungsmöglichkeit von 0 („verbinde ich gar nicht mit der KEB)" und 5 („verbinde ich sehr stark mit der KEB") – mit den Begriffen „neue Erfahrungen" (1,17), „Weiterbildung" (1,11), „Information" (1,04), „Austausch" (1,02) und „Glaube" (1,02) assoziiert, gefolgt von den Begriffen „Lebenshilfe" (0,99), „Kultur" (0,96), „Vielfalt" (0,84) sowie „Fortschritt" (0,63)(ebd., S. 28–29). Die Begriffe „Langeweile" (-1,55), „Engstirnigkeit" (-1,41) sowie „Rückständigkeit" (-1,28) werden kaum mit keb in Verbindung gebracht. Insgesamt erweist sich die keb mithin als Anbieter, dessen Angebot als qualitativ hochstehend eingeschätzt und auch zu einem guten Teil von Nicht-Katholiken genutzt wird. Dass ‚Glaube' erst nach den Begriffen ‚neue Erfahrungen', ‚Weiterbildung', ‚Information' und auf gleicher Höhe mit ‚Austausch', aber auch noch mit ‚Lebenshilfe', ‚Kultur' und ‚Vielfalt' genannt wird, bestätigt andere empirische Ergebnisse und lässt sich als Wunsch nach einem lebensbreiten Angebot deuten.

2   Konzeptionelle Verortung

Wie die oben vorgenommene träger-, institutionen-, angebotsstrukturelle wie bildungsorganisatorische Einordnung zeigt, erweist sich die keb als inhaltlich breit aufgestellt und kooperativ angelegt. Zudem lässt sie sich als Teil öffentlich verantworteter EB mit spezifischen Wertbezügen definieren. Vor diesem Hintergrund wird es nun darum gehen, keb in konzeptioneller Hinsicht zu erfassen. Dies soll anhand des keb-affinen Bildungsbegriffs geschehen. Zugleich sollen die im Umfeld von Bildung anzusiedelnden Begriffe ‚Qualifizierung' und ‚Kompetenzentwicklung' in den Blick genommen werden. Legt man die erwachsenenpädagogische ‚Universalformel' zugrunde, die Bildung als permanente Suchbewegung und Bemühung zum vertieften Selbst-/ Fremd- und Weltverstehen definiert (vgl. Siebert, 2006, S. 76), scheint der auch hier zu fokussierende gesellschaftliche Bezug insofern auf, als diese Verstehens- und Lernakte immer auch mit Verantwortungsübernahme gegenüber sich selbst und gegenüber anderen im näheren wie globalen Umfeld zu verbinden sind.

Im Folgenden wird so vorgegangen, dass zunächst eine erwachsenenpädagogische Systematisierung von Bildung vorgenommen wird, in deren Zusammenhang auch die Begriffe ‚Qualifizierung' und ‚Kompetenzentwicklung' eingeordnet werden. Im zweiten Schritt wird anhand einiger ausgewählter bildungspolitischer Dokumente im Umfeld katholischer (Erwachsenen-)Bildung analysiert, welches Verständnis von Bildung, aber auch von Kompetenzentwicklung und Qualifizierung vorzufinden ist und inwieweit jeweils die gesellschaftliche Dimension Berücksichtigung findet. Abschließend wird auszuloten sein, inwieweit das Verständnis von Professionalität in der keb den Ansprüchen einer öffentlich verantworteten EB entgegenkommt.

2.1 Bildungsbegriff als Leitkategorie

Wenn man die Aufgabe der EB/WB in der Organisation von Lehr-/Lernprozessen für Erwachsene sieht, ist mit dieser eher formalen Beschreibung noch nichts darüber ausgesagt, welcher Art die Lernprozesse sind, die mit einem konkreten Bildungsangebot verknüpft werden. Es steht mithin an zu klären, welche Qualität den innerhalb der keb organisierten Lehr-/Lernprozessen vor dem Hintergrund des pädagogischen Selbstverständnisses und des davon abgeleiteten Leitbildes zukommen soll. Aus erwachsenenpädagogischer Sicht bieten sich zur Dimensionierung die Begriffe ‚Bildung', ‚Kompetenz' und ‚Qualifikation' an. Auch wenn diese als Konstrukte immer wieder der Interpretation bedürfen, so können sie doch den Adressat/innen eines Lernangebots dazu verhelfen, die damit jeweils verbundenen Leistungserwartungen zu klären. Den professionellen Akteuren liefern diese Begriffe Anhaltspunkte zur fachgerechten Entwicklung entsprechender Lehr-/Lernsettings. Der Bildungsbegriff kann insofern als Leitkategorie dienen, als er die komplexesten und anspruchsvollsten Lehr-/Lernprozesse markiert und bei der Abgrenzung der beiden anderen Begriffe hilfreich sein kann. Denn jenseits kontroverser Standpunkte im erziehungswissenschaftlichen Diskurs (vgl. dazu stellvertretend Ecarius, 2009, S. 247–259) dürfte auch gelten, dass ein kritisch reflektierter Bildungsbegriff zur präzisierenden Klärung in konzeptioneller wie bildungspraktischer Hinsicht unverzichtbar ist: „Wissenschaft wie Praxis brauchen einen ausgearbeiteteren Begriff von gelingender B. [Bildung, N.V.], nicht als normative Vorschrift, sondern als regulative Idee bei konzeptionellen Arbeiten, empirischen Recherchen und pragmatischen Entscheidungen" (Schlutz, 2010, S. 43). Was Schlutz hier als „regulative Idee" bezeichnet, erweist sich indessen auch als anschlussfähig an die Klärung von pädagogischem Selbstverständnis wie handlungsleitendem Leitbild in der konfessionellen EB.

Im Falle der *Qualifikation* (vgl. Abb. 2) geht es um „Fähigkeiten zur Bewältigung konkreter (in der Regel beruflicher) Anforderungssituationen" (Arnold, 2010, S. 172), also um Prozesse der Wissens- und Fähigkeitsentwicklung, die nur bedingt vom Lernenden steuerbar sind und primär auf eine verwendungsspezifische Verhaltensentwicklung abzielen. *Kompetenzen* sind „Handlungsdispositionen, die eine (qualifizierte) Handlungsfähigkeit, aber auch eine (motivationale) Handlungsbereitschaft und eine (gesellschaftlich geregelte) Zuständigkeit einschließen"(Siebert, 2011, S. 43). Da die damit verbundene Wissens- und Fähigkeitsentwicklung sehr eng mit individuellen, lernbiographisch verankerten Ausprägungen verwoben ist (vgl. Vogel & Wörner, 2002, S. 82–83), verweist der Kompetenzbegriff bereits auf Akte der Selbststeuerung und lässt Wertbezüge erkennen. Intendiert ist eine verwendungsmultispezifische Handlungsorientierung, die sich auch der zugrunde liegenden wertbezogenen Orientierungen vergewissert. Gemeint ist damit die Befähigung, vorhandene Handlungsmuster – z. B. bestimmte Entscheidungs- oder Bewältigungsstrategien – auf unterschiedliche Handlungssituationen übertragen und eigenständige Lösungen bereithalten zu können. *Bildung* schließlich zeichnet sich idealiter durch das höchste Maß an Selbststeuerung aus und trägt durch eine verwendungsmultidimensionale Handlungsentwicklung zur Subjektentwicklung bei. Mit anderen Worten: Die Initiierung von (Selbst-)Bildungsprozessen soll Menschen dazu verhelfen, angesichts komplexer multidimensionaler Anforderungssituationen, seien sie sozial, gesellschaftlich oder politisch bestimmt, individuell handlungsfähig zu bleiben.

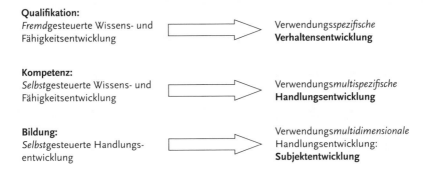

Abb. 2: Dimensionen der Lehr-/Lernorganisation

Dass sich die verschiedenen Begriffe zueinander komplementär verhalten, sollte dabei nicht außer Acht gelassen werden: „Bildung ist ohne Wissen, Qualifikationen, Kompetenzen nicht denkbar" (Siebert, 2011, S. 48). Zudem gilt es zu betonen, dass der Erwerb von Wissen, Qualifikationen und Wissen wie auch Akte der (Selbst-) Bildung an Lernprozesse gebunden sind. Insofern dürften auch und gerade mit Blick auf die keb bildungstheoretische Ansätze weiterführend sein, die Bildungsprozesse mit biographischer Lernarbeit verknüpfen (vgl. dazu Kraul, Marotzki, 2002; Nittel, 2010). Bildungsprozesse ereignen sich demnach im Zuge biographischer Suchbewegungen immer dann, wenn komplexere Transformationsprozesse stattfinden, „bei denen auch die Kategorien und Ordnungsmuster, mit denen Informationen gedeutet und verarbeitet werden, verändert werden" (Vogel, 2000, S. 40). Insofern kann Bildung „als Akt der Wandlung verstanden werden, der sich durch Veränderungen im Verhältnis von Selbst- und Weltverständnis vollzieht" (ebd.). Bildungsarbeit kann solche Transformations- und Wandlungsakte nicht in direktem Sinne erzeugen, wohl aber durch professionelle Lehr-/Lernsettings unterstützen, fördern und begleiten.

Generell ist zu berücksichtigen, dass die Implikate des Bildungsbegriffs in ihrem zeithistorischen Kontext gesehen werden müssen, weshalb dem Ursprung nach insbesondere die Ansprüche der Aufklärungsidee und der Humanitätsgedanke des Humboldtschen Bildungskonzepts mitzudenken sind. Und auch hieraus ergeben sich, wie bereits an früherer Stelle im Kontext der keb formuliert (Vogel & Zellhuber-Vogel, 1993, S. 144), anschlussfähige Herausforderungen: „Bildung erscheint in diesem Sinne als *Möglichkeit* des Menschen, auf dem Wege eines selbstreflexiven Prozesses und in Auseinandersetzung mit existenziellen und transzendenten Grundfragen, aber auch mit der ihn umgebenden Wirklichkeit zu sich zu finden und daraus Perspektiven für verantwortliches Handeln zu entwickeln". Die damit verbundene Herausforderung für den Einzelnen, sich angesichts vielgestaltiger, auch zeithistorisch eingebundener gesellschaftlicher Anforderungen, immer wieder der Aufgabe zu stellen, seine Ich-Identität neu zu definieren und Perspektiven für verantwortliches Handeln zu entwickeln, heißt „den Menschen als Einheit von Individuum und Sozialität begreifen und vernünftiges Erkennen mit verantwortlichem Handeln verbinden" (Siebert, 1991, S. 29).

Hier offenbart sich die pädagogisch weitgehend konsensfähige Trias von Bildung als permanente Suchbewegung zum Zwecke eines vertieften Selbst-, Fremd- und Weltverstehens unter Einschluss der Reflexion daraus erwachsender Schlussfolgerungen für verantwortliches Handeln. Wie Haker in ihrem Beitrag in diesem Band aus philosophischer Sicht darlegt, „(ist) Bildung eine wichtige Voraussetzung für die Übernahme von *Verantwortung* – für unser eigenes Leben, für andere, und für die Zukunft" (Hervorhebung im Original, N.V). Haker liefert dafür folgende Begründung: „Nur wer sich seiner selbst bewusst ist, handelt und auf sein Handeln reflektieren kann, der kann auch erkennen, welche ethischen Anforderungen an ihn gestellt werden".

Erweist sich dieser bildungsphilosophische Zugang, „den Bildungsgedanken ethisch vom Verantwortungskonzept aus zu denken", was Haker zufolge „nicht nur ethisch, sondern auch theologisch von zentraler Bedeutung ist" (ebd.), als durchaus anschlussfähig an erwachsenenpädagogische Diskurse, so ist zu fragen, wie die damit verknüpfte *Bildung*sarbeit zu bewerkstelligen ist. Hier gilt es sich zu vergewissern, dass „Bildung nicht gelehrt werden (kann), sondern prinzipiell Selbstbildung (ist), die aber von außen unterstützt werden kann" (Siebert, 2006, S. 77). Siebert macht deutlich, dass sich der Bildungsbegriff erwachsenenbildnerischem Handeln keineswegs entzieht, aber besondere Anforderungen an die professionelle Gestaltung bildungswirksamer Lehr-/Lernsituationen stellt. Geht es allgemein darum, „Offenheit für alle Dimensionen des menschlichen Lebens" sowie „die inhaltlich-intentionale Offenheit der Bildungssituation selbst" (Vogel & Zellhuber-Vogel, 1993, S. 144) professionell zu gewährleisten, lassen sich weitere Kriterien heutiger bildungstheoretischer Didaktik benennen. Diese verknüpft „instrumentelles Lernen mit reflexivem Lernen, ist ohne Qualifizierung nicht denkbar, ergänzt aber die benötigten technologischen Qualifikationen durch Fragen nach Sinn und Nutzen", verpflichtet sich unter Rückgriff auf die Vernunftidee „der Suche nach (reversiblen) human-, sozial- und umweltverträglichen Lösungen, verzichtet auf einen verbindlichen Kultur- und Bildungskanon, besteht aber auf der beharrlichen Auseinandersetzung mit öffentlichen Themen, versteht Bildung als Subjektbildung, wobei sich Subjektivität in der ‚Weltoffenheit' beweist" (Siebert, 2006, S. 77).

Ein nun anstehender ausschnitthafter Blick auf zumeist jüngere bildungspolitische Dokumente im Umfeld katholischer (Erwachsenen-)Bildung kann zeigen, dass der Bildungsbegriff – wie vermutet – eine zentrale Bezugsgröße darstellt. Aber auch Kompetenz(-entwicklung) sowie Qualifikation bzw. Qualifizierung werden benannt und mehr oder minder konzeptionell eingeordnet. Zugleich wird deutlich, dass bei diesem Rekurs gängige pädagogische Argumentationsfiguren Verwendung finden und hierbei neben der individuellen Dimension auch der weitere gesellschaftliche Kontext ins Auge gefasst wird.

So sieht das Zentralkomitee der deutschen Katholiken (ZdK) als Laienorganisation die „Leitidee von Bildung" darin, „jedem und jeder Einzelnen so viel Welt als möglich zu eröffnen, um eine individuelle Entfaltung der eigenen Talente, ein verantwortungsbewusstes Handeln und ein selbstbestimmtes Leben zu ermöglichen" (Zentralkomitee der deutschen Katholiken, 2009, S. 9). Ziel von Bildung ist es hierbei, „Menschen zu befähigen, künftige Aufgaben kraft eigener Vernunft und Anstrengung selbstständig zu bewältigen", wobei sie „nicht nur zweck-, sondern auch sinnorientiert sein (darf)" (ebd., S. 3). Verwiesen wird zudem auf den Zusammenhang zwischen Bildung und „Persönlichkeitsentfaltung" und die Eröffnung von „entscheidenden Chancen für Partizipation" (ebd.). Der letzte Aspekt wird insofern besonders hervorgehoben, als diese Erklärung des Zentralkomitees der deutschen Katholiken das Leitmotto trägt: „Bildung unabhängig von der Herkunft! Gerechte Beteiligung an lebensbegleitender Bildung".

Diese bildungspolitische Verlautbarung beinhaltet Positionen und Forderungen hinsichtlich der Ausrichtung des gesamten Bildungssystems, wobei ausdrücklich auch die berufliche und allgemeine EB/WB genannt werden. Der Bildungsbegriff wird hier also systemisch gebraucht. Andererseits wird aber auch der konzeptionelle Aspekt von Bildung angesprochen, der auf bekannte Implikate wie Persönlichkeitsentwicklung, vernunftgemäßes Handeln, soziale Verantwortung sowie auf Partizipation, Sinnorientierung und Selbstbestimmung rekurriert. Zugleich wird deutlich, dass und in welcher Weise Verbindungslinien zwischen Bildung und Kompetenzentwicklung gesehen werden: „In Auseinandersetzung mit sich und der Welt entwickelt und entfaltet die Person kulturelle, instrumentelle, soziale und personale Kompetenzen. Sie erwirbt sich Wissen und Haltungen, um Gegenwart und Zukunft im Beruf und in allen anderen Lebensbereichen verantwortungsvoll zu gestalten" (ebd., S. 9).

Insgesamt enthält diese Erklärung also wesentliche Elemente eines breit definierten pädagogischen Bildungs- und Kompetenzbegriffs, nimmt aber auch theologische Begründungen auf: „Der christliche Bildungsbegriff sieht den Menschen als ein Wesen, das in seiner Gottebenbildlichkeit aufgerufen ist, seine durch den Schöpfer verliehenen Anlagen zu entfalten" (ebd., S. 10). Dabei bleibt die Argumentation nicht bei der Postulierung individueller Entfaltungsmöglichkeiten stehen, sondern stellt die „verliehenen Anlagen" und „Talente" in „den Dienst der Gesellschaft" (ebd., S. 11). Schließlich wird unter Verweis auf die Verantwortung der Christen für die Welt eine Verzweckung von Bildung abgelehnt: „Christliche Weltverantwortung fragt nicht nur nach Zwecken von Bildung; sie stellt diese Zwecke noch einmal zur Diskussion, indem sie nach dem Sinn der Zwecke fragt". (ebd.). Der hier gespannte Bogen zwischen Christsein und Gesellschaft markiert sichtlich das Bemühen, pädagogische und theologische Implikate des Bildungsbegriffs zu verbinden, um auf diese Weise zur Positionierung einer Bildungsarbeit zu gelangen, die sich ihrer Verantwortung für die Gesellschaft stellt.

Ähnliche programmatische Anklänge finden sich auch in einem „Grundlagenpapier des Kolpingwerkes Deutschland" aus dem Jahre 2011 zur Bildung. So werden im vorausgeschickten Vorwort unter Hinweis auf das eigene Leitbild „persönliche und berufliche Bildung und ständiges Lernen" als „Voraussetzung für eine eigenverantwortliche und dem Gemeinwohl verpflichtete Lebensgestaltung" bestimmt (Kolping. Kolpingwerk Deutschland, 2011, S. 5). Bildung wird „als zentrale Kategorie menschlichen Seins" definiert (ebd., S. 6). Bemerkenswert erscheint hierbei, dass sich ein großer Anbieter beruflicher Weiterbildung ebenfalls programmatisch gegen eine instrumentelle „Verwertbarkeit" von Bildung ausspricht: „Der Wert von Bildung kann und darf daher nicht auf seine berufliche Verwertbarkeit reduziert werden" (ebd.). Bildung selbst wird definiert als „dynamischer, nie abgeschlossener Prozess, in dem der Mensch sich in Auseinandersetzung mit seinem sozialen Umfeld ein ‚Bild' von der Welt macht und so seine Persönlichkeit und Identität entwickelt" (ebd., S. 9). Und auch im Grundlagenpapier des Kolpingwerks zur Bildung wird eine Verbindung zur Kompetenzentwicklung hergestellt: „Neben kognitiven und methodischen Fertigkeiten sind auch personale Kompetenzen wie Selbstbewusstsein, Durchhaltevermögen, Verantwortungsbewusstsein sowie Reflektionsvermögen, kulturelle und ästhetische Sensibilität nötig. Außerdem sind soziale Kompetenzen wie Empathie, Toleranz und Kritikfähigkeit wichtig" (ebd., S. 11). Wird ergänzend die Wertkomponente benannt, finden sich auch hier wesentliche Argumentationsfiguren pädagogischer Bildungsbestimmung wieder, die dann durch eine ähnliche theologische Begründung wie im Falle der katholischen Laienorganisation ergänzt wird: „Ein christlicher Bildungsbegriff sieht den Menschen als ein Wesen, das in seiner Gottebenbildlichkeit aufgerufen ist, seine durch den Schöpfer verliehenen Anlagen zu entfalten und so noch mehr Mensch zu werden" (ebd., S. 10).

Die Katholische Bundesarbeitsgemeinschaft für Erwachsenenbildung (KBE), die sich als Netzwerk katholischer Erwachsenenbildungseinrichtungen versteht, sieht ihr Bildungsverständnis „von einem im christlichen Glauben gegründeten Menschenbild (geprägt), wie es in den Prinzipien der katholischen Soziallehre entfaltet ist" (Bildungspolitische Erklärung des KBE-Vorstandes 2007, S. 1). keb wird in der „Hirschberger Erklärung" (1992, S. 2) als „ganzheitliche, wertorientierte und integrierte Bildung" definiert, die „zu selbständigem Urteil und eigenverantwortlichem Handeln im persönlichen, familiären, beruflichen, gesellschaftlichen und politischen Leben (befähigt)". Dabei wird Wert auf eine Abgrenzung zwischen Bildung und Qualifizierung gelegt: „Bildung darf nicht auf Qualifikationsanpassungen reduziert werden", woraus sich eine verstärkte Aufgabe zur „Vermittlung von sogenannten Schlüsselqualifikationen" ergibt (Stellungnahme des KBE-Vorstandes, 2000, S. 3).

Fließen in Dokumenten der Bundesarbeitsgemeinschaft Bildung und Erwachsenenbildung in ihrem Begründungszusammenhang oftmals ineinander, so gilt das keineswegs für die „Positionen Kirchlicher Erwachsenenbildung", wie sie im Rahmen eines gemeinsamen Kongresses des Staatsministeriums Baden-Württemberg und der Kirchlichen Landesarbeitsgemeinschaft für Erwachsenenbildung im Februar 2002 formuliert wurden (Staatsministerium Baden-Württemberg, 2002, S. 15–19). Als „Prämissen des Bildungsverständnisses" (ebd., S. 15) werden fünf Standpunkte markiert, die zu einem Teil ähnliche Argumentationsstränge wie die bereits dargelegten Dokumente enthalten. So wird im Rahmen der Erörterung von

Bildungszielen eine Engführung auf ökonomische und nützlichkeitsbezogene Belange kritisiert und eine Bildung gefordert, „die über funktionale Optimierung hinaus auf ein gutes, gelingendes Leben abzielt". (ebd., S. 16).

Dazu passt ein breites Bildungsverständnis, das individuelle wie übergreifende Belange beinhaltet: „Bildung dient der Entfaltung der Persönlichkeit und dem Erwerb sozialer, religiöser, politischer und beruflicher Fähigkeiten" (ebd.). Als Antwort auf zunehmende Freiheitsspielräume wird die Orientierungsfunktion von Bildung hervorgehoben: „Bildung hilft, sich in der Fülle von Informationen, Lebensvorstellungen und Erfahrungen zu orientieren und sich in einer Kultur mit verschiedenen Wertmaßstäben zurechtzufinden und zu verständigen" (ebd.). Angesichts gesellschaftlicher Tendenzen, die durch „Pluralität, Komplexität und Segmentierung" gekennzeichnet sind, seien zudem im Rahmen konfessioneller EB „Orte der Begegnung und des Dialogs" gefragt, „damit Gleichgesinnte sich finden und Fremde sich begegnen können" (ebd., S. 19).

Mit Blick auf die hier interkulturelle Dimension, die Bildung innewohnt (vgl. Vogel & Zellhuber-Vogel, 1993; Leimgruber, 2005), deuten sich bereits andere Akzentuierungen an. Im Zusammenhang mit der Erörterung der religiösen Bildung werden diese noch markanter. So wird einerseits deren Bedeutung für die Aufrechterhaltung einer gesellschaftlichen Diskussion über transzendente Werte und Ziele hervorgehoben. Andererseits wird aber selbstkritisch eingeräumt, dass „es zur Zweideutigkeit religiösen Verhaltens (gehört), dass es befreien und heilen, aber auch unterdrücken und zerstören kann" (Staatsministerium Baden-Württemberg, 2002, S. 18). Daraus wird die Schlussfolgerung gezogen, dass „Religion gerade, weil sie das Selbstverständnis des Menschen und sein gesellschaftliches und wirtschaftliches Leben grundlegend bestimmt, einer öffentlichen Begleitung und Reflexion (bedarf)" (ebd.). Eine weitere Akzentverschiebung offenbart sich auch im Umgang mit den eigenen Wurzeln im „christlichen Glauben und der Tradition der Kirchen", die als tragend verstanden, aber nicht von anderen Erfahrungswelten und Realitäten abgeschottet werden: „Kirchliche Erwachsenenbildung hilft, die vielfältigen Erfahrungen des Lebens im Licht des christlichen Glaubens zu verstehen und zu verarbeiten, ohne sich dabei anderen Erfahrungen und Zugängen zur Wirklichkeit zu verschließen" (ebd.).

Die Reihe bildungspraktischer Dokumente abschließend, sollen zwei Quellen ausgewertet werden, die zu unterschiedlichen Zeiten entstanden sind und auch in ihrem Verwendungszusammenhang differieren. Beginnen wir mit den „Grundsätzen und Zielen der Erwachsenenbildung in der Diözese Rottenburg-Stuttgart" (1993). Ausgangspunkt ist wie bei den ersten drei Dokumenten eine theologische Herleitung aus dem Evangelium mit Verweis auf den in der christlichen Anthropologie verankerten Grund der Gottebenbildlichkeit. Aus diesem Verständnis wird eine Diensthaltung bzw. -leistung abgeleitet, die ausdrücklich weit gefasst ist und eine klare Öffnung nach außen markiert: „Erwachsenenbildung in der Diözese Rottenburg-Stuttgart will ihren Dienst leisten, daß Menschen verschiedenen Glaubens, Alters, Geschlechts oder gesellschaftlicher Gruppierungen, das Leben haben und es in Fülle haben' (Joh 10,10)" (ebd., S. 150). Die aus dem Grundverständnis abgeleiteten Zielsetzungen erstrecken sich dabei auf den einzelnen Menschen, Familie und Gemeinde sowie Gesellschaft und Staat. Neben Aufgaben zur Gestaltung von Familien- und Gemeindeleben, die explizit in den kirchlichen Kontext gestellt werden, geht es etwa auch darum, dass keb ihren Beitrag dazu leistet, „daß die verschiedenen gesellschaftlichen Gruppierungen miteinander ins Gespräch kommen", „in den Aufgaben des Gemeinwohls zusammenarbeiten", „der Staat als Rechts- und Freiheitsraum bejaht und als Gestaltungsaufgabe vom Bürger wahrgenommen wird" oder „daß Grundwerte und Menschenrechte verwirklicht werden" (ebd., S. 154–155).

Im aktuellen Leitbild der keb in der Diözese Rottenburg-Stuttgart tritt der Bildungsbegriff rund 20 Jahre später wiederum markanter hervor. Zwar wird der pädagogische wie theologische bildungstheoretische Bezugsrahmen in dem eher knapp gehaltenen Leitbild nicht expliziert, die verwendete Begrifflichkeit offenbart jedoch gängige Figuren der Bildungssemantik. So wird „die Bildung Erwachsener" als „Aufgabe" der keb definiert mit dem Ziel, „dass Menschwerden gelingt" (Katholische Erwachsenenbildung Diözese Rottenburg-Stuttgart e. V., Unser Leitbild, 2013, S. 2). Anthropologisch begründend, indem „Menschen als einmalig und wandlungsfähig" gewürdigt werden, aber auch in Vergewisserung christlicher Grundüberzeugungen, geht es gleichzeitig darum, den eigenen Horizont nicht absolut zu setzen und sich anderen Deutungen zu öffnen: „Wir schauen über die Grenzen unserer eigenen Interessen und Deutungen hinaus. Toleranz und gegenseitige Wertschätzung sind Maßstab unseres Handelns" (ebd.). Vor diesem Hintergrund kann es dann „im Geist der Gastfreundschaft" und mittels „Dialog, Begegnung und Gespräch" darum gehen, Menschen bei ihrer Entwicklung zu begleiten und ihrer Entfaltung zu fördern (ebd.). Dass keb Offenheit für gesellschaftliche Entwicklungen und Belange signalisiert, indem man sich „gesellschaftlichen Herausforderungen" stellen will (ebd.), verweist auf Parallelen zum bereits erörterten überkonfessionellen Papier „Positionen Kirchlicher Erwachsenenbildung" aus dem Jahre 2002.

Vor dem Hintergrund dieser Leitbildaussagen erscheint es hilfreich, die Erträge einer bundesweiten Leitbildanalyse mit einzubeziehen. Sellmann (2005, S. 69) stellt in Leitbildern „Basisselbstverständlichkeiten" fest. So sehe sich keb „selbst in erster Linie als *Sinn- und Orientierungslieferantin* in modernen Lebensverhältnissen", die „unter dem *Vorzeichen der Krise* beschrieben" würden (ebd., S. 70; Hervorhebungen im Original, N.V.). Sellmann erkennt in den Leitbildern das dominierende „Oppositionsschema *Unveränderlichkeit versus Veränderung*" (ebd., S. 74; Hervorhebung im Original, N.V.). Diesem stelle sich keb angesichts der Erschwernisse individueller Identitätsentwicklung in einer modernen Gesellschaft in der Weise, dass „sie über die Chiffre des ‚christlichen Menschenbildes' die Wahrnehmung dafür öffnet, dass der innere Kern mit den Zentralwerten der sittlichen Grundordnung der Gesellschaft korrespondiert" (ebd.). Auf diese Weise werde „der *individuelle* Sinn im Verweis auf Schöpfungslehre und Anthropologie also *welt*verankert angenommen", womit „Sinn, Orientierung und Sicherheit gegeben" seien (ebd., S. 74; Hervorhebungen im Original, N.V.).

Sellmanns Zweifel, „dass gerade die in den Leitbildern versteckten Selbstverständlichkeiten ‚katholischen Argumentierens' nicht geeignet sind, Menschen und Gedanken unter postmodernen Bedingungsverhältnissen zu erreichen" (ebd., S. 75), benennen – vor allem wenn man sie über Leitbilddarstellungen hinaus auf positionierende bildungspolitische Dokumente insgesamt erweitert – aus erwachsenenpädagogischer Sicht hilfreiche Herausforderungen, die Subjektperspektive von Bildung als unhintergehbar ernst zu nehmen: „In zustande kommender Bildung sind die Ansprüche der sozialen Umwelt und die Ansprüche des Subjekts auf Selbstdenken, eigene Standpunkte, eigene Entscheidungen und selbstbestimmtes Handeln in einer dialektischen Weise vermittelt: Der Mensch wird als Zweiheit in der Einheit gesehen – Objekt und Subjekt zugleich, unterworfen und doch frei zugleich" (Meueler, 2010, S. 981). Auch und gerade angesichts ökonomisch wie politisch induzierter Vereinnahmungstendenzen individueller und persönlicher Kerne bedeutet dies, die Freiheitsspielräume individueller Entscheidungsmöglichkeiten in den Blick zu nehmen, die im Rahmen von Bildungsprozessen reflektiert werden können: Denn, um es mit Meueler zu formulieren: „Der Mensch widersetzt sich der bedrückenden Welt des Vorgegebenen. Er ist erkenntnis- und handlungsfähig. Die Freiheit, die er sich handelnd nimmt, ist Ergebnis seiner Selbstreflexivität und der sie bestimmenden Bildung" (ebd.).

2.2 Professionalität im Kontext öffentlich verantworteter Erwachsenenbildung

Professionelles Handeln gilt als unverzichtbares Merkmal öffentlich verantworteter EB. Dies setzt voraus, dass alle maßgeblichen Akteure, die für die Gestaltung eines qualitätsvollen Weiterbildungsangebots verantwortlich sind, über eine spezifische Professionalität verfügen müssen (vgl. Abb. 3). Da es hierbei um die Organisation von Lehr-/Lernprozessen für Erwachsene geht, weist sich diese Professionalität erwachsenenpädagogisch aus. D. h. die Erwachsenenpädagogik als maßgebliche Bezugswissenschaft vermag das erforderliche wissenschaftliche und hier insbesondere erwachsenendidaktische Wissen bereitzustellen, das Professionalitätsentwicklung ermöglichen kann: „Denn letztlich geht es um die Entwicklung und Organisation von Dienstleistungen, die – jenseits unterschiedlicher Organisationsformen, Interessen und Ansprüche – der Eigenlogik zu entsprechen haben, die sich aus der Spezifik der Lern- und Bildungsorganisation für Erwachsene ergibt und zugleich der Erwachsenenpädagogik als Professionswissenschaft eine Schlüsselrolle zuweist" (Vogel, 2008, S. 296).

Erwachsenenpädagogische Professionalität beinhaltet vor diesem Hintergrund einerseits die Fähigkeit, (erwachsenen-)pädagogisches Wissen und Können und damit allgemeine (erwachsenen-)pädagogische Regeln und Standards auf die Gestaltung erwachsenengemäßer Lehr/Lernsituationen beziehen zu können. Andererseits besteht erwachsenenpädagogische Professionalität darin, in spezifischen Lehr-/Lernsituationen erkennen zu können, welches Wissen und Können bei der Bewältigung eines konkreten Lehr-/Lernproblems hilfreich sein kann. Aufgabe geeigneter Aus- und Weiterbildungsmaßnahmen ist es dann, dieses Wissen mit professionellem Erfahrungswissen in Beziehung zu setzen und zu integrieren.

Damit professionelles Handeln auf der Grundlage einer entsprechend ausgewiesenen Professionalität gelingen kann, braucht es aber auch Bedingungen und Voraussetzungen, die aus dem Professionalisierungsanspruch eines bestimmten Berufs- und Handlungsfeldes abgeleitet werden können. Peters (2004, S. 170) definiert neben individuellen Voraussetzungen, die sich im Kern auf die Verfügbarkeit von wissenschaftlichem und erfahrungsbezogenem Wissen und Können und die Einhaltung berufsethischer Standards beziehen, soziale und strukturelle Voraussetzungen. Soziale Voraussetzungen betreffen die kollegiale Kommunikation, die dem gegenseitigen Austausch und der kollegialen Kontrolle (etwa über Supervision) dient, aber auch ein Mindestmaß an sozialer wie finanzieller Anerkennung. Strukturelle Voraussetzungen beziehen sich einerseits auf die Bereitstellung erwachsenendidaktisch gebotener Ausstattung und Supportleistungen. Andererseits beinhalten sie eine relative professionelle Handlungsautonomie gegenüber den Arbeit- und Auftraggebern, aber auch gegenüber den Adressaten und Teilnehmenden.

Diese Überlegungen gelten jenseits träger- und institutionenspezifischer Gegebenheiten. Für die keb kommen Besonderheiten hinzu, da diese in starkem Maße auch auf ehrenamtliche Akteure setzt. Deren Einsatz dürfte allerdings erst dann einen unverwechselbaren Gewinn bringen und zur Profilierung des eigenen An-

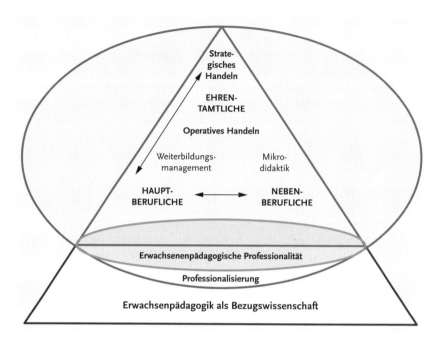

Abb. 3: Professionelles Handeln und Professionalitätsentwicklung

gebots dienen können, wenn die dazu erforderliche Professionalität bereitgestellt wird. Ehrenamtliche, seien sie in Verbänden, im Diözesanverbund oder in den Bildungswerken tätig, sind in Verbindung mit den hauptamtlichen Leitungskräften für Entscheidungen auf strategischer Ebene zuständig. Sie bringen dafür eine vielfältige Expertise aus ihren Berufen, öffentlichen Ämtern und persönlichen Lebenserfahrungen mit, die für eine lebensweltlich ausgerichtete EB eine wichtige Ressource darstellt. Zugleich tragen sie als demokratisch gewählte Akteure erheblich zur Legitimation von keb als öffentlich verantworteter EB bei.

Um ihre Aufgabe erfüllen zu können, müssen Ehrenamtliche für ihre Kooperation mit dem hauptamtlichen Personal die erforderlichen Kompetenzen aufweisen. Diese beinhalten neben Führungsqualitäten und Organisationsentwicklungswissen auch grundlegende Kenntnisse über Weiterbildungsmanagement (vgl. Abb. 1). Da es um professionelles Handeln auf breiter Ebene geht, sind unverzichtbar auch die nebenberuflichen Kursleitenden einzubeziehen. Diese sind über geeignete Maßnahmen in die Lage zu versetzen, ihre Fachexpertise auf der Grundlage erwachsenendidaktischer Standards einzubringen. Eine besondere Rolle kann hierbei medienbasierte Fallarbeit (vgl. dazu den Beitrag von Schrader/Digel in diesem Band) spielen.

3 Erträge, Schlussfolgerungen, Perspektiven

Auf der Grundlage dieser exemplarischen Analyse der keb, die gleichermaßen Praxis wie Konzeption aus erwachsenenpädagogischer Sicht zu erfassen sucht, geht es nun darum, wesentliche Erträge zusammenzuführen, Schlussfolgerungen zu ziehen und mit Verweis auf relevante Befunde eine perspektivische Verortung vorzunehmen.

Mit Blick auf eine träger-, institutionen- und angebotsstrukturelle Verortung der keb ergeben sich vielfältige Argumente dafür, dass keb im Feld pluraler EB/WB die gesamte Breite allgemeiner, politischer und beruflicher EB in den Blick nimmt. Denn es gilt, den vielschichtigen Lernanforderungen und Lernwünschen in einer hochkomplexen (Welt-) Gesellschaft mit einem eigenen Profil zu begegnen. ‚Hochkomplex' steht dabei für eine vielfältige Gemengelage individuell, sozial, gesellschaftlich, politisch und ökonomisch induzierter Lernkonstellationen, die zunächst vielfach individuelle Antworten auf informeller Ebene finden, aber zweifellos auch institutionalisierte inhaltsbezogene Antworten erfordern. Mit Blick auf die Multifunktionalität von EB, die ebenso zur Qualifizierung wie zur Individualisierung, Demokratisierung, Integration oder (Re-)Sozialisierung beitragen kann (vgl. Siebert, 2006, S. 50–52), zeigt sich, dass es bei Lern- bzw. Bildungsprozessen Erwachsener nicht nur um die professionell angeleitete Vermittlung bzw. Aneignung von Wissen und Können, sondern auch um die Auseinandersetzung mit Haltungen und Werten geht. Da Wissen und Können je nach Lernort und -kontext in unterschiedlicher Weise in die Lebenszusammenhänge und Wertbezüge der Lernenden eingeordnet und verankert werden, steht die keb vor der Aufgabe, berufs- oder erwerbsbezogenen Lernanlässen mit eigenen Angeboten zu begegnen. Dies gilt insbesondere für fachübergreifende Kompetenzen und hier insbesondere für Personal- und Sozialkompetenz gerade in beruflichen Kontexten. Zudem erkennen immer mehr Profit- wie Non-Profitunternehmen, dass die Werteimplikate ihrer Produkt- bzw. Dienstleistungserstellung vergewissernder Reflexion bedürfen. keb kann hier als attraktiver Kooperationspartner ansprechende und vertrauensvolle Orte der Reflexion und des Diskurses bieten.

Die Betrachtung der Angebots- und Profilstruktur der keb konnte deutlich machen, dass keb sich auf alle Lebensbereiche einlässt und dazu Lernbegleitung anbietet. Sie reagiert damit auf individuelle und gesellschaftliche Problemlagen und setzt diesen spezifische Lernangebote zu deren Bewältigung entgegen. Dass es hierzu auch der Überschreitung konfessioneller Grenzen und der Kooperation mit anderen Trägern der EB/WB bedarf, erscheint ebenso einsichtig wie selbstverständlich. Aus Sicht der Bildungsforschung kommt man hier mit Blick auf die keb zu einer positiven Einschätzung: „Erwachsenenbildung in kirchlicher Trägerschaft überwindet zunehmend enge konfessionelle Schranken und entwickelt sich hin zur Bearbeitung gesamtgesellschaftlicher Probleme, auch in Kooperation mit anderen Bildungsanbietern (z. B. in den Lernenden Regionen)" (von Hippel & Tippelt, 2004, S. 163). Allerdings wird im gleichen Zusammenhang auch darauf verwiesen, dass konfessionelle Anbieter nicht alle Bevölkerungsgruppen und soziale Milieus gleichermaßen erreichen, sondern „offensichtlich vor allem Frauen, Ältere, Nicht-Erwerbstätige und Vertreter älterer Milieus (wie die ‚Konservativen' und ‚Traditionsverwurzelten')" ansprechen (ebd. S. 166).

Generell ist zu bedenken, dass das Sozialmilieumodell, dessen kommerzieller Ursprung in der werbeorientierten Zielgruppenansprache liegt, ein segmentierender Ansatz ist (vgl. Abb. 1). Die nach sozio- und psychographischen Merkmalen differenzierende Zielgruppenanalyse generiert zweifelsohne hilfreiche Daten, etwa zur Bestimmung des eigenen Stammpublikums oder zur Eruierung neuer Zielgruppen. Diese Daten liefern mithin wichtige Entscheidungshilfen, müssen indessen pädagogisch reinterpretiert und programmplanerisch übersetzt werden. Konfessionelle EB als öffentlich geförderte EB wird auch und gerade am Anspruch gemessen, inwieweit sie mit ihrem Angebot gemeinschaftsstiftend und integrationsfördernd wirkt. Insofern spricht vieles dafür, die vielfältigen Formen pädagogisch definierter Zielgruppenarbeit weiter zu pflegen und noch auszubauen. Dies gilt für das breite Spektrum bereits etablierter Bildungsarbeit mit Eltern, Familien, Alleinerziehenden, Senioren, Migranten etc. Dies gilt verstärkt aber auch für die Ansprache und Gewinnung selbstorganisierter Gruppen wie bürgerschaftlicher Gruppen, Bürgerinitiativen, Gemeindeentwicklung auf Stadt- wie Landebene oder selbstgesteuerter Aktions- und Lerngruppen (vgl. dazu auch den Beitrag von Paul Schlegl in diesem Band). Hier geht es auch um eine zukunftsfähige Gestaltung des in der keb strukturell stark verankerten Kooperationsgedankens, demzufolge die Kirchengemeinden genuine Kooperationspartner der Bildungswerke auf Kreis- oder Stadtebene sind. Wenn aus Kirchengemeinden jedoch weniger Initiativen und Impulse für die Erwachsenenbildung zu verzeichnen sind, wie sich dies herauszukristallisieren scheint, bietet die Gewinnung neuer Kooperationspartner eine gute Chance, eine in regionalen Netzwerken bestens verankerte offene keb zu bieten. Aber auch Entwicklungsprojekte der ländlichen Gemeindeentwicklung auf Pfarr- wie politischer Ebene, in denen keb ihre besonderen Kompetenzen im Bereich der Kommunikation und Moderation anbieten kann, dürften zukunftsweisend sein. Weiterhin sei auf eine aktive Beteiligung an Netzwerken in Lernenden Regionen verwiesen, die keb mit eigenen Initiativen und Konzepten zu unterstützen vermag (vgl. dazu Tippelt u. a., 2006, S. 279–290).

Neu zu denken wäre sicherlich auch die Zielgruppenarbeit mit Menschen mit Behinderung. Denn hier zeigen aktuelle empirische Befunde, dass nur etwa ein gutes Drittel bundesweit befragter Weiterbildungsanbieter auf eine Teilnahme von Menschen mit Behinderung an allgemeinen Weiterbildungsangeboten verweisen können, wobei deren Anteil an der Gesamtheit der Teilnehmenden auf weniger als 5 % geschätzt wurde (Koschek, Weiland & Ditschek, 2012, S. 7). Integrierende Veranstaltungen, die sich im Sinne der Inklusion direkt an Adressaten mit und ohne Behinderung wenden, gibt es nur vereinzelt (vgl. ebd.). Insofern scheint die Schlussfolgerung von Koschek, Weiland und Ditschek (2012, S. 7) berechtigt: „Somit ist fraglich, ob inklusiver Unterricht für Menschen mit und ohne Behinderung in der deutschen Weiterbildungslandschaft schon weitgehend verwirklicht ist". Hinzu kommt, dass nur 11 % aller Weiterbildungsanbieter bzw. 20 % derer, die Menschen mit Behinderung als Teilnehmende aufzuweisen haben, spezifische Supportleistungen erbringen (vgl. ebd.). Geht man von der Prämisse aus, dass Angebote für behinderte Menschen eine besondere Affinität zur konfessionellen EB aufweisen, markieren diese Befunde für die keb relevante Ausbaupotentiale. Da Zielgruppenarbeit in der aufgezeigten Breite geradezu als „Alleinstellungsmerkmal" konfessioneller EB gilt, kann auch und gerade dadurch öffentlich sichtbar werden, in welcher Weise keb ihre gesellschaftliche Verantwortung wahrnimmt und welchen genuinen Beitrag sie durch diese spezifische Form der EB im pluralen Feld der EB/WB zu leisten vermag.

Über die verschiedenen Formen der Zielgruppenarbeit hinaus, die für eine nachfrageorientierte Strategie der EB/WB stehen, geht es im Sinne einer angebotsorientierten Strategie für die keb auch darum, selbst Themen und Akzente zu setzen, aber auch auf gesellschaftliche Trends zu reagieren. Beispielhaft für Letzteres seien hier die Herausforderungen aufgegriffen, die vom demographischen Wandel ausgehen. Aktuelle empirische Befunde verweisen hier auf große Potentiale auch und gerade für die keb. So zeigt eine 2011 im Rahmen der von wbmonitor durchgeführten bundesweiten Umfrage, dass sich mit Blick auf bereits vorgehaltene Angebote wie auch hinsichtlich der im nächsten Fünfjahreszeitraum vorgesehenen Weiterbildungsangebote herausfordernde Anschlussstellen für die keb ergeben. Von den insgesamt 17 genannten Themenstellungen erweist sich mindestens die Hälfte als unmittelbar anschlussfähig. Dies gilt vor allem für die Bereiche, die bereits am stärksten vertreten sind, die aber auch beträchtliche Zuwachserwartungen aufweisen: Gesundheitsprävention, interkulturelle Kompetenz, Unterstützung der Berufsrückkehr nach Familienphase, Work-Life-Balance, Integrationskurse für Migrantinnen/Migranten, Alltagsbewältigung im Alter, Intergenerative Bildung, Vorbereitung Älterer auf ein Ehrenamt (Koschek & Schade, 2011, S. 9). Die als Antwort auf den demographischen Wandel genannten Themenschwerpunkte offenbaren einmal mehr, wie wenig eine strikte Trennung zwischen allgemeiner, politischer und beruflicher EB/WB Sinn macht.

Wenn im Zusammenhang angebotsstruktureller Überlegungen in gebündelter Form Fakten und Argumente dargelegt wurden, die für ein breit verstandenes Lern- und Bildungsangebot in der keb sprechen, das selbstverständlich auch ansprechende Formen der (Lern-) Beratung einschließt, so deutet auch die vorgenommene Analyse bildungspolitischer Dokumente im Umfeld der katholischen (Erwachsenen-)Bildung in diese Richtung. Hier zeigt sich, dass der Bildungsbegriff überwiegend als leitende Kategorie definiert wird. Es werden aber auch Öffnungen zu qualifizierenden und kompetenzentwickelnden Angeboten markiert.

Der Ertrag der Analyse relevanter bildungspolitischer Aussagen lässt sich in zweierlei Hinsicht zusammenfassen: In theologischer Hinsicht wird übereinstimmend auf Gottebenbildlichkeit rekurriert, in einem Falle auf die katholische Soziallehre verwiesen. Damit scheint sich eine ‚laienkatholische' Perspektive von keb zu verstärken, die eher an theologischen Grundbegriffen als an kirchlichen Grundsätzen ansetzt, wie dies Englert Anfang der 1990er Jahre als eine mögliche Ausrichtung von keb so charakterisierte: „Damit soll wohl weniger ein Vorbehalt gegenüber der kirchlichen Lehre angebracht als vielmehr klargestellt werden, daß kirchliche Erwachsenenbildung nicht in einem institutionellen Interesse geschieht, sondern ihre Motivation vielmehr aus dem lebendigen Überzeugungstatbestand einer bestimmten Gruppe von Zeitgenossen bezieht" (Englert, 1992, S. 53).

So manifestiert sich in unmittelbar diözesanrelevanten Dokumenten ein Verständnis von (Erwachsenen-)Bildung, das auch organisationsbezogen auf Interdependenz und kritische Selbstreflexion setzt. Und auch hier scheint ein Verständnis von keb auf, wie es Englert im gleichen Argumentationszusammenhang formulierte: „Die weltanschauliche Grundlage wird nicht als eine starre Ableitungsbasis für die Lösung individueller und gesellschaftlicher Probleme angesehen, sondern eher als ein selber in Bewegung befindliches Interpretationsinstrumentarium" (ebd.). Hier offenbart sich eine breite Öffnung für gesellschaftliche Strömungen und in die Gesellschaft hinein. Insofern bedarf es der Vergewisserung in einem subjektbezogenen Bildungsbegriff, dem es – wie Haker es aus philosophischer Sicht in diesem Band formuliert – auf Basis „einer ‚responsorischen' Bildungsethik" angelegt ist, „die An-Sprüche anderer als konkrete Herausforderungen des je individuellen und gesellschaftlichen Handelns anzuerkennen, ohne damit schon jeden Anspruch als gerechtfertigt zu betrachten".

Geht es hier um den Rekurs auf eine theologische Begründung von Bildung, so gilt dies gleichermaßen für den Rückgriff auf pädagogische Begründungsmuster für Bildung in bildungspolitischen Dokumenten. Damit kann ein zweiter Ertrag der Analyse festgehalten werden. Ungeachtet einer präziseren bildungstheoretischen Einordnung, ergeben sich in allen ausgewerteten bildungspolitischen Dokumenten wesentliche Übereinstimmungen im Verständnis von Bildung, Qualifizierung und Kompetenz, wobei Bildung als Leitkategorie besonders hervorgehoben wird. Zugleich zeigt sich ein breites und pädagogisch affines Bildungsverständnis, das die subjektbezogene Entwicklung und Entfaltung in das Spannungsverhältnis sozialer und gesellschaftlicher Anforderungen stellt. Dass ein solches Bildungsverständnis strikt von kirchlichen Ansprüchen der Verkündigung zu trennen ist, versteht sich von selbst und kann – auch angesichts hinlänglich geführter und klärender Diskurse (vgl. etwa Rieck, 2008) – als vorausgesetzt gelten.

Bezogen auf einen erwachsenenpädagogischen Bezugsrahmen von Weiterbildungsmanagement, der die Organisation von Lehr-/Lernprozessen modellhaft abzubilden versucht (vgl. Abb. 1), erweist sich der Bildungsbegriff im Kontext grundlegender lehr-/lerntheoretischer Prämissen als leitende Kategorie, die zur Klärung und Konstituierung des eigenen pädagogischen Selbstverständnisses wie auch zur Entwicklung eines Leitbildes konstruktiv genutzt werden kann. Zugleich kann der Bildungsbegriff auch zur Profilierung des Gesamtangebots dienen, in dem Kompetenzentwicklung, aber Qualifizierung ihren Platz haben können (vgl. Abb. 2). Verständigt man sich auf Unterscheidungskriterien wie Subjektorientierung, Handlungsorientierung, Ganzheitlichkeit von Fähigkeiten, Fertigkeiten und Kenntnissen, Selbstorganisationsfähigkeit, Reflexivität, Normativität und Art der Einbeziehung informeller Lernprozesse (vgl. Schiersmann, 2007, S. 53–56), ergeben sich hilfreiche Möglichkeiten bei der Identifizierung der jeweils vorherrschenden Dimension des angezielten Lehr-/Lernsettings.

Gestützt werden diese Überlegungen durch neuere Erkenntnisse einer Benefit-Forschung, die es jenseits grundsätzlicher Bedenken gegenüber einer stark bildungsökonomisch motivierten und nutzenbasierten Sichtweise wie auch angesichts vieler methodologischer Probleme einzubeziehen und einzuordnen gilt. Kil, Thöne-Geyer & Motschilnig (2012, S. 168) zufolge realisieren sich „Wider Benefits", also weiter und umfassender zu betrachtende Zugewinne durch EB/WB, mittels zweier Mechanismen: Mit Blick auf „personale Eigenschaften und Fähigkeiten ... (kann) Bildung und Lernen die Entwicklung von Kernkompetenzen, Fähigkeiten und persönlichen Ressourcen stärken und den Glauben an die eigenen Möglichkeiten, mit nachteiligen Situationen fertig zu werden, stärken" (ebd). Mit Blick auf „soziale Interaktion ...(ermöglicht) Bildung den Zugang zu Individuen und Gruppen mit einem ähnlichen sozioökonomischen Hintergrund, befördert sozialen Zusammenhalt und bietet Möglichkeiten sozialen Eingebundenseins" (ebd.). Die Autorinnen gehen davon aus, dass soziale und gesamtgesellschaftliche Nutzeneffekte genuinen Zielen der EB entspringen: „In der Bewältigung von Veränderung, der (kommunikativen) Auseinandersetzung mit Neuem und Anderem und in der Erweiterung von reflexiven Bewältigungs- und Entfaltungsoptionen seitens des Individuums im Austausch mit anderen" (ebd.). Sie verweisen beispielhaft auf empirische Befunde, die etwa nahelegen, dass Weiterbildungsteilnehmende eine höhere Resistenz gegen Extremismus und eine höhere Toleranz aufwiesen und politisch engagierter seien. Außerdem verfügten ältere Teilnehmende über weniger Altersstereotype. Schließlich heben sie den förderlichen Beitrag von EB hervor, soziale Exklusion in der Erwerbsarbeit, in sozialen Nahbeziehungen und mit Blick auf Bürgerrechte abzubauen (vgl. ebd., S. 170–171).

Mit Blick auf die Bereitstellung einer lernförderlichen Umgebung wird im Rahmen der Benefit-Forschung auch und gerade die Rolle der Kursleitung hervorgehoben, denn „vor allem scheint es der Lehrende zu sein, der unterstützend, vorbildhaft und direkt in den Lernprozess Anteile erbringen kann" (ebd., S. 171). Übertragen auf die Gegebenheiten der keb bedeutet dies, die Potentiale der bereits praktizierten Formen personaler Präsenz und „Sichtbarkeit" auch der Hauptamtlichen bewusst einzusetzen und konsequent weiterzuentwickeln. Die breite Palette nutzenbasierter Hinweise auf Effekte der EB/WB verweist auf vielfältige Möglichkeiten der keb, ihre spezifischen Ressourcen zur Verfügung zu stellen. Zugleich wird aber deutlich, dass es unerlässlich scheint, hierbei auf das eigene Selbst- und Bildungsverständnis zu reflektieren. Ebenso zeigt sich, dass eine dermaßen verstandene personale Kompetenz auch entsprechender institutioneller Rahmenbedingungen bedarf, um auf der Grundlage erwachsenenpädagogisch ausgewiesener Professionalität qualitätsvolles Handeln gewährleisten zu können.

Dies führt nun zur weiteren Frage, inwieweit Akteure und Strukturen in der keb zu einer breit aufgestellten und gesellschaftlich verankerten konfessionellen EB beitragen können. In struktureller Hinsicht sei zunächst das „doppelte Spannungsverhältnis" benannt. Mit diesem wird eine zweifache Herausforderung markiert, die auf Kooperation angelegt und angewiesen ist: Zum einen ist hier in trägerstruktureller Hinsicht auf das kooperative ‚Dreisäulenmodell' zu verweisen, das auf ein konstruktives Miteinander von gemeinnützigen Vereinen bürgerlichen Rechts (in Form der (Kreis-)Bildungswerke und des Diözesanverbunds), bildungsaffinen Verbänden und Amtskirche angewiesen ist. Die im Rahmen eines Kooperationsvertrages erfolgte Delegation der Verantwortung für die offene Erwachsenenbildung in der Diözese Rottenburg-Stuttgart an den Diözesanverbund manifestiert eine strukturelle Absicherung der keb als eigenständigem Ort und kann zugleich als Signal verstanden werden, dass dieser Ort der Bildung in hohem Maße von Laienkatholik/-innen selbst zu gestalten und zu verantworten ist. Dies dürfte sich insofern auch als Vorteil erweisen, als damit dem eher noch zunehmenden öffentlichen Legitimationsdruck besser zu begegnen ist. Die zweite hier zu benennende Herausforderung ist mit der gewählten Institutionenstruktur der keb in der Diözese Rottenburg-Stuttgart verknüpft. Hier geht es darum, das Kooperationsverhältnis zwischen den maßgeblichen Institutionen, also (Kreis-)Bildungswerken, Verbänden und Diözesanverbund, so zu gestalten, dass ein konstruktives Zusammenwirken im Interesse einer attraktiven wie jeweils klar profilierten EB ermöglicht wird.

Im Anschluss stellt sich die Frage, was das hier umrissene „doppelte Spannungsverhältnis" für anstehende Entscheidungs- und Steuerungsprozesse in der keb impliziert. Koordinierende Aufgaben auf Diözesanebene können nicht die Verantwortung für die Entwicklung der EB vor Ort ersetzen. Denn diese stellt nicht zuletzt durch ihre kooperativ angelegten Arbeitsstrukturen, indem man sich der Rückbindung an Kirchengemeinden ebenso vergewissert wie für die zukunftsträchtige Erschließung weiterer Kooperationspartner offen hält, förderliche Rahmenbedingungen für eine adressaten- und zielgruppenbezogene Bildungsarbeit bereit. Die Koordinierungs- wie Unterstützungsfunktion auf Diözesanebene steht für die Gewährleistung öffentlicher Förderung wie insgesamt von förderlichen Rahmenbedingungen, um auf der Grundlage geregelter Kommunikation zwischen ehrenamtlichen Gremienvertretern, hauptamtlichen Leitungspersonen und kirchlichen Verantwortungsträgern zu tragfähigen Lösungen zu gelangen.

Inwieweit keb ihre Potentiale entfalten und ein professionelles Dienstleistungsangebot erbringen kann, hängt in hohem Maße von der Professionalität aller beteiligten Akteure ab. Mit Blick auf die hauptamtlichen „Bildungsprofis" erfüllt die keb DRS die gebotenen Voraussetzungen insofern, als diese sowohl eine theologische als auch erwachsenenpädagogische Kompetenz mitbringen müssen. Auch mit Blick auf qualitative Mindeststandards öffentlich verantworteter EB wird es verstärkt darauf ankommen, in die vielfältig vorgehaltenen Maßnahmen zur Personal- und Organisationsentwicklung unverzichtbar auch die Ehrenamtlichen einzubeziehen. Es spricht vieles dafür, den bereits beschrittenen Weg gemeinsamer Fortbildungsmaßnahmen weiter zu beschreiten und konsequent auszubauen.

Wenn sich keb in den Dienst der Gesellschaft stellt, ist es unerlässlich, das unterlegte Verständnis von Gesellschaft und die sie prägenden Kräfte zu reflektieren, da nur so ihre eigenständige Rolle als Bildungsfaktor bestimmt und ausgelegt werden kann. Hier ist zu fragen, in welchem Maße in der keb die integrative wie partizipativ-gestaltende und demokratisierende Funktion von Bildung in einer postmodernen Gesellschaft zum Tragen kommt. Denn gerade dazu hat die EB im historischen Erbe der Aufklärung einen Beitrag geleistet und unverzichtbar weiter zu leisten. Die von Margret Fell in diesem Zusammenhang aufgeworfene Frage, ob keb als „Regulativ" wirken kann oder „nur ein Spiegel der Gesellschaft" (Fell, 1989, S. 8) ist, kann mit „sowohl als auch" beantwortet werden. keb ist Spiegelbild gesellschaftlicher Realitäten und Tendenzen. Zugleich steht sie vor der Aufgabe, gesellschaftliche Entwicklungen und die diesen zugrundeliegenden Dynamiken und Interessen selbst zu thematisieren und ihre wertebezogenen Fragen und Antworten dem gesellschaftlichen Diskurs zur Verfügung zu stellen, um auf diese Weise für eine werte-bewusste Gesellschaft zu sensibilisieren. Im Nachdenken über gesellschaftliche Entwürfe wäre etwa zu fragen, ob sich unsere Gesellschaft eher dem Modus einer „Ich-Gesellschaft" oder dem einer „Wir-Gesellschaft" verpflichten will.

Die theologische Dimension konfessioneller EB kann hierzu Anstöße und Impulse bieten. Wie etwa Drumm in diesem Band darlegt, kann keb gerade in Zeiten tiefgreifender gesellschaftlicher Transformation Räume der Selbstvergewisserung christlicher Tradition und damit hilfreiche Verstehens- und Deutungshilfen für komplexer werdende Identitätsentwicklungsprozesse bieten. Perspektivenreich erscheint auch der Verweis auf die Gottebenbildlichkeit des Menschen, wie er sich in bildungspolitischen Positionierungen als durchgehende Chiffre für die Zueignung von unabdingbarer Würde des Menschen findet, indem „der Mensch als Bild Gottes zu einem bevorzugten ‚Ort der Gegenwart Gottes' (wird)" (Rieck, 2008, S. 141). Die hier zum Tragen kommende Schöpfungserzählung kann insgesamt eine Bildungsperspektive eröffnen, die konfessionelle EB als Ort der diskursiven Verständigung über eine Welt- und Gesellschaftsentwicklung zu begreifen, die sich von der Vision der Bewahrung der Schöpfung (Umwelt) und der damit verbundenen Aufgabe, menschenwürdige Lebensräume zu gestalten, tragen lassen (vgl. dazu auch Krämers Anmerkungen zu einer theologischen Begründung der keb in diesem Band).

Ähnliche Inspirationskraft mag dem prophetischen Element zukommen, das – wie Orth (2005, S. 193) näher ausführt – auf „‚Richtung und Linie' der hebräischen Bibel und des Neuen Testaments" verweist und auch für Menschen außerhalb des christlichen Kontextes als inspirative Quelle sinnsuchender Selbst- und Weltreflexion genutzt werden kann. Manifestiert „in der an Gott und den Menschen orientierten kritischen Zeitansage, die geprägt ist von der vorrangigen Option für alle, die am guten Leben gehindert werden", meint „prophetische Perspektive" im Sinne von ‚Lebenskunst', „Blicke auf das gute Leben öffnen" und im Sinne von ‚Parteilichkeit', „Standorte (markieren), dass diese Hoffnung allen Menschen gilt und Einsatz dafür lebensnotwendig ist" (ebd.).

Allgemeiner formuliert es Bergold (2005, S. 201), wenn er biblische Texte „in ihrer archetypischen Bildhaftigkeit" jenseits eines Verkündigungsanspruchs als bildungswirksame Reflexionsanlässe im Sinne von Deutungsangeboten betrachtet. Theologische EB vermag insofern Anlässe der „Unterbrechung" zu bieten, die eindimensionale Sichtweisen von Mensch und Gesellschaft überwinden helfen, „indem sie aufbrechende und unterbrechende Lebenswelten ins Gespräch und Bewusstsein bringt, die nicht technisiert, instrumentalisiert, leistungsorientiert und marktgesteuert sind, sondern zutiefst und eigentlich menschlich" (ebd.). Gilt es insofern, Menschen ermutigende Orte der Selbstreflexion zu bieten, verweist dies auf Wege erwachsenenpädagogischer Biographiearbeit mit dem Ziel, ungelebtem, vielleicht sogar ungeahntem Leben auf die Spur zu kommen.

Die hier aufgezeigten Zugänge, Gesellschaft und deren Wandel aus konfessioneller Perspektive zu bestimmen und zu reflektieren, seien nur beispielhaft verstanden. Sie können als Ausdruck dafür stehen, keb als legitimen Ort der Auseinandersetzung mit „Grund legenden" Aspekten einer Gesellschaft unter Einbeziehung ethischer Fragen angesichts wertepluraler Ansprüche und Divergenzen zu nutzen. Dass hierzu nicht nur die Diskussion über die Rolle von Religion(en) in seiner säkularen Gesellschaft, sondern ebenso die kritische Reflexion auch destruktiver Potentiale gehört, mag nicht unerwähnt bleiben. Nicht zuletzt eröffnen sich – wie Schweitzer in diesem Band aus religionspädagogischer Perspektive ausführt – interreligiöse Bildungsaufgaben in einer multireligiösen Gesellschaft.

Die Verantwortung für das Vorantreiben gesellschaftlicher Entwicklungen bezieht sich aber nicht nur auf inhaltliche, sondern auch auf strukturelle Fragen einer öffentlich verantworteten EB. So etwa, wenn es darum geht, die derzeit eher gruppenbezogenen Förderungsrichtlinien für einzelfallbezogene Maßnahmen zu öffnen.

Was kann man nun abschließend aus dieser erwachsenenpädagogischen Analyse der keb mit Blick auf deren Dienst an der Gesellschaft und damit am Gemeinwohl festhalten? Zunächst sollte auf einer metatheoretischen Analyseebene deutlich geworden sein, dass konfessionelle EB und mit ihr die keb als öffentlich geförderte EB über eine rein theologische Begründung hinaus einer erwachsenenpädagogischen Verortung bedarf (vgl. dazu auch Fell, 1989, S. 5). Denn erst im Rahmen einer erwachsenenpädagogisch fundierten Systematik einer professionell verantworteten Organisation von Lern- und Bildungsprozessen für Erwachsene wird es möglich, den Beitrag der keb in der pluralen Weiterbildungslandschaft zu bestimmen. So kann herausgearbeitet werden, inwieweit konfessionelle EB primär innerkirchlichen Partialinteressen zuzuordnen ist oder aber inwiefern eine weltanschauliche Ausrichtung mit christlichem Fundament eine Grundlage für eine Bildungsarbeit abgeben kann, die nicht trotz, sondern wegen ihres Spezifikums als gesellschaftlich relevant und bedeutsam erkannt und anerkannt wird. Auf diese Weise kann ein erwachsenenpädagogischer Referenzrahmen dazu beitragen, dem Legitimationsbedarf der keb als Organisation kirchlicher Mitträgerschaft wirksam zu begegnen.

Mit Blick auf die Doppelperspektive dieses Beitrags, nämlich Perspektiven der keb in einem erwachsenenpädagogischen Bezugsrahmen zu verorten, um auf dieser Grundlage Schlussfolgerungen für spezifische Gestaltungspotentiale dieses Feldes öffentlich verantworteter EB zu ziehen, sei abschließend nochmals betont: Es ging nicht primär darum, das Repertoire von Vorschlägen und Anregungen zur zukünftigen Gestaltung von keb um griffige Formeln oder Rezepte zu erweitern. In dieser Hinsicht liegen zahlreiche beachtenswerte Konzepte und Entwürfe vor, wie sie etwa von Rieck (2008) sowie Englert und Leimgruber (2005) dargelegt und eingeordnet werden. Vielmehr ging es in dieser erwachsenenpädagogischen Verortung der keb auf der Grundlage relevanter Theorie- und Empiriebefunde darum, Anschlussstellen aufzuzeigen, die von den Akteuren der keb genutzt werden können, um eigene Perspektiven zu entwickeln. Wie in diesem Beitrag professionstheoretisch begründet, ist eben dies die Aufgabe professionellen Handelns in der EB/WB, nämlich relevantes Wissen zur Lehr-/Lernorganisation Erwachsener mit den eigenen Prämissen zu verbinden, um daraus Perspektiven für die Gestaltung eines klar konturierten Profils zu entfalten. Mit anderen Worten: Es gilt, keb als Ort der EB zu bestimmen, der sich in seinen Antworten auf die vielfältigen und multidimensionalen Lernforderungen an Einzelne wie Kollektive der eigenen Werteimplikationen und sinnthematisierenden Ressourcen vergewissert, sich aber bei der Bewältigung der Aufgaben der gesamten Bandbreite erwachsenenpädagogischer Konzepte und Instrumente zu bedienen vermag, die professionelles wie qualitätsvollen Handeln ermöglichen helfen.

Literaturverzeichnis

Arnold, R. (2010): Kompetenz. In R. Arnold, S. Nolda & E. Nuissl (Hrsg.), Wörterbuch Erwachsenenbildung (2. Aufl.) (S. 172–173). Bad Heilbrunn: Verlag Julius Klinkhardt.
Aschoff, H.-G. (2008). Von der Revolution 1848/49 bis zum Ende des Ersten Weltkrieges. In E. Gatz (Hrsg.), Laien in der Kirche (S. 115–191). Freiburg im Breisgau: Verlag Herder.

Aymans, W. (1989). Das konsoziative Element in der Kirche. Gesamtwürdigung. In W. Aymans et al. (Hrsg.), Das konsoziative Element in der Kirche. Akten des VI. Internationalen Kongresses für Kanonisches Recht (S. 2029–1057). St. Ottilien.

Barz, H. Tippelt, R. (2004a). Weiterbildung und soziale Milieus in Deutschland. Bd. 1 – Praxishandbuch Milieumarketing. Bielefeld: W. Bertelsmann Verlag.

Barz, H. Tippelt, R. (2004b). Weiterbildung und soziale Milieus in Deutschland. Band 2 – Adressaten- und Milieuforschung zu Weiterbildungsverhalten und -interessen. Bielefeld: W. Bertelsmann Verlag.

Bergold, R. (2005). Stolpern lernen! Zum Unterbrechungsansatz in der theologischen Erwachsenenbildung. In R. Englert & S. Leimgruber (Hrsg.), Erwachsenenbildung stellt sich religiöser Pluralität (S. 195–210). Gütersloh und Freiburg im Breisgau: Christian Kaiser/Gütersloher Verlagshaus und Verlag Herder.

Bergold, R., Knoll, J. Mörchen, A. (1999) (Hrsg.). „In der Gruppe liegt das Potential" – Wege zum selbstorganisierten Lernen. Ein KBE-Projekt zur Fortbildung von Multiplikatorinnen und Multiplikatoren. Gesamtbericht, Dokumentation, Evaluation. Bonn: Echter Verlag.

Bildungspolitische Erklärung des KBE-Vorstandes (2007). Kompetenz braucht Erfahrung – Erwachsenenbildung braucht tragfähige Strukturen.http://www.kbe-bonn.de/fileadmin/Redaktion/Bilder/50_jahre_kbe/Bildungspolitische Erkläru ng 2007.pdf[07.03.2013].

Bundesministerium für Bildung und Wissenschaft (2006) (Hrsg.). Berichtssystem Weiterbildung IX. Integrierter Gesamtbericht zur Weiterbildungssituation in Deutschland. Bonn, Berlin.

Ecarius, J. (2009). Bildung in erziehungswissenschaftlichen Reflexionskulturen. In W. Melzer & R. Tippelt (Hrsg.), Kulturen der Bildung. Beiträge zum 21. Kongress der Deutschen Gesellschaft für Erziehungswissenschaft (S. 247–259). Opladen: Verlag Barbara Budrich.

Englert, R. (1992). Religiöse Erwachsenenbildung. Situation – Probleme – Handlungsorientierung. Stuttgart: W. Kohlhammer.

Englert, R. & S. Leimgruber (2005). Erwachsenenbildung stellt sich religiöser Pluralität. Gütersloh und Freiburg im Breisgau: Chr. Kaiser/Gütersloher Verlagshaus und Verlag Herder.

Faulstich, P., Zeuner, C. (2008). Erwachsenenbildung. Eine handlungsorientierte Einführung in Theorie, Didaktik und Adressaten (3., aktual. Aufl.). Weinheim und München: Juventa Verlag.

Fell, M. (1989). Katholische Erwachsenenbildung zwischen gesellschaftspolitischer Verantwortung und kirchlichem Interesse. München: Saur.

Gieseke, W. (2008). Bedarfsorientierte Angebotsplanung in der Erwachsenbildung. Bielefeld: W. Bertelsmann Verlag.

Gnahs, D. (2010). Träger der Erwachsenenbildung. In R. Arnold, S. Nolda & E. Nuissl (Hrsg.), Wörterbuch Erwachsenenbildung (2. Aufl.) (S. 288–289). Bad Heilbrunn: Verlag Julius Klinkhardt. Grundsätze und Ziele der Erwachsenenbildung in der Diözese Rottenburg-Stuttgart (1993). In Stuttgarter Hefte, 7(Sondernummer), 150–155.

Gschwender, E. (1983). Geschichte der Erwachsenenbildung in der Diözese Rottenburg-Stuttgart nach 1945. In Bildungswerk der Diözese Rottenburg-Stuttgart e. V. (Hrsg.), Erwachsenenbildung als Lern- und Lebenshilfe. Geschichte – Strukturen – Ziele. Erfahrungen in der Diözese Rottenburg-Stuttgart (S. 23–30). Ostfildern: Schwabenverlag.

Heuer, U., Robak, S. (2000). Programmstruktur in konfessioneller Trägerschaft – exemplarische Programmanalysen. In W. Gieseke (Hrsg.), Programmplanung als Bildungsmanagement? Qualitative Studie in Perspektivverschränkung. Begleituntersuchung des Modellversuchs ‚Erprobung eines Berufseinführungskonzeptes für hauptberufliche pädagogische Mitarbeiter/innen in der konfessionellen Erwachsenenbildung' (S. 115–209). Recklinghausen: Bitter.

Hippel, A. v., Tippelt, R. (2004). Kirchliche Erwachsenenbildung und ihre Teilnehmer. Empirische Ergebnisse. Erwachsenenbildung, H. 4, 163–167.

Hirschberger Erklärung 1992. Bildungspolitische Grundsätze (1992): http://kbe-bonn.de/fileadmin/Redaktion/PDF/Dokumente_zu_EB/Hirschberg_1992.pdf [07.03.2013].

Katholische Erwachsenenbildung Diözese Rottenburg-Stuttgart e. V. (2012). keb Jahresbericht 2011/2012. Stuttgart.

Katholische Erwachsenenbildung Diözese Rottenburg-Stuttgart e. V. (2013). Unser Leitbild. http://keb-drs.de/fileadmin/downloads/selbstverstaendnis-leitbild.pdf. [07.03.2013].

Katholische Erwachsenenbildung Hessen. Landesarbeitsgemeinschaft e. V. (2009). Untersuchung KEB Hessen. Frankfurt/Main. http://keb-hessen.de/uploads/media/keb_dokumentation_web-pdf. [15.03.2013].

Kil, M., Thöne-Geyer, B., Motschilnig, R. (2012). Was kann Erwachsenenbildung leisten? Die Benefits von Erwachsenenbildung – Ansatz, Erfassung und Perspektiven. Der Pädagogische Blick, 20(3), 164–175.

Kraul, M., Marotzki, W. (2002) (HG.). Biographische Arbeit. Perspektiven erziehungswissenschaftlicher Biographieforschung. Opladen: Leske + Budrich.

Kolping. Kolpingwerk Deutschland (2011) (HG.). Bildung. Grundlagenpapier des Kolpingwerkes Deutschland. Kölner Schriften des Kolpingwerkes Deutschland, Bd. 6. Köln.

Koscheck, S., Schade, H.-J. (2011). Wbmonitor Umfrage 2011: Weiterbildungsanbieter im demographischen Wandel – Zentrale Ergebnisse im Überblick. https://www.wbmonitor.de/downloads/Ergebnisse_20120207.pdf [01.03.2013].

Koscheck, S., Weiland, M. &Ditschek, J. (2012). Wbmonitor Umfrage 2012: Klima und Strukturen der Weiterbildungslandschaft – Zentrale Ergebnisse im Überblick. http://www.bibb.de/dokumente/pdf/wbmonitor_Ergebnisbericht_Umfrage_2012.pdf [28.02.2013].

Leimgruber, S. (2005). Erwachsenenbildung als interkulturelles und interreligiöses Lernen. In R. Englert & S. Leimgruber (Hrsg.), Erwachsenenbildung stellt sich religiöser Pluralität (S. 279–285). Gütersloh und Freiburg: Chr. Kaiser/Gütersloher Verlagshaus und Verlag Herder.

Meueler, E. (2010). Didaktik der Erwachsenenbildung – Weiterbildung als offenes Projekt. In R. Tippelt & A. v. Hippel (Hrsg.), Handbuch Erwachsenenbildung/Weiterbildung (4., durchges. Aufl.) (S. 973–987). Wiesbaden: VS Verlag für Sozialwissenschaften.

Nittel, D. (2010). Biographietheoretische Ansätze in der Erwachsenenbildung. In R. Tippelt & A. v. Hippel (Hrsg.), Handbuch Erwachsenenbildung/Weiterbildung (4., durchges. Aufl.) (S. 103–115). Wiesbaden: VS Verlag für Sozialwissenschaften.

Nuissl, E. (2010). Öffentliche Verantwortung. In R. Arnold, S. Nolda& E. Nuissl (Hrsg.), Wörterbuch Erwachsenenbildung (2. Aufl.) (S. 224–225). Bad Heilbrunn: Verlag Julius Klinkhardt.

Olbrich, J. (2001). Geschichte der Erwachsenenbildung in Deutschland. Opladen: Leske + Budrich.

Orth, G. (2005). Zur erwachsenenbildnerischen Bedeutung prophetischer Traditionen. In R. Englert & S. Leimgruber (Hrsg.), Erwachsenenbildung stellt sich religiöser Pluralität (S. 182–194). Gütersloh und Freiburg im Breisgau: Christian Kaiser/Gütersloher Verlagshaus.

Peters, R. (2004). Erwachsenenbildungs-Professionalität. Ansprüche und Realitäten. Bielefeld: W. Bertelsmann Verlag.

Pflüger, A. (2010): Integration. In R. Arnold, S. Nolda& E. Nuissl (Hrsg.), Wörterbuch Erwachsenenbildung (2. Aufl.) (S. 155–156). Bad Heilbrunn: Verlag Julius Klinkhardt.

Rieck, U. (2008). Empowerment. Kirchliche Erwachsenenbildung als Ermächtigung und Provokation. Berlin: LIT Verlag.

Rohlmann, R. (2001). Öffentliche Verantwortung. In R. Arnold, S. Nolda& E. Nuissl (Hrsg.). Wörterbuch Erwachsenenpädagogik (S. 240–241). Bad Heilbrunn: Verlag Julius Klinkhardt.

Schiersmann, C. (2007). Berufliche Weiterbildung. Wiesbaden: VS Verlag für Sozialwissenschaften.
Schiersmann, C. (2010). Zielgruppen. In R. Arnold, S. Nolda& E. Nuissl (Hrsg.). Wörterbuch Erwachsenenpädagogik (S. 321–323). Bad Heilbrunn: Verlag Julius Klinkhardt.
Schlutz, E. (2010). Bildung. In R. Arnold, S. Nolda& E. Nuissl (Hrsg.), Wörterbuch Erwachsenenbildung (2. Aufl.) (S. 41–44). Bad Heilbrunn: Verlag Julius Klinkhardt.
Schlutz, E. (2006): Bildungsdienstleistungen und Angebotsentwicklung. Münster u. a.: Waxmann.
Schrader, J. (2003). Wissensformen der Erwachsenenbildung. In W. Gieseke (Hrsg.), Institutionelle Innensichten der Weiterbildung (S. 228–253). Bielefeld: W. Bertelsmann Verlag.
Sellmann, M. (2005). Die Sinn/er/findung der katholischen Erwachsenenbildung. Eine Analyse aktueller Leitbilder. In: R. Englert & S. Leimgruber (Hrsg.), Erwachsenenbildung stellt sich religiöser Pluralität (S. 67–82). Gütersloh, Freiburg im Breisgau: Chr. Kaiser/Gütersloher Verlagshaus und Verlag Herder.
Siebert, H. (1991). Aspekte einer reflexiven Didaktik. In W. Mader et al., Zehn Jahre Erwachsenenbildungswissenschaft (S. 19–32). Bad Heilbrunn: Verlag Julius Klinkhardt.
Siebert, H. (2006). Didaktisches Handeln in der Erwachsenenbildung. Didaktik aus konstruktivistischer Sicht (5. Aufl.). Augsburg: ZIEL.
Siebert, H. (2011). Lernen und Bildung Erwachsener. Bielefeld: W. Bertelsmann Verlag.
Staatsministerium Baden-Württemberg (2002) (Hrsg.). Bilden, Leben, Gestalten. Gesellschaftliche Herausforderungen und Kirchliche Erwachsenenbildung. Gemeinsamer Kongress des Staatsministeriums Baden-Württemberg und der Kirchlichen Landesarbeitsgemeinschaft für Erwachsenenbildung am 15. Februar 2002. Dokumentation. Stuttgart.
Stellungnahme des KBE-Vorstandes (2000). http://www.kbe-bonn.de/fileadmin/ Redaktion/PDF/Dokumente_zu_EB/KBE-Stellungnahme_1992.pdf [07.03.2013].
Tippelt, R. et al. (2006). Regionale Netzwerke zur Förderung lebenslangen Lernens – Lernende Regionen. In R. Fatke & H. Merkens (Hrsg.), Bildung über die Lebenszeit. Wiesbaden: VS Verlag für die Sozialwissenschaften.
Vogel, N. (2000). Die Kategorie der Bildung in der erwachsenenpädagogischen Theorieentwicklung. Eine historisch-systematische Betrachtung. In A.de Cuvry et al. (Hrsg.), Erlebnis Erwachsenenbildung: zur Aktualität handlungsorientierter Pädagogik (S. 33–43). Neuwied, Kriftel: Luchterhand.

Vogel, N. (2008). Steuerung der Weiterbildung durch erwachsenenpädagogische Professionalitätsentwicklung. In S. Hartz & J. Schrader (Hrsg.), Steuerung und Organisation in der Weiterbildung (S. 293–310). Bad Heilbrunn: Verlag Julius Klinkhardt.

Vogel, N./Wörner, A. (2002). Erwachsenenpädagogische professionelle Kompetenz für die Weiterbildung. In U. Clement & R. Arnold (Hrsg.), Kompetenzentwicklung in der beruflichen Bildung (S. 81–92). Opladen: Leske + Budrich.

Vogel, N./Zellhuber-Vogel, P. (1993). Kirchliche Erwachsenenbildung im Kontext erwachsenenpädagogischer Theoriediskussion. Zur Positionsbestimmung einer lebensweltlich und interkulturell orientierten Bildungsarbeit. Stuttgarter Hefte, 7 (Sondernummer), 143–149.

Wittpoth, J. (2003). Einführung in die Erwachsenenbildung. Opladen: Leske + Budrich.

Wirth, I. (1978). Institution, Institutionalisierung. In I. Wirth (Hrsg.), Handwörterbuch der Erwachsenenbildung (S. 384–392). Paderborn: Schöningh.

Zech, R. (2008). Handbuch Qualität in der Weiterbildung. Weinheim und Basel: Beltz Verlag.

Zentralkomitee der deutschen Katholiken. ZdK (2009). Bildung unabhängig von der Herkunft! Gerechte Beteiligung an lebensbegleitender Bildung. Erklärung des Zentralkomitees der deutschen Katholiken. Bonn.

Zinkl, G. (2011). Das K macht den Unterschied. Die kirchenrechtliche Einordnung des KDFB: Einführung in kirchliches Vereinsrecht. Katholischer Deutscher Frauenbund.

Prof. Dr. Norbert Vogel, Institut für Erziehungswissenschaft, Abteilung Erwachsenenbildung/Weiterbildung der Universität Tübingen, Münzgasse 11, 72070 Tübingen, E-Mail: norbert.vogel@uni-tuebingen.de

Lernen aus Videofällen – Darstellung eines Fortbildungskonzepts zur Professionalisierung des Kursleiterhandelns

Josef Schrader/Sabine Digel

1 Ausgangslage

In der Debatte um die Qualität von Bildungsangeboten stehen die Lehrenden, ihre berufliche Sozialisation sowie ihre (professionelle) Wissensbasis zur Gestaltung von Lehr-Lernprozessen aktuell im Fokus der öffentlichen und wissenschaftlichen Aufmerksamkeit (vgl. z. B. Hattie, 2009; Kraft, Seitter & Kollewe, 2009). Dabei stellt sich nicht nur die Frage nach den vorhandenen und notwendigen Kompetenzen, sondern auch nach den Möglichkeiten ihrer systematischen Förderung. In der Erwachsenenbildung sind dabei vor allem die knappen zeitlichen und finanziellen Ressourcen der oft unter prekären Verhältnissen beschäftigten Lehrenden (WSF, 2005) in Rechnung zu stellen.

Die Arbeit mit Videofällen wird als eine erfolgversprechende Methode der Aus- und Weiterbildung von Lehrenden in allen Bildungsbereichen angesehen (vgl. z. B. Shulmann, 1992; Brophy, 2004; Sherin, Jacobs & Philipp, 2011). Sie vermag es, praxisrelevantes Handlungswissen aufzubauen sowie analytische und diagnostische Fähigkeiten (weiter) zu entwickeln (Merseth, 1999; Schrader, Hohmann & Hartz, 2010). An diese Überlegungen knüpft das in enger Kooperation mit Praktikern, insbesondere der Katholischen Bundesarbeitsgemeinschaft für Erwachsenenbildung, entwickelte Online-Fall-Laboratorium an. Es bietet einen forschungsbasierten Ansatz, der die Vorteile von E-Learning-Angeboten mit dem für die Professionalisierung von Lehrenden als erfolgreich geltenden Konzept der Videofallarbeit verbindet und eine Nutzung in zeitlich und örtlich flexibel gestaltbaren Aus- und Weiterbildungsangeboten erlaubt.

Die Entwicklung des Online-Fall-Laboratoriums wurde von evaluativen und (quasi-) experimentellen Feldstudien begleitet, die sich der Akzeptanz und den Wirkungen des videofallbasierten Lernens bei unterschiedlichen Adressatengruppen widmeten (Digel, Schrader & Hartz, 2010; Goeze, Zottmann, Schrader & Fischer, 2010). Darüber hinaus wurde ein Praxishandbuch für die Aus- und Fortbildung von Lehrkräften, Trainern und Beratern vorgelegt, der aufzeigt, unter welchen Bedingungen wissenschaftlich abgesicherte Konzepte der Fallarbeit erfolgreich in die Aus- und Weiterbildungspraxis implementiert werden können (Digel, Goeze & Schrader, 2012). Hier stellen sich angesichts der vorherrschenden pädagogischen Autonomie von Praktikern (Richardson-Koehler, 1987; Penuell & Yarnell, 2005) Fragen der hilfreichen und notwendigen konzeptionellen Gestaltungsfreiheiten sowie der vorhandenen personellen, zeitlichen und örtlichen Ressourcen der beteiligten Anbieter und Teilnehmer.

Wie das Online-Fall-Laboratorium aufgebaut ist, welche konzeptionellen Grundlagen diesem Aufbau zu Grunde liegen und wie das Videofallarbeitskonzept erfolgreich in die Praxis integriert werden kann, soll in diesem Artikel anhand theoretischer Überlegungen und vorliegender empirischer Befunde dargestellt werden. Ein Ausblick auf mögliche weitere Schritte zur Professionalisierung der Lehrenden auf Basis der bisherigen Erfahrungen rundet den Artikel ab.

2 Theoretischer Hintergrund

Die hier präsentierte Forschungs- und Entwicklungsarbeit bedient sich in ihrem theoretischen Hintergrund unterschiedlicher Disziplinen und Diskurse. Sie geht in ihren konzeptionellen Grundlagen einerseits auf die Debatte über die Professionalisierung der Erwachsenenbildung zurück, wie sie seit Ende der 1980er Jahre geführt wird. Professionalität wird dabei als die Fähigkeit verstanden, „breit gelagerte, wissenschaftlich vertiefte und damit vielfältig abstrahierte Kenntnisse in konkreten Situationen angemessen anwenden zu können oder umgekehrt betrachtet: in eben diesen Situationen zu erkennen, welche Bestandteile aus dem Wissensfundus relevant sein können" (Tietgens, 1988, S. 37). Weiter orientiert sich das hier vorgestellte Konzept an den Erkenntnissen und Befunden der Kompetenzdebatte in der Lehrerbildung, aus der Strukturmodelle zur Erfassung notwendiger Lehrkompetenzen hervorgingen, die eine tragfähige Grundlage zu einer Betrachtung relevanter Wissensbestandteile sowie volitionaler, motivationaler und selbstregulativer Fähigkeiten professionellen Könnens bieten (vgl. Oser, 2001; Kunter et al., 2011).

Zur Frage der didaktisch-methodischen Gestaltung der Arbeit mit (digitalen) Videofällen konnten der angloamerikanischen Lehr-Lernforschung – insbesondere zum situierten und problembasierten Lernen – Anregungen zu hilfreichen Instruktionen und Sozialformen der Bearbeitung von Fällen entnommen werden (vgl. Lave & Wenger, 1991; Boud & Feletti, 1997). Die Bedeutung einer medialen Dokumentation für eine wiederholte, zeit- und ortsunabhängige Auseinandersetzung mit den Fallsituationen ohne eigenen Handlungsdruck wird dort ebenfalls betont. Wie eine instruktionale und didaktische Hilfen integrierende mediale Lernumgebung gestaltet werden kann, die eine möglichst flexible, theoretisch fundierte und mehrperspektivische Auseinandersetzung mit Fällen ermöglicht, kann die Cognitive Flexibility Theory beantworten, u. a. mit ihrem Votum für eine „crisscrosed landscape" zur multidimensionalen Wissenspräsentation (Spiro & Jehng, 1990).

Dem Einsatz von Videofällen wird in diesen Diskursen je nach didaktisch-methodischer und medialer Gestaltung das Potenzial zugesprochen, professionelles Wissen und Können in direktem Bezug zu natürlich komplexem Lehr-Lerngeschehen zu integrieren und dabei Analysefähigkeiten und berufsförmige Deutungskompetenz zu schulen (vgl. Kade, 1990; Müller, 1998; Nittel, 1998; Merseth, 1999). Die skizzierten theoretischen Überlegungen fanden Eingang in das im Online-Fall-Laboratorium umgesetzte Konzept der Videofallarbeit, das im Folgenden in seinen Inhalten und Strukturen näher beschrieben wird.

3 Das Konzept videofallbasierten Lernens

Im Mittelpunkt des Bildungskonzeptes steht die Arbeit mit videographierten Kursaufnahmen, die reale Praxis authentisch dokumentieren. Diese werden zu 10–15 minütigen Fallsituationen geschnitten und nach inhaltlichen Kriterien katalogisiert sowie um Hilfen zur Bearbeitung ergänzt. Diese Videofälle stehen interessierten Nutzern über eine passwortgeschützte Online-Plattform zu Bildungs- und Forschungszwecken zur Verfügung. Für die Auswahl bzw. die Aufbereitung der Videofälle waren vier Prinzipien leitend: die Abbildung der institutionellen Heterogenität des Bildungswesens; die Präsentation der Breite möglicher Themenbereiche und Kursinhalte; die Auswahl „typischer" didaktisch-methodischer Arrangements sowie die Abbildung unterschiedlicher Phasen von Lehr-Lernprozessen, wie sie sich in der Eröffnung, der Vermittlung und Bearbeitung von Inhalten, der Präsentation und Reflexion sowie des Abschlusses vollziehen.

Zur Didaktisierung stellt die Online-Plattform zum einen einen umfassenden Katalog an allgemein- und (fach-)didaktischen Theorien und Modellen in Form von ausführlichen Lehrtexten sowie exzerpierten Bausteinen zur Verfügung, die direkt in die Lernumgebung integriert werden können. Zum anderen bietet sie zu jedem Fall eine wählbare Zusammenstellung an „O-Ton-Kommentaren" der in dem Video agierenden Lehrperson(en) und der Lernenden an. Ebenso können Instruktionen und Evaluationsinstrumente zur Bearbeitung der Fälle in unterschiedlichen Sozialformen wie Einzel-, Partner oder (Kurs-)Gruppenarbeit in selbstgesteuerter oder moderierter Form über die Materialdatenbank abgerufen werden. Die Arbeitsmaterialien sind als Anregung zu verstehen, sie können frei mit den Fällen kombiniert werden (siehe Abbildung 1).

Abb. 1: Varianten der Anreicherung der Fälle

Die didaktischen und instruktionalen Hilfen sollen den Lernenden den Zugang zum Fall erleichtern, ihnen ein eigenes Verständnis des Falls und sach- wie auch subjektbezogene Perspektiven auf den Fall eröffnen. Das Online-Fall-Laboratorium bietet dazu einen theoretisch sowie empirisch begründeten Rahmen, der bestimmte Formen der Fallbearbeitung ermöglicht und auf eine Differenzierung der Wahrnehmung von Fällen zielt, bei der theoretisches Wissen für das eigene Fallverstehen angewandt und der Fall aus den Innen-Perspektiven der in den Videos agierenden Personen heraus analysiert wird. Zudem soll der jeweilige Fall mit anderen Lernenden diskutiert werden. Das Ziel besteht im Aufbau professionellen Wissens und diagnostischer Kompetenzen (vgl. Kade 1990; Merseth 1999; Goeze, Zottmann, Schrader & Fischer, 2010).

Das Online-Fall-Laboratorium kann mit seinen Inhalten und Strukturen als zentraler Baustein in bestehende oder neu zu konzipierende Aus- und Fortbildungsangebote Eingang finden. Es stellt einen Interaktionsraum bereit, der eine Falldiskussion mit anderen direkt im Netz erlaubt und einen Austausch von Sichtweisen und Wissensbeständen zwischen Lernenden in (Kleingruppen-) Chats, Foren oder Plenumsrunden in Präsenzform anregt. Je nach Zielgruppe kann über die inhaltliche Wahl des (Fall-) Materials hinaus die Bearbeitungsdauer für die Fälle, die Fallanzahl sowie die Komplexität und der damit verbundene Schwierigkeitsgrad der Auseinandersetzung mit theoretischen Inhalten variiert werden.

Bei Bedarf kann das momentan im Online-Fall-Laboratorium enthaltene Angebot auch durch die Nutzer selbst erweitert werden, indem sie eigene Fallvideos sowie ergänzende Arbeitsmaterialien auf der Ebene des eigenen Lernraums einstellen oder diese für andere Nutzer auf Plattformebene verfügbar machen. So können die Nutzer nicht nur didaktisch vorbereitete Inhalte nutzen, sondern im Sinne des Web-2.0-Prinzips (social media) auch anderen eigenes Wissen und Material zur Verfügung stellen.

Die konkrete Auswahl und Erprobung des bislang im Online-Fall-Laboratorium enthaltenen Fallmaterials, die Zusammenstellung der Arbeitshilfen sowie die infrastrukturelle Ausgestaltung der Online-Plattform fand in Kooperation mit Fachdidaktikern und erfahrenen Praktiker aus der Erwachsenen- und Weiterbildung, der Schule und der Hochschule statt. Im Austausch mit ihnen wurden typische Themen und alltägliche Handlungsanforderungen identifiziert sowie Bildungskonzepte unter Berücksichtigung der sozialen und beruflichen Situation ihrer potentiellen Adressaten konzipiert.

So konnten Fälle und Arbeitsmaterialien sowie eine Lernumgebung entwickelt werden, die sich einerseits möglichst bedarfsgerecht in vielfältige Fortbildungspraxen integrieren lassen und andererseits über die formale Aufbereitung und die Infrastruktur des Online-Fall-Laboratoriums eine gewisse Standardisierung und Normierung der Fortbildungspraxis anbieten, die den oben beschriebenen lern- sowie kompetenztheoretischen Annahmen zum Aufbau professionellen Wissens und Könnens gerecht wird. Inwiefern die damit adressierte Entwicklung analytischer und diagnostischer Fähigkeiten über ein fallbasiertes Lernen bei den Lernenden erreicht werden kann und welche Akzeptanz das Online-Fall-Laboratorium mit seinen (Fall-) Materialien und seinen Lernräumen in der Praxis findet, sind dabei die zentralen Forschungsfragen, die die beschriebenen Entwicklungsarbeiten begleiten und weiter vorantreiben. Welche Schritte dazu bisher gegangen wurden und welche Befunde bereits vorliegen, soll im folgenden Kapitel näher erläutert werden.

4 Bisherige Entwicklungs- und Forschungsvorhaben und exemplarische Befunde

Die laufenden und geplanten Entwicklungs- und Forschungsarbeiten sind keine isolierten Einzelprojekte, sondern Teil einer umfassend angelegten Forschungsstrategie der Abteilung Erwachsenenbildung/Weiterbildung an der Universität Tübingen. Dort stellt die Professionalisierung des Lehrpersonals in den Kontexten der Erwachsenenbildung, der Schule und der Hochschule generell und die Frage, welchen Beitrag Fallarbeit dazu leisten kann, im Speziellen seit einigen Jahren einen zentralen Arbeits- und Forschungsschwerpunkt dar. Dabei orientiert sich die Arbeit in den Projekten durchgängig am Konzept einer nutzeninspirierten Grundlagenforschung, wie sie in den nationalen und internationalen Debatten um die empirische Bildungsforschung als besonders notwendig und zukunftsfähig beurteilt wird. Dies bedeutet, dass ausgehend vom Bedarf der Weiterbildungspraxis Entwicklungsaufgaben formuliert, mit offenen Forschungsfragen verbunden und in enger Abstimmung mit der Weiterbildungspraxis bearbeitet werden. Im idealen Fall soll damit ein Erkenntnisgewinn zur Weiterentwicklung des Forschungsstandes geleistet werden, und zwar bezogen auf didaktisch-methodische Arrangements, die in hohem Maße anschlussfähig an die existierende Weiterbildungspraxis und somit von unmittelbarem Nutzen sind.

In einer Reihe von aufeinander aufbauenden Forschungs- und Entwicklungsprojekten wurde in den letzten fünf Jahren der Frage nachgegangen, welchen Beitrag Fallarbeit zur Professionalisierung von Lehrenden in unterschiedlichen Bildungskontexten leisten kann. Insgesamt wurden bis dato ca. 50 (quasi-) experimentelle Studien sowie Evaluationsstudien im Feld realisiert, die überwiegend von (eigens trainierten) pädagogischen Praktikern durchgeführt und in Form von Tests, Fragebögen und Interviews standardisiert evaluiert wurden. Die Studien wurden in den Anwendungsfeldern der beruflichen und betrieblichen Weiterbildung, in verschiedenen Bereichen der allgemeinen Erwachsenenbildung, in der ersten und zweiten Phase der Lehrerbildung sowie in der universitären Aus- und der hochschuldidaktischen Fortbildung umgesetzt.

In einem ersten von der Deutschen Forschungsgemeinschaft (DFG) geförderten Projekt wurden in den Jahren 2007 – 2010 in einer feldexperimentellen Studie die Wirkungen unterschiedlicher Formen instruktionaler Unterstützung bei der Arbeit mit Videofällen bei Lehrkräften mit unterschiedlichem Erfahrungshintergrund untersucht. Als zentrales Ergebnis konnte dabei gezeigt werden, dass die Kompetenz zur Analyse und Diagnose von Lehr-Lernsituationen unter Einsatz von Videofällen mit didaktischer Anreicherung um theoretische Konzepte und Perspektiven der Akteure in den Fallsituationen zielgerichtet und mit guten Effektstärken gefördert werden kann (Goeze, Zottmann, Schrader & Fischer, 2010).

In einem zweiten, zeitgleich vom Bundesministerium für Bildung und Forschung (BMBF) geförderten und in enger Kooperation mit der Katholischen Bundesarbeitsgemeinschaft für Erwachsenenbildung realisierten Projekt wurde neben der Wirkung des Fallarbeitskonzepts auch dessen Akzeptanz in der Fortbildungspraxis betrachtet, wobei sowohl Einschätzungen zu den (Fall-) Inhalten als auch zu den Arbeitsformen aus Sicht der Teilnehmenden und der Moderatoren der Fortbildungsangebote erfasst und ausgewertet wurden. Dabei wurde eine durchgehend positive Resonanz auf das Konzept videogestützter Fallarbeit festgestellt. Darüber hinaus wurden wertvolle Hinweise für eine weitere Implementation des fallbasierten Lernens in unterschiedlichen Nutzungsformen und Lernsettings gewonnen (Digel, Schrader, Hartz, 2010).

Diese Vorarbeiten bilden die Grundlage für die Idee, die bis dato bestehende Fall- und Materialiensammlung weiter auszubauen und in Form einer Online-Plattform interessierten Nutzern für Bildungs- und Forschungszwecke zur Verfügung zu stellen. So brachte ein erneut vom BMBF gefördertes und auf zwei Jahre angelegtes Folgeprojekt das oben beschriebene Online-Fall-Laboratorium hervor, das in Kooperation mit Praktikern entwickelt und in seiner Nutzung in Form von Evaluationsstudien erprobt wurde. Es konnte einerseits gezeigt werden, dass das Konzept und die flexiblen Nutzungsmöglichkeiten der Inhalte und der Lernumgebung des Online-Fall-Laboratoriums in hohem Maße an bestehende Curricula sowie Aus- und Fortbildungsformate anschlussfähig ist. Andererseits konnten konkrete Erfolgsfaktoren identifiziert werden, die aus Moderatoren- und Lernersicht zentral sind. Diese bestehen in einer möglichst passgenauen, d. h. an die Erfahrungen der Nutzer anschlussfähigen Zusammenstellung der Fälle und Materialien, in einer konzeptgemäßen didaktischen Einbindung des (Fall-)Materials durch die Moderatoren sowie in der medientechnischen Kompetenz der Nutzer. Die Untersuchungen zeigten, dass Moderatoren für eine erfolgreiche Nutzung und Multiplikation des Konzepts eine grundlegende Schulung benötigen, um die Möglichkeiten des Online-Fall-Laboratoriums umfassend ausschöpfen zu können (Digel, Goeze, Schrader, 2012).

Unter Berücksichtigung dieser Befunde und zur Vorbereitung einer breiteren Implementation des entwickelten Konzepts werden derzeit in einem weiteren Forschungsprojekt die pädagogischen Praktiker bzw. ihre alltäglichen Arbeitsbedingungen als „Nadelöhr" für eine nachhaltige Integration der Videofallarbeit in alltägliche Aus- und Fortbildungspraxen gezielt fokussiert. Unter quasi-experimentellen Bedingungen wird untersucht, unter welchen Graden an pädagogischer

Autonomie die Videofallarbeit optimal, d.h. mit möglichst großen Wirkungen in die Praxis integriert werden kann. In einem ebenfalls auf drei Jahre angesetzten und wiederum von der DFG geförderten Projekt wird diese Frage derzeit im Kontext der Lehrerbildung verfolgt. Begleitend wird die Multiplikation der Nutzung der Online-Plattform anhand einer Entwicklung und Erprobung von Schulungskonzepten für Lernende und Moderatoren weiter vorangetrieben.

Mit dem Online-Fall-Laboratorium steht in seinem momentanen Entwicklungsstand eine gebrauchsfertige und, wie die bisherigen Befunde zeigen, in hohem Maße anschlussfähige „Technologie" bereit, die für Bildungs- und Forschungszwecke geeignet ist. Dennoch stellt der Entwicklungsstand nur einen Zwischenschritt dar, da sowohl die inhaltliche und technische Entwicklung fortgeführt wird als auch weiterführende Forschungsvorhaben angestrebt werden. Welche Formen diese Vorhaben annehmen könnten und welche Perspektiven sich daraus für die Professionalisierung von Lehrenden in Deutschland und Europa ergeben, soll im abschließenden Kapitel dargestellt werden.

5 Fazit und Perspektiven der Professionalisierung von Kursleitenden in Deutschland und Europa

Auf die bisherigen Erfahrungen und Befunde aufbauend, lässt sich als Fazit festhalten, dass mit dem Online-Fall-Laboratorium eine virtuelle Lernumgebung entwickelt wurde, die innovative Impulse für Bildungsangebote für Lehrende in unterschiedlichen Bildungsbereichen bietet und Lernmaterialien für eine didaktisch-methodisch eigenständige Nutzung zur Verfügung stellt. Die technische Infrastruktur ermöglicht eine örtlich-zeitliche Entlastung von Lernprozessen, die nicht nur in Form organisierter, präsenzförmiger Bildungsangebote realisiert werden, sondern auch im Eigenstudium in Einzelarbeit oder in Kleingruppen in den Arbeitsalltag potenzieller Nutzer integriert werden können. Das erweiterbare Lernangebot zur Analyse und Diskussion realer Fallsituationen bringt dabei eine unmittelbare Praxisnähe und Handlungsrelevanz für die (künftige) Lehrtätigkeit mit sich, die für eine hohe Akzeptanz und einen hohen Lerngewinn sorgt, wie die empirischen Befunde aus rund fünf Jahren wissenschaftlicher Begleitung der Entwicklung und Implementation belegen.

Gleichzeitig bieten die bisherigen Erfahrungen und Befunde Anschlusspunkte für die künftige Entwicklungs- und Forschungsarbeit. Unter Entwicklungsgesichtspunkten erscheint es sinnvoll, das Wachstum der Plattform nicht allein den Nutzern und dem von ihnen wahrgenommenen Bedarf zu überlassen, sondern das bisherige Angebot fortlaufend und systematisch zu erweitern, um national wie international möglichst viele Lehrkräfte zu erreichen und die Entwicklung ihrer diagnostischen Kompetenz als zentrale Komponente professionellen Handelns zu fördern. Unterteilt man ein mögliches Vorgehen in einzelne, aufeinander aufbauende Schritte, lassen sich folgende Entwicklungsperspektiven festhalten.

Kurzfristig legen die bisherigen Erfahrungen und Ergebnisse direkt umsetzbare Weiterentwicklungen der Plattform um Nutzungstools nahe, die eine Interaktion und Kommunikation innerhalb der Lernumgebung (technisch) weiter vereinfachen und eine höhere Selbststeuerung in der Nutzung begünstigen. Dies erfordert wiederum ein umfassendes Supportsystem in der Begleitung der Fallarbeit in technisch-administrativer Form. Neben einem erweiterten „back up" erscheint eine gezielte Stärkung der didaktisch-methodischen sowie medialen Kompetenzen der Nutzer sinnvoll. Hier bietet sich die Entwicklung und Erprobung eines nach Nutzungsinteresse gestaffelten Beratungs- und Schulungsangebots für einzelne Lernende sowie Moderatoren von Kursgruppen an.

Um die Nutzung des Fallarbeitskonzepts mittelfristig auf ein breiteres Fundament zu stellen und in der Qualität zu sichern, bedarf es eines Systems, das den Betrieb und Vertrieb der Online-Plattform regelt. Hierzu wird in Kooperation mit der Katholischen Bundesarbeitsgemeinschaft für Erwachsenenbildung und mit dem Deutschen Institut für Erwachsenenbildung die Entwicklung eines tragfähigen Konzepts vorbereitet, das neben der generellen Administration und einem technischen Support auch einzelne Schulungsbausteine umfasst. Sie sollten künftig grundlegend für eine Plattform-Registrierung als Moderator werden, um sich mit den konzeptionellen Grundlagen der Fallarbeit sowie den inhaltlichen und technischen Möglichkeiten des Online-Fall-Laboratoriums umfassend vertraut zu machen. Weiter kann daran ein System von Multiplikatoren gekoppelt werden, das neben verbindlichen Schulungen auch Evaluationen für eine Qualitätssicherung umfasst.

Eine breite Implementation in die Bildungsbereiche der Erwachsenen- und Weiterbildung, der Schule und der Hochschule bedarf zusätzlich einer fortlaufenden Aktualisierung und systematischen Erweiterung der Fall- und Arbeitsmaterialien. Für neue Aufnahmen ist neben einer breiteren Abdeckung von Themen und Inhalten der einzelnen Handlungsfelder vor allem auch die zunehmende Vielfalt der Lernsettings in Richtung offener Unterrichtskonzepte, Beratungssituationen und medial gestützter sowie informeller Lehr-Lernprozesse gegenüber klassischen Formaten stärker in den Blick zu nehmen. Dies erscheint notwendig, um die Aktualität und Anschlussfähigkeit der Fälle an die pädagogische Praxis sicher zu stellen. Zudem kann das Material nur dann einen Beitrag zur Professionalisierung pädagogischen Handelns leisten, wenn es den tagtäglichen Handlungsanforderungen der pädagogisch Tätigen gerecht wird und angehende sowie erfahrene Lehrende über eine theoretisch und perspektivisch fundierte Auseinandersetzung mit typischen Situationen auf ein eigenes Handeln vorbereitet oder im Tun begleitet. Denkt man dabei nicht nur an Deutschland, stellt die „Internationalisierung" der vorhandenen (Fall-) Materialien eine weitere Entwicklungsaufgabe dar.

In einer langfristigen Perspektive könnte das Online-Fall-Laboratorium zu einem Lehr-Lern-Plattform für Lehrkräfte in Schule, Hochschule und Erwachsenenbildung erweitert werden, die wissenschaftlich fundierte Angebote für die Aus- und Fortbildung dieser Zielgruppe bereitstellt. Dazu gehören u. a. theoretisch-konzeptuelle Informationsmaterialien, Fallbeispiele, Planungstools, Umsetzungsbausteine sowie Diagnose- und Evaluationsinstrumente. Die Plattform als Lern- und Arbeitsraum sowie die verfügbaren Materialien können für die Konzeption und Durchführung von Kursen, für die Messung und Förderung diagnostischer Kompetenzen, für Handlungstrainings sowie für die Evaluation und Reflexion (eigener) Lehr-Lernprozesse genutzt werden und zu einer weiteren Intensivierung praxisnaher, fallbasierter Aus- und Fortbildung zur Förderung professioneller Kompetenzen von Lehrenden beitragen.

Quellenangaben

Boud, D. & Feletti, G.I. (Hrsg.) (1997). *The challenge of problem-based learning* (2nd edition). London: Kogan Page.
Brophy, J. (2004) (Hrsg). *Using video in teacher education.* Amsterdam: Elsevier.
Digel, S., Goeze, A. & Schrader, J. (2012). *Aus Videofällen lernen – Einführung in die Praxis für Lehrkräfte, Trainer und Berater.* Bielefeld: W. Bertelsmann Verlag.
Digel, S., Schrader, J. & Hartz, S. (2010). Akzeptanz und Wirkung mediengestützter Fallarbeit – Die Bedeutung von Vorwissen und Vorerfahrung von Lehrpersonen. In J. Schrader, R. Hohmann & S. Hartz (Hrsg.), *Mediengestützte Fallarbeit – Konzepte, Erfahrungen und Befunde zur Kompetenzentwicklung von Erwachsenenbildnern* (S. 233–262). Bielefeld: W. Bertelsmann Verlag.
Goeze, A., Zottmann, J., Schrader, J. & Fischer, F. (2010). Instructional support for case-based learning with digital videos: Fostering pre-service teachers' acquisition of the competency to diagnose pedagogical situations. In D. Gibson & B. Dodge (Hrsg.), *Proceedings of the society for information technology & teacher education international conference* (SITE), San Diego, CA (pp. 1098–1104). Chesapeake, VA: AACE.

Hattie, J. A. C. (2009). *Visible Learning: A synthesis of over 800 meta-analyses relating to achievement.* London: Routledge.
Kade, S. (1990). *Handlungshermeneutik. Qualifizierung durch Fallarbeit.* Bad Heilbrunn/Obb.: Klinkhardt.
Kraft, S., Seitter, W. & Kollewe, L. (2009). *Professionalitätsentwicklung des Weiterbildungspersonals.* Bielefeld: W. Bertelsmann Verlag.
Kunter, M., Baumert, J., Blum, W., Klusmann, U., Krauss, S. & Neubrand, M. (Hrsg.). (2011). *Professionelle Kompetenz von Lehrkräften – Ergebnisse des Forschungsprogramms COACTIV.* Münster: Waxmann.
Lave, J.,& Wenger, E. (1991). *Situated learning: Legitimate peripheral participation.* Cambridge: University Press.
Merseth, K. K. (1999). Foreword: A rational for case-based pedagogy in teacher education. In M. A. Lundeberg, B. B. Levin & H. L. Harrington (Hrsg.), *Who learns what from cases and how? The research base for teaching and learning with cases* (pp. IX-XV). Mahwah: Erlbaum.
Müller, K. R. (1998). Erfahrung und Reflexion: „Fallarbeit" als Erwachsenenbildungskonzept. *GdWZ. Grundlagen der Weiterbildung,* 9, 273–277. Berlin: Luchterhand Verlag.
Nittel, D. (1998). Das Projekt „Interpretationswerkstätten". Zur Qualitätssicherung didaktischen Handelns. Grundlagen der Weiterbildung – Praxishilfen 9.20.30.9. Neuwied, 1–16. Berlin: Luchterhand Verlag.
Oser, F. K. (2001). Standards: Kompetenzen von Lehrpersonen. In F. K. Oser & J. Oelkers (Hrsg.), *Die Wirksamkeit der Lehrerbildungssysteme. Von der Allrounderbildung zur Ausbildung professioneller Standards* (S. 215–342). Chur/Zürich: Rüegger.
Penuel, W. R. & Yarnell, L. (2005). Designing handhold software to support classroom assessment: An analysis of conditions for teacher adoption. *Journal of technology, learning, and assessment,* 3, 1–46.
Richardson-Koehler, V. (1987). What happens to research on the way to practice? *Theory into practice,* 26, S. 38–43.
Schrader, J., Hohmann, R., Hartz, S. (2010) (Hrsg.). *Mediengestützte Fallarbeit: Konzepte, Erfahrungen und Befunde zur Kompetenzentwicklung von Erwachsenenbildnern.* Bielefeld: W. Bertelsmann Verlag.
Sherin, M.G., Jacobs, V.R., Philipp, R.A. (2011) (Hrsg.). *Mathematics teacher noticing: Seeing through teachers' eyes.* New York; London: Routledge.
Shulman, J. H. (1992) (Hrsg.): *Case methods in teacher education.* New York: Teachers College Press.

Spiro, R. J. & Jehng, J. C. (1990). Cognitive flexibility and hypertext: Theory and technology forthe non-linear and multidimensional traversal of complex subject matter. In D. Nix & R. J. Spiro (Hrsg.), *Cognition, education, and multimedia: Exploring ideas in high technology.* Hillsdale (p. 163–205), NJ: Earlbaum.

Tietgens, H. (1988). Professionalität für die Erwachsenenbildung. In W. Gieseke (Hrsg.), *Professionalität und Professionalisierung* (S. 28–75). Bad Heilbrunn/Obb: Klinkhardt.

Wirtschafts- und Sozialforschung (WSF) (2005). *Erhebung zur beruflichen und sozialen Lage von Lehrenden in Weiterbildungseinrichtungen.* Schlussbericht. Kerpen: Bundesministerium für Bildung und Forschung (BMBF).

Prof. Dr. Josef Schrader, Professor für Erziehungswissenschaft mit dem Schwerpunkt Erwachsenenbildung an der Universität Tübingen/**Sabine Digel**, Wissenschaftliche Assistentin in der Abteilung Erwachsenenbildung/Weiterbildung.

Die ethische Bedeutung von Bildung

HILLE HAKER

Es gehört zu den unbezweifelten Errungenschaften der Moderne, dass Bildung ein Menschenrecht ist, das jedem Menschen, unabhängig von seinem Geschlecht, seiner Ethnie oder gesellschaftlichen Stellung zukommt. Dieses Recht ist ein Anspruch, aber es ist damit auch eine Aufgabe, die staatliche und gesellschaftliche Institutionen und Akteure erfüllen müssen. Was aber „Bildung" ist und was diese Aufgabe genau umfasst, ist das Thema unzähliger Untersuchungen. Zugleich ist Bildung ein praktisches, das heißt individuelles, aber sozial vermitteltes Experiment, das in der Kindheit mit je neuen und unterschiedlichen Modellen der Frühförderung beginnt, über Schulkonzepte bis hin zu spezifischen Angeboten für das so genannte dritte Lebensalter, wie etwa dem Programm „Universität im dritten Lebensalter" reicht. Die „Demokratisierung" der Bildungspolitik seit dem 19. Jahrhundert ist auf der Grundlage des Bildungs*rechts* programmatisch; dieses wird von der christlichen Kirche geteilt und umfasst seit dem 20. Jahrhundert weit mehr als die Schulbildung, die Ausbildung oder die universitäre Bildung. „Offene" Bildungsarbeit in unterschiedlichen Formen schafft Angebote, die Menschen Zugang zu Bildung ermöglichen sollen.

Nun ließe sich lange darüber streiten, ob die jeweiligen Angebote und Programme dem ethischen Anspruch auf Bildung wirklich gerecht werden – insbesondere an die staatlichen Institutionen sind daher Fragen zu stellen, welche Gruppen (jeweils) vernachlässigt werden, wie die Bildungsinhalte verbessert werden können und wie von anderen europäischen Ländern und internationalen Vergleichsstudien gelernt werden kann. Dieser sozialethische Blick auf Bildung ist notwendig, und auch die kontinuierliche Vergewisserung darüber, was es eigentlich bedeutet, dass Bildung als ein Recht aufgefasst werden kann und muss, das jedem zusteht, ist ein notwendiges Element der ethischen Reflexion.

Aber ich möchte die Begründung des moralischen Rechts auf Bildung hier nicht weiter verfolgen – vielmehr will ich die Frage stellen, warum uns Bildung wichtig ist. Diese Frage gerät nämlich leicht aus dem Blick, wenn wir mit der Organisation von Bildung auf der Grundlage des allseits anerkannten „Rechts auf Bildung" beschäftigt sind. Ich werde mit einigen Hinweisen beginnen, warum Bildung eine so zentrale Bedeutung im Kontext gesellschaftlicher Praktiken hat, um dann etwas ausführlicher der Frage nach der Bedeutung von Bildung für die ethische Identität nachgehen.

1 Bildung im Kontext gesellschaftlicher Praktiken

Bildung befähigt uns zur *Partizipation* an gesellschaftlichen Praktiken; sie sichert uns einen Ort in der Gesellschaft, der uns einerseits Anerkennung verschafft, andererseits aber auch Handlungsmöglichkeiten. In demokratischen Gesellschaften ist Bildung als Befähigung zur Partizipation nicht nur für die einzelne Person wichtig, sondern auch für die gesellschaftliche Absicherung von Entscheidungen, die das Gemeinwesen betreffen. Bildung ist die Grundlage einer Demokratie, die ihre Legitimation aus der gemeinsamen Willensbildung und der demokratischen Kontrolle gewinnt.

Bildung, so scheint mir die implizite Voraussetzung vieler Bildungsprogramme der gegenwärtigen Politik zu sein, bedeutet *Wohlstand* und, sozio-ökonomisch gesehen, auch Wettbewerbsvorteile. Diejenigen Gesellschaften, denen es gelingt, ihre Bürger und Bürgerinnen auf die Anforderungen einer durchtechnisierten, hochkomplexen Arbeitsgesellschaft vorzubereiten, werden in Zukunft die Arbeitskräfte haben, die dank ihrer fachlichen Kompetenzen auf die immer schnelleren Entwicklungen der Wirtschaft reagieren und entsprechend flexibel eingesetzt werden können. Bildung ist der „Schlüssel" für die Sicherung und Absicherung unserer Existenz. Zwischen Wirtschaft und Ethik besteht daher eine Art „win-win" Situation: das, was ethisch gefordert ist, ist zugleich auch wünschenswert für alle Gesellschaften, die das Ziel verfolgen, Menschen ein „gutes Leben" zu ermöglichen. Dennoch lauert in dieser ökonomischen „Einhegung" des Bildungsrechts eine Gefahr: das Ziel der Bildung verschiebt sich dabei nämlich vom auf den einzelnen Menschen bezogenen umfassenden Recht auf Bildung hin zum sozialen Zweck einer wettbewerbsorientierten Gesellschaft, für die Bildung nur ein Instrument ist. Vielen gegenwärtigen Bildungsdebatten liegt diese Betrachtung zugrunde – die ethische Perspektive, die scheinbar mit der ökonomischen zusammenfällt, wird dabei von der sozioökonomischen Orientierung verdrängt, und das heißt: Bildung wird zu einem bloßen Mittel, ohne zugleich auf ein umfassenderes Bildungsziel zurückbezogen zu werden.

Bildung, so eine dritte mögliche Antwort, ist die Voraussetzung, sich in der sozialen Welt zurechtzufinden, die durch Sprache strukturiert ist. Wer die Sprache, die im sozialen Raum gesprochen wird, nicht versteht, der ist ausgeschlossen. Diese Sprache ist heute in immer mehr Bereichen nicht die Muttersprache, sondern eine „Fremdsprache" – und zwar unabhängig davon, ob die Ausgangssprache deutsch, türkisch, italienisch oder eine andere Sprache ist – in der Gesellschaft sind inzwischen so viele Alltagsbegriffe, politische Begriffe und soziale Praktiken durch die englische Sprache bestimmt, dass niemand an gesellschaftlichen Praktiken teilhaben kann, der nicht wenigstens elementar in der englischen Sprache gebildet wird bzw. sich bildet. Die modernen Gesellschaften werden in Zukunft aber nicht nur zunehmend durch die englische Sprache geprägt werden, sondern auch durch eine bestimmte Weise der *Kommunikation:* Durch die Informations- und Kommunikationstechnologien haben sich zum Beispiel neue Möglichkeiten der Verständigung ergeben, die andere Formen in den Hintergrund drängen. Ein wichtiges Kennzeichen der neuen Kommunikationsweisen ist die räumliche Entgrenzung – Kommunikation zwischen Kontinenten, unter Fremden, ohne Kenntnis der jeweiligen Lebenssituationen ist jederzeit möglich, sofern man nur „vernetzt" ist; zweitens aber ist die Kommunikation, die durch die neuen Medien ermöglicht wird, durch die zeitliche Beschleunigung gekennzeichnet – und noch wissen wir nicht, welche Auswirkungen dies auf unsere Entwicklungs- und Bildungsprozesse haben wird. Aber nicht nur persönliche Kommunikationen verändern sich: Vielmehr scheint die technisch vermittelte Kommunikation zunehmend unser Verständnis von „Privatheit" zu verändern. Zudem entstehen neue Regeln und Normen, die keineswegs immer deckungsgleich mit den Bedürfnissen der Nutzer sein müssen: Dies gilt zum Beispiel für das „Emailen", das gegenüber dem Brief flüchtiger ist, weil es auf den Austausch von Information gerichtet ist (was aber offenkundig dem Ausdrucks- und Verständigungswillen von Menschen widerstrebt, so dass Emails häufig eine Mischung von personaler und sachorientierter Kommunikation sind); das „Twittern", enthält die Regel der Begrenzung von „Statements" auf Kurzkommentare, mit dem Zweck einer kurzen, prägnanten, auf Interaktion gerichteten Kommunikation zwischen Nutzern; Facebook nutzt die gewonnenen Daten aus der sozialen Kommunikation, die nicht an das Unternehmen gerichtet ist, aber von ihm bereitgestellt wird, für kommerzielle Zwecke; und Algorithmen steuern unser Wissen bei der Nutzung von „Suchmaschinen", weil die automatische Datenverarbeitung grundsätzlich alle Inhalte ausschließlich als Daten verarbeitet, bevor sie an die „Konsumenten" weitergeleitet werden. Bildung bedeutet daher zunehmend nicht nur die Kompetenz zur leiblich-faktischen Teilnahme am gesellschaftlichen Leben, sondern sie bedeutet auch die Kompetenz, sich im virtuellen, entgrenzten gesellschaftlichen Raum der neuen Medien zu bewegen, die die Kommunikationsweisen verändern. Diese Kompetenz erfordert nicht nur das einfache Anwendungswissen, sondern darüber hinaus den reflexiven Umgang mit den technisch verfügbaren Kommunikations- und Wissensformen.

Bildung, so eine weitere, vierte Antwort, entspricht uns Menschen: Menschen sind grundsätzlich lernbegierig, weil sie sich ihre Umwelt lernend verständlich machen. Wer aber nicht die Möglichkeiten hat, sein Umfeld zu verstehen, der ist nicht nur von und in der Gesellschaft ausgeschlossen, sondern er lebt gleichsam auch „unterhalb" seiner Möglichkeiten als Mensch. Das lebenslange *Lernen*, das heute vor allem im Hinblick auf die sozioökonomischen Anforderungen in einer „Wissensgesellschaft" diskutiert wird, ist daher viel umfassender als eine anthropologische Bestimmung zu sehen: Wir sollen nicht nur lernen, sondern wir wollen es auch – sofern Lernprozesse als Herausforderungen angesehen werden, die gerade nicht (nur) instrumentellen Charakter haben, sondern eine Möglichkeit der Selbstentfaltung darstellen. Die Geschichte zeigt, welche Fähigkeiten Menschen erwerben können, wenn sie sich mit dem „Lernen" identifizieren – dies gilt in der Technik, in der Kunst, im Sport, aber auch in der sozialen Kooperation – und diese Leistungen werden von anderen genutzt, genossen oder auch nur bestaunt; in jedem Fall aber sind sie Teil eines sozial vermittelten Lernprozesses, der nie nur instrumentell ist, sondern immer auch auf die Selbstbegegnung in der Begegnung mit anderen und anderem, und auf die Erweiterung des jeweiligen Wissens- und Handlungsspielraums ausgerichtet ist.

Bildung ist eine wichtige Voraussetzung für die Übernahme von *Verantwortung* – für unser eigenes Leben, für andere, und für die Zukunft. Nur wer sich seiner selbst bewusst ist, handelt und auf sein Handeln reflektieren kann, der kann auch erkennen, welche ethischen Anforderungen an ihn gestellt werden. In unserer Gesellschaft sind die Anforderungen an den einzelnen, sein Leben „reflexiv" zu gestalten, eher größer als kleiner geworden – auch wenn uns die technischen Entwicklungen suggerieren, sie würden unser Leben immer einfacher machen. Der Druck der „Selbstgestaltung" des eigenen Lebens – unter dem Stichwort der Individualisierung viel diskutiert – entsteht dadurch, dass es häufig keine biographischen Handlungsvorbilder gibt, die den Einzelnen in seinem Handeln zu orientieren vermögen: So ist, um nur ein Beispiel zu nennen, der oder die Einzelne häufig auf sich selbst zurückgeworfen, wenn es um Modelle der Elternschaft unter den Bedingungen der neuen, pränatalen Diagnosemöglichkeiten geht; zwar fällt niemand biographische Entscheidungen im „luftleeren" Raum, sondern es bilden sich gesellschaftliche Normen heraus, zu denen sich die Einzelnen jeweils verhalten müssen – aber da diese Normen gerade die individuelle Selbstbestimmung betonen, verlagert sich das Gewicht der Verantwortung von der Integration bestehender gesellschaftlicher Handlungsnormen hin zur Herausbildung neuer Handlungsmodelle, die nur den Anspruch erheben, für das jeweilige eigene Leben zu „stimmen". Ethische Bildung bedeutet in diesem Zusammenhang, sich der eigenen Identität zu vergewissern und das individuelle Handeln in die Perspektive der Verantwortbarkeit zu stellen. Ethische Bildung befähigt zum reflexiven individuellen und sozialen Handeln, das dadurch erst verantwortet werden kann (und muss). Die „reflexive" Moderne ist auf „gebildete" und sich je neu „bildende" Handlungssubjekte angewiesen, die in der Lage sind, das eigene Leben wie auch das gesellschaftliche Leben mitzugestalten. Mit dieser Befähigung geht der moralische Anspruch einher, Verantwortung zu übernehmen.

Religiöse Bildung muss sich zu diesen exemplarischen Zielvorstellungen des allgemeinen Bildungsbegriffs wie auch zur ethischen Bildung verhalten. Auch wenn Religion heute gesellschaftlich plural verstanden und darüber diskutiert wird, welche Gehalte in die vernunftorientierten Diskurse der Zivilgesellschaft übersetzt werden können, geht es doch auch darum, die je eigenen Gehalte der jeweiligen Religionen zu verstehen bzw. verständlich zu machen. Religiöse Bildungskonzepte umfassen daher ein zumindest elementares Wissen über die Inhalte der Religionen – und sie sind auf die Zielvorstellungen der jeweiligen Religion ausgerichtet. Für das Christentum bedeutet dies, dass die Botschaft des Evangeliums je neu – in Anerkennung der spezifisch modernen Individualitätsanforderungen und in Auseinandersetzung mit den „Zeichen der Zeit" – ausgelegt werden muss.

2 Ethische Bildung und Identität (vgl. Haker, 2008)

Bildung und „Selbstwerdung" bzw. Selbstentfaltung gehören aufs Engste zusammen. Vor dem Hintergrund der exemplarisch dargestellten sozialen Zielvorstellungen, die sich mit dem Bildungsbegriff verbinden lassen, scheint mir dieser Zusammenhang von Bildung und Identität zentral zu sein – er liefert zugleich eine Grundlage für die Begründung, warum Bildung ein Recht ist, das jedem Menschen zukommt: Bildung hat eine soziale, politische, ökonomische und anthropologische Dimension, die uns insgesamt zu einem „menschengerechten" Leben befähigt. Für die Ethik ist dabei aber gerade nicht nur die Identitäts*entwicklung* von zentraler Bedeutung, sondern der Bezug von Identität, Bildung und Verantwortung im Sinne des Angesprochenseins durch die An-Sprüche des Anderen. Dabei ist Bildung nicht einfach nur ein Instrument, welches Menschen dazu befähigt, Verantwortung zu übernehmen, sondern Bildung beschreibt die Aufgabe, sich den Herausforderungen sowohl des eigenen Lebens als auch der historischen Situation zu stellen.

Wenn dies aber so ist, dann hat die ethische Reflexion zwei Dimensionen aufzunehmen: Zum einen ist der enge Bezug von „ethischer Bildung" und individueller

Identität als Ausgangspunkt von Bildungskonzepten zu sehen, zum anderen gilt es aber, der Bildung insofern eine *inhaltliche* Perspektive zu geben, als die Identitätsbildung auf die jeweilige historische Situation verwiesen ist.

In Psychologie und Soziologie wird „ethische Bildung" im Sinne der Entwicklungs- bzw. Sozialisationstheorie beschrieben: Hier geht es vor allem um die Herausbildung ethischer Kompetenzen in sozial vermittelten Interaktionen: So ermöglicht zum Beispiel die Kompetenz der „Rollenübernahme" anderer Perspektiven, den eigenen, selbst-bezogenen Blick zu überschreiten und sich selbst aus der Perspektive des Anderen zu sehen. Ethisch gewendet bedeutet dies, dass wir danach fragen können, was ein Anderer von uns erwartet und zu Recht erwarten kann – und dies kann als Grundfrage der Verantwortungsübernahme angesehen werden. Nun ist es sicher so, dass die Reflexivität des Selbstbezugs, der ja mit der Perspektivenübernahme des Anderen einhergeht, sich als Entwicklungstheorie beschreiben lässt – aber der Ethik geht es nicht nur um psychologische Identitätsentwicklung oder um die soziale Vermittlung der persönlichen Biographien, wie dies in Psychologie und den Sozialwissenschaften analysiert wird, sondern es geht um die Perspektive der Verantwortung, die als individuelle und gesellschaftliche Aufgabe in historischer Perspektive vermittelt werden muss. Meine These ist, dass es heute darauf ankommt, diese Verantwortungsperspektive als Kerninhalt der ethischen Bildung zu verstehen, um die Herausforderungen, die vor den modernen Gesellschaften – und also vor ihren Bürgerinnen und Bürgern – liegen, anzuerkennen und in Handlungsmodelle überführen zu können. Verantwortung, die auf der Offenheit für die Fragen, Wünsche und Ansprüche des jeweils Anderen basiert, ist eine Grundhaltung der moralischen Identität, die sich keineswegs „automatisch" mit der Sozialisation ergibt, sondern es ist eine Haltung, die den Umschlag der Identitätsperspektive von der Selbstbezogenheit zur „Einbeziehung des Anderen" beschreibt und als ethische Aufgabe der (Selbst-)Bildung fasst.

Wie aber lässt sich der moderne Freiheitsbegriff, der doch die Grundlage der ethischen Konzepte von Identität darstellt, mit der Verantwortungsperspektive zusammen denken? Diese Frage beschäftigt die moderne Ethik von Beginn an.

In der Moderne sind zwei Begriffe leitend geworden, die die traditionellen ethischen Bildungskonzepte verändern, die auf dem Erlernen und der Einübung von Haltungen (Tugenden) im Kontext des individuellen und sozialen Handelns basierten; insbesondere in der christlichen Ethik leben diese traditionellen ethischen Bildungskonzepte bis weit ins 20. Jahrhundert hinein fort: Bei der ethischen Bildung geht es dann eher um die Aneignung eines „katechetischen" Moralkatalogs, der das Handeln nahezu unmittelbar normativ reguliert, als um die Herausbildung der moralischen Urteilskraft, die den einzelnen dazu befähigt, Handlungssituationen als „moralische" Situationen zu identifizieren und die moralischen Ansprüche (das „Sollen") vor dem Hintergrund des individuellen Freiheitsinteresses (dem eigenen „Wollen") wie auch der eigenen Fähigkeiten (dem „Können") zu beurteilen. Für die „moderne" Ethik ist die Herausbildung der moralischen Urteilsfähigkeit jedoch zentral, und sie folgt zunächst der neuen, für die Moderne so zentralen Betonung der moralischen Autonomie: Autonom ist die Person, die sich reflexiv zu sich selbst und ihrer Geschichte verhalten kann, die „souverän" im Umgang mit sich selbst und anderen ist, und die die Vernunft als Maßstab des richtigen und guten Handelns anerkennt. Die theoretischen Bildungskonzepte der letzten Jahrzehnte spiegeln die Annahme, dass Bildung es vor allem damit zu tun hat oder haben sollte, Menschen einen möglichst autonomen Umgang mit sich selbst und anderen zu ermöglichen. Gesellschaftliche Entwicklungs- und Bildungskonzepte folgten dieser Zielvorstellung. Sie verdankt sich einer „liberalen" Identitätsphilosophie, in der die Freiheit des Menschen *von* Autoritäten, welche einer Rechtfertigung durch die Vernunft nicht standzuhalten vermögen, zum Inbegriff eines autonomen Selbstverhältnisses wurde.

Im Ausgang von der Kantischen Tradition könnte man sagen, dass es Bildung darum geht, Menschen zu einem mündigen Umgang mit Traditionen und Normen zu verhelfen, ihre moralischen Vorstellungen so zu realisieren, dass sie vor allem vor der Vernunft bestehen können. Souveränität ist nach diesem Freiheitsverständnis ein moralisch aufgeladener Begriff, weil die Freiheit des moralischen Urteils notwendig auf den Respekt vor der Freiheit anderer bezogen ist. In der angloamerikanischen Tradition bedeutet das Autonomieverständnis demgegenüber, vor allem gegenüber staatlichen Institutionen die individuelle Handlungsfreiheit zu betonen, und Bildung hat die Aufgabe, Handlungsfreiheit zu fördern. Dieses Freiheitsverständnis betont die Eigenverantwortung – Autonomie gerät dann aber leicht in den Sog einer Souveränitätsvorstellung, die den Anderen meint nicht nötig zu haben.

In ethischer Hinsicht ist die Autonomie in beiden Bedeutungen unhintergehbar – wenngleich auch nicht unhinterfragbar. Denn heute sehen wir vielleicht klarer, dass insbesondere der angloamerikanische Liberalismus eine Schattenseite hat, weil er nicht nur die historische, sondern auch die soziale Vermittlung der individuellen Freiheit weitgehend unberücksichtigt lässt und notwendig „Verlierer" produziert – diejenigen, die zu einer individualistischen Lebensweise nicht fähig sind, werden leicht „zurückgelassen"; und diejenigen, die aufgrund von gesellschaftlichen und historischen Prozessen nicht in gleicher Weise in der Lage sind wie andere, ihre individuelle Freiheit zu entfalten, werden stigmatisiert, weil sie sich anscheinend nicht genügend „anstrengen", um ihr Leben zu meistern.

Die Betonung der „Freiheit von" Autoritäten insbesondere im ethischen *Urteilen* führt andererseits dazu, dass gerade diejenigen prägenden gesellschaftlichen Instanzen viel zu unreflektiert bleiben, denen das Individuum dennoch ausgesetzt ist. Das Argument der hegelianischen Tradition gegenüber der Kantischen Ethik – das daran erinnert, die Wirkmacht sozialer Institutionen ernst zu nehmen – ist heute so aktuell wie vor zweihundert Jahren.

Freiheit muss nicht notwendig als Autonomie im Sinne der Souveränität und „Freiheit von" Abhängigkeiten ausbuchstabiert werden. In den letzten Jahrzehnten gibt es eine neue Bewegung hin zu dem, was spätestens seit der Romantik mit dem Begriff der „Authentizität" bezeichnet werden kann (vgl. Honneth, 2011; Taylor, 1992). Authentizität basiert ebenfalls auf Freiheit, aber sie meint nicht so sehr die Verteidigung der eigenen Urteile gegenüber Autoritäten und auch nicht die möglichst unabhängige Verfolgung der je eigenen Freiheitsziele, sondern Authentizität meint die Hinwendung zur nur in sich selbst zu findenden Individualität: Sich selbst zu entdecken, anstatt sich zum Beispiel „nur" in die Standards gesellschaftlicher Biographien einzufügen, ist eine Errungenschaft der Moderne, weil sie es dem Einzelnen ermöglicht, die „Freiheit zu", die Freiheit der Selbstverwirklichung, auszubuchstabieren. Bildung wird in diesem Kontext als die Herausbildung der je individuellen, persönlichen Identität verstanden. Hier ist der instrumentelle Charakter, der jedem Bildungskonzept anhaftet, am weitesten in den Hintergrund gedrängt, weil es gerade nicht darum geht, Ziele (Wohlstand, gesellschaftliche Partizipation, soziale Kompetenzen) durch die verschiedenen Lernprozesse zu erreichen, sondern jede Vermittlung wird auf die Selbstvermittlung, die Förderung der je besseren Selbstverständigung bezogen.

Selbstverständlich schließen sich die zwei Freiheitsbegriffe, die Autonomie und die Authentizität, nicht aus. Bildungskonzepte können es sich zu ihrer Sache machen, beide Dimensionen zu fördern. Aber wenn es richtig ist, dass Freiheit grundsätzlich soziale Freiheit ist, die sowohl die Reflexion auf die sozialen Prägungen und sozialen Bedingtheiten umfasst, in die individuelle Freiheitskonzepte grundsätzlich eingebettet sind, als auch die sozialen Herausforderungen, die sich nicht nur individualistisch, sondern eben auch gesellschaftlich stellen, dann lässt dies auch die ethischen Bildungskonzepte nicht unberührt.

Mir scheint, dass heute die Auseinandersetzung mit dem Verhältnis von individueller und sozialer Freiheit in Bezug auf die Bildung noch einmal neu begonnen werden muss. Wir können nicht unvermittelt zu einer normativen Tugendethik zurückkehren, wie dies häufig in der Kirche vorgeschlagen wird: Wir können nicht hinter die Freiheitstheorien der Moderne zurückgehen, die uns die vernunftbasierte moralische Urteilskraft und die Individualität der je eigenen Lebensführung zu einer Aufgabe werden lassen. Die Frage, die sich heute jedoch stellt, ist, wie überhaupt Ansprüche, die an uns gestellt werden, in unser Blickfeld geraten können. Meines Erachtens ist für die Beantwortung dieser Frage der Zusammenhang von Identität, Bildung und Verantwortung von zentraler Bedeutung.

3 Ethische Bildung und die Bedeutung einer responsorischen Verantwortungsethik

Der Begriff der verantwortlichen Identität verweist zunächst einmal auf die Zuschreibbarkeit oder Zurechenbarkeit des Handelns an einen Handelnden. Er impliziert Verantwortungsfähigkeit eines Handlungssubjekts, und diese muss notwendig als *reflexive* Kompetenz betrachtet werden. Handlungen sind an Personen gebunden; sie sind mit ihrer Lebensgeschichte und der Bedeutung verknüpft, die eine Person ihrem Handeln im Zusammenhang mit ihrer Lebensgeschichte und Lebenswirklichkeit gibt. Handlungen sind *eine* Ausdrucksform dessen, was eine Person sein will, wie sie leben will, was für sie bedeutsam ist. Und weil Personen Individuen sind, mit je eigenen Erfahrungen und Lebensgeschichten, werden auch die Vorstellungen des Guten – wenngleich sozial vermittelt – in Individuierungs- und Sozialisationsprozessen angeeignet. Nehmen wir die Erkenntnisse der modernen Psychologie und Psychoanalyse ernst, dass das individuelle Selbst sich nur langsam und schwer aus dem sozialen Selbst, aus dem „Me" (Mead) herausschälen kann, dass es aber immer auch ein soziales Selbst bleibt, dann ist das „autonome Selbst", von dem die Ethik spricht, ein Selbst in *relativer* Autonomie: ein Selbst, das auf Andere verwiesen und angewiesen ist (relationale Autonomie), und das stets in Spannung zur heteronomen Fremdbestimmung steht.

Das Konzept der moralischen Identität, das die Verantwortungsfähigkeit eines Handlungssubjekts impliziert, muss entsprechend in der Tat als *reflexive* Haltung des Handelnden betrachtet werden, nun jedoch genauer gefasst als Reflexion auf die Spannung zwischen Heteronomie und Autonomie, zwischen Verstrickung und Verantwortungsfähigkeit.

Bildungskonzepte setzen ein Interesse an den jeweiligen Personen voraus, denen der Bildungsauftrag gilt: an den Widerfahrnissen, Erfahrungen und Kontexten, in denen Kinder, Jugendliche oder Erwachsene leben genauso wie an dem je unterschiedlich ausgeprägten reflexiven Umgang mit diesen Lebensbedingungen. Ethisches Lernen – der Umgang mit sich selbst und mit anderen – und die Gestaltung bzw. Kritik sozialer Strukturen erfolgen in der Reflexion auf die jeweiligen Erfahrungskontexte. Im Medium von *Geschichten*, etwa in verschiedenen Formen des Erzählens von Identität im Sinne der Lebensgeschichte, als Geschichte, in der ein

Selbst auf sich selbst reflektiert, zeigt sich, dass die (offene) Selbstkonzeption unlösbar mit der Verantwortungsperspektive verbunden ist (vgl. Haker, 1999).

In ihren Adorno-Vorlesungen geht die US-amerikanische Philosophin Judith Butler auf diesen Bezug von Identität und Verantwortung ein – und zeigt die Grenzen eines Autonomiebegriffs auf, der auf der Verfügbarkeit der eigenen Identität basiert:

> *Die ethische Frage ‚was soll ich tun?' setzt … schon voraus, dass überhaupt gefragt werden kann, sie setzt schon das ‚Ich' und die Möglichkeit des ‚Tuns' voraus. Damit setzt sie voraus, dass bereits ein Subjekt entstanden ist und dass dieses Subjekt zur Selbstreflexion fähig ist. Wenn wir nun aber feststellen, dass dieses Subjekt so verfasst ist, dass es sich selbst immer – bis zu einem gewissen Grad jedenfalls – undurchschaubar, unbekannt bleibt, so folgt daraus, dass es niemals vollständig erklären kann, weshalb es so und nicht anders gehandelt hat, und es folgt auch, dass sich dieses Subjekt niemals für seine Selbstidentität im Verlauf der Zeit verbürgen kann. So ist das Subjekt, das für sich einstehen kann, ein fragiles und fehlbares Subjekt der Ethik, charakterisiert eher durch seine Grenzen als durch seine Souveränität.*

Mit dieser These ist Bildungskonzepten, die sich die „Souveränität" im Sinne der Autonomie als Selbstverfügung zum Ziel machen, eine grundsätzliche Grenze gezogen. Wenn der Ausgangspunkt der ethischen Bildung aber das fragile und fehlbare Subjekt ist, dann erscheint auch die Verantwortungsperspektive als „fragil" und „fehlbar" – und das heißt nicht zuletzt, dass das eigene Handeln grundsätzlich in der Perspektive des ethischen Lernen und der ethischen Korrektur zu sehen ist.

> *Ethische Systeme oder Moralcodes, die von der Selbsttransparenz des Subjekts ausgehen oder die uns die Verantwortung für eine uneingeschränkte Selbsterkenntnis zuschreiben, neigen dazu, fehlbaren Geschöpfen eine Art ‚ethischer Gewalt' anzutun. Wir müssen uns zwar um Selbsterkenntnis bemühen und Verantwortung für uns übernehmen, wir müssen zwar mit Einsicht über unser Tun und Lassen entscheiden, aber ebenso wichtig ist, dass wir verstehen, dass all unser Bemühen, einen Einklang mit uns selbst zu erreichen, stets durchkreuzt werden wird. Das gehört zum ‚Humanen' in Adornos Sinn und scheint von zentraler Bedeutung für jede Moralphilosophie, die bestrebt ist, der Bescheidenheit und der Großzügigkeit einen Platz einzuräumen…. [man] muss seine Souveränität einbüßen, um menschlich zu werden"(Butler, 2003).*

Wenn also die Fragilität der eigenen Identität Kennzeichen auch des „Humanen" ist, auf dessen Grundlage überhaupt erst ethische Tugenden wie Bescheidenheit (als Einsicht in die eigenen Grenzen des Könnens) und Großzügigkeit erlernt werden können, dann muss ethische Bildung auf die ihr inhärente „ethische Gewalt" reflektieren: Wenngleich es in der Ethik darum geht, Handlungen im Hinblick auf ihre Richtigkeit zu beurteilen und Verantwortungen zuzuschreiben, so besteht doch immer die Gefahr, den Handelnden in diesem Urteil zu verfehlen und ihm dadurch Gewalt anzutun. Ethische Bildung kann nicht einfach in der Vermittlung von Normen bestehen, die die jeweiligen Handlungssituationen, -kontexte und Lebensgeschichten außer Acht lassen, sondern vielmehr geht es darum, die Fragilität und Fehlbarkeit als Bestandteil des ethischen Urteilens anzuerkennen.

Der französische Philosoph Emmanuel Levinas, auf den Judith Butler sich in ihren Schriften ebenfalls bezieht, fordert jedoch einen radikalen Perspektivenwechsel, der von der Betonung der eigenen Identität wegführt und den oder die Andere in den Blick nimmt (vgl. Levinas, 2003). Levinas bestimmt nicht nur die phänomenologische Beschreibung von Selbst, Anderem und Welt vom Anderen her, sondern verankert in der Begegnung mit dem Anderen die Verantwortung für ihn oder sie. Es ist jedoch nicht nur der Andere schlechthin, der das Ich aus seiner Selbstbezogenheit herausführt, sondern es ist der endliche, sterbliche Andere, der den Umschlag vom selbstbezogenen ‚Selbst' zum sich seiner Souveränität begebenden *moralischen* Selbst ermöglicht. Was geschieht aber, wenn sich das Selbst *dem Anderen* aussetzt, in all seiner Offenheit und Verwundbarkeit?

Levinas sagt, dass das Selbst dann und nur dann auf den Anderen trifft, wenn es auf ihn als „Angesicht" trifft: „Angesicht" heißt in der hebräischen Sprache „panim": Es ist das Zentrum der Persönlichkeit, zugleich aber die Oberfläche, die nackt gerade in der Ausgeliefertheit ist. *Aus Sorge um den Anderen aus sich herauszutreten – damit in die moralische Existenz zu kommen* und *Verantwortung zu übernehmen*, in dieser Bewegung, die sich nur praktisch vollziehen kann, sieht Levinas die eigentliche kopernikanische Wende von der Identitätsethik zur Verantwortungsethik.

Levinas trifft mit der Wende von der Selbstsorge zur Sorge um und für die Anderen in der Tat einen Punkt, der für jede Ethik der Verantwortung zentral sein muss; darüber hinaus ist es aber meines Erachtens wichtig, die in der Ethik wenig aufgegriffene Sorgestruktur zu betonen, die besonders in Nahbeziehungen evident ist (vgl. Haker, 2011). Die „Sorge um und für jemanden" ist aber genauso auch eine Hintergrunderfahrung, die etwa für die Anteilnahme und Solidarität unter Fremden geltend gemacht werden kann – immer dann, wenn der „Andere" überhaupt ins Blickfeld rückt. Dass dies „Ins-Blickfeld-rücken" heute, unter den neuen Bedingungen der technischen Entwicklungen, in einer räumlichen Entgrenzung möglich ist, zeigen die sozialen Bewegungen, die sich zum Beispiel über Facebook international vernetzen und Öffentlichkeit herstellen, um etwa die eigene Gefährdung öffentlich zu machen. Die Demonstranten des Arabischen Frühlings oder der syrischen Opposition *adressieren* die Weltöffentlichkeit – die auf diesen An-Spruch reagieren oder aber sich abwenden kann. Erst wenn Levinas' Ethik in dieser auch politischen Radikalität gesehen wird, wird deutlich, wie falsch es wäre, seine Verantwortungsethik auf eine individualistische Ethik zu reduzieren. Verantwortung, so gefasst, geht weit über die Verantwortbarkeit des eigenen Handelns und Lebens hinaus. Verantwortung ist nicht in erster Linie Freiheit, die den Anderen als ebenso frei respektiert wie sich selbst. Verantwortung bedeutet das sich Öffnen für den An-Spruch durch den Anderen. Sie ist *Antwort* auf die Forderung oder Bitte einer Anderen, sie in ihrer Fragilität, Verletzlichkeit und Sterblichkeit anzusehen, ihr keine Gewalt anzutun, für sie Sorge zu tragen. Die so verstandene Ver-Antwortung bedeutet zugleich die *Erinnerung* an den Riss, der durch die Souveränität des Handlungssubjekts geht: Sie bedeutet die Einbeziehung der eigenen Verletzbarkeit, Fehlbarkeit, *Fremdheit* und *Andersheit des Selbst*, die in der Betonung der Handlungssouveränität so leicht unterdrückt wird.

Im jüdischen wie auch im christlichen Sinn ist die Erinnerung als Gedenken Gottes wie auch als Gedenken an Gott eine praktische, handlungsorientierende Reflexionskategorie – sie verweist auf die Verantwortung gegenüber allen, deren Nächste wir sind, und gibt ihr einen Zeitindex, der gerade nicht auf die Vergangenheit beschränkt ist, sondern vielmehr die „Einbeziehung" der Verantwortung als konstitutive Konsequenz menschlicher Freiheit meint. Aus der von Levinas beschriebenen Erfahrung des Einbruchs des Anderen den Funken zu schlagen, das heißt, den „kairos" der Verantwortung zum je gegenwärtigen Zeitpunkt als Augenblick der unvertretbaren Verantwortung für den Anderen zu verstehen. Dieser „Andere" ist nie nur konkret und nie nur allgemein – er kann das eigene Kind, die eigene Mutter oder ein Nachbar sein, die auf eine „Antwort" auf ihre An-Sprüche warten – es kann aber auch sein, dass der „Andere" fremd ist und gerade nicht unmittelbar erfahrbar. Der Andere ist darüber hinaus, im auf die Zukunft gerichteten Handeln, unter Umständen nur „stillschweigend" anwesend – in politischen Entscheidungen, die die Zukunft betreffen, oder die globale Konsequenzen haben. Dies ist heute vor allem mit Blick auf die ökologischen Veränderungen, die zukünftige Generationen betreffen, wichtig. Verantwortung ist letztlich immer individuell – aber ihr Gegenstand wird gerade nicht vom Handelnden selbst festgelegt, sondern er kommt, in der Form des „Anderen" auf uns zu. Die ethische Bedeutung von Bildung liegt in erster Linie darin: die Herausbildung einer ethischen Identität zu begleiten und zu fördern, die sich der eigenen Fragilität bewusst ist und gerade deswegen den anderen hören kann.

Der jüdisch-christliche Glaube beginnt nicht von ungefähr, anders als die griechische Philosophie, mit dem Hören. Im „Anderen" die Stimme Gottes zu hören, der den Menschen an-spricht, damit er antworte, und in seinem Handeln Verantwortung übernehme – dies ist die zentrale Botschaft, die keineswegs nur dem ersten Testament zugrunde liegt, sondern auch den Evangelien. Die jüdisch-christliche Ethik ist Verantwortungsethik im Sinne einer responsorischen, auf den anderen antwortenden Ethik. Diese Ethik ist eine Herausforderung – und zuweilen auch eine Überforderung. Sie ist jedoch an die Zusage geknüpft, dass der gläubige Mensch in seiner Verantwortung nicht alleine steht, sondern dass Gott, der in jedem An-Spruch des anderen präsent ist – in der Frage, Bitte, Forderung, jemandem beizustehen – zugleich auch im Hörenden und Handelnden präsent ist. Gott ist, wenn man so will, sowohl in Abel gegenwärtig, der auf seinen Bruder zählt und doch von diesem getötet wird – als auch in Kain, der an dem Anspruch Abels scheitert. In der biblischen Geschichte muss Kain für sein Handeln Rechenschaft abgeben und lernen, dass er vor seiner Schuld nicht fliehen kann – aber der Gott dieses Glaubens, der Abels Tod nicht leugnen und nicht vergessen machen kann, stellt Kain dennoch unter seinen Schutz, auf dass dieser weiterleben kann, ohne selbst Opfer weiterer Gewalttaten zu werden.

4 Ausblick: Die ethische Bedeutung kirchlicher Bildung

Christliche und kirchliche Bildung wird heute oft als Vermittlung von (christlichen) Werten und Normen verstanden. Diese Auffassung ist einem vormodernen Verständnis der Normentradierung und normativen Tugendethik geschuldet, das den kirchlichen Bildungsauftrag in ethischer Hinsicht auf die Vermittlung des „Katechismus"-Wissens reduziert. Ich halte dies für ein „vormodernes" Verständnis, weil es wenig auf die Notwendigkeit der Freiheitsvermittlung ethischer Werte und Normen reflektiert und die Bildung als Vermittlung von (normativen) Lerninhalten reduziert. Die hier als „modern" bezeichneten Konzepte der Autonomie und Authentizität sind wichtige Korrekturen, die hilfreich sind, wenn kirchliche Bildungskonzepte reformiert werden sollen. Aber auch diejenigen Bildungskonzepte, die die Freiheitsvermittlung einbeziehen, stellen häufig die christlichen Werte und Normen den so genannten „säkularen" Werten und Normen gegenüber. Mir scheint in dieser Gegenüberstellung vieles missverständlich zu sein: So belehrt ein Blick in die Menschenrechtskonventionen der Vereinten Nationen oder auch in die Europäische Charta der Grundrechte,(vgl. Europa, 2010; Mandry, 2009) dass es zwischen den Grundrechten und der normativen christlichen Ethik eine große Übereinstimmung in den Grundlagen der Ethik gibt, auch wenn die expliziten Quellen unterschiedlich ist. Es ist zudem durchaus lohnend, die Interdependenzen sowie auch die gegenseitigen Rezeptionsprozesse von „säkularen" und „christlichen" Ethiken nachzuverfolgen, so dass die Abgrenzungen oder gar „Überbietungsversuche" von Seiten der christlichen Ethik eher dem Versuch geschuldet sind, in bestimmten inhaltlichen Auseinandersetzungen ein Autoritätsargument einzuführen. Die Bedeutung der Ethik für die Bildung wäre nach dieser Lesart, die christliche Ethik in Gegenüberstellung zu nichtchristlichen Ethiken zu sehen. Dies führt aber gerade in der Bildungsarbeit einerseits zu Identitätskonflikten, und andererseits zu vorschnellen Beendigungen der ethischen Reflexionen.

Ich habe demgegenüber versucht, dem Thema der Ethik und Bildung eine andere Wendung zu geben, die die moderne Freiheitstheorie grundsätzlich anerkennt, ohne die Konsequenz für die Ethik auf eine Autonomie- oder Authentizitätsethik zu reduzieren. Außerdem habe ich versucht, den Bildungsgedanken ethisch vom Verantwortungskonzept aus zu denken, das, wie ich zu zeigen versuche, nicht nur ethisch, sondern auch theologisch von zentraler Bedeutung ist. Ich habe deshalb die (theologisch notwendige) Verbindung von Ethik und jüdisch-christlichem Glauben zumindest angedeutet, weil die jüdisch-christliche Tradition die menschliche Verantwortung in der Geschichte Gottes und des Menschen in ein spezifisches, nun in der Tat religiöses bzw. theologisches, Licht – der Präsenz des am menschlichen Leben Anteil nehmenden Gottes – rückt.

Die christlich-ethische Bedeutung der Bildung besteht darin, Bildung als moralisches Recht, und das heißt: als An-Spruch anzuerkennen. Im Sinne der Verantwortungsethik heißt dies, dass Handelnde und Institutionen entsprechend auf diesen An-Spruch antworten müssen – wo er geleugnet oder nicht erfüllt wird, da muss die Kirche als Gemeinschaft der Gläubigen und in ihrer institutionellen Verfasstheit sich advokatorisch auf die Seite und an die Seite derjenigen stellen, denen das für die menschliche Entwicklung und (auf Freiheit bezogene) Lebensgestaltung zentrale Befähigungsrecht verweigert wird: auf die Seite derjenigen, die zur gesellschaftlichen Teilhabe und Partizipation an gesellschaftlichen, ökonomischen, kulturellen und politischen Entscheidungsprozessen nicht befähigt werden. Kirchliche Bildung muss daran mitarbeiten, dass die Bedingungen für die Existenzsicherung aller Menschen geschaffen werden – und dies kann heute nicht nur national, sondern muss global gelten. Sie muss daran arbeiten, dass Menschen nicht nur im Sinne der heute geltenden Verständigungsweisen sprachfähig werden, sondern auch daran, dass sie ein reflexives und kritisches Verhältnis zu ihnen gewinnen können. Sie muss selbst Möglichkeiten schaffen, die es Menschen ermöglicht zu lernen – und sie muss dabei die Erfahrungskontexte derjenigen zum Ausgangspunkt nehmen, deren Fähigkeiten sie erkundet und fördert. Ich habe hier meine Aufmerksamkeit auf eine weitere Dimension gelenkt, weil ich meine, dass sie den konkreten Aufgaben noch vorausliegt. Auf der Grundlage einer „responsorischen" Bildungsethik gilt es, die An-Sprüche anderer als konkrete Herausforderungen des je individuellen und gesellschaftlichen Handelns anzuerkennen, ohne damit schon jeden Anspruch als gerechtfertigt zu betrachten – es bleibt die Aufgabe der Ethik als Reflexionstheorie, die jeweiligen Ansprüche im Kontext von Gerechtigkeitstheorien zu prüfen, und sie tut dies in interdisziplinären Arbeiten und Projekten. Letztlich aber gilt: Über die jeweiligen Ansprüche und die jeweiligen Konsequenzen für ein verantwortliches Handeln müssen *öffentliche* Auseinandersetzungen geführt werden, für die es institutioneller „Plattformen" (Akademien etc.) bedarf. Diese Auseinandersetzungen, insbesondere zu den großen historischen Fragen, die sich heute stellen – der Ökologie, der Solidarität, der Friedenspolitik, oder der Sicherheitspolitik – zu befördern, damit sie in der Gesellschaft *Gehör* finden, das ist nicht zuletzt auch Aufgabe der christlichen und kirchlichen Bildung; und es ist sicherlich nicht zuviel gesagt, dass gerade die deutschen Kirchen in den letzten Jahrzehnten in dieser Hinsicht – der Ermöglichung öffentlicher Auseinandersetzungen zu gesellschaftlichen Fragen – sehr viel geleistet haben.

Christlich-ethische Bildung, so meine ich, muss von der grundsätzlichen Dialektik von Handlungsfähigkeit und Fehlbarkeit des Menschen ausgehen. Aber auch das ist ihre Aufgabe: In einer Zeit, die sich zunehmend vom Glauben abwendet, weil sie Gott nicht mehr hören kann, dem Gott, der seine Liebe zum Menschen nie aufkündigt, angesichts der „fragilen" und „fehlbaren" menschlichen Freiheit eine „Stimme" zu verleihen, die als *seine* Gegenwart erfahrbar ist.

Quellenangaben

Butler, J. (2003). Kritik der ethischen Gewalt. Adorno-Vorlesungen 2002, Frankfurt am Main. S. 10 f.. Vgl. dazu sowie zu den hier nur angedeuteten Ausführungen Haker, H.: Wie die Ränder einer Wunde, die offen bleiben soll. Ästhetik und Ethik der Existenz, in: Franz Josef Deiters, C. B. (Hrsg.): Denken/Schreiben (in) Der Krise – Existenzialismus Und Literatur. St. Ingbert 2005, S. 539–564.
Europa (2010). http://eur-lex.europa.eu/LexUriServ/LexUriServ.do?uri=OJ:C:201 0:083:0389:0403:DE:PDF .
Haker, H. (1999). Moralische Identität. Literarische Lebensgeschichten als Medium ethischer Reflexion. Tübingen. Francke Verlag.
Haker, H. (2008). Bildung der Identität als ethische Identität, in: Münk, H. J. (Hrsg.): Wann ist Bildung gerecht? Ethische und theologische Beiträge im interdisziplinären Kontext. Bielefeld. S. 113–126: Bielefeld: W. Bertelsmann Verlag.
Haker, H. (2011). Hauptsache gesund? Ethische Fragen der Pränatal- und Präimplantationsdiagnostik. München: Kösel-Verlag.

Honneth, A. (2011). Das Recht der Freiheit. Grundriss einer demokratischen Sittlichkeit. Frankfurt . Suhrkamp Verlag.
Levinas, E. (2003). Die Zeit und der Andere. Hamburg: Meiner Verlag.
Levinas, E.: (1996). Gott, der Tod und die Zeit. München. Passagen Verlag.
Levinas, E. (1998). Jenseits des Seins oder anders als Sein geschieht. München: Alber Verlag.
Mandry, C. (2009). Europa als Wertegemeinschaft. Eine theologisch-ethische Studie zum politischen Selbstverständnis der Europäischen Union. Denkart Europa. Schriften zur europäischen Politik, Wirtschaft und Kultur. Saarbrücken: Nomos Verlagsges.MBH + Company
Taylor, C. (1992). The Ethics of Authenticity. Canada: Harvard University Press Verlag.

Prof. Dr. Hille Haker, Professorin für theologische Ethik, Loyola University Chicago

Religiöse und interreligiöse Bildung im Erwachsenenalter

Aufgaben der Evangelischen Erwachsenenbildung im Bezug auf Individuum, Kirche und Gesellschaft

FRIEDRICH SCHWEITZER

Wenn im Folgenden Aufgaben der religiösen und interreligiösen Bildung für die Evangelische Erwachsenenbildung (im Folgenden: EEB) in den Vordergrund gestellt werden sollen, so muss von Anfang an ein Missverständnis ausgeschlossen sein: EEB umfasst keineswegs nur religiöse Bildung. Ihrem ganzen Selbstverständnis zufolge will die EEB vielmehr Bildung in einem umfassenden Sinne ermöglichen (vgl. grundsätzlich EKD, 1997; Seiverth/DEAE, 2002). Die kirchliche Trägerschaft oder eine evangelische Verantwortung dürfen keineswegs zu einer religiösen Engführung des Bildungsverständnisses führen. Umgekehrt gilt allerdings, dass Religion – ganz unabhängig von der Trägerschaft von Bildungsangeboten – in wesentlicher Weise zur Bildung gehört und dass eine umfassende Wahrnehmung von Bildungsaufgaben ohne religiöse Bildung von vornherein unvollständig und unzureichend bliebe (vgl. bspw. Nipkow, 1998; Schweitzer, 2003a). Diesen Zusammenhang von Bildung und Religion, der heute so häufig – und nicht zuletzt in der Erziehungswissenschaft – übergangen wird, bewusst zu halten und gezielt in Praxis und Theorie aufzunehmen zählt allerdings durchaus zu den besonderen Anliegen einer dem ganzen Menschen verpflichteten EEB, auch wenn dieser Zusammenhang der Sache nach nicht von einer bestimmten Ausrichtung der Erwachsenenbildung abhängig ist. Religiöse Bildung Erwachsener kann als eine Grundaufgabe der EEB bezeichnet werden (vgl. Lück & Schweitzer, 1999).

Im Folgenden soll es jedoch nicht einfach um religiöse Bildung insgesamt gehen, sondern akzentuiert werden sollen in erster Linie *interreligiöse* Bildungsaufgaben. In einer nicht nur multi*kulturellen*, sondern auch multi*religiösen* Gesellschaft gewinnen interreligiöse Bezüge zunehmend an Gewicht. Herkömmliche Formen der religiösen Bildung werden dadurch nicht überflüssig. Auch sie gewinnen in einer religiös und weltanschaulich pluralen Gesellschaft eine wachsende Bedeutung, aber interreligiöse Bildungsaufgaben stellen eine in unserer Gegenwart ohne Zweifel besonders wichtige und dringliche Form der religiösen Bildung dar (vgl. als Überblick in Handbuchform: Schreiner, Sieg & Elsenbast, 2005; Engebretson, de Souza, Durka & Gearon, 2010).

Wenn in meinem Beitrag der Bezug solcher Bildungsaufgaben auf Individuum, Kirche und Gesellschaft herausgearbeitet werden soll, so liegt darin bereits eine erste grundlegende These, nämlich dass interreligiöse Bildung tatsächlich von diesen drei Bezügen her begründet und im Blick auf diese Bezüge ausgestaltet werden kann. Dies lässt sich mit einer zweiten These noch weiter zuspitzen: Individuelle, kirchliche und gesellschaftliche Bezüge interreligiöser Bildung greifen heute so ineinander, dass nicht von einer Divergenz auszugehen ist, sondern von einer deutlichen, auch notwendigen Konvergenz.

1 Interreligiöse Bildung als Unterstützung individueller Orientierung und Lebensbewältigung

Vor allem die Soziologie hat in den letzten 50 Jahren mehrfach herausgearbeitet, dass eine religiös und weltanschaulich plurale Situation im Blick auf das Individuum einen deutlich gesteigerten Orientierungsbedarf mit sich bringt. Als gleichsam klassische Beschreibung gilt die Diagnose vom „Zwang zur Häresie", wie sie Peter L. Berger schon vor mehr als 30 Jahren formuliert hat (Berger, 1980). Religiöse Zugehörigkeiten unterliegen demnach in der modernen und postmodernen Gesellschaft einer fundamentalen Transformation, die mit Berger als Übergang vom Schicksal zur Wahl begriffen werden kann. Religiöse Gewissheiten verstehen sich in dieser Situation nicht mehr von selbst, weil zunehmend allen bewusst wird, dass solche Überzeugungen auch anders ausfallen können und in vielen Fällen auch tatsächlich anders ausfallen. Insofern müssen nun im Blick auf die eigenen Glaubensüberzeugungen (Auswahl-)Entscheidungen getroffen werden, die sich in früheren Zeiten vielfach schon deshalb erübrigten, weil entsprechende Fragen gar nicht aufbrachen. Man blieb auch in religiöser Hinsicht ganz selbstverständlich bei dem, was man von den Eltern „ererbt" hatte. Und damit verbanden sich weder weiterreichende Herausforderungen noch die Notwendigkeit einer religiösen Bildung Erwachsener (auch wenn natürlich argumentiert werden kann, dass es ein wesentliches Anliegen der Erwachsenenbildung hätte sein können, Menschen aus dem Stand nicht weiter reflektierter Selbstverständlichkeiten herauszuführen – zu

Gunsten persönlich angeeigneter Überzeugungen und aufgeklärter Freiheit, aber solche Bildungsangebote waren in vormodernen Zeiten eben nicht verfügbar).

Inzwischen ist die Präsenz verschiedener Religionen im selben Land zu einer Selbstverständlichkeit geworden – in Deutschland etwa ganz unmittelbar durch die mehr als vier Millionen Muslime, die nun mit den ca. 50 Millionen Christen im Land zusammenleben, aber eben stets auch in einem medial vermittelten weltweiten Horizont mit vielen weiteren religiösen Optionen (vgl. Haug, Müssig & Stichs, 2009. S. 81). Nach Berger wohnt einer solchen, in grundlegender Weise von Pluralität bestimmten Lebenserfahrung eine zutiefst relativierende Tendenz inne (Berger, 1980). Die früher so sichere Gründung sei allen religiösen Überzeugungen deshalb weithin verloren gegangen. Sämtliche Gewissheiten unterliegen stattdessen der kritischen Reflexion sowie dem ausgeprägten Bewusstsein, dass sie nicht alternativlos seien und vor allem nicht alternativlos richtig oder wahr. In der Folge komme es daher häufig entweder zu einem ausgesprochenen Relativismus, der die Ungewissheit ins Prinzipielle wendet (nach dem Motto: „letztlich gibt es *gar keine Gewissheiten* mehr"!), oder zu einem Fundamentalismus als ebenso gezielter Negation von Ungewissheit zu Gunsten unbestreitbarer eigener Gewissheiten („nur *mein* Glaube ist wahr"!).

In neuerer Zeit hat Hans Joas, auch anhand von Beobachtungen und Befunden zu Religion und Gesellschaft in der Gegenwart, die Zwangsläufigkeit solcher relativierender Effekte bestritten (Joas, 2004). Er weist darauf hin, dass die religiöse Vielfalt ebenso zu einer marktförmigen Konkurrenz zwischen den verschiedenen Religionen und Religionsgemeinschaften führen könne, die wiederum eine Neubelebung der verschiedenen Traditionen zulässt oder sogar ermutigen kann. Skepsis im Blick auf die Zukunftsbedeutung der Religion und der Religionen, wie sie die frühere Säkularisierungsthese vermittelte, sei jedenfalls soziologisch gesehen nicht begründet. Religiöse Vielfalt, oft als religiöse Pluralisierung und Individualisierung bezeichnet, stehe als Signatur der Gegenwart vielmehr für eine durchaus bleibend vitale religiöse Situation.

Im Blick auf Fragen interreligiöser Bildung ist eine Entscheidung in dieser religionssoziologischen Kontroverse allerdings nicht ausschlaggebend. Denn in beiden Fällen, sowohl in der Perspektive von Berger (relativierende Effekte von Pluralität) als auch in der von Joas (belebende Impulse von Pluralität), bleibt unbestritten, dass individuelle Orientierungsbedürfnisse in der Pluralität zunehmen und dass sie wahrgenommen werden müssen, etwa durch Bildungsangebote. In seinen jüngsten Veröffentlichungen verweist Berger in diesem Sinne zum einen auf die notwendige Unterstützung von Haltungen, die auch für religiösen Zweifel offen sind – er spricht sogar vom „Lob des Zweifels", der ein wirksames Gegengift zum Fundamentalismus darstelle (vgl. Berger & Zijderveld, 2010) –, zum anderen hebt er Erfahrungen des interreligiösen Dialogs hervor, als tragfähige oder jedenfalls zu unterstützende Antwort auf die Erfahrung der Pluralität (vgl. Berger, 2011).

In meiner eigenen Begrifflichkeit geht es dabei um den Übergang von *Pluralität* zum *Pluralismus* und zur *Pluralitätsfähigkeit*, in der ein ausgesprochenes Bildungsziel auch der EEB gesehen werden muss (vgl. Schweitzer, 2003b). Pluralität als religiöse und weltanschauliche Vielfalt stellt heute eine unübersehbare Tatsache dar, während Pluralismus als der geordnete und reflektierte Umgang mit dieser Pluralität eine Fähigkeit oder Kompetenz bezeichnet, die sich nicht automatisch einstellt. Wenn diese Fähigkeit erreicht werden soll, müssen Prinzipien gefunden und erarbeitet werden, die eine reflektierte Auseinandersetzung mit der Pluralität allererst zulassen. Bildung schließt deshalb die Begegnung mit solchen Prinzipien ein – als Ermöglichung von Pluralitätsfähigkeit (vgl. Schweitzer, 2008).

Aus der Begegnung mit unterschiedlichen Religionen und ihren Wegen, die heute, nicht zuletzt in der populären Literatur und in den Medien, häufig auch als verschiedene „spirituelle Pfade" angesprochen werden, erwachsen inzwischen deutlich wahrnehmbare individuelle Interessen. Offenbar steht dabei die Suche nach religiösen Impulsen für die eigene Lebensgestaltung und Lebensbewältigung im Vordergrund. Zumindest nach dem Angebot auf dem Buchmarkt und in anderen medialen Bereichen zu urteilen, handelt es sich hier sogar um ein geradezu boomendes Bedürfnis. So finden sich in populären Tageszeitungen (sog. „Boulevardpresse") beispielsweise wiederkehrende Rubriken zur Lebenshilfe aus der Feder des Dalai Lama. Buddhistische und neobuddhistische Ratgeberliteratur wird inzwischen allüberall feilgeboten und vermutlich dann auch gekauft und konsumiert. Auch spirituell-christliche Angebote zur Lebensbereicherung finden deutlichen Zuspruch, im katholischen ebenso wie im evangelischen Bereich. Sollen hier nicht allein die Wirkungen von Markt und Werbung entscheiden, sondern sollen Menschen instand gesetzt werden, sich in reflektierter und kritischer Weise zu orientieren, dann müssen ihnen entsprechende Bildungsangebote zur Verfügung stehen.

Eine weitere lebenspraktische Konkretion gewinnen entsprechende Bedürfnisse im Blick auf Orientierung und Lebensbewältigung dann, wenn beispielsweise eine religionsverbindende Ehe vorliegt und daraus vielleicht auch Kinder hervorgehen. Prozentual gesehen ist dieser Anteil bei den Ehen und Familien durchaus (noch?) begrenzt. Die Studie „Muslimisches Leben in Deutschland" (Haug, Müssig & Stichs, 2009), in der die derzeit aktuellsten Daten im Blick auf die Anzahl von Muslimen in Deutschland zu finden sind, berichtet für 4,2 % der Muslime, dass sie einen christlichen (Ehe-)Partner bzw. eine (Ehe-)Partnerin haben (Haug, Müssig & Stichs, 2009. S. 284). Zugleich fällt aber auf, dass ein großer Teil der Muslime deutliche Offenheit für die Heirat ihres Sohnes und, etwas abgestuft, auch ihrer Tochter mit einem oder einer Andersgläubigen zum Ausdruck bringt. „Vier Fünftel aller Muslime (80 Prozent) [...] hätten nichts gegen eine Heirat ihres Sohnes mit einer Andersgläubigen einzuwenden. Bei Töchtern würden deutlich weniger Muslime eine Hochzeit mit einem Andersgläubigen akzeptieren [...]" (Haug, Müssig & Stichs, 2009. S. 282). Dies lässt erwarten, dass die entsprechenden Anteile bei den Eheschließungen in Zukunft noch einmal deutlich zunehmen werden.

Im Blick auf die religiöse Kindererziehung in religionsverbindenden Elternhäusern, also beispielsweise bei einem christlich-muslimischen Ehepaar, haben qualitative Untersuchungen spezifische Herausforderungen ergeben, durch die sich die Eltern selbst häufig überfordert fühlen (vgl. Froese, 2005). Wie beispielsweise soll in einer solchen Situation mit dem Weihnachtsfest umgegangen werden, wenn doch von vornherein feststeht, dass eine gemeinsame Form des Feierns, die auch die religiöse Dimension einschließt, kaum zu erreichen ist? Wie soll ein Muslim, der die kritische Sicht des Korans hinsichtlich der christlichen Vorstellung vom Gottessohn kennt, die Geburt des Erlösers festlich begehen? Und wie kann dafür gesorgt werden, dass Kinder in einer solchen Situation, in der man sich gegenseitig besser allein lässt, nicht ohne Unterstützung bei der religiösen und interreligiösen Orientierung bleiben?

Solche lebenspraktischen Fragen können der Ausgangspunkt für entsprechende Bildungsangebote etwa der Eltern- oder Familienbildung werden. Der bewusste Einbezug von Fragen nach der religiösen Kindererziehung liegt dabei jedenfalls besonders nahe.

Wie groß der Nachholbedarf in dieser Hinsicht noch immer ist, zeigen im Übrigen Befunde schon zur innerchristlichen Pluralität in Familien, also etwa von evangelisch-katholischen Elternhäusern (vgl. Biesinger & Schweitzer, 2009). Obwohl längst bekannt ist, dass heute ein Drittel aller kirchlich geschlossenen Ehen evangelisch-evangelisch, ein weiteres katholisch-katholisch und das dritte Drittel evangelisch-katholisch ist, wird darauf in den Kirchengemeinden noch kaum eingegangen. Unterstützung für eine religiöse Familienerziehung in solchen Situationen scheint es nur selten zu geben, auch im Bereich der Erwachsen- und Familienbildung.

2 Kirche in der multireligiösen Gesellschaft – auch eine Bildungsherausforderung

Was Multireligiosität für die Kirche bedeutet, ist noch wenig geklärt. Zwar haben sich beide Kirchen mehrfach zum Verhältnis zwischen Christentum und Judentum sowie zum Zusammenleben mit Muslimen geäußert (vgl. u. a. EKD, 2000 und 2006a; DBK, 2003), aber solche Äußerungen schließen nicht zwangsläufig auch eine Reflexion darüber ein, wie die Zukunft einer Kirche in der multireligiösen Gesellschaft aussehen soll und aussehen kann. Bezeichnend für die Situation auf evangelischer Seite ist hier etwa die ebenso stark beachtete wie umstrittene Schrift „Kirche der Freiheit", die sich ausdrücklich auf die Zukunft der Kirche bezieht (EKD, 2006b). In dieser Schrift fehlen Bezüge auf die multireligiöse Gesellschaft fast ganz – die „Begegnung der Religionen" wird lediglich als „zentrale Herausforderung" benannt (EKD, 2006b, S. 20), und es mangelt vor allem an einer (theologisch-)kirchentheoretischen Reflexion darauf, wie sich Kirche in einer multireligiösen Situation orientieren und wie sie sich positionieren soll. Die zeitgleich erschienene EKD-Äußerung „Klarheit und gute Nachbarschaft. Christen und Muslime in Deutschland" (EKD, 2006a) verweist zwar auf religionsdialogische Aufgabenstellungen, steht aber insofern unverbunden neben der Entwicklung von kirchlichen Zukunftsperspektiven, als solche Aufgaben nicht mit den Perspektiven aus „Kirche der Freiheit" (EKD, 2006b), also der kirchlichen Zukunftsreflexion, verbunden werden. Dennoch ist gleichsam mit Händen zu greifen, dass gerade in dieser Hinsicht für die Kirche und für ihre Zukunftsorientierung grundsätzliche Fragen aufbrechen. Im Sinne einer grundlegenden kirchentheoretischen Klärung zum Verhältnis zwischen Kirche und Multireligiosität reichen beide Schriften nicht allzu weit. Zugleich versteht es sich von selbst, dass die im letzten Abschnitt aufgenommenen individuellen Bezüge interreligiöser Bildung auch die Kirche tangieren. Von ihrem ganzen Selbstverständnis her lässt sich die Kirche nicht als eine von den Individuen abgelöste Institution verstehen. Individuelle Orientierungsbedürfnisse konstituieren unvermeidlich immer auch Aufgaben für die Kirche.

Weiterreichende kirchentheoretische Orientierungsaufgaben betreffen zunächst in erster Linie die Kirchenleitungen. Kirchenleitungen müssen entscheiden, wie sich Kirche in einer multireligiösen Gesellschaft entwickeln soll. Um es zu konkretisieren: Alternative Optionen könnten hier etwa auf eine stärkere wechselseitige Profilierung der Religionsgemeinschaften zielen oder eben umgekehrt auf eine deutlichere Annäherung und Kooperation. Sie könnten die Aufgabe der kritischen Auseinandersetzung um religiöse Wahrheits- und Geltungsansprüche in den Vordergrund rücken oder umgekehrt den gemeinsamen Beitrag aller Religionen zu einem Leben in Frieden und Toleranz. Wie sich die Kirche positionieren soll, steht nicht automatisch fest. Auch wenn die hier als Beispiele genannten Alternativen im vorliegenden Zusammenhang nicht weiter geklärt werden können, machen sie bereits als solche deutlich, dass sich ganz unausweichlich Aufgaben verantwortlicher Entscheidung stellen.

Soweit das vor allem im evangelischen Bereich immer wieder betonte Prinzip des Priestertums aller Gläubigen gelten soll, ist die Kirche dabei darauf angewiesen, dass Leitungsentscheidungen von den Gläubigen mitgetragen und mitverantwortet werden. Dazu müssen diese Menschen aber allererst befähigt werden. Im Blick auf die pastoralen oder kirchlichen Handlungsfelder – angefangen bei Gottesdienst und Predigt über Seelsorge und bis hin zur Diakonie – bietet sich dafür vor allem die EEB an. Diese verfügt am ehesten über Möglichkeiten, entsprechende Bildungsangebote bereitzustellen.

Um auch in diesem Falle noch eine weitere Konkretion zu bieten, kann wiederum auf bestimmte zielgruppenorientierte erwachsenenbildnerische Angebote verwiesen werden. Solche Zielgruppen einer interreligiösen Bildung, die unmittelbar in kirchliches Handeln einfließen und in diesem Bereich umgesetzt werden, können etwa in Kirchengemeinderäten oder bei ehrenamtlichen Mitarbeiterinnen und Mitarbeitern identifiziert werden. Beispielsweise stellt heute die Konfirmandenarbeit ein wichtiges Feld ehrenamtlicher Mitarbeit dar, an dem vor allem junge, zum Teil aber auch ältere Erwachsene beteiligt sind. In Deutschland sind in diesem Bereich jedes Jahr etwa 60.000 Ehrenamtliche tätig (vgl. Ilg, Schweitzer & Elsenbast, 2009. S. 89). Die Jugendlichen in der Konfirmandenarbeit erwarten, eigenen Aussagen zufolge, zunehmend auch interreligiöse Bildungsangebote in diesem Bereich. Deshalb könnten in diesem Falle Angebote der Erwachsenenbildung und eine Mitarbeiterschulung, an der es hier im Übrigen noch weithin fehlt, direkt ineinandergreifen.

3 Die Angewiesenheit multireligiöser Gesellschaften auf Bildung

Es hat lange gedauert, bis Politik, Öffentlichkeit und Wissenschaft zu einer Anerkennung der Bedeutung interreligiöser Bildung gefunden haben. Zunächst schienen bereits Begriffe wie Multikulturalität und Multireligiosität problematisch und politisch suspekt. Vor allem auf konservativer Seite wurden sie als Ausdruck einer kulturrelativistischen Ideologie angesehen, der entschieden – so die vorläufig letzte Auflage dieser Debatten – die „Leitkultur" des Westens entgegengesetzt werden müsse (Diskussion: Gottschlich & Zapçıoğlu, 2005). Später fand zumindest die Herausforderung des Zusammenlebens in einer multi*kulturellen* Gesellschaft weithin Anerkennung, nicht zuletzt in der Erziehungswissenschaft, die dafür eine interkulturelle Pädagogik ausgebildet hat (wohl am weitesten verbreitet: Auernheimer, 2010). Religion oder Interreligiosität spielt dabei freilich keine Rolle. Die in der Erziehungswissenschaft häufig anzutreffenden Berührungsängste im Blick auf Religion im Allgemeinen, die dieser Disziplin inzwischen den Vorwurf einer „Verdrängung" ihres religiösen und theologischen „Erbes" eingebracht haben (Oelkers, Osterwalder & Tenorth, 2003), wurden offenbar auch auf Interreligiosität übertragen. Gründe werden dafür nicht vorgebracht oder diskutiert. Erst in jüngster Zeit wird beispielsweise der Beitrag von Religion zur Integration deutlicher gesehen und auch (erziehungs-)wissenschaftlich thematisiert und untersucht (s. dazu die Beiträge in Biesinger, Schweitzer, Gronover & Ruopp, 2012).

Ein Zusammenleben in Frieden und Toleranz, Respekt und wechselseitiger Anerkennung ist aber ohne entsprechende Bildungsbemühungen nicht zu erreichen. Die Erwartung, dass sich entsprechende Einstellungen wie Toleranz, Respekt, wechselseitige Anerkennung usw. mehr oder weniger von selbst einstellen würden, hat sich als wenig realistisch erwiesen, sowohl im Blick auf Kinder und Jugendliche als auch auf Erwachsene. Auch bei solchen Einstellungen handelt es sich vielmehr um eine Aufgabe lebenslangen Lernens, bei der die Erwachsenenbildung eine wichtige Rolle spielen kann.

Hier ergibt sich auch eine wichtige Verbindung zu der bereits angesprochenen Frage nach dem Zusammenhang von Religion und Integration: Dieser Zusammenhang weist vielfältige kulturelle, politische und ökonomische Aspekte auf. Dazu gehören nicht zuletzt Projektionen und Vorurteile, die in Deutschland vor allem den Islam betreffen (ohne dass deshalb die umgekehrte Perspektive einer verzerrten Wahrnehmung des Christentums von muslimischer Seite her ausgeblendet werden dürfte). Im Kern geht es darum, ob andere *trotz* oder *mit* ihrer Religion in Deutschland willkommen sind. Erneut sind damit Einstellungen berührt, deren Transformation zumindest teilweise von Bildungsmöglichkeiten abhängig sein dürfte.

Eine weitere Dimension der Interreligiosität betrifft die Frage der Wertebegründung. Auch wenn Religion keineswegs als die einzige Quelle von Werten angesehen werden kann, steht außer Frage, dass Religion in der gesamten Geschichte zu den wichtigsten Quellen der Wertebegründung gezählt hat. Zugleich sind gerade freiheitlich-demokratische Gesellschaften dauerhaft auf nicht-staatliche Formen einer Wertebegründung angewiesen, eben weil eine staatliche Wertevermittlung und Normierung nur um den Preis der Freiheitlichkeit selbst zu haben wäre. In der Vergangenheit stützte sich die Gesellschaft in der Regel auf eine bestimmte religiöse Tradition, in Deutschland und Zentraleuropa vor allem auf das Christentum (vgl. Joas & Wiegandt, 2005). Insofern muss heute neu geklärt werden, was eine religiöse Wertebegründung in einer multireligiösen Gesellschaft bedeuten kann. Auf katholischer Seite reagiert darauf beispielsweise das bekannte Projekt „Weltethos" von Hans Küng (vgl. Küng, 1990), aber auch auf evangelischer Seite werden entsprechende Fragen verstärkt diskutiert (vgl. als kritische Stellungnahme zu Küng sowie mit Alternativvorschlägen etwa Huber, 1993). Allen solchen Vorschlägen zur Wertebegründung in religiös und weltanschaulich pluralen Gesellschaften ist die Einsicht gemeinsam, dass der Verständigungsbedarf im Blick auf unterschiedliche Wertetraditionen wächst. Und entsprechend nehmen auch die Anforderungen an die Bürgerinnen und Bürger in solchen Gesellschaften deutlich zu. EEB kann sich in dieser Situation als ein Ort verstehen, an dem die entsprechenden Verständigungsfähigkeiten eingeübt werden.

Auch der gesellschaftliche Bedarf an interreligiöser Bildung lässt sich im Sinne der Weiterbildung konkretisieren. Die Internationalisierungs- und Globalisierungsprozesse in der Wirtschaft bringen einen deutlich verstärkten Bedarf an interkultureller und interreligiöser Kompetenz mit sich. International agierende Wirtschaftskonzerne, aber auch mittelständische Betriebe in Deutschland sind heute weltweit tätig und entsenden Mitarbeiterinnen und Mitarbeiter aus Deutschland beispielsweise in arabische Länder. Um dort erfolgreich handeln zu können und etwa einen Vertragsabschluss zu erzielen, müssen die entsprechenden Personen kultur- und religionssensibel auftreten können. Deshalb können entsprechende Angebote der Fort- oder Weiterbildung einen wichtigen Beitrag zum wirtschaftlichen Erfolg darstellen. Insofern greifen hier Angebote interreligiöser Bildung und Qualifikationsanforderungen in der Wirtschaft ineinander, zumindest dann, wenn der Qualifikationsaspekt nicht gegen den Bildungsanspruch ausgespielt und also Bildung auf einzelne Skills reduziert wird.

4 Ausblick: Anforderungen an die EEB im Blick auf interreligiöse Bildung

Der vorliegende Beitrag zielt nicht einfach nur auf eine Verdeutlichung der Leistungen der EEB im Blick auf interreligiöse Bildung, sondern er soll auch Konsequenzen und Perspektiven aufzeigen, die sich aus der bewussten Wahrnehmung entsprechender Bildungsaufgaben ergeben. Dieser Absicht soll nun, in einem letzten Schritt, ausdrücklich nachgegangen werden.

Zunächst ist in dieser Hinsicht festzuhalten, dass sich die beiden eingangs genannten Thesen plausibilisieren ließen: Zum einen konnte gezeigt werden, dass sich Aufgaben interreligiöser Bildung für Erwachsene tatsächlich zugleich, wenn auch in unterschiedlicher Weise im Blick auf Individuum, Kirche und Gesellschaft stellen. Zum anderen – dies entspricht der zweiten Eingangsthese – greifen die drei Bezüge von Individuum, Kirche und Gesellschaft ineinander oder, vorsichtiger formuliert, ist ein solches Ineinandergreifen zumindest als möglich und als erwachsenenbildnerisch wünschenswert zu bezeichnen. Daraus ergeben sich nun wichtige Konsequenzen, nicht zuletzt für die Weiterentwicklung der EEB.

Damit ein Ineinandergreifen individueller, kirchlicher und gesellschaftlicher Bezüge tatsächlich erreicht werden kann, müssen offenbar bestimmte Anforderungen an Bildungsangebote erfüllt sein. Bildungsangebote müssen so gestaltet sein, dass sich individuelle, kirchliche und gesellschaftliche Perspektiven tatsächlich aufnehmen und bearbeiten lassen. Umgekehrt formuliert: Angebote, die sich so ausschließlich auf nur einen dieser Bezüge konzentrieren, dass die anderen Bezüge nicht beachtet werden, greifen zu kurz. Beispielsweise kann dann eine bloße Qualifikation für Auslandseinsätze im wirtschaftlichen Bereich nicht als ausreichend und angemessen bezeichnet werden, wenn sie nicht auch die damit für die persönlichen Einstellungen der Teilnehmerinnen und Teilnehmer verbundenen Fragen und Herausforderungen aufnimmt, wobei solche Einstellungen durchaus den eigenen Glauben betreffen können. Und auch die institutionellen Bezüge zur Kirche als der gemeinschaftlichen Form, individuelle Überzeugungen Gestalt werden zu lassen und zu leben, können hier nicht einfach übergangen werden. Anders als vielfach erwartet, wird an diesem Punkt eine unmittelbare Verbindung zwischen gesellschaftlichen Erfordernissen und persönlichen oder auch kirchlichen Orientierungs- und Glaubensfragen sichtbar. Dies erklärt, warum ein konfessionell getragenes Angebot wie die EEB in besonderer Weise in Lage sein kann, entsprechende Angebote zu entwickeln und bereitzustellen. Denn die Verbindung individueller, kirchlicher und gesellschaftlicher Bedürfnisse in einem bildungstheoretischen Horizont sowie in einer religiös oder theologisch reflektierten Weise gehört gleichsam schon immer zu den Grundanliegen der EEB.

Aus meiner Sicht lassen sich die beschriebenen Anforderungen, die auf eine gleichzeitige Wahrnehmung gesellschaftlicher, kirchlicher und individueller Bezüge zielen, auch so aufnehmen, dass der *Bildungs*auftrag der Erwachsenenbildung in einem emphatischen Sinne hervorgehoben wird. Von Bildung lässt sich eben erst sprechen, wenn nicht allein inhaltliche Anforderungen oder institutionelle Erfordernisse dominieren, sondern wenn zugleich in konstitutiver Weise die Personen mit ihren Bildungsmöglichkeiten und -bedürfnissen im Blick sind. Auch wenn dies hier im Einzelnen nicht mehr erläutert werden kann, bin ich überzeugt, dass sich auch die kirchlichen und gesellschaftlichen Erfordernisse dann am besten erfüllen lassen, wenn der individuelle Bildungshorizont konsequent beachtet wird.

Quellenangaben

Auernheimer, G. (2010). Einführung in die interkulturelle Pädagogik (6. Auflage). Darmstadt: Wiss. Buchgesellschaft.
Berger, P.L. (1980). Der Zwang zur Häresie. Religion in der pluralistischen Gesellschaft. Frankfurt am Main: Fischer.
Berger, P.L. (2011). Dialog zwischen religiösen Traditionen in einem Zeitalter der Relativität. Tübingen: Mohr Siebeck.
Berger, P.L. & Zijderveld, A. (2010). Lob des Zweifels. Was ein überzeugender Glaube braucht. Freiburg i. Br.: Kreuz.
Biesinger, A. & Schweitzer, F. (2009). Religiöse Erziehung in evangelisch-katholischen Familien. Freiburg im Br.: Herder.
Biesinger, A., Schweitzer, F., Gronover, M. & Ruopp, J. (Hrsg.) (2012). Integration durch religiöse Bildung. Perspektiven zwischen beruflicher Bildung und Religionspädagogik. Münster: Waxmann.
DBK/Deutsche Bischofskonferenz (2003). Christen und Muslime in Deutschland. Bonn: Sekretariat der Deutschen Bischofskonferenz.
EKD/Evangelische Kirche in Deutschland (1997). Orientierung in zunehmender Orientierungslosigkeit. Evangelische Erwachsenenbildung in kirchlicher Trägerschaft. Eine Stellungnahme der Kammer der EKD. Gütersloh: Gütersloher Verlagshaus.
EKD/Evangelische Kirche in Deutschland (2000). Zusammenleben mit Muslimen in Deutschland. Gestaltung der christlichen Begegnung mit Muslimen. Eine Handreichung des Rates der EKD. Hannover: EKD.
EKD/Evangelische Kirche in Deutschland (2006a). Klarheit und gute Nachbarschaft. Christen und Muslime in Deutschland. Eine Handreichung des Rates der EKD. Hannover: EKD.
EKD/Evangelische Kirche in Deutschland (2006b). Kirche der Freiheit. Perspektiven für die Evangelische Kirche im 21. Jahrhundert. Hannover: EKD.
Engbretson, K., de Souza, M., Durka, G. & Gearon, L. (Hrsg.) (2010). International Handbook of Inter-religious Education. 2 Bde. Dordrecht: Springer.
Froese, R. (2005). Zwei Religionen – eine Familie. Das Gottesverständnis und die religiöse Praxis von Kindern in christlich-muslimischen Familien. Freiburg/Gütersloh: Herder/Gütersloher Verlagshaus.
Gottschlich, J. & Zapçıoğlu, D. (2005). Das Kreuz mit den Werten. Über deutsche und türkische Leitkulturen (2. Auflage). Hamburg: Körber-Stiftung.

Haug, S., Müssig, S. & Stichs, A. (2009). Muslimisches Leben in Deutschland, im Auftrag der Deutschen Islam Konferenz. Nürnberg: Bundesamt für Migration und Flüchtlinge.

Huber, W. (1993). Ohne Konflikte kein Heil. Der ethische Konsens muss in der Vielfalt religiöser Überzeugungen verankert sein – nicht in einer Einheitsmoral. Kritik an Hans Küngs „Projekt Weltethos". Publik-Forum 22(5), 18–20.

Ilg, W., Schweitzer, F. & Elsenbast, V. in Verb. mit Otte, M. (Hrsg.) (2009). Konfirmandenarbeit in Deutschland. Empirische Einblicke, Herausforderungen, Perspektiven. Mit Beiträgen aus den Landeskirchen. Gütersloh: Gütersloher Verlagshaus.

Joas, H. (2004). Braucht der Mensch Religion? Über Erfahrungen der Selbsttranszendenz. Freiburg im Br.: Herder.

Joas, H. & Wiegandt, K. (Hrsg.) (2005). Die kulturellen Werte Europas (2. Auflage). Frankfurt am Main: Fischer.

Küng, H. (1990). Projekt Weltethos. München/Zürich: Piper.

Lück, W. & Schweitzer, F. (1999). Religiöse Bildung Erwachsener. Grundlagen und Impulse für die Praxis. Stuttgart: W. Kohlhammer.

Nipkow, K.E. (1998). Bildung in einer pluralen Welt. 2 Bde. Gütersloh: Gütersloher Verlagshaus.

Oelkers, J., Osterwalder, F. & Tenorth, H.-E. (Hrsg.) (2003). Das verdrängte Erbe. Pädagogik im Kontext von Religion und Theologie. Weinheim/Basel: DSV.

Schreiner, P., Sieg, U. & Elsenbast, V. (Hrsg.) (2005). Handbuch Interreligiöses Lernen. Gütersloh: Gütersloher Verlagshaus.

Schweitzer, F. (2003a). Pädagogik und Religion. Eine Einführung . Stuttgart. W. Kohlhammer.

Schweitzer, F. (2003b). Postmoderner Lebenszyklus und Religion. Eine Herausforderung für Kirche und Theologie. Gütersloh: Gütersloher Verlagshaus.

Schweitzer, F. (2008). Pluralitätsfähigkeit als Bildungsziel. Der Beitrag der Theologie zu einer Religionspädagogik für Europa. Theologische Quartalsschrift 188, 293–306.

Seiverth, A./Deutsche Evangelische Arbeitsgemeinschaft für Erwachsenenbildung (DEAE) (Hrsg.) (2002). Re-Visionen Evangelischer Erwachsenenbildung. Am Menschen orientiert. Bielefeld: W. Bertelsmann Verlag.

Prof. Dr. Friedrich Schweitzer, Professor für Religionspädagogik/Praktische Theologie, Evangelisch-Theologische Fakultät der Universität Tübingen

„Darum werden wir erst." (Ernst Bloch)

Anmerkungen zu einer theologischen Begründung von Erwachsenenbildung in katholischer Trägerschaft

MICHAEL KRÄMER

1 Vorbemerkung

Wer heute in die Begründungszusammenhänge von Erwachsenenbildung, auch von konfessionell getragener Erwachsenenbildung, eintaucht, sieht sich mit einer Fülle unterschiedlicher Theorieansätze konfrontiert, die ihre Basis zudem noch in verschiedenen Wissenschaften haben. Sowohl im katholischen wie im evangelischen Umfeld finden sich vor allem Hinweise auf eine immer stärker sich fragmentierende oder auch pluralisierende Gesellschaft, die dem Einzelnen immer mehr an Selbstorientierung und Selbstorganisation aufbürdet, ihm zugleich aber ein bisher kaum gekanntes Maß an Freiheit zu einer eigenständigen Entwicklung gibt. Hinzu kommen Momente geforderter Mobilität im Sinne des Arbeitsmarktes, die Notwendigkeit lebenslangen Lernens für die berufliche Zukunft – persönlich wie gesamtgesellschaftlich, die Forderung nach Flexibilität und die wachsende Notwendigkeit häufiger Berufswechsel im Laufe eines Lebens.

Auch das Grundsatzpapier „Hoffnung ist Auftrag" des Diözesanratsausschusses Erwachsenenbildung und des früheren Bildungswerks der Diözese Rottenburg-Stuttgart schaut vor allem auf diese Aspekte, wenn es eine Erwachsenenbildung in katholischer Trägerschaft für unumgänglich hält (DBW, 1997). Oftmals wird in solchen Zusammenhängen auch auf das wachsende Bedürfnis der Einzelnen nach Selbstverwirklichung (bisweilen negativ konnotiert), Entwicklung und Selbstwerdung verwiesen. Dabei sind Möglichkeit und Forderung, die eigene Entwicklung selbst in die Hand zu nehmen, gleichermaßen positiv (Freiheit) wie negativ (Überforderung) besetzt.

Grundsätzlich unterscheidet sich eine solche Begründung der Notwendigkeit von Erwachsenenbildung wenig von der Begründung, die auch Volkshochschulen oder andere Träger der EB für sich in Anspruch nehmen können. Das ist auch nicht verwunderlich, arbeiten doch all diese Institutionen und Träger auf dem gleichen Praxisfeld und in der gleichen Gesellschaft.

Auch theoretische oder praxisorientierte Konzepte wie Zielgruppenorientierung, Lebensweltorientierung, neuerdings Sozialraumorientierung sind nicht ausschließlich einer konfessionell oder gar katholisch getragenen Erwachsenenbildung zuzuordnen. Selbststeuerung im Kontext von Gruppen oder auch im Rahmen der Programmentwicklung, konstruktivistische Ansätze, wie sie im Umfeld der Postmoderne-Diskussion auftreten, genauso aber auch emanzipatorische Ansätze sind nicht unbedingt Eigengut konfessionell getragener Erwachsenenbildung. Und das gilt auch für die Pluralitätsbefähigung, wie sie von Schweitzer in dieser Veröffentlichung zu Recht eingefordert wird, gerade auch als Aufgabe der EB.

Insofern könnte man fast Huba (in dieser Veröffentlichung) Recht geben: Die „Katholische Erwachsenenbildung" ist ein guter Sparringspartner für die VHSen und trägt schon durch ihr Dasein und ihre qualifizierte Arbeit dazu bei, dass die VHSen sich nicht beruhigen, sondern in ihrer Qualitätsentwicklung weiter voran schreiten müssen. (Was übrigens umgekehrt auch gilt.)

Das aber ist verständlicherweise doch ein wenig zu wenig, die Existenz der keb zu begründen. Gleichwohl sind die Wurzeln der Entwicklung erwachsenenbildnerischen Handelns nicht bei den Kirchen zu suchen, sondern eher bei säkularen Bildungsbewegungen des 19. Jahrhunderts, aus deren Umfeld später u. a. die VHS-Bewegung erwuchs.

Selbstverständlich haben die Kirchen hier aufgeholt. Insbesondere die Verbände (auf katholischer Seite) sind ebenfalls im 19. Jahrhundert in den Bildungskontext eingestiegen und haben ihre eigenen Zielgruppen gefunden – in einer Gesellschaftswelt allerdings, die noch stark von Konfessionalismus geprägt war. (vgl. Dietz, 2013).

Erstaunlich ist, dass auch die praktische Theologie, deren Forschungsgebiet u. a. Lehren und Lernen ist, die sich allerdings eher selten um den Bereich der allgemeinen Weiterbildung kümmert, vor allem auf sozialwissenschaftlich untermauerte oder psychologisch begründete Thesen zurück greift, wenn sie die Notwendigkeit konfessionell, gar katholisch getragener Erwachsenenbildung deutlich zu machen versucht.

Mit dem Verweis auf die Bedeutung der Laienarbeit in der Kirche wird gerade in der nachkonziliaren Diskussion innerhalb der katholischen Kirche gern auf das zentrale Konzilsdokument „Gaudium et Spes" (GS) aufmerksam gemacht. Auch der Synodenbeschluss der Würzburger Synode weist im Kontext der Allgemeinen Weiterbildung darauf hin (Gemeinsame Synode, S. 546), ist im Übrigen aber eher gesellschaftlich und politisch motiviert. Dort, wie überhaupt in der damaligen Diskussion um die Ausprägung einer institutionell abgesicherten Erwachsenenbildung in katholischer Trägerschaft, ging es immer wieder – und geht es bis heute – um die religiöse Neutralität des Staates und die daraus resultierende Notwendigkeit der Träger- und Weltanschauungspluralität.

Häufig finden sich in der Begründung der keb Verweise auf das „christliche Menschenbild", das aus dem Ebenbildcharakter des Menschen seine Würde ableite. Auch hier aber würde ein Verweis auf das Grundgesetz ausreichen, dass nämlich die „Würde des Menschen unantastbar" ist und dass sich daraus ähnliche Konsequenzen für die Erwachsenenbildung innerhalb dieses Staates ableiten lassen.

Die Diskussion, inwieweit ein Gemeinwesen die Werte, die es bewegen, aus sich selbst heraus im Konsens schafft und garantiert oder inwieweit solche Werte einer anderen Begründung bedürfen, soll hier nicht geführt werden. Nur der Hinweis darauf sei erlaubt, dass es gerade im agnostischen Umfeld und im Umfeld des teilweise auch organisierten Atheismus hier ein heftiges Bestreiten gibt, auf das wir uns als Kirchen nach Kant sinnvollerweise diskursiv nicht einlassen sollten. Das dürfte keine Diskussion des 21. Jahrhunderts sein.

Das Zielpapier (Grundsätze und Ziele) der Erwachsenenbildung in der Diözese Rottenburg-Stuttgart verweist in diesem Zusammenhang auf Johannes: „Dass sie das Leben haben und es in Fülle haben"(Joh 10,10). Die Ziele insgesamt und der Verweis auf diese Schriftstelle sind deutlich ein Reflex auf das Zweite Vatikanum, und hier wiederum auf GS:

> *Freude und Hoffnung, Trauer und Angst der Menschen von heute, besonders der Armen und Bedrängten aller Art, sind auch Freude und Hoffnung, Trauer und Angst der Jünger Christi. Und es gibt nichts wahrhaft Menschliches, das nicht in ihren Herzen seinen Widerhall fände. (GS 1)*

> Damit die einzelnen Menschen ihre Gewissenspflicht sowohl gegenüber sich selbst als auch gegenüber den verschiedenen Gruppen, deren Glieder sie sind, genauer erfüllen, muss man darauf bedacht sein, sie mit den heute der Menschheit zur Verfügung stehenden reichen Hilfen zu einer umfassenderen Kultur des inneren Menschen zu erziehen. (GS 31)

Vor diesem Hintergrund versteht sich auch die heute keb genannte Erwachsenenbildung in der Diözese Rottenburg-Stuttgart als im konziliaren Prozess stehend.

Einen immerhin doch theologischen Ansatz in diesem Zusammenhang verfolgt die Darstellung der Bildungskammer der EKD zur Erwachsenenbildung. Sie spricht sogar von einer „systematisch-theologischen Begründung" und führt hier sowohl die Rechtfertigungslehre wie die Mystik an (Dopffel, 2013).

> *Der erst in der zweiten Hälfte des 18. Jahrhunderts in der deutschsprachigen Pädagogik vermehrt auftretende pädagogische Bildungsbegriff hat in der Lehre von der Gottebenbildlichkeit des Menschen eine seiner Wurzeln. Meister Eckhart (ca. 1260 – ca. 1328) betont, der Mensch müsse sich auf Gott hin »bilden« beziehungsweise, genauer, durch Gott (passivisch) gebildet werden. Dies »Hineingebildetwerden in Gott« geschieht, indem sich der Mensch von sich selbst, seinem eigenen Ich, dem Ich des Sünders, »entfremdet«. Aus diesem mystisch-theologischen Modell läßt sich nicht unmittelbar auf die Notwendigkeit eines modern verstandenen Konzepts lebenslanger (religiöser) Bildung schließen. Indirekt aber wird deutlich, daß aus christlicher Sicht Bildung keine autonome Selbstverwirklichung meint, keinen abschließbaren Vorgang darstellt und nicht mit einer verdinglicht vorzustellenden, äußerlich bleibenden Wissensvermittlung verwechselt werden darf. (EKD, 1997, 2.3. Abs. 3)*

Tatsächlich begründet dieser Text den erst spät erscheinenden Hinweis auf theologische Implikationen vor allem damit, dass auch kirchlich getragene Erwachsenenbildung den wissenschaftlichen Erfordernissen der Erziehungswissenschaften wie auch den gesellschaftlichen Bedingungen und staatlichen Gegebenheiten Rechnung zu tragen habe (EKD, 1997, 1.1. ff).

Aufgrund der Alltagspraxis und der Laienorientierung in der keb stellt sich auch hier die Frage, ob es überhaupt einer anderen Begründung für die keb bedarf, als sie die Sozialwissenschaften, die Psychologie und die Erziehungswissenschaften liefern können. Es ist ein „weltliches" Praxisfeld, das offensichtlich aller wissenschaftlichen Erkenntnisse bedarf, die die zuständigen Wissenschaften von der Pädagogik über die Soziologie bis zur Hirnforschung liefern können.

Wenn es also einer theologischen Begründung der keb bedürfen sollte, dann müsste diese etwas erweisen, das ohne sie nicht klar wird. Dann müsste sie eine Perspektive eröffnen, die ohne diesen Ansatz nicht gegeben wäre. Und sie dürfte sich nicht allein aus einer traditionellen bzw. historischen Perspektive ableiten, auch wenn Geschichte und Tradition natürlich ihren eigenen Wert haben.

Im Folgenden werden deswegen drei Thesen verfolgt:

(1) Eine theologische Begründung der Erwachsenenbildung fordert eindeutig eine bestimmte Ausrichtung der keb, die sich in der Art der Veranstaltungen, im Themenumfeld und in der bevorzugten Zielgruppenzuwendung spiegeln muss.

(2) Eine theologisch begründete Erwachsenenbildung trägt sich systemisch derart in die Kirche ein, dass sie diese aufmerksam macht auf die dunkle Seite der Geschichte, auf die gefährliche Erinnerung (Metz) des Leidens und auf die Notwendigkeit, die Zeichen der Zeit wahr zu nehmen und auf latente Zukunftshaltigkeit hin zu überprüfen.

(3) Die keb hätte damit nicht nur die Dimension kultureller Diakonie. Sondern sie wäre mit all ihren Kompetenzen (die in den Mitarbeitenden da sind), ein Ort der Prophetie und ein prophetisches Element innerhalb der Kirche (Drumm, 2013). keb wäre damit nicht nur ein sinnvolles und wichtiges, sondern ein unabdingbar notwendiges kirchliches Handlungsfeld – unter den heutigen gesellschaftlichen und individuellen Gegebenheiten.

Die Konsequenzen daraus wären für keb und Kirche noch weiter zu bedenken, wenn denn diese Thesen stimmen (ergänzend zu diesen Überlegungen: Krämer, 2002).

2 Das Menschenbild der keb als grundlegende Kategorie Immer wieder benannt – selten am Text erläutert

Gehen wir zunächst davon aus, dass die Bibel als Bibliothek menschlicher Erfahrungen, als Erinnerungspool mit durchaus mythologischem Hintergrund und in zumeist narrativer Form Menschheitsgeschichten enthält, die von durchgängiger Bedeutung sind, d. h.: dass sie von Erfahrungen weiß, die Menschen unter gegenwärtigen Lebensbedingungen ebenfalls machen. Die Bibel stellt damit ein Textkonvolut dar, das in seinen Einzelbedeutungen immer wieder unter den Bedingungen jeder Gegenwart zu interpretieren ist, solange Menschen diesen Texten Bedeutung beimessen. Wir beziehen uns ja immer auf Konstrukte von Realität. Und diese sind in ihrer Ausdifferenzierung jeweils neu zu überprüfen. Lange Zeit war eine derartige Konstruktion und der Umgang mit ihr unproblematisch, weil solche Grunderzählungen für Menschen sinnstiftend und auch Welterklärungsmuster waren. Nachdem vor allem die Naturwissenschaften sich daran gemacht haben, die Welt auf ihre Weise und mit den Mitteln der Vernunft und per Versuch und Irrtum zu erklären, haben mythisch gestaltete Welterklärungen keine Relevanz mehr, wiewohl sie literarisch und das heißt auch: im Blick auf die Deutung von Erfahrungen von ungebrochener Bedeutung sind.

Selbstverständlich haben angesichts wachsender Pluralität diese Erzählungen keine absolut legitimierende Bedeutung, es sei denn, sie erwiesen sich auf der literarischen Ebene als Aussagen, die das menschliche Zusammenleben und die Lebensgestaltung des Einzelnen in einem humanen Sinne prägen können.

Einer der am häufigsten zitierten Bezugspunkte in der Begründung einer kirchlich getragenen Erwachsenenbildung ist das „christliche Menschenbild". Was diese Chiffre bedeutet, scheint für die meisten Autorinnen und Autoren klar zu sein: Weil Gott den Menschen als eine Art Sonder- oder Supergeschöpf gemacht hat, hat er auch besonders viel Würde.... Dabei lohnt sich, die nicht ursprünglich christlich sondern jüdisch verortete biblische Vorstellung vom Menschen genauer anzuschauen, weil darin einiges an Sprengkraft steckt.

Im sogenannten Sieben-Tage-Hymnus, der ein Beispiel geläuterter religiöser Gottesvorstellung ist, findet sich die Aussage (am sechsten Tag):

> *Dann sprach Gott: Lasst uns Menschen machen als unser Abbild, uns ähnlich. Sie sollen herrschen über die Fische des Meeres, über die Vögel des Himmels, über das Vieh, über die ganze Erde und über alle Kriechtiere auf dem Land.*
>
> *Gott schuf also den Menschen als sein Abbild; als Abbild Gottes schuf er ihn. Als Mann und Frau schuf er sie.*
>
> *Gott segnete sie und Gott sprach zu ihnen: Seid fruchtbar und vermehrt euch, bevölkert die Erde, unterwerft sie euch und herrscht über die Fische des Meeres, über die Vögel des Himmels und über alle Tiere, die sich auf dem Land regen.*
>
> *Dann sprach Gott: Hiermit übergebe ich euch alle Pflanzen auf der ganzen Erde, die Samen tragen, und alle Bäume mit samenhaltigen Früchten. Euch sollen sie zur Nahrung dienen. Allen Tieren des Feldes, allen Vögeln des Himmels und allem, was sich auf der Erde regt, was Lebensatem in sich hat, gebe ich alle grünen Pflanzen zur Nahrung. So geschah es. (Gen 1,26–29)*

In der griechischen Übersetzung des Ersten Testamentes, der Septuaginta, findet sich für „Abbild" das Wort „eikonion" und auch der hebräische Text benutzt ein Wort, das sich später im Dekalog wieder findet:

> *Du sollst dir kein Gottesbildnis machen, das irgendetwas darstellt am Himmel droben, auf der Erde unten oder im Wasser unter der Erde. (Dtn 5,8) (ähnlich: Ex 20,4)*

Gott also macht nach diesem Text den Menschen zum Gottesbildnis. Um zu verstehen, was das bedeutet, braucht es das Wissen darum, was für den Menschen der Antike das Gottesbildnis war – sowohl in Griechenland wie im orientalischen Kontext: Das Bild repräsentierte nicht nur die Gottheit an einem bestimmten Ort, die Gottheit war nach diesen Vorstellungen in ihrem Bild auch anwesend. Belege dafür finden sich gleichermaßen etwa in der Odyssee wie in den Gründungsgeschichten Israels (im Tanach).

Auf die entsprechende Genesis-Stelle angewendet heißt das: Da von Gott in dieser Absicht geschaffen, ist der Mensch nicht nur die einzig mögliche Repräsentanz Gottes auf der Erde, sondern in ihm ist Gott auch allein anwesend. Insofern ist dann der Dekalog-Text (nach Dtn wie nach Ex) gleichermaßen ein Hinweis darauf, dass der Mensch sich selbst entwertete, wenn er sich andere Gottesbilder schüfe, wie es zugleich auch eine Entwertung der Schöpfung Gottes und damit Gottes selbst wäre.

Meister Eckhart, der mystische Dominikaner hat später (im 13. Jahrhundert) die Sache mit seinen Worten benannt: Es gehe nicht darum, dass der Mensch erhöht werde zum Gott, sondern, dass Gott „enthöht" werde ins Innerste und dort eins werde mit dem Menschen (Beati pauperes spiritu, quia ipsorum est regnum coelorum, Eckhart, Webausgabe).

Es mag an dieser Stelle bei diesen wenigen Hinweisen bleiben (vgl. Krämer, 2011). Denn es steht ja die Frage offen, ob und inwieweit eine solche Vorstellung vom Menschen Konsequenzen hat für Erwachsenenbildung.

In der gesamten Diskussion seit der Aufklärung ist (Erwachsenen-)Bildung nicht einfach ein Lernen bestimmter Fähigkeiten und Kenntnisse. Das gehört immer auch dazu. Erwachsenenbildung ist vor allem aber Ermutigung und Begleitung des Menschen auf dem Weg zu sich selbst. Als Kind der Aufklärung ist sie dem „Sapere aude" verpflichtet und damit der Herausführung des Menschen aus seiner selbstverschuldeten Unmündigkeit (Kant, 1724). Da auch unser Zeitalter wohl immer noch nicht als aufgeklärtes Zeitalter, sondern immer noch als Zeitalter der Aufklärung (Kant, ebd.) zu gelten hat, ist auch Bildung in diesem Sinne immer prozesshaft zu verstehen.

Weil Menschsein ein Werden ist (Bloch, 1977, S. 13: *„Ich bin, aber ich habe mich nicht. Darum werden wir erst."*) und sich nach obiger Darstellung im Miteinander (Bloch: *Wir*) gestaltet, bedeutet Begleitung, dem Menschen zu ermöglichen, die vorhandene Gottesbildlichkeit zu entfalten, seine Aufgaben im Kontext des „Herrschens" über die Schöpfung – beispielsweise – immer wieder zu aktualisieren und ihm Räume und Möglichkeiten bereit zu stellen, wo Transzendenz an ihm und für ihn erfahrbar wird. Dazu bedarf es des gesamten Spektrums menschlichen Wissens, menschlicher Wissenschaften, also aller Möglichkeiten, über die wir zur jeweiligen Zeit verfügen.

Erwachsenenbildung in diesem Sinne darf also keinen menschlichen Wissens- und Erfahrungsbereich ausschließen. Darauf weisen übrigens alle Papiere zur keb immer wieder hin. Und sie ist Bildung auf etwas Unbekanntes hin. Denn der Gott, der sich sein Bild geschaffen hat, geht in diesem Bild nicht auf. Gleichzeitig wird deutlich, dass Bildung dem Prozess des Menschwerdens zu dienen hat und jede Funktionalisierung auf andere Nutzen oder Zwecke hin eine Perversion darstellt. Das spricht keineswegs gegen den lernenden Erwerb von Kenntnissen und Fähigkeiten. Allerdings müsste sich solches Lernen, müssten sich solche Lernangebote immer legitimieren auf ihre Bedeutung für menschliche Entwicklung hin.

Da Begleitung und Ermöglichung nicht im luftleeren Raum geschehen, wird eine dem oben beschriebenen Gottes-/ Menschenbild verpflichtete Erwachsenenbildung nicht umhin können, zugleich auch Bedingungen anzusprechen, die es gesellschaftlich, wirtschaftlich oder politisch erschweren oder gar unmöglich machen, dass Menschen sich in diese Sinne entfalten können. keb, die sich vor diesem Hintergrund versteht, muss also ein kritisches Potential entwickeln auf alle Formen von Unmenschlichkeit, Unterdrückung und Ausbeutung hin, will sie nicht schlicht obsolet werden.

3 Geschichte als Lernprozess
Hoffnungsgeschichte als Befreiungsgeschichte

Mosche sprach zu Gott:
Da komme ich denn zu den Söhnen Jisraels,
ich spreche zu ihnen: Der Gott eurer Väter schickt mich zu euch,
sie werden zu mir sprechen: Was ists um seinen Namen? –
was spreche ich dann zu ihnen?
Gott sprach zu Mosche:
Ich werde dasein, als der ich dasein werde.
Und er sprach:
So sollst Du zu den Söhnen Israels sprechen:
ICH BIN DA schickt mich zu euch.
Und weiter sprach Gott zu Mosche:
So sollst Du zu den Söhnen Jisraels sprechen:
ER, der Gott eurer Väter,
der Gott Abrahams, der Gott Jizchaks, der Gott Jaakobs,
schickt mich zu euch.
Das ist mein Name in Weltzeit,
das mein Gedenken, Geschlecht für Geschlecht.

Ex 3,12 ff Übersetzung nach Buber/Rosenzweig

אהיה אשר אהיה – es sind nur drei hebräische Wörter, in denen die Gottheit in der Erzählung vom „Brennenden Dornbusch" ihren Namen weniger preisgibt, als dass sie sich beschreibt. Aber diese drei Wörter sind in dieser Klarheit und Verdichtung im Deutschen kaum zu übersetzen. Auch der Septuaginta gelingt keine richtige Übersetzung: εγω ειμι ο ων. Das liegt einfach daran, dass es im Hebräischen keine Tempora gibt und keine Vorstellung eines absoluten Seins. Sein ist in den semitische Sprachen ein „Für-Sein". Und was da präsentisch in der einen und zukünftig in der andern Übersetzung erscheint, hat gleichzeitig Momente des Erinnerns und der Vergangenheit an sich.

Vollständig übersetzt lautete also der kleine Dreiwort-Satz im Deutschen: Ich werde für Euch da sein, als der ich für Euch da war und da bin. Oder anders formuliert: Ich bin das aus eurer Geschichte für alle Zukunft euch zuwachsende Du. Aus der scheinbaren etymologischen Aufklärung des Gottesnamens (JHWH) sprechen stattdessen die Erfahrungen mit diesem Gott als einem Gott der Geschichte, einem Gott brennender Gegenwart (Dornbusch) und die daraus resultierende Hoffnung auf das Dasein dieses Gottes in Zukunft. (Die Selbstaussage der Gottheit wird hier verstanden als narratives Konstrukt der Erfahrung von Menschen mit diesem Gott; denn hinter der gesamten Geschichte steckt ein auktorialer Erzähler, der ebenso wie der Leser, viel mehr weiß als Mose in dieser Geschichte.)

Eingedenken (Benjamin) und Hoffen, diese Sinne für Vergangenheit und Zukunft, die sich in jeder Gegenwart neu verbünden, werden als zentrale Momente von Menschsein benannt, obgleich es anscheinend doch um die Gottheit geht. Aus dieser Perspektive heraus – so will es die Erzählung – traut sich Mose, traut sich Israel erst den Aufbruch in den Exodus, den Auszug aus Ägypten, zu. Und aus diesem Exodus wird eine neue Gottesbeschreibung:

> *Ich bin Jahwe, dein Gott, der dich aus Ägypten geführt hat, aus dem Sklavenhaus.* (Ex 20,2; Dtn 5,6)

Ägypten wird in der Erinnerung Israels zur Chiffre für jegliche Bedrückungssituation, heiße sie nun Babylon, Rom oder Seleukiden-Reich. Und an den Gottesnamen ist von da an nicht mehr nur die Erinnerung des Daseins in der Geschichte der Väter-Generationen gebunden, sondern diesem Namen wächst die Bedeutung der Befreiung zu, so wie aus der im Gottesnamen angelegten Geschichtshoffnung eine Befreiungsgeschichte wird.

Auch für diese Geschichte gilt: Sie impliziert noch viele andere Perspektiven, sowohl was die Erfahrung der Gottheit wie was die Geschichte des Volkes betrifft. Im Kontext des Nachdenkens über eine biblisch-theologische Begründung der keb muss die hier beschriebene Perspektive genügen.

Ein weiterer Hinweis auf die Geschichte Israels als Lerngeschichte erscheint an dieser Stelle sinnvoll: Mose selbst wird von diesem Zeitpunkt an zum ersten großen

Lehrer Israels. Israel benennt ihn deswegen als seinen größten Propheten. Viele andere Propheten sind ihm gefolgt. Immer sahen diese Propheten ihre Aufgabe darin, Israel auf seinem Weg kritisch zu begleiten. In vielfacher Weise ist Israels Geschichte eine Lerngeschichte.

(1) Israel beschreibt sich selbst in seinen Geschichten und seiner Geschichte als auf dem Weg und immer wieder vom Weg abkommend. Grundsätzlich ist der Weg Israels durch einen Vertrag fest gelegt. Das Grundgesetz Israels ist der Dekalog und dazu gehören die daraus abgeleiteten Bestimmungen. Grunderfahrungen Israels, und diese dürften in der tatsächlichen Entstehung des Volkes begründet sein, sind Erfahrungen des Fremdseins (*Mein Vater war ein Aramäer, dem Umkommen nahe...* (Dtn 26,5)), der Sklaverei (Ägypten), des Exils (Babylon). Dieser Vertrag, den Israel als den Bund Gottes mit dem Volk erfährt und beschreibt, wird allerdings immer wieder gebrochen. Und er wird gebrochen sowohl auf sozialem Gebiet (Nichtachtung der Armen, der Flüchtlinge etc.) wie auf religiösem Gebiet (Zuwendung zu anderen Göttern). Es ist erstaunlich, dass ein Volk in seiner eigenen Geschichtsschreibung so oft seine eigene Schuld eingesteht, seine Vertragsbrüchigkeit.

Die Propheten treten in diesem Zusammenhang immer wieder als Lehrer und als Mahner auf. Sie nehmen die Position des anderen Vertragspartners wahr. Sie sind quasi Staatsanwälte am Verfassungsgericht Israels, sie sind Verkünder von Urteilen, die sie selbst nicht gefällt haben, sie sind dann aber auch Tröster. Mehr als bloße Lehrer – sie vermitteln ja keine Kenntnisse funktionaler Art – sind sie Begleiter Israels auf seinem Weg.

(2) Die Geschichte Israels ist auch in anderer Weise eine Lerngeschichte: Das Gottesbild Israels ist keineswegs von Beginn an fertig. Es entwickelt sich im Laufe der Geschichte: Am Anfang steht, wie in vielen Kulturen, eine Art Wettergott, selbstverständlich gab es für Israel neben dem eigenen Gott andere Götter. Und lange Zeit geht es immer wieder um den Erweis, dass der eigene Gott der stärkste, wichtigste, Israel zugewandte usw. ist. Erst in der größten Katastrophe Israels, der Eroberung Jerusalems durch Neu-Babylon (597 v. Chr.) und der darauf folgenden Exilierung breiter und entscheidender Bevölkerungsteile nach Babylon, beginnt sich für gerade die exilierten Juden eine neue Sichtweise auf ihren Gott hin zu erschließen: Er ist keiner neben anderen, er ist keineswegs der mächtigste und er ist nicht allein Gott des Volkes Israel. Er ist der Einzige und Gott für alle. Das ist, angesichts einer großen Multireligiosität im Zweistromland, eine bemerkenswerte Entdeckung, die, um haltbar zu sein, durch Erfahrungen abgedeckt sein muss. Der zweite Teil (ab 40) des Jesaja-Buches weiß am meisten von dieser Entwicklung zu berichten. Aber auch der oben benannte Sieben-Tage-Hymnus gibt dieser Erfah-

rung Ausdruck: Sonne, Mond und Sterne, Tag und Nacht, Meer und Land sind keine Gottheiten mehr, sondern Geschöpfe des einen Gottes aller Menschen. So weiß Israel zu erzählen.

(3) Israel lernt seinen Gott auch in anderer Weise erst spät kennen: Lange Zeit ist der Gott Israels ein Gott, dessen Wirksamkeit sich auf die Geschichte und auf die lebenden Menschen beschränkt. Auch hier beginnt Israel zu lernen – ab dem 2. Jh. v. Chr. kommt verstärkt die Vorstellung auf, dass der Arm dieses Gottes sehr wohl auch in das Schattenreich hinein reicht, ein Gedanke, der zu Jesu Zeiten noch keineswegs zu Ende gedacht ist.

Aus diesen exemplarisch benannten Blickwinkeln auf die Vorstellungen Israels von seiner eigenen Geschichte resultiert jedenfalls, dass Israel sich selbst als lernendes Volk begriffen hat. Irrwege sind in diesem Zusammenhang schmerzhaft bis katastrophal, aber sie bremsen das Lernen nicht aus. Kein blanker Optimismus ist es, der das Denken in diese Richtung bewegt. Vielmehr beschreiben die narrative Geschichtsschreibung Israels ebenso wie die überlieferten Prophetenworte ein Hoffnungspotential, das sich aus wiederkehrenden Befreiungserfahrungen speist. Die Lernimpulse gehen von einer aktualisierten Wahrnehmung der „Zeichen der Zeit" (durch die Propheten) und deren Deutung unter dem Akzent von Befreiungserfahrung und Geschichtshoffnung aus.

Die katholische Kirche setzt sich mit dem Zweiten Vatikanum ebenfalls unter diese Aufgabe und Herausforderung:

> *Zur Erfüllung dieses ihres Auftrags obliegt der Kirche allzeit die Pflicht, nach den Zeichen der Zeit zu forschen und sie im Licht des Evangeliums zu deuten. (...) Es gilt also, die Welt, in der wir leben, ihre Erwartungen, Bestrebungen und ihren oft dramatischen Charakter zu erfassen und zu verstehen. (GS 4)*

Für eine Erwachsenenbildung in katholischer Trägerschaft ergeben sich aus diesen Befunden eine Reihe von Konsequenzen:

(1) Erwachsenenbildung in katholischer Trägerschaft bedarf aller wissenschaftlichen Anstrengungen, um die Zeichen der jeweiligen Zeit möglichst genau und realistisch wahrnehmen zu können. Die Aufmerksamkeit für diese Zeitzeichen muss ein wesentliches Merkmal der keb werden, wenn keb ihren Begleitauftrag wahrnehmen will.

(2) Weder Fortschrittsglauben noch reiner Vernunftoptimismus leiten Denken und Handeln der keb. Auch keb hat mit Hilfe genauer Analysen gleichermaßen Destruktionen wie Befreiungserfahrungen in der Geschichte zu eruieren. Sie muss in den Gegebenheiten und Erfahrungen jeder Zeit und Gesellschaft das Lebens-

schädliche identifizieren und davor warnen (s. o.: Gottesbild). keb hat in diesem Sinn dafür zu sorgen, das solche Analysen, Deutungen und sich daraus entwickelnde Perspektiven in die Lernzusammenhänge heutiger Menschen eingespeist werden.

(3) keb muss in diesem Sinn gesellschaftlich wie individuell einstehen für eine Kultur des Eingedenkens, die derartige Analysen überhaupt erst möglich macht, wie auch für eine Kultur des Hoffens, aus der heraus das Wissen entsteht, dass uns „die Hoffnung um der Hoffnungslosen willen" (Benjamin zit. nach Krämer 2012) gegeben ist.

(4) keb muss mit ihrer Arbeit für Einzelne wie für gesellschaftliche Gruppen Befreiungserfahrungen ermöglichen und Räume (zeitlich, lokal und kulturell) bereitstellen, in denen Erinnern und Hoffen überhaupt erst möglich werden.

(5) Erwachsenenbildung in katholischer Trägerschaft muss sich grundsätzlich allen Menschen zuwenden. Sie gilt nicht in erster Linie der eigenen Klientel. Das bedeutet aber auch, dass keb eine Sprache sprechen, ein Methoden-Repertoire nutzen und sich so verorten muss, dass sie überhaupt für alle Menschen, die das wollen, nutzbar ist.

(6) Für keb ist individuell wie gesellschaftlich nicht der bloße Status quo entscheidend, sondern es sind die latenten Hoffnungs- bzw. Befreiungstendenzen, die es zu identifizieren und fruchtbar zu machen gilt. Und gleichzeitig hat keb darauf aufmerksam zu machen, dass hier keine Geschichtsautomatismen am Werk sind. Sie muss deswegen immer wieder daran erinnern, dass es menschliche Bezeugungen eines Gottes gibt, der sich laut diesen Erfahrungen auch als Gott der Zukunft, als „Gott vor uns" (Metz, 1973), als „Ich werde da sein" versteht.

(7) In diesem Sinn muss keb die Gesellschaft, in der sie arbeitet, als lernende Gesellschaft begreifen, eine Gesellschaft also, der auf ihrem Weg auch immer wieder neue Deutungen und Bedeutungen zuwachsen. keb wird dabei selbst zu einer Initiatorin und Begleiterin solcher Lern- und Entwicklungsprozesse.

4 Gottesherrschaft und Menschwerdung
Zentrale Themen im Sprechen, Handeln und Leben Jesu

Auch an dieser Stelle können nur mit ein paar wesentlichen Strichen einige Hinweise aus dem Zweiten Testament nachgezeichnet werden, die im Blick auf keb bedeutsam sein dürften. Zu mehr reicht es angesichts eines sich Anmerkungen nennenden Artikels nicht (Krämer, 2012).

Eine zentrale Aussage des Sprechens und Erzählens Jesu ist in der Erinnerung der nachösterlichen Gemeinde die Verkündung der Nähe der Gottesherrschaft. Was im Einzelnen sich dahinter verbirgt, bleibt in den Schriften offen. Offensichtlich ist damit die Erfüllung aller Verheißungen und Hoffnungen gemeint, die sich in der Geschichte angesammelt haben und deren Erfüllung dann doch anders sein wird als je gedacht und die vor allem auch jene einbezieht, die auf dem Weg zurück geblieben sind. Es ist klar, dass die nachösterliche Gemeinde Jesus selbst in seinem Leben als im Zentrum dieser Gottesherrschaft stehen sieht. An ihm und mit ihm gab es offensichtlich Erfahrungen dessen (s. o. Latenz und Tendenz), was Gottesherrschaft meinen könnte (Mt 11,5/ vgl. Jes 35,5f):

> *Blinde sehen, Lahme gehen, Aussätzige werden rein, Taube hören, Tote erheben sich und Arme erhalten gute Nachricht.*

Die nachösterlichen Gemeinden deuten also das Leben Jesu unter dem Akzent ersttestamentlicher Verheißung als Anbruch zugesagter guter Zukunft. Reich Gottes oder Reich der Himmel ist die eine Bezeichnung dafür. Bei Johannes gibt es diese Begriffe nicht. Er benennt diese Zukunft als „Leben in Fülle" (Joh 10.10) und bringt damit verheißene Zukunft als Moment jeder Gegenwart ins Spiel.

Offensichtlich gehört auch das zentrale Gebot von Gottes- und Menschenliebe zu diesem Bereich. Die Identifizierung beider, die Jesus vornimmt (ομοιος ist das griechische Wort) (Mt 22,34–40), ist das Neue an der längst bekannten Formulierung, die sich bereits im Ersten Testament findet (Lev/Dtn). Diese Identifizierung kommt allerdings bei Jesus nicht unerwartet, wenn man sich die oben benannten Darstellungen zum Sieben-Tage-Hymnus anschaut, da laut diesem Gotteserfahrungen nur am Menschen möglich sind und damit auch Menschenliebe die Form der Gottesliebe ist.

Entscheidend ist, dass auch im Sprechen Jesu eine geschichtliche Befreiungstendenz erscheint, die sich nicht auf die aktuelle politische Situation bezieht, sondern diese überschreitet. In diesem Überscheiten ist keinerlei Gleichgültigkeit gegenüber den politischen Verhältnissen zu erkennen: Die berühmte Stelle: „Gebt dem Kaiser, was dem Kaiser gehört und Gott, was Gott gehört." (Mt 22,21) ist eine hoch politische Stelle, verweist sie doch darauf, dass die Anwesenheit des Kaisers sich im Geld materialisiert (das Kaiserbild auf der Münze), die Anwesenheit Gottes aber im Menschen (s. o.). Deswegen gehört der Mensch insgesamt Gott.

In diesem Zusammenhang ist auch von Bedeutung, dass für Jesus und die junge Christenheit der beschädigte Mensch besonders im Blickpunkt stand. Die sogenannte Feldrede (Lk 6,20ff) zeugt davon ebenso wie die erzählte Zuwendung Jesu zu den Armen, Kranken und gesellschaftlich bzw. religiös Ausgeschlossenen. Hier wird eine Sehnsucht nach Veränderung, nach Entwicklung und Vollendung offensichtlich, die denen mangelte, die reich waren und denen auch deswegen ein Weh-Ruf gilt.

Sowohl was das Miteinander der Menschen wie was die Entwicklung des je einzelnen Menschen angeht, gibt es genügend Zeugnisse, die klar machen, warum gerade den Armen die Hoffnung auf die Gottesherrschaft zugesprochen wird. „Nur um der Hoffnungslosen willen ist uns die Hoffnung gegeben." (Benjamin zit. nach Krämer 2012).

Auch hier gilt es wieder zu fragen, was derartige Aussagen für die keb bedeuten. Und auch hier lassen sich einige thesenartige Anmerkungen machen:

(1) Die zentrale Zielgruppe der keb sind nach diesem Befund vor allem Menschen, die ausgegrenzt sind, am Rande stehen, in ihrer Entwicklung behindert sind oder sich selbst hindern. Hier ist es notwendig, zu ermutigen und vielleicht auch zu trösten, zu begleiten und miteinander Ziele zu entwickeln. In diesem Umfeld ist von Hoffnung zu sprechen und hier gilt der Satz aus 1.Petr 3,15 vor allem: Dass wir jedem, der fragt, Auskunft zu geben haben über unsere Hoffnung.

(2) Ort von keb kann unter diesen Bedingungen nicht zuerst das Kircheninnere sein. Vielmehr geht es darum, Orte aufzusuchen, an denen sich Menschen in prekärem Zustand finden, und Methoden zu wählen, die mutig machen und mündig, die Partizipation ermöglichen und Ausgrenzung verhindern.

(3) Die Erfahrung von einbrechender Heimat, Gottesherrschaft oder wie immer wir eine gute Zukunft des Menschen nennen wollen, lässt sich nicht produzieren. Aber es gilt, Bedingungen zu schaffen, unter denen Menschen miteinander derartige Erfahrungen machen und sie als solche auch verstehen können. Damit begreift sich keb als eine Lerngemeinschaft, in der es nicht nur um das Erlernen von Fähigkeiten geht, sondern in der das Miteinander im Vordergrund steht, soweit es lebensförderlich und entwicklungsstärkend ist.

(4) Angesichts einer Gesellschaft, in der die Erinnerungen an die Geschichten der Hoffnung und Befreiung, wie sie gerade auch das Zweite Testament zu erzählen weiß, verloren zu gehen drohen, wird es immer entscheidender, diese Erinnerungen in einer verständlichen Sprache und mit Interpretationen unter dem Akzent des Heute neu und wieder zu erzählen und ins kommunikative Gedächtnis der Gegenwart einzutragen (Krämer, 2013).

(5) Damit wird keb auch zum Stachel anderer kirchlicher Handlungsfelder, insbesondere der Verkündigung, weil sie unentwegt Kirche mit ihrer Sprachlosigkeit bzw. Sprachunfähigkeit konfrontieren muss und dies nicht im Eigeninteresse tut,

sondern aus der Überzeugung und dem Wissen, dass es Menschen gibt, die sehnsüchtig sind nach Hoffnung, Befreiung und menschlicher Entwicklung.

5 Resultate

Ziel ist es hier, auf der Basis der bisherigen Überlegungen die oben (1.) genannten Thesen zu überprüfen und ihre Konsequenzen aufzuzeigen.

(1) Eine theologische Begründung der Erwachsenenbildung fordert eindeutig eine bestimmte Ausrichtung der keb, die sich in der Art der Veranstaltungen, im Themenumfeld und in der bevorzugten Zielgruppenzuwendung spiegeln muss.

So lautete die erste oben benannte These. Und im Verlauf der Untersuchungen hat sich herausgestellt, dass genau dies gefordert ist. Die „Option für die Armen", wie es befreiungstheologisch genannt wurde und wie es auch im Dokument des Katakombenpaktes („Verzeiht uns unsere Träume"), eines Zusammenschlusses von Bischöfen vor allem aus Lateinamerika am Rande des II. Vatikanum, hieß, ist nach allem die Option auch der keb. Weiter zu bedenken wäre hier, was „arm" in einer reichen Gesellschaft heißt. Und zu fragen wäre auch, was mit jenen ist, „die des Trostes nicht bedürfen".

Inklusion im sozialen Sinne wird damit zu einer der zentralen Aufgaben der keb. Und die keb wird sich hier sinnvollerweise des gesamte Repertoires an Wissen und Methoden bedienen, das beispielsweise Sozialarbeit, Sozialwissenschaften, Pädagogik und Psychologie bereit halten.

Der Respekt vor jedem Menschen muss nach diesen Überlegungen in jeder keb-Veranstaltung spürbar sein. Die Gleichbehandlung von Mann und Frau ist eh gesetzlich vorgeschrieben. Der keb muss es darum gehen, die spezifischen Fähigkeiten beider Geschlechter für die Menschwerdung weiter zu fördern, damit an diesem Menschen in seiner Zweiheit das Bild Gottes erscheint, weniger theologisch gesagt: Damit Menschwerdung gelingt und an dieser menschlichen Entwicklung immer wieder auch eine Ahnung einer absolut guten Zukunft sichtbar wird.

keb ist damit eine ausdrücklich positionierte und wertemotivierte Form der Erwachsenenbildung, die allerdings die Begründung ihrer Werte transparent macht und sich dadurch von anderen Formen der EB, die ja auch ohne implizite Werte nicht auskommen, unterscheidet.

(2) Eine theologisch begründete Erwachsenenbildung trägt sich systemisch derart in die Kirche ein, dass sie diese aufmerksam macht auf die dunkle Seite der Geschichte, auf die

gefährliche Erinnerung (Metz) des Leidens und auf die Notwendigkeit, die Zeichen der Zeit zu wahr zu nehmen und auf latente Zukunftshaltigkeit hin zu überprüfen.

Offensichtlich gehört es auf der Grundlage der vorausgegangen Überlegungen zu den Aufgaben der keb, aus ihrer Arbeit heraus, also aus dem lernenden Miteinander von Menschen, die „Zeichen der Zeit" genauer zu analysieren und zu beschreiben, gleichzeitig aber auch daraus die richtigen Schlüsse zu ziehen. Dazu bedient sich die keb der notwendigen wissenschaftlichen Erkenntnisse und Methoden, die im Bereich der Andragogik (s. o.) zur Verfügung stehen. Sie bewertet deren Erkenntnisse im Licht ihrer theologischen Begründung.

Das bedeutet gerade nicht, dass sie diese umbiegt, sondern dass sie sie nutzt, um besser zu verstehen, was leidschaffend, unmenschlich und deprivierend ist, gleichzeitig aber auch zu entdecken, wo Entwicklungsmöglichkeiten verborgen sind. Die „dunkle Seite der Geschichte" zu erinnern gilt es im Sinne des Hoffnungsgedankens: Hoffnung ist nicht Sache derer, die genug davon haben. Und im Sinne einer Gegenwart des Vergangenen: In jeder Gegenwart setzt diese Hoffnung gerade auf diejenigen, die untergegangen sind oder unterzugehen drohen, weil ohne diese und ohne die Aufhebung ihrer Leiden jede Zukunft unmenschlich und damit im biblisch verstandenen Sinne gottlos bleibt.

Mit diesem Wissen und diesen Erfahrungen muss sich, um der Menschen willen, keb in das System kirchlichen Handelns eintragen. Sie muss darauf verweisen, dass es Menschen gibt, die nicht nur gesellschaftlich, sondern auch kirchlich ausgegrenzt sind, sie muss darauf beharren, dass gerade diesen Menschen gute Zukunft zusteht. In diesem Sinn wird sie auch innerkirchlich nach den Entwicklungschancen gerade dieser Menschen fragen und sich zu ihrem Anwalt machen. Und sie wird dies niemals tun aus innerkirchlich funktionalen Gründen, sondern weil das ihr theologisch begründeter Auftrag ist.

keb wird in diesem Sinn kirchliches Sprechen immer wieder auf seine Verständlichkeit hin anfragen, weil sie davon überzeugt ist, dass Menschen zu ihrer Entwicklung auch biblisch begründete Hoffnung brauchen, dass sie diese aber nur erfahren, wenn sie sie auch verstehen können. Und dabei wird es nicht nur um semantische Fragen gehen, sondern um Fragen von Authentizität und Nachvollziehbarkeit.

(3) Die keb hätte damit nicht nur die Dimension kultureller Diakonie. Sondern sie wäre mit all ihren Kompetenzen (die in den Mitarbeitenden da sind), ein Ort der Prophetie und ein prophetisches Element innerhalb der Kirche. keb wäre damit nicht nur ein sinnvolles und wichtiges, sondern ein unabdingbar notwendiges kirchliches Handlungsfeld – unter den heutigen gesellschaftlichen und individuellen Gegebenheiten.

Dass keb Aufgaben kultureller Diakonie hat und wahrnimmt, ist hinlänglich beschrieben und auch belegt (vgl. z. B. Hoffnung ist Auftrag). Diese Aufgaben sind gerade angesichts einer wachsenden Pluralität im Sinne des Pluralitätslernens (Schweitzer, 2013) notwendig. Mit den Ausbildungen und erfahrungsmäßig gewonnenen Kompetenzen der Mitarbeitenden in der keb, mit ihrem Engagement und ihrer Sensibilität für Mensch, Gesellschaft und gegenwärtige Entwicklungen steht der Kirche ein Potential zur Verfügung, das sie bisher eher mäßig nutzt und vor allem nicht ausbaut. Mystik und Prophetie sind zwei Seiten der gleichen Medaille, die in der keb zum Tragen kommen (Krämer, 2011; Krämer, 2012). Die Beschäftigung mit dem gottesbildlichen Menschen und seiner Form der Menschwerdung und die Zeitzeichen-Sensibilität der keb, die sie braucht, um Menschen zu erreichen und zu bewegen, sind ein innerkirchliches Potential, das bisher weit unterschätzt wird.

Es gab sicher Zeiten, in denen die keb im heutigen Sinne nicht gebraucht wurde. Allerdings war Kirche immer schon auch eine Lerngemeinschaft. Und heute sind wir vielleicht im Wandel von einem wandernden Gottesvolk zu einem lernenden Gottesvolk. Die keb ist in diesem Zusammenhang ein unverzichtbares kirchliches Handlungsfeld, das weder durch Diakonia noch durch Liturgia noch durch Martyria einfach ersetzbar ist. Hier ist, vielleicht doch vom Geist getragen, ein Raum entstanden, wo Menschen etwas teilen und mitteilen, das Ahnungen einer Zukunft wachruft, welche Christen „Reich Gottes" nennen.

Nachbemerkung
Wie in fast allen Bereichen der allgemeinen Weiterbildung ist die Klientel der keb weitgehend ein Mittelschicht-Publikum. Insofern stellen diese theologischen Anmerkungen auch einen Stachel für die keb dar und zeigen, wie existentiell für die keb die Erschließung neuer Zielgruppen gerade am Rande der Gesellschaft ist. Was momentan in der Kulturpolitik unter den Stichworten „Aufsuchende Weiterbildung" und „Aufsuchende Bildungsberatung" thematisiert wird, ist für die keb von höchster Bedeutung.

Gleichzeitig muss es der keb um ein innergesellschaftliches Miteinander, um gelebte Solidarität und ein Einstehen füreinander gehen. Deswegen braucht die keb Menschen aus allen gesellschaftlichen Schichten, auch um wenigstens in diesem Kontext die Möglichkeit solchen Miteinanders spürbar werden zu lassen.

Wenn wir in Anlehnung an die „Option für die Armen" auch von Bildung für die Armen sprechen wollen (und unter „arm" verstehen: exkludiert aus gesellschaftlicher Partizipation und/oder aus dem eigenen Leben), dann heißt das ja gerade nicht, dass unsere Bildungsarbeit eine Bildung *der* Armen ist. Es geht vielmehr um die Verwirklichung des Inklusionsgedankens im sozialen Sinne: zu entdecken, welche gesellschaftliche Sprengkraft und Entwicklungsdynamik in den Fähigkeiten liegen, die unter derartig prekären Lebenssituationen erworben oder entfaltet wurden. Diese Fähigkeiten zu identifizieren, darin liegt ein wesentliches prophetisches Moment der keb.

Ohne einer sinnlosen Verallgemeinerung von „arm" das Wort reden zu wollen: Menschen, die in ihrem eigenen Leben nicht zu Hause sind, gibt es grundsätzlich in allen Schichten. Und gerade existentielle Sinnfragen tauchen oft erst auf, wenn die anderen Bedürfnisse befriedigt sind. Dass Solidarität ein heilender Grundwert ist, davon ist in der keb zu sprechen.

Auch gesamtgesellschaftlich hat keb hier eine Aufgabe: Sie muss immer wieder deutlich machen, dass sie selbst und dass Bildung überhaupt nicht in erster Linie etwas ist, das funktional verwertbar ist – im Sinne von Karriere-Sprung oder Rezeptwissen. Bildung ist eben nicht gleich Ausbildung und Ausbildung kann dann Bildung werden, wenn und insoweit sie der menschlichen Entfaltung dient.

Die hier vorgetragenen Überlegungen zeigen gerade die Unfunktionalität von Bildung im Sinne unmittelbaren gesellschaftlichen oder persönlichen Nutzens auf. Es mag sogar sein, dass in diesem Sinne gebildete Menschen weniger funktionstüchtig sind, als stromlinienförmig auf irgendwelche Tätigkeiten hin ausgebildete. Der wiederkehrende Hinweis auf die Menschwerdungsaufgabe – Werden ist hier verstanden im Sinne von „sich selbst zuwachsen" oder als Erlaubnis, der sein zu dürfen, der ich erst werde (Krämer, 2002) – umschließt jeden Menschen.

keb richtet sich, das immerhin dürfte deutlich geworden sein, an jeden Menschen, der sich aufmacht, seine Wege zu gehen und seine Entwicklung zu gestalten (Krämer, Emmaus). keb wird hier zum „Dritten", zum Begleiter, der nachfragt und mitdenkt. Menschen, die politisch partizipativ sind, haben die Möglichkeit, Gesellschaft so mit zu entwickeln, dass sie zu einem wirklichen Gemeinschaftshaus wird. Sie stehen damit verstärkt vor der Aufgabe, sich für eine humane und solidarische Gesellschaft (politisch und sozial) einzusetzen.

Schließlich haben die hier vorgetragenen Überlegungen auch das Ziel, Inhalte von keb zu umreißen und den inhaltlichen Fokus von keb auszurichten. Wenn sie dazu beitragen, dass sich der inhaltliche Blick in vielen Veranstaltungen quer durch alle Themenbereiche und Zielgruppenansprachen auf unmenschliche und lebensfeindliche Verhältnisse richtet und dabei gerade jene Menschen in den Blick nimmt, die in dieser Gesellschaft und global am Rande und an der Grenze der Überlebensfähigkeit stehen, dann ist viel gewonnen. Wenn deutlich wird in der Arbeit der keb, welche Konsequenzen Orientierungslosigkeit und der Verlust der

Deutungshoheit über das eigene Leben haben: Versklavung nämlich und Lebensbrüche – ökonomisch wie psychisch, dann leistet keb fragend ihren Betrag zur Entwicklung einer humaneren Gesellschaft.

Eine bildungsspezifische Form der Option für die Armen, wie sie die keb aufgrund ihrer Herkunft und ihres Begründungskontextes anstreben muss, hat am Ende das Ziel einer inklusiven Gesellschaft, die nicht nur Lebens- und Beteiligungsrechte für alle gewährt, sondern auch die Möglichkeiten dafür bereit stellt.

Quellenangaben

Bistümer in der BRD (1976). Unsere Hoffnung. Gemeinsame Synode der Bistümer in der Bundesrepublik Deutschland, Freiburg. Herde.r
Bloch, E. (1977). Tübinger Einleitung in die Philosophie. Bd 13 der Gesamtausgabe, Frankfurt: Suhrkamp.
Buber/Rosenzweig: Die Schrift. Verdeutscht von Martin Buber gemeinsam mit Franz Rosenzweig – mit Bildern von Marc Chagall Gütersloh 2007 GVH.
DBW (Hrsg.) (1997). Hoffnung ist Auftrag. Stuttgarter Hefte 27. Stuttgart.
Dopffel, H. (2013). Extra muros ecclesiae? Herkunft und Zukunft der Evangelischen Erwachsenenbildung. In diesem Buch. Bielefeld: W. Bertelsmann Verlag.
Drumm, J. (2013). Rechenschaft über die christliche Hoffnung als sinnstiftender Auftrag konfessioneller Erwachsenenbildung. In diesem Buch. Bielefeld: W. Bertelsmann Verlag.
EKD (1997). www.ekd.de/download/orientierung_in_zunehmender_orientierungslosigkeit.pdf
Gemeinsame Synode www.dbk.de/fileadmin/synoden/gemeinsame_synode/band 1/synode.pdf
Gaudium et spes (GS). www.vatican.va/archive/hist_councils/documents/vat-ii_c onst_19651207_gaudium-et-spes_ge.html
Huba, H. (2013). Volkshochschule im Spiegel Kirchlicher Erwachsenenbildung. In diesem Buch. Bielefeld: W. Bertelsmann Verlag.
Kant, I. (1724). Aufklärung. www.digibib.org/Immanuel_Kant_1724/was_ist_Aufklärung
Krämer, M. (1998). Emmaus-Erfahrung oder Bildung als Begleitung. In: DBW (Hrsg.) Stuttgarter Hefte 33/34 Dokumentation 25 Jahre Diözesanbildungswerk Stuttgart, S. 83 – S. 86. Stuttgart.

Krämer, M. (2002). Theologische Begründung. http://www.keb-drs.de/fileadmin/downloads/organisation-thbg.pdf

Krämer, M. (2011). Jahresbericht der keb DRS. http://www.keb-drs.de/fileadmin/downloads/jahresbericht-2010–2011.pdf

Krämer, M. (2012). Jahresbericht der keb DRS. http://www.keb-drs.de/fileadmin/downloads/jahresbericht-2011–2012.pdf

Krämer, M. (2013). Geistes Gegenwart. Perspektiven kultureller Bildung in der keb unter besonderer Berücksichtigung literarischer Bildung. In diesem Buch. Bielefeld: W. Bertelsmann Verlag.

Meister Eckhart Webausgabe. www.eckhart.de/index.htm?p52.htm

Metz, J.B. (1973). Zur Theologie der Welt. Mainz: Topos.

Metz, J.B. (1977). Glaube in Geschichte und Gesellschaft. Studien zu einer praktischen Fundamentaltheologie, S. 2 und S. 7. Mainz: Grünewald.

Schweitzer, F. (2013). Religiöse und interreligiöse Bildung im Erwachsenenalter. Aufgabe der Evangelischen Erwachsenenbildung im Bezug auf Individuum, Kirche und Gesellschaft. In diesem Buch. Bielefeld: W. Bertelsmann Verlag.

„Verzeiht uns unsere Träume" www.konzilsvaeter.de/referenzen/index.html

Dr. Michael Krämer, Leiter der keb DRS

Rechenschaft über die christliche Hoffnung als sinnstiftender Auftrag konfessioneller Erwachsenenbildung

Joachim Drumm

„Hoffnung ist Auftrag". So der Titel eines Grundlagenpapiers, vorgelegt vom Bildungswerk der Diözese Rottenburg-Stuttgart in Kooperation mit dem Diözesanratsausschuss „Erwachsenenbildung und Kultur" im Jahre 1998. Es diente der breiten Konsultation zur offenen Erwachsenenbildung in Trägerschaft der Diözese. Ein zentraler Anlass war damals das 25jährige Bestehen des diözesanen Bildungswerks. „Hoffnung ist Auftrag"(Hoffnung, 1997) war zugleich eine Art Relecture der 1978 verabschiedeten und heute noch maßgeblichen „Grundsätze und Ziele der Erwachsenenbildung in der Diözese Rottenburg-Stuttgart"(Grundsätze, 1978). Veränderungen in Kirche und Gesellschaft ließen die erneute Vergewisserung als erforderlich und angemessen erscheinen. Seit „Hoffnung ist Auftrag" sind wiederum 15 Jahre vergangen.

Der gesellschaftliche und kirchliche Transformationsprozess (Schäffter, 2012) ist in dieser Zeit weitergegangen, hat sich beschleunigt, wird zunehmend als verunsichernd erfahren und als „Krise" gedeutet. Der Fortschrittsglaube ist in vielerlei Hinsicht dem Wunsch und Streben nach Bestandssicherung gewichen. Das Bemühen um die Verlängerung der Gegenwart bindet in Gesellschaft und Kirche derzeit weitaus mehr Kräfte als die Suche nach echten Zukunftsperspektiven.

Um Zukunftsperspektiven soll es hier jedoch gerade gehen, in diesem Beitrag wie auch in diesem Sammelband, anlässlich des 40jährigen Bestehens des Bildungswerks der Diözese Rottenburg-Stuttgart, das heute unter der Bezeichnung „Katholische Erwachsenenbildung Diözese Rottenburg-Stuttgart" firmiert.

„Rechenschaft über unsere Hoffnung" als Auftrag der Kirche und ihrer Erwachsenenbildung

Nicht nur, aber gerade auch auf dem Hintergrund der gegenwärtigen allgemeinen Krisenstimmung erscheint der Titel „Hoffnung ist Auftrag" geradezu als wegweisend. Hoffnung ist der „Auftrag" der Kirche und damit auch der kirchlich verantworteten Erwachsenenbildung. Der Weg der Kirche in der Welt von heute kann nur der Weg gelebter Hoffnung sein. „'Die Welt' braucht keine Verdoppelung ihrer Hoffnungslosigkeit durch Religion; sie braucht und sucht (wenn überhaupt) das Gegengewicht, die Sprengkraft gelebter Hoffnung. Und was wir ihr schulden, ist dies: das Defizit an anschaulich gelebter Hoffnung auszugleichen". So die für das heutige Verständnis von Erwachsenenbildung maßgebliche Würzburger Synode in ihrem Beschluss „Unsere Hoffnung".

Inspiriert durch diese mahnende Aussage möchte ich in meinem Beitrag der Frage nachgehen, inwiefern konfessionelle Erwachsenenbildung Hoffnung stiftend wirkt und damit am Grundauftrag der Kirche partizipiert. Ob, inwiefern oder wann von Erwachsenenbildungsarbeit konkrete Hoffnungsimpulse ausgehen, können nur jene beantworten, die selbst solche für sich empfangen (haben). Das Postulat, Hoffnung stiftend wirken zu wollen oder zu wirken, sagt noch wenig aus über die tatsächliche Wirkung. Die Gründe, weshalb sich jemand durch eine Erwachsenenbildungsveranstaltung in seiner Hoffnung gestärkt sieht, dürften vielfältigster Art sein. Sie können auf kognitiver Ebene ebenso liegen wie auf emotionaler, mögen themenbezogen begründet sein oder der Begegnung mit anderen Menschen entspringen, müssen gar nicht mit dem erklärten Anliegen der Veranstaltung in Zusammenhang stehen. Nicht selten dürfte es gerade das Beiläufige, Absichtslose sein, das jemanden stärkt und ermutigt.

Es erscheint daher müßig und wenig erhellend, einzelne Ziele, Themen oder Formen kirchlich verantworteter Erwachsenenbildung auf ihr Hoffnungspotential hin abzuklopfen. Ich möchte daher grundlegender ansetzen und mich dabei auf einen wesentlichen Aspekt konfessioneller Erwachsenenbildung beschränken: konfessionelle Erwachsenenbildung als religiöse Bildung.

Religiöse Bildung als sinnstiftende Dimension konfessioneller Erwachsenenbildung

Im christlichen Selbstverständnis ist kirchliche Erwachsenenbildung in ihrem tiefsten Sinn immer auch religiöse Bildung, auch dort, wo nicht explizit religiöse Inhalte bearbeitet werden. Die „Grundsätze und Ziele der Erwachsenenbildung in der Diözese Rottenburg-Stuttgart" lassen dies bereits im ersten Satz deutlich werden:

„Erwachsenenbildung in der Diözese Rottenburg-Stuttgart will ihren Dienst leisten, dass Menschen verschiedenen Glaubens, Alters, Geschlechts oder gesellschaftlicher Gruppierungen ‚das Leben haben und es in Fülle haben' (Joh 10,10). Sie begreift sich als eine der vielfältigen Anstrengungen, in denen sich die der Kirche aufgegebene Sorge um Wohl und Heil der Menschen konkretisiert."

Erwachsenenbildung als Hilfe zur Persönlichkeitsbildung und Lebensbewältigung, als Beitrag zu gelingendem Leben und Zusammenleben, ist stets auch Dienst an der Menschwerdung des Menschen im christlichen Sinn. Der Sorge um Wohl und Heil der Menschen und somit dem christlich motivierten Bildungsverständnis liegt das biblisch-christliche Menschenbild zugrunde. Es betrachtet den Menschen im dreifachen Spannungsfeld von Personalität und Sozialität, von Spiritualität und Materialität, von Immanenz und Transzendenz und widersetzt sich damit der Versuchung, ihn auf einen der genannten Spannungspole hin zu reduzieren und zu verkürzen (vgl. Bischöfl. Ordinariat, 2007).

Am christlichen Menschenbild orientierte Erwachsenenbildung betrachtet und deutet Mensch und Welt, Geschichte und Gegenwart letztlich – sei es implizit oder explizit – im Horizont der christlichen Erinnerungs- und Hoffnungsgeschichte. Es ist diese christlich-religiöse Grundierung, die das Spezifikum konfessionell verantworteter Erwachsenenbildung ausmacht, nicht die explizite Beschränkung auf christlich-religiöse oder kirchliche Themen.

Wenn, wie das Zweite Vatikanum sagt, alles „wahrhaft Menschliche" – und das ist immer auch das konkrete, geschichtlich geprägte Menschliche – im Herzen der Christen „Widerhall findet" (Zweites Vatikanisches Konzil, Nr.1), muss es auch in der kirchlich getragenen Erwachsenenbildung aufgenommen und bearbeitet werden. So gesehen kann der kirchlichen Erwachsenenbildung letztlich kein Thema völlig gleichgültig sein.

Die Aufgabe und Wichtigkeit kirchlicher Erwachsenenbildung liegt gerade darin, „die Erfahrungen aus den verschiedenen Sektoren heutigen Lebens und Wirkens im Licht des Glaubens zu verstehen, deuten und verarbeiten zu lernen, sie in ihrer Bedeutung für die jeweils eigene Biographie wie auch für das gemeinschaftliche, gesellschaftliche und politische Leben einzuschätzen. Doch es geht nicht nur darum, Erfahrungen und Vorgänge in der heute weitgehend säkularen Umwelt mit Hilfe des christlichen Glaubens zu erschließen, umgekehrt ist ebenso der Glaube selbst als Vollzug und Inhalt Gegenstand einer vertieften Wahrnehmung und Reflexion. Ihn wiederum gilt es transparent zu machen in seiner Bedeutung für das Leben und die Probleme der Gegenwart" (Lehmann, 1993).

Katholische Erwachsenenbildung – „Bildungspastoral" und „kulturelle Diakonie"

In diesem Sinn partizipiert Erwachsenenbildung am Grundauftrag der Kirche. Der Grazer Pastoraltheologe Rainer Bucher spricht von „Bildungspastoral", um die Teilhabe der Erwachsenenbildung am kirchlichen Auftrag in unserer Zeit zu charakterisieren: „Sie (die Erwachsenenbildung) ist Pastoral, denn in ihr geht es oder sollte es gehen, wie in jedem kirchlichen Handeln, um die kreative, situative Konfrontation von Evangelium und Existenz in Wort und Tat. Als Bildungsprozess aber, als persönlichkeitsbildender Erkenntnis- und Entwicklungsprozess, ist sie in einer ausdifferenzierten Bildungsgesellschaft ein wichtiger kirchlicher Vollzug" (Bucher, 2011, S. 30).

Mit gleichem Recht lässt sich konfessionelle Erwachsenenbildung auch in den Kategorien einer „kulturellen Diakonie" beschreiben, wie dies Gotthard Fuchs in den 80er Jahren unternommen hat (Fuchs, 1988). Erwachsenenbildung, die persönlichkeitsbildend wirkt, befähigt zugleich zu gesellschaftlicher Partizipation, zu Übernahme von Verantwortung für sich und andere, zur Mitgestaltung politischer, gesellschaftlicher und wirtschaftlicher Entwicklungsprozesse.

Was ist nun das Spezifikum konfessioneller Erwachsenenbildung im Kontext kirchlichen Handelns?

Das Spezifikum kirchlicher Erwachsenenbildung im kirchlichen Kontext

Zunächst ist – wie es „Hoffnung ist Auftrag" formuliert wird – Erwachsenenbildung ein „eigenständiger Dienst, den die Kirche den Einzelnen, den Gemeinschaften und Gruppierungen und der Gesellschaft insgesamt anbietet."

Zu Recht hat Michael Krämer (Krämer, 2011, S. 5) darauf hingewiesen, dass Erwachsenenbildung nicht, oder zumindest nicht primär, der Ort ist für konfessorisches Reden. Auch betreibt Erwachsenenbildung nicht explizit Glaubensverkündigung, wenngleich sie am Verkündigungsauftrag der Kirche prinzipiell teilhat. Die Aufgabe der Erwachsenenbildung lässt sich am ehesten beschreiben mit der Aufforderung von 1 Petr 3,15: Seid stets bereit, Rede und Antwort zu stehen von der Hoffnung, die in Euch ist.

Es ist Michael Krämer zuzustimmen, wenn er feststellt: „Die Bereitschaft zu dieser Rechenschaft ist eine Grundhaltung, die allen Veranstaltungen unserer Erwachsenenbildung voraus geht"(ebd.). Es ist die Ebene dieser allen Veranstaltungen vorausgehenden Grundhaltung, auf der im Folgenden der Frage nachgegangen werden soll, inwiefern Erwachsenenbildung in konfessioneller Trägerschaft Hoffnung stiftend wirken kann und welche Zukunftsherausforderungen und Zukunftsperspektiven sich für die Erwachsenenbildung daraus ergeben.

Eine erste grundlegende Antwort auf die Frage nach dem Hoffnung stiftenden Potential von Erwachsenenbildung kann nun so gegeben werden:

Konfessionelle Erwachsenenbildung wirkt im Sinne christlichen Selbstverständnisses insofern Hoffnung stiftend, als sie bereit ist, Rechenschaft zu geben von der christlichen Hoffnung, indem sie Männern und Frauen Orte und Gelegenheiten anbietet, christlichem Hoffen nachzufragen, es anzufragen, zu reflektieren, zu begründen, zu erspüren, zu erfahren sowie die für sich persönlich tragfähigen Antwortversuche von weniger tragfähigen unterscheiden zu lernen.

Gewiss, die verschiedenen Stoffgebiete des konkreten Bildungsbetriebs unterscheiden sich nicht zuletzt auch in ihrer Nähe oder Distanz zu diesem Grundauftrag kirchlicher Erwachsenenbildung. Doch sollte bezüglich aller Veranstaltungsthemen und -formen eine gewisse Transparenz auf die genannte Grundhaltung hin angestrebt werden. Dies dürfte nicht nur im Zusammenhang religiöser, theologischer oder philosophischer Themen leicht fallen. Zeitgeschehen und Politik, Entwicklungen in Gesellschaft, Wirtschaft, Arbeitswelt und Recht, Kunst und Kultur, ethische Problemstellungen, Fragen von Partnerschaft und Erziehung, die Förderung von Kreativität und Gesundheit – all diese Themenfelder wie auch weitere fordern letztendlich dazu heraus, Rechenschaft von der christlichen Hoffnung anzufragen oder zu geben.

Dies ist die „Flughöhe" und Sinnrichtung, in der nun holzschnittartig einige wichtige Zukunftsherausforderungen und Zukunftsperspektiven katholischer Erwachsenenbildung benannt werden sollen.

Die leitende Perspektive: Die Frage nach der christlichen Identität im Relevanzschema der spätmodernen Transformationsgesellschaft

Als leitende und verbindende Perspektive wähle ich die Frage nach der christlichen Identität in heutiger Zeit. Dies ist die Kernfrage hinter all den vielen aktuellen Fragen um Kirche und ihren Auftrag in der Welt von heute. Sie stellt sich im Zusammenhang der Entfremdung der Tradition von heutiger Welterfahrung ebenso wie im Blick auf den Bruch zwischen Kirche und Gegenwartskultur. Sie fordert heraus im ökumenischen Kontext oder angesichts neuer religiöser Bewegungen. Sie provoziert angesichts der neuen Qualität interreligiöser Begegnung, des interkulturellen Austauschs in einer globalisierten Lebenswelt oder in Bezug auf neue sozial- oder bioethische Problemstellungen. Auch hinter der Frage, welche geschichtlich gewachsenen Gestalt- und Strukturelemente für Kirche konstitutiv sind, welche nicht, geht es letztlich um die Frage nach der christlichen Identität in einem gewandelten kulturellen Kontext.

Christliche Identität ist durch den Rekurs auf das Überlieferte und die Wahrung des Tradierten allein nicht zu gewinnen. Sie bleibt ein zukunftsoffenes Projekt und ist ohne die Auseinandersetzung mit der jeweiligen Gegenwartskultur und der Entwicklung von Zukunftsperspektiven nicht zu erschließen. Dabei wird es stets um beides gehen müssen: um Abgrenzung und um Integration. Umgekehrt sind die Gegenwartskultur und ihre Entwicklung ohne Rekurs auf das Christliche nicht verstehbar. Aneignung von Überlieferung bzw. Verstehen von Gegenwart geschieht immer zugleich im Rückgriff auf Wissensvorräte und überkommene Deutungsmuster einerseits und deren Transformation andererseits.

Wir erfahren Welt stets nur als gedeutete Welt. Wir haben Welt immer nur in Form von Erinnerung oder Erwartung, als erinnerte oder erhoffte Welt. Das gegenwärtige Erleben ist nie Reflex. Und wenn es Reflex wird, ist es immer schon Erlebtes. Erfahrung ist immer bereits zu Bewusstsein gekommenes Erleben. Das gilt besonders dann, wenn mir in einer Situation etwas aufgeht, was in seiner Bedeutung den alltäglichen Nahraum übersteigt. Wie mir etwas zu Bewusstsein kommt, hängt jedoch immer ab von der Situation, in der ich mich befinde (Relevanzsituation) und von den Deutungsmustern, die mir zur Verfügung stehen. Durch Erfahrungen werden Deutungsmuster aber immer wieder modifiziert und weiter entwickelt. Keine Erfahrung ohne Wissen. Kein Wissen ohne Erfahrung. Neue Erfahrungen transformieren das Wissens- und Deutungssystem. Ein transformiertes Wissens- und Deutungssystem führt jedoch dazu, dass Welt anders erfahren wird und Ereignisse eine andere Relevanz erhalten.

Von jeher wurden die christlichen Wissensvorräte und Deutungskategorien im Laufe der Christentumsgeschichte modifiziert und transformiert. Und von jeher waren die Transformationen motiviert vom Bemühen um die Wahrung christlicher Identität. Nichts braucht soviel Treue wie der Wandel, sagt ein bekanntes Diktum. Auch umgekehrt gilt: Nichts braucht soviel Wandel wie die Treue.

Transformation meint mehr als bloße Veränderung. Mit der Transformation ändert sich das „Format" einer Veränderung. „'Trans-Formation' bezeichnet daher die unvertraute Neuartigkeit, in der Veränderungen stattfinden können, und meint ‚Veränderung von Veränderungen'. Begrifflich wird das als ‚Veränderung 2. Ordnung' gefasst, weil nun auch der Veränderungskontext einem strukturellen Wandel unterworfen ist, in dem jede einzelne Veränderung eine neuartige Bedeutung erlangt" (Schäffter, 2012, S. 116).

Transformation ist ein Spezifikum der Gesellschaft der Spätmoderne. Und die Transformationsgesellschaft ist die Rahmenbedingung heutiger kultureller Vermittlungsprozesse. Sie ist damit auch die Rahmenbedingung christlicher Überlieferungs- und Reflexionsprozesse, und damit das Bedingungsgefüge für die Begründung und Rechenschaftsgabe christlicher Hoffnung. Wissenssoziologisch formuliert: Die Begründung christlicher Hoffnung trifft heute auf ein grundlegend gewandeltes Relevanzschema.

Die größere Not theologischer Bildungsarbeit, sei es im Religionsunterricht, sei es in der Erwachsenenbildung, ist oft nicht die schwere Verstehbarkeit eines theologischen Arguments, sondern dessen mangelnde Relevanz für den Adressaten. Im gegenwärtigen Dialogprozess der katholischen Kirche in Deutschland werden die damit verbundenen Kommunikationsschwierigkeiten vielfach deutlich. Selbst gut sozialisierte und hoch engagierte Katholiken können einer theologischen Argumentation oft nicht mehr folgen, nicht einfach wegen mangelnder Vorbildung oder unzureichenden Reflexionsvermögens, sondern weil das Argument nicht mehr als relevantes Argument gewertet wird. So ist z. B. das Traditionsargument, das Neuerungen ausschließt, weil sie in der Vergangenheit nicht nachweisbar sind, für viele Zeitgenossen schlichtweg nicht mehr nachvollziehbar. Da reicht es auch nicht aus, das Argument noch einmal besser erklären zu wollen. Unter dem Paradigma einer zukunftsorientierten Gesellschaft haben Traditionsargumente einen ebenso schweren Stand wie Autoritätsargumente unter dem Paradigma einer demokratisierten, offenen, pluralen Gesellschaft. oder gar dem Leitbild des herrschaftsfreien Dialogs.

Die zentrale Herausforderung an Christentum und Kirche ist es heute, den eigenen Glauben und die eigene Hoffnung unter den Bedingungen eines transformierten Relevanzschemas, Weltverständnisses und Deutungshorizonts selber neu verstehen zu lernen. Es ist bemerkenswert, dass und wie deutlich Papst Benedikt XVI. diese Herausforderung benennt: „Religiosität muss sich neu regenerieren in diesem großen Kontext – und damit auch neue Ausdrucks- und Verstehensformen finden. Der Mensch von heute begreift nicht mehr so ohne Weiteres, dass das Blut Christi am Kreuz Sühne für seine Sünden ist. Das sind Formeln, die groß und wahr sind, die aber in unserem ganzen Denkgefüge und unserem Weltbild keinen Ort mehr haben, die übersetzt und neu begriffen werden müssen"(Benedikt XVI, 2010, S. 163 f.).

Bei dem geforderten Lern- und Verstehensprozess wird es wesentlich darauf ankommen, bei der heutigen Welterfahrung anzusetzen, um deren Implikationen zu erhellen, freizulegen und zu reflektieren. Nur so wird erkennbar, dass Erfahrung immer schon gedeutetes Erleben ist und dass die hierfür herangezogenen Deutungsschemata stets kulturell vermittelt sind, d. h. in einem kulturellen Überlieferungsprozess stehen. Nur so generiert sich die Chance, heutige Welterfahrung mit dem christlich-kulturellen Gedächtnis neu zu vermitteln, um daraus neue Verstehensformen zu generieren. Es braucht einen neuen, schöpferischen Umgang mit dem christlich-kulturellen „Wissensvorrat" im Horizont heutigen Weltverstehens. Ein solcher Prozess ist nicht anders zu verstehen denn als Lern- und Bildungsprozess. Und hierin liegt der alle Einzelaktivitäten begründende und verbindende Kernauftrag konfessioneller Bildungsarbeit.

Es ist kein Zufall, dass ein wesentlicher Impuls für die katholische Erwachsenenbildung heutiger Prägung von der Würzburger Synode ausging, deren Anliegen es war, den Geist des Zweiten Vatikanischen Konzils auf die Situation in Deutschland hin zu applizieren. Denn es war das Zweite Vatikanische Konzil, das in zuvor nie da gewesener Weise deutlich machte, wie sehr die Kirche selbst auf den Austausch mit der Gegenwartskultur angewiesen ist, um ihre Botschaft selbst besser verstehen zu lernen: Mehr noch: „Zur Steigerung dieses Austauschs bedarf die Kirche vor allem in unserer Zeit mit ihrem schnellen Wandel der Verhältnisse und der Vielfalt ihrer Denkweisen der besonderen Hilfe der in der Welt Stehenden, die eine wirkliche Kenntnis der verschiedenen Institutionen und Fachgebiete haben und die Mentalität, die in diesen am Werk ist, wirklich verstehen, gleichgültig, ob es sich um Gläubige oder Ungläubige handelt." Selbst die „Feindschaft ihrer Gegner und Verfolger" – so das Eingeständnis der Konzilsväter, „war für sie (die Kirche) nützlich und wird es bleiben"(Zweites Vatikanisches Konzil, Nr.44).

Aus eben diesem Dialogansatz begründet das Konzil auch die Notwendigkeit kirchlich verantworteter Bildungsarbeit (Bergold, 2012), der es darum gehen muss, Glaubenswahrheit und Glaubensaussage zu unterscheiden, Ergebnisse der „profanen Wissenschaften", insbesondere der Psychologie und der Soziologie, aufzugreifen und die Katholiken zu einer mündigen christlichen Identität zu befähigen. Dabei verweist das Konzil zugleich auf die große Bedeutung, die Literatur und Kunst für das Leben der Kirche haben. „Denn sie bemühen sich um das Verständnis des eigentümlichen Wesens des Menschen, seiner Probleme und seiner Erfahrungen bei dem Versuch, sich selbst und die Welt zu erkennen und zu vollenden; sie gehen darauf aus, die Situation des Menschen in Geschichte und Universum zu erhellen, sein Elend und seine Freude, seine Not und seine Kraft zu schildern und ein besseres Los des Menschen vorausahnen zu lassen"(Zweites Vatikanisches Konzil, Nr. 62).

Im Konzert der vielfältigen kirchlich verantworteten Bildungsbemühungen kommt in diesem Lernprozess gerade der Erwachsenenbildung eine hohe Bedeutung zu. Denn im Bedingungsgefüge lebensbegleitender Transformationsprozesse kommt auch der Allgemeinbildung eine neue Bedeutung zu. Sie liegt – so Ortfried Schäffter – nicht mehr nur „auf der materialen Ebene eines Lernens erster Ordnung" (Schäffter, 2012, S.117). Es geht nicht mehr nur um die Anreicherung von Wissensbeständen. Vielmehr zielt Erwachsenenbildung im Rahmen der spätmodernen Transformationsgesellschaft auf „die Sicherung von Partizipationsvoraussetzungen über die Formierungsphase hinaus" sowie auf „die strukturelle Integration eines lebensbegleitend ausgelegten Konzepts in den gesamten Lebenslauf." Aufgabe von Erwachsenenbildung in der Transformationsgesellschaft ist die „entwicklungsbegleitende Unterstützung zur produktiven Lebensgestaltung und rationalen Lebensführung"(ebd., S.122).

Die „intermediäre Kompetenz" konfessioneller Erwachsenenbildung
Was Ortfried Schäffter hier zur Erwachsenenbildung allgemein ausführt, spezifiziert er weiter im Blick auf die konfessionelle Erwachsenenbildung. Ihr Alleinstellungsmerkmal sieht er in ihrer intermediären Kompetenz. Dass sie in besonderer Weise zwischen „differenten Bedeutungskontexten" zu übersetzen vermag, betrachtet Schäffter als ihre „unübersehbare Ressource"(ebd., S.134).

Als intermediäre Bildungseinrichtung bewegt sich konfessionelle Erwachsenenbildung, und katholische in eigener Weise, im Spannungsgefüge von Kirche und Gesellschaft. Katholische Erwachsenenbildung bekommt diese Spannung immer wieder als Legitimationsanfrage zu spüren. Je mehr sie sich auf den pluralen, von der Gegenwartskultur geprägten Bedeutungskontext einlässt, desto mehr setzt sie sich der Frage aus, ob das, was sie anbietet, denn noch katholisch sei bzw. im Setting eines katholischen Anbieters etwas zu suchen habe.

Andererseits: Je mehr sich katholische Erwachsenenbildungangebote auf kirchliche Themen im engeren Sinn und traditionelle Formate verlegen, umso geringer die Nachfrage, bzw. umso weniger die Chance, Menschen zu erreichen, die nicht der Kerngemeinde zuzuzählen sind.

In diesem Dilemma katholischer Erwachsenenbildung kristallisiert sich jedoch nichts anderes als das gesamtkirchliche Dilemma zwischen Identität und Relevanz in der heutigen Gesellschaft. In der katholischen Erwachsenenbildung wird das Dilemma besonders offensichtlich, weil sie sich einerseits als offene Erwachsenenbildung vom eigenen Anspruch her nicht im kirchlichen Binnenraum hält, andererseits als Erwachsenenbildung in katholischer Trägerschaft aber sich auch nicht in der Vielfalt des Beliebigen verlieren möchte, und schließlich, weil Erwachsenenbildung dem Freiwilligkeitsprinzip folgt, nicht vorgegebenen Sozialisationsmustern. Offene Erwachsenenbildung in kirchlicher Trägerschaft ist und bleibt ein Spagat.

Als These lässt sich jedoch formulieren, dass die Schwierigkeit, mit der katholische Erwachsenenbildung zu kämpfen hat, gerade ihre Chance und Herausforderung ist. Etwas zugespitzt formuliert: Religiöse Bildungsarbeit mit Erwachsenen ist keine Randfunktion, sondern hat eine Schlüsselfunktion in der heutigen Zeit. Denn sie steht mit dieser Schwierigkeit im Zentrum dessen, was heute von der Kirche gefordert ist.

Katholische Erwachsenenbildung als intermediäres Bildungsangebot wird umso unverzichtbarer und bedeutsamer, je höher der Bedarf an Vermittlung zwischen unterschiedlichen Bedeutungskontexten ist. Diese These sei nicht nur gewagt im Blick auf die Vermittlung zwischen dem christlichen Überlieferungskontext und dem Kontext heutigen Weltverständnisses und Gegenwartkultur („diachrone" Perspektive). Sie sei auch gesagt hinsichtlich der Pluralisierung und Segmentierung der Lebenswelt sowie dem wachsenden Bedarf an interkultureller und interreligiöser Verständigung („synchrone" Perspektive).

Anschluss des kulturellen Gedächtnisses an die Gegenwart
In „diachroner" Perspektive wird es künftig mehr denn je Aufgabe und Anliegen konfessioneller Erwachsenenbildung sein, das christlich geprägte kulturelle Gedächtnis an die Gegenart anzuschließen unter den Relevanzbedingungen
- einer segmentierten in unterschiedliche Funktionssyteme gegliederten Gesellschaft, in der auch Religion und Kirche weitgehend als ein Funktionssystem neben anderen wahrgenommen und gedeutet werden,
- einer technisierten und medial vermittelten Alltagskultur, in der die Wahrnehmung von Zeit und Raum eine andere ist als in früheren Generationen,
- in einer ökonomisierten Alltagskultur, in der der ökonomische Zweckrationalismus alle Lebensbereiche durchwirkt,
- in einer Alltagskultur, in der das funktionale und digitale Denken das Denken in Analogie und Proportionen weitgehend abgelöst hat,
- in einer Kultur, in der Vergemeinschaftung und Sozialisation nach anderen Regeln verlaufen als in früheren Epochen,
- in einer nachmetapysischen Kultur, in der für den normalen Christen die an der griechischen Philosophie gewonnene Ausdrucksgestalt der christlichen Dogmas weitgehend unverständlich bleibt,
- in einer demokratisierten Kultur, in der die Menschen sich durch amtliche Autorität und das Traditionsprinzip allein nicht überzeugen lassen.

Die kulturelle Aneignung und Vermittlung der Überlieferung unter den veränderten Relevanzbedingungen der Gegenwart ist ein Lernprozess und damit ein Bildungsprozess im umfassenden Sinn des Wortes. Kirche hat unter den Bedingungen der heutigen Lebenswelt die Botschaft, die sie auszurichten hat, neu verstehen zu lernen.

Christlich motivierte und verortete Bildungsarbeit mit Erwachsenen, stellt sich, sofern sie teilnehmer- und lebensweltorientiert ist, in besonderer Weise den Relevanzbedingungen der Gegenwart. Sie kann und sollte künftig noch markanter für die TeilnehmerInnen ein bedeutungsvoller Ort sein für die Deutung ihrer Erfahrungen und Ihres Lebens im Horizont der christlichen Überlieferungs-, Erfahrungs- und Glaubensgeschichte. Voraussetzung ist, dass dieser Horizont im Bildungsgeschehen erkennbar wird. Wo dies gelingt, leistet Erwachsenenbildung einen unverzichtbaren Dienst für die Weiterentwicklung christlicher Überlieferung und Kultur unter den Bedingungen einer transformierten Welt.

Die intermediäre Kompetenz konfessioneller Erwachsenenbildung im interkulturellen und interreligiösen Kontext (Drumm, 2012)
In „synchroner" Perspektive wird es künftig mehr denn je Aufgabe und Anliegen konfessioneller Erwachsenenbildung sein, den interkulturellen und interreligiösen Austausch zu befördern und zu pflegen.

In einer sich ausdifferenzierenden, pluralistischen und zunehmend multikulturellen und multireligiösen Gesellschaft sind Verständigung und Integration eine zentrale Zukunftsaufgabe. Interkultureller Dialog ist auch, aber nicht nur, eine Frage der Begegnung von Zugewanderten und aufnehmender Gesellschaft. Die Gegenwartskultur besteht selbst aus einer Vielfalt von Teilkulturen, Milieus und Szenen, die sich in einem nicht unerheblichen Maß fremd werden und gegeneinander abschotten. Im Zuge der Globalisierung und der Migration ist eine weitere Pluralisierung der Kulturen zu erwarten.

Das friedliche Zusammenleben in unserer Gesellschaft verlangt interkulturelle Lernprozesse. Der Einzelne und gesellschaftliche Gruppierungen müssen lernen, mit der kulturellen Vielfalt zu leben, mit differenzierten Kulturen zusammenzuleben und gerade in der multikulturellen Gesellschaft ihre eigene Identität zu finden. Die Erfahrung des Fremdseins ist ein wesentliches Element jüdisch-christlicher Geschichte und Tradition. Die Ausgrenzung von Fremden und Andersartigen steht im Widerspruch zum christlichen Glauben. Erwachsenenbildung kann Menschen helfen, zu einer geklärten kulturellen und religiösen Identität zu finden. Wer andere verstehen will, muss seine eigenen Wurzeln und seinen eigenen Standpunkt kennen. Wer nicht weiß, wo er selber steht, kann anderen gegenüber nicht tolerant sein, sondern allenfalls gleichgültig. In einer multikulturellen und multireligiösen Situation braucht die Gesellschaft eine Kultur der Anerkennung (Knapp, 2006).

Kirchliche Erwachsenenbildung hat in den letzten Jahren die Bildungsangebote zu Fragen des Fremdseins und der Integration deutlich verstärkt. Künftig wird es darauf ankommen, dass die kirchlichen Bildungsangebote noch mehr zu Orten der unmittelbaren Begegnung von Menschen unterschiedlicher nationaler, kultureller oder religiöser Herkunft werden.

Die genannten gesellschaftspolitischen Fragen und Probleme werden durch Bildungsarbeit nicht gelöst oder beantwortet. Auch sollte sich die Kirche hier nicht Verantwortungen übertragen lassen, die sie nicht hat. Gleichwohl sind die genannten Fragen enorme Herausforderungen gerade an die Bildungsarbeit. Auf der Basis ihrer Gesellschaftslehre hat die Kirche hierzu vieles einzubringen.

Neue ethische Fragestellungen im Streit um das Menschenbild

Künftig wird es auch mehr denn je Aufgabe und Anliegen konfessioneller Erwachsenenbildung sein, sich angesichts der neu sich stellenden ethischen Fragestellungen am ethischen Diskurs zu beteiligen.

Die durch die Fortschritte der Medizin und Biotechnik aufgeworfenen und derzeit breit diskutierten ethischen Fragen betreffen zutiefst das Selbstverständnis des Menschen. Unterschiedliche Menschenbilder liegen miteinander im Widerstreit. Die Berufung auf das gemeinsame Bekenntnis zur Menschenwürde verliert ihre Basisfunktion, wenn – wie immer offenbarer wird – der Konsens darüber, was Menschenwürde meint, nicht mehr vorausgesetzt werden kann oder wenn gar menschlichen Lebewesen im Anfangs- oder Endstadium ihrer Entwicklung oder im Falle von starken Behinderungen bzw. Funktionsverlusten das Recht auf Schutz von Leben und menschlicher Würde abgesprochen werden soll. Die gegenwärtige Debatte zeigt, wie schwer es ist, den notwendigen Diskurs in unserer pluralen, fachspezialisierten und hochkomplexen Gesellschaft mit ihren verschiedenen Wertorientierungen, Interessensverbünden, Wissensständen sowie ihren autonomen Sach- und Plausibilitätsbereichen zu führen.

Wenngleich die Stimme der Kirchen – wenn überhaupt – nur noch als eine von vielen Stimmen wahrgenommen wird, müssen diese das christliche Menschenbild, wenn auch offen, so doch streitbar und mit klarem Standpunkt ein- und zur Geltung bringen und sich zum Anwalt des Lebens machen. Dabei wird es sowohl um Aufklärung gehen als auch um Stärkung des Verantwortungsbewusstseins und somit auf jeden Fall um Bildungsarbeit.

Zum Schluss

Religiöse Bildung gehört konstitutiv zur Bildung des Menschen. Bildung unter Ausblendung des Religiösen wäre eine Beschneidung des menschlichen Geistes und eine Verkürzung der Kulturgeschichte. Religion ohne Bildung wird leicht irrational, fundamentalistisch oder gar gewaltbereit. Religiöse Bildung macht sprach- und dialogfähig, bewahrt vor Verführung und bietet Orientierung.

Es sollte in diesem Beitrag deutlich werden, dass katholische Erwachsenenbildung in der Vielfalt ihrer Themen und Ansätze auch dort, wo religiöse Themen nicht zur Sprache kommen, die Implikationen religiöser Bildung doch immer in sich trägt.

In diesem Sinne ist katholische Erwachsenenbildung ein unverwechselbares Angebot zur Deutungshilfe. Sie leistet einen Dienst an Kirche und Gesellschaft, dessen Bedeutung voraussichtlich weiter wachsen wird.

Allen, die hierzu ihren Beitrag leisten, ehrenamtlich wie hauptamtlich Mitwirkenden, sei an dieser Stelle im Namen der Diözese Rottenburg-Stuttgart herzlich gedankt.

Quellenangaben

Benedikt XVI. (2010). Licht der Welt. Der Papst, die Kirche und die Zeichen der Zeit. Ein Gespräch mit Peter Seewald, S. 163 f. Freiburg: Herder Verlag.
Bergold, R. (2012). Zur Grundierung katholischer Erwachsenenbildung in und nach dem Zweiten Vatikanischen Konzil. In: Ziegler, H./Bergold R. (Hrsg.) Neue Vermessungen. Katholische Erwachsenenbildung heute im Spannungsfeld von Kirche und Gesellschaft. S. 73–97. Dillingen: Krüger.
Bichöfl. Ordinariat (Hrsg.) (2007). Zeichen setzen: Bildung. Christlich motivierte Grundsätze zum Bildungsverständnis. www.drs.de/fileadmin/07Bilder/Newe-Dateien/0707bildung.pdf.
Bucher, R. (2011). Bildungspastoral. Zur notwendigen Kirchlichkeit katholischer Erwachsenenbildung. In: EB 57. S. 27–30.
Drumm, J. (2012). Leichter gesagt als getan – Einsichten und Aussichten kirchlicher Erwachsenenbildung. In: Ziegler, H./Bergold, R. (HG.): Neue Vermessungen. Katholische Erwachsenenbildung heute im Spannungsfeld von Kirche und Gesellschaft. S. 101–114. Dillingen: Krüger.
Fuchs, G. (1988). Kulturelle Diakonie. In: Concilium 24, 1988. S. 324–329.
Grundsätze. www.keb-drs.de/fileadmin/downloads/selbstverstaendnis-grundsaetze-und-ziele.pdf.
Hoffnung. www.keb-drs.de/fileadmin/downloads/selbstverstaendnis-hoffnung.pdf.
Knapp, M. (2006). Verantwortetes Christsein heute. Theologie zwischen Metaphysik und Postmoderne. Freiburg: Herder Verlag.
Krämer, M. (2011). Rechenschaft geben über die Hoffnung, die uns erfüllt ... (1 Petr 3,25). In:Jahresbericht 2011/2012 der keb DRS. S. 5–12.

Lehmann, K. (1993). Zum Auftrag kirchlicher Erwachsenenbildung heute. In: Glauben bezeugen, Gesellschaft gestalten. Reflexionen und Positionen. S. 496–511. Freiburg: Herder Verlag.

Schäffter, O. (2012). Allgemeinbildung im Umbruch. In: Ziegler, H./Bergold, R. (Hrsg.) Neue Vermessungen. Katholische Erwachsenenbildung heute im Spannungsfeld von Kirche und Gesellschaft. S. 115–141. Dillingen: Krüger.

Zweites Vatikanisches Konzil (1965). Pastorale Konstitution über die Kirche in der Welt von heute. In: LThK. Zweite, völlig neu bearbeitete Auflage, Teil III: Das Zweite Vatikanische Konzil. Konstitutionen, Dekrete und Erläuterungen, Lateinisch und Deutsch, Kommentare. Hrsg. Von Heinrich S. Brechter, Bernhard Häring, Josef Höfer u. a.. Freiburg/Basel/Wien 1968.

Dr. Joachim Drumm, Leiter der Hauptabteilung XI Kirche und Gesellschaft der DRS

Extra muros ecclesiae? Herkunft und Zukunft der Evangelischen Erwachsenenbildung

Meinem Vater zum 93. Geburtstag gewidmet

HELMUT DOPFFEL

1. Orientiert man sich an offiziellen Verlautbarungen der evangelischen Kirche, so sind Status und Bedeutung der Evangelischen Erwachsenenbildung unstrittig. Bereits 1971 definiert die Württembergische Evangelische Landessynode Erwachsenenbildung als „eine verpflichtende Aufgabe der Kirche im Rahmen ihres Verkündungsauftrags" (Württembergische Landessynode, 1971). Die Ordnung der kirchlichen Bildungsarbeit mit Erwachsenen im Bereich der Evangelischen Landeskirche in Württemberg vom 27. Dezember 1977 nimmt diese Formulierung auf und ordnet der Erwachsenenbildung im Wesentlichen Bildungsbemühungen zu, „die dazu dienen, Aufgaben im persönlichen, beruflichen und im gesellschaftlichen Bereich anzunehmen, wahrzunehmen und als Christ zu verantworten" (ebd.). Die 1962 gegründete EAEW – heute Evangelische Erwachsenen- und Familienbildung – erhält damit (aber erst jetzt) ihre Rechtsgrundlage, Struktur und Finanzierung. 1998 bekräftigt und präzisiert wiederum die Landessynode: „Erwachsenenbildung ist eine verpflichtende Aufgabe der Kirche im Rahmen ihres Verkündigungsauftrages und im Blick auf die Wahrnehmung ihrer gesellschaftlichen Verantwortung. Sie gehört zu den wesentlichen Lebensäußerungen der Kirche." (Entschließung vom 3. Juli 1998, in: Einblicke eröffnen, S. 46). Der Rat der Evangelischen Kirche in Deutschland (EKD) hat in den vergangenen Jahrzehnten zwei ausführliche Stellungnahmen der Kammer der EKD für Bildung und Erziehung zur Erwachsenenbildung veröffentlichen lassen (1983 die Grundsätze „Erwachsenenbildung als Aufgabe der evangelischen Kirche" und 1997 die Stellungnahme „Orientierung in zunehmender Orientierungslosigkeit"). Und aus Sicht der

wissenschaftlichen Religionspädagogik konstatiert Friedrich Schweitzer: „Prinzipiell besteht hinsichtlich der grundlegenden Bedeutung von Erwachsenenbildung in allgemein erziehungswissenschaftlicher ebenso wie in christlich-bildungstheoretischer Perspektive kein Zweifel." (Schweitzer, 2006).

In einem gewissen Kontrast zu diesen Bekundungen stellt sich jedoch die faktische Position der Erwachsenenbildung innerhalb der evangelischen Kirche dar. Es lässt sich nicht übersehen, dass ihre Ausstattung und Wertschätzung sich eher am Minimum als am Wünschenswerten orientiert und sie sich immer wieder der Frage nach ihrer Legitimität stellen muss. Als Indikatoren seien hier nur genannt: Eine prekäre Finanzierung mit der Folge des Personalabbaus; nur geringfügige wissenschaftliche Wahrnehmung; so beklagt zum Beispiel Schweitzer die „herkömmliche religionspädagogische Perspektive, die sich auf Kinder und Jugendliche beschränkt" (Schweizer, 2006); in grundlegenden kirchlichen Verlautbarungen wie z. B. dem Impulspapier der EKD „Kirche der Freiheit" spielt sie keine, und in offiziellen Texten zum kirchlichen Bildungsauftrag meist nur am Rande, eine Rolle. Schließlich ist auch die Wahrnehmung der Verantwortlichen in den Verbänden der EEB und in den Kirchenleitungen aufschlussreich, die sich immer wieder einem erheblichen Legitimationsdruck ausgesetzt sehen, der in dem Moment virulent wird, wenn es um die Verteilung von Geldern geht.

Für diese nicht unproblematische Situation der organisierten Evangelischen Erwachsenenbildung kann zunächst auf formale Gründe verwiesen werden. Gerhard Strunk spricht vom „Dilemma der evangelischen Erwachsenenbildung... Es ist in einer gleichzeitigen Teilhaberschaft zu zwei unterschiedlichen Bildungssystemen begründet. Sie ist Teil eines plural verfassten Systems der Erwachsenenbildung in öffentlicher Verantwortung und zugleich Teil des innerkirchlichen Bildungssystems mit seinen eigenen Voraussetzungen und Anforderungen" (TRE X, 1993, S. 178).

Dieses „Dilemma" umschreibt aber nun zugleich den kirchlich gewollten Ort der evangelischen Erwachsenenbildung. Die Grundsätze der EKD zur Erwachsenenbildung von 1983 sehen die Basis der organisierten evangelischen Erwachsenenbildung zwar noch ganz herkömmlich in ihrem innerkirchlichen Bildungsauftrag, erweitern diesen aber dann, denn er „muss dem Öffentlichkeitscharakter des Evangeliums als einer Botschaft für alle entsprechen" (Kirchenamt EKD, 1983, S. 7) und charakterisieren die Erwachsenenbildung deshalb als „Lebensfunktion der Kirche nach innen und nach außen" (ebd., S. 11). Präziser und ausgewogener definiert die Stellungnahme der EKD von 1997 „Orientierung in zunehmender Orientierungslosigkeit" die doppelte Zugehörigkeit der Evangelischen Erwachsenenbildung als den Ort, an dem sie ihren Auftrag hat: Sie soll binnenkirchlich und öffentlich wirksam sein. Binnenkirchlich soll sie dazu beitragen, die Kirche als Lerngemeinschaft zu konstituieren, in der öffentlichen Bildungsmitverantwortung lebensweltbezogene sinnstiftende Orientierungsangebote vermitteln (vgl. Kirchenamt EKD, 1997).

Die Geschichte der Evangelischen Erwachsenenbildung zeigt nun allerdings überdeutlich, dass mit der doppelten Zugehörigkeit und der doppelten Beauftragung nicht nur Chancen, sondern auch erhebliche Probleme verbunden sind. Bereits 1983 werden sie vom damaligen Vorsitzenden des Rates der EKD, Landesbischof D. Eduard Lohse, im Vorwort der Grundsätze „Erwachsenenbildung als Aufgabe der evangelischen Kirche" so umrissen: „Diese Tatsache darf aber nicht dazu führen, dass sich einerseits die evangelische Erwachsenenbildung selbständig neben der Kirche entwickelt und dass sich andererseits die Gemeinden für diese Aufgabe nicht verantwortlich wissen. Daraus würde eine wechselseitige Entfremdung entstehen. Die vorliegenden Grundsätze wollen darum werben, dass sich die Kirche und ihre Entscheidungsgremien ihrer Verpflichtung bewusst sind und dass die Einrichtungen der evangelischen Erwachsenenbildung und deren Mitarbeiter ihre Arbeit als Teil der kirchlichen Bildungsarbeit verstehen und entsprechend ausrichten." (Kirchenamt EKD, 1983, S. 5f). Ich habe für die Beschreibung des Dilemmas das Bild der „doppelten Sandwichposition" benutzt: „Innerkirchlich befindet sich die evangelische Erwachsenenbildung in einer Spannung zwischen der Weite und Offenheit ihres (kirchlichen!) Bildungsauftrags und Bildungsverständnisses einerseits und innerkirchlichen Erwartungen andererseits, sie möge v. a. der ‚Glaubensvermittlung'...oder den innerkirchlichen Qualifizierungsbedürfnissen dienen. Gesellschaftlich gerät sie als Ausprägung der Allgemeinen Weiterbildung angesichts der v. a. beruflichen Funktionalisierung von Bildung in die Defensive und muss das eigene, nicht-funktionale Bildungsverständnis immer wieder rechtfertigen." (Dopffel, 2010, S. 19; vgl. Krönemann, Robak, Heuer & Fleige ebd.). Die evangelische Erwachsenenbildung bewegt sich also innerkirchlich zwischen ihrem Auftrag und den Ansprüchen, die sich aus der Organisationslogik der Kirche ergeben, und gesellschaftlich zwischen ihrem christlich grundierten Bildungsverständnis und den Entwicklungen der öffentlichen Weiterbildung mit ihrer zunehmenden Funktionalisierung und Orientierung an den Bedürfnissen des Arbeitsmarktes im Rahmen des Konzepts des lebenslangen Lernens. Sie muss sich nach beiden Seiten Versuchen und Versuchungen der Funktionalisierung erwehren.

Die Folgen für die organisierte Evangelische Erwachsenenbildung hat Christoph Scheilke 1995 so zusammengefasst: „Evangelische Erwachsenenbildung muss sich permanent nach zwei Seiten abgrenzen, zur allgemeinen Erwachsenenbildung, damit sie kirchlicherseits unterstützt wird..., und zur kirchlichen Verkündigung..., damit sie staatlicherseits unterstützt wird." (Scheilke zitiert nach Seiverth, 2002, S. 604).

2. Wie haben sich evangelische Kirche und evangelische Erwachsenenbildung in den vergangenen Jahrzehnten mit dieser Gemengelage auseinandergesetzt, wie haben sie sich positioniert und wie die Situation gestaltet? Das lässt sich an einigen Grundlagentexten der EKD und der Deutschen Evangelischen Arbeitsgemeinschaft für Erwachsenenbildung e. V. (DEAE) seit ihrer Gründung 1961 skizzieren.

In den Grundsätzen der Kammer der EKD für Bildung und Erziehung 1983 wird erstmals die Erwachsenenbildung als eigenes kirchliches Handlungsfeld und als unverzichtbare Aufgabe der Kirche anerkannt, die in unterschiedlichen Formen und Settings sowohl parochial wie am Dritten Ort stattfindet. Dennoch liegt aus Sicht der Kammer die Basis der Argumentation und damit der Legitimität der evangelischen Erwachsenenbildung in ihrer innerkirchlichen Aufgabe; auf dieser Grundlage formulieren die Grundsätze kirchenleitende Erwartungen an die Erwachsenenbildung. Ausgangspunkt sind die Traditionen des Erwachsenenkatechumenats und der Gemeindepädagogik, die dann in Richtung allgemeine Öffentlichkeit erweitert werden. Denn der kirchliche Bildungsauftrag gilt auch den Menschen, „die möglicherweise viele Jahre keinen Kontakt mit der Kirche hatten und gar nicht mehr wissen, ob und wie sie sich als Christen verstehen sollen." (Kirchenamt EKD, 1983, S. 8) „Evangelische Erwachsenenbildung will gerade hier auf die Menschen hören, mit ihren Fragen und Zweifeln mitgehen und helfen, die Distanz zu überwinden." (ebd., S. 25) Dabei geht es um „in ihrem Zentrum theologische Bildung" (ebd.) als einheitlicher Begründungszusammenhang der EEB, die frei sei „für eine eigenständige Begründung und Gestaltung" (ebd., S. 29). Zugleich klingen aber auch selbstkritische Töne an: „Die Kirche hat sich umgekehrt zu fragen, ob sie nicht hinter der theologischen Doppelaufgabe zurückgeblieben ist, in spiritueller Hinsicht auch unkonventionelle Schritte zu wagen, um religiöse Erfahrungen zu ermöglichen, und in dogmatischer Hinsicht eine für alle verständliche elementare theologische Auslegung und Sprache zu entwickeln." (ebd., S. 25)

14 Jahre später hat sich die Wahrnehmung deutlich verändert. Die Stellungnahme „Orientierung in zunehmender Orientierungslosigkeit" setzt nicht mehr bei einem selbstverständlich vorausgesetzten kirchlichen Binnenleben an, sondern bei der „Spannung zwischen Kirche und Moderne" (Kirchenamt EKD, 1997, S. 7) und sieht die Evangelische Erwachsenenbildung in der Position, „exemplarisch das Verhältnis der Kirche zur Moderne überhaupt zu bestimmen: Erwachsenenbildung als Ort der Moderne in einer modernen Kirche" (ebd., S. 11). Denn sie sei innerhalb der Lerngemeinschaft Kirche „am weitesten *mit dem diffusen gesellschaftlichen Rahmen, und damit mit der Moderne, verwoben...*, wo die Konturen des Einverständnisses im Glauben verschwimmen..." (ebd., S. 49) Damit rückt die öffentliche Aufgabe der Evangelischen Erwachsenenbildung ins Zentrum der Reflexion. Die Stellungnah-

me unterscheidet „zwischen der *Bildungsarbeit mit Erwachsenen in der Gemeinde* und der *Evangelischen Erwachsenenbildung in kirchlicher Trägerschaft (EEB)*" (ebd., S. 48), die aber in ihrer theologischen Begründung nicht zu trennen seien, und entwickelt nun eine theologische Begründung der EEB und zwar ausdrücklich in ihrer öffentlichen Rolle. „Die Bereitschaft der Kirche, den staatlich gewährten...Raum...in einer Bildungs*mit*verantwortung auszufüllen...kann nur aus dem *Selbstverständnis der Kirche* in ihrem *grundsätzlichen Verhältnis zur Welt* und hierbei aus dem *Öffentlichkeitsbezug* kirchlichen Handelns theologisch stringent begründet werden." (ebd., S. 39) Die öffentliche Aufgabe der EEB wird mit dem Stichwort „Orientierung" umrissen und als diakonische Bildungsarbeit charakterisiert (ebd. S. 12 und S. 41): „Erwachsenenbildung im Prozess der Moderne wird nachgefragt, um sich von der eigenen Unsicherheit in einer unsicheren Welt nicht allzu sehr verunsichern zu lassen." (ebd., S. 15 f.) EEB ist deshalb in der Lerngemeinschaft Kirche „eine ungewohnte Form von Kirche", die für Menschen der Moderne attraktiv ist (ebd., S. 47). Dies wird allerdings nur unter dem Aspekt des Marketing formuliert und nicht ekklesiologisch.

Bei aller positiven Würdigung weist die Stellungnahme aber auch auf die Dialektik des Bildungspathos hin, insofern gerade Erwachsenen- und Weiterbildung dazu missbraucht werden kann, gesellschaftliche Probleme zu individualisieren, Lebensperspektiven zu subjektivieren und den Lebenserfolg zunehmend dem Individuum aufzubürden: „Bildung hat ihr Illusionspotential im Blick auf die Veränderung von Lebenslagen...erhöht" (ebd., S. 23). EB kann die *„Schattenseiten der Moderne*...zwar nicht beseitigen, aber sie kann helfen, sie zu bearbeiten." (ebd., S. 52) Die Stellungnahme sieht auch, dass „eine personale, am Subjekt orientierte Bildung stets in einer gewissen Spannung zu den Institutionen und damit auch zur Kirche" steht. Einerseits versteht sich die Volkskirche als ‚Institution der Freiheit' (Rendtorff, 1975), andererseits fragt die verfasste Kirche mit konkreten Erwartungen nach dem Nutzen von EEB." (Kirchenamt EKD, 1997, S. 43) Ebenso spannungsvoll kann das Verhältnis zwischen Auftrag der EEB und dem Bildungsmarkt sein, die sich dann an der Differenz von „Bildungsanspruch und Programmrealität" zeigt (ebd. S. 43). Am Ende kommt die Kammer zu der eindeutigen Aussage: „Die Kirche kann auf Erwachsenenbildung nicht verzichten... Die Auseinandersetzung mit den Folgen der Moderne gerade in der EEB ist darum zugleich die Frage danach, wie die Kirche in der EEB bei ihrer Sache bleibt." (ebd., S. 55)

Eine ähnliche Entwicklung wie auf der Ebene der EKD lässt sich im selben Zeitraum auch in der Evangelischen Landeskirche in Württemberg beobachten. Die Ordnung der Erwachsenenbildung von 1977 lässt deutlich erkennen, dass die Kirche in der Erwachsenen- und Familienbildung in erster Linie überkommene Aufgaben – Bibelarbeit und Erwachsenenkatechumenat – so bündelt, dass sie sie „den individuellen und gesellschaftlichen Erfordernissen gemäß gestalten kann". Eine neue oder eigene Aufgabe kann sie noch nicht erkennen. Erst mit der Entschließung der Landessynode von 1999 findet die EEB in Württemberg m. E. die Verortung, die ihr sachgemäß und in erster Linie zukommt, nämlich als Teil der „Wahrnehmung ihrer (sc. der Kirche) gesellschaftlichen Verantwortung".

Wie reflektierten die Verantwortlichen der organisierten Evangelischen Erwachsenenbildung diese Entwicklungen? Den Ausgangspunkt beschreibt Petra Herre folgendermaßen:

„Wolfgang Böhme, der erste Präsident der DEAE, stellt die Aufgaben der evangelischen Erwachsenenbildung denen der allgemeinen Erwachsenenbildung gleich: Es gehe um Berufsbildung und Weiterbildung, um ‚Lebenshilfe' und um politische Bildung. Diese Gleichstellung ermöglicht der EEB ein Partizipieren an den Legitimationsquellen der öffentlich-rechtlichen Träger. Das pluralistische Gesellschaftsverständnis und das Prinzip der Subsidiarität begründen die Rolle der kirchlichen Träger. Evangelische Erwachsenenbildung mache als Proprium den Beitrag des Evangeliums in der Bildungsarbeit fruchtbar und gebe vom Evangelium her Hilfe zur Selbstfindung des Menschen und zur Daseinserhellung" (Herre, 2012, S. 43).

Ich will die Entwicklung anhand von fünf Grundlagentexten der DEAE skizzieren. Die Stellungnahme zur Frage der Erwachsenenbildung von 1961 (vgl. Seiverth, 2002, S. 166 ff.) reagiert auf das Gutachten des Deutschen Ausschusses für Erziehung und Bildung und definiert die Zielsetzungen der Erwachsenenbildung im Kontext von Bildung als „Voraussetzung für die geistige, soziale und wirtschaftliche Gesundheit eines Volkes" (ebd., S. 166). Erwachsenenbildung zeichnet sich durch Freiwilligkeit und freie Trägerschaft aus, soll jedoch i. W. durch die öffentliche Hand finanziert sein, da „die Aufgabe der Erwachsenenbildung ein Anliegen des ganzen Volkes ist" (ebd., S. 167). Den historisch gewachsenen Unterscheidungen – etwa aus der Arbeiterbewegung entstandene und kirchliche Erwachsenenbildung – wird eine Differenzierung zwischen einer Erwachsenenbildung, die in erster Linie allgemeinen öffentlichen und gesellschaftsbezogenen Interessen verpflichtet ist, und einer Erwachsenenbildung, die „auf die eigene Gruppe bezogene und spezielle Bildungsziele" verfolgt (ebd., S. 169), entgegengesetzt. Die Argumentation ist ganz auf den öffentlichen Weiterbildungsdiskurs gerichtet, das eigenständige Profil und der besondere Auftrag evangelischer Erwachsenenbildung kommen nicht in den Blick.

Das Positionspapier „Bestand und Perspektiven der Erwachsenenbildung in evangelischer Trägerschaft" von 1980 definiert als Charakteristika evangelischer Erwachsenenbildung die Generierung ihrer Themen aus der Lebenswelt der Zielgruppen, einen mehrdimensionalen Lernbegriff, der Aufklärung, Erfahrung, Gemeinschaft und kritische Handlungsbefähigung als Ziele vereint, die kirchenintern differenzierte Organisation und die Beteiligung an dem plural verfassten System der öffentlichen Weiterbildung.

Die Erklärung „Recht auf Bildung für alle. Zu den Grundaufgaben der Bildungspolitik" von 1991 (Seiverth, 2002), setzt mit einer Skizze der gesellschaftlichen und politischen Herausforderungen ein, die nur durch „organisierte Lernprozesse" begriffen und bewältigt werden können (ebd., S. 196). Dabei sind besonders die „Bildungsbenachteiligten" im Blick, „die Opfer und Verlierer der Modernisierungsprozesse" (ebd., S. 196). Die Erklärung betont wie ihre Vorgängerinnen die Notwendigkeit von Trägervielfalt und öffentlicher Finanzierung. „Die DEAE tritt für ein umfassendes Bildungsverständnis ein, das sich in der Gleichwertigkeit von allgemeiner, politischer und beruflicher Weiterbildung ausdrückt und der ganzen Lebenswirklichkeit der Menschen Rechnung trägt" (ebd., S. 197). Sie geht nun aber über bisherige Stellungnahmen hinaus und umreißt ein evangelisches Bildungsverständnis, das insbesondere auf die Gottebenbildlichkeit des Menschen und die darauf begründete Menschenwürde als Grundzüge christlicher Anthropologie rekurriert: „Aus beidem ergibt sich für uns das Recht auf Bildung sowie der Zwang zur ethischen Rechtfertigung von Methoden und Zwecken pädagogischen und politischen Handelns" (ebd., S. 199).

In den Thesen und Erläuterungen „Bildung und menschliche Würde im Zeitalter der technischen ‚Bildbarkeit' des Menschen" von 2001 (ebd., S. 627 ff.) wird prominent in der zweiten These auf die Tradition des Protestantismus verwiesen: „Die Evangelische Erwachsenenbildung brachte in diesen Prozess (sc. der Bildungsreform, HD) die Tradition des Protestantismus ein, der die Entfaltung des Menschen als mündiges Subjekt mit persönlicher Verantwortung ‚vor Gott und den Menschen' als Kern des Bildungsauftrags begreift." (ebd., S. 629). Als aktuelle gesellschaftliche Herausforderung gelten zum einen die Biowissenschaften, denen ein naturalistisch verkürztes Menschenbild unterstellt wird, mit dem Ziel der unbegrenzten Machbarkeit, zum andern eine primär ökonomische Betrachtung von Bildungsprozessen. Dem wird der Rekurs auf eine aus der Gottebenbildlichkeit des Menschen und aus der Inkarnation entwickelte christliche Anthropologie entgegengestellt. Damit will die DEAE eine „Einladung zu einem öffentlichen Gespräch darüber, was mit ‚Bildung' des Menschen gemeint ist – jetzt im Zeitalter seiner technischen ‚Bildbarkeit'" (ebd., S. 630) aussprechen und ihren evangelischen oder protestantischen Beitrag zum öffentlichen Bildungsdiskurs umreißen. Für die Evangelische Erwachsenenbildung selbst vollzieht sich damit der „Rückbezug auf die protestantische Tradition als Ressource", die selbst wieder „als eine Gestalt der Selbstreflexion der Moderne" interpretiert wird. Mit diesen Thesen, die sprachlich und inhaltlich erkennbar an die mit Namen wie Trutz Rendtorff und Dietrich Rössler verbundene, als „Christentumstheorie" bekannt gewordene Interpretation des Protestantismus erinnern, wird auch der Anschluss an die damals aktuelle akademische Theologie hergestellt. Diese theologische Neuakzentuierung geht einher mit einer programmatischen, wenn auch aus der Not geborenen Neubestimmung der innerkirchlichen Positionierung. Es wird konstatiert, dass das Strukturprinzip der EEB als Teil der öffentlichen Weiterbildung mit dieser an Wirksamkeit verliert und die EEB deshalb einer Neupositionierung bedarf: „Die Positionierung der Evangelischen Erwachsenenbildung im Gesamtsystem der Weiterbildung ist daher auf die Erweiterung und Intensivierung kirchlicher Verantwortung und auf die beharrliche Verteidigung des Prinzips öffentlicher Verantwortung angewiesen." (ebd., S. 635) Deshalb sei es ein wichtiges Ziel der EEB, in der Kirche sichtbarer zu werden, um gerade so ihre öffentliche Verantwortung zu stärken.

Die Bildungspolitische Erklärung der DEAE vom 30. 9. 2011 „Menschenrecht Bildung" – Evangelische Erwachsenenbildung in der Zivilgesellschaft anlässlich ihres 50jährigen Bestehens (fe 3/11. S. 15 f.) versteht sich als Fortführung der Thesen und Erklärungen 2001, vollzieht dies aber in charakteristischer Zuspitzung. Zwar eröffnet These 1 ganz klassisch mit dem Bezug auf aktuelle gesellschaftliche Herausforderungen: „Evangelische Erwachsenenbildung engagiert sich für die personale Bildungsfähigkeit der Menschen als Subjekte. So relativiert sie die Vorstellung einer technischen Bildbarkeit der Menschen als Objekte zweckrationaler Machbarkeit. Zugleich geht sie von der Bildsamkeit des Menschen über die gesamte Lebensspanne aus..." (ebd., S. 15). Doch dann wird nicht nur die Doppelausrichtung der EEB „auf die Bildungsbedarfe einer sich wandelnden ausdifferenzierten Gesellschaft einerseits und die Bildungserwartungen ihrer kirchlichen Träger andererseits" (These 2) formuliert, sondern erstmals in einer Grundsatzerklärung eine Positionierung der EEB im innerkirchlichen Selbstverständigungsdiskurs vollzogen: „Evangelische Erwachsenenbildung...öffnet...die Kirche für öffentliche Bildungsdiskurse und trägt so dazu bei, dass Kirche ihre gesellschaftliche Bildungsmitverantwortung wahrnimmt. Sie bringt damit zugleich ihr theologisch begründetes Bildungsverständnis in die öffentliche Bildungsdiskussion ein: Aufgabe der Bildung im christlichen Sinne ist es, die Bestimmung zum Ebenbild Gottes sichtbar zu machen, anstatt es in der Orientierung auf ein Traumbild des Menschen zum Verschwinden zu bringen..." (These 3). Die Thesen 6, 7 und 8 formulieren dann konsequent als die drei Schwerpunktbereiche der EEB theologische und religiöse Bildung, kulturelle und interkulturelle Bildung und Bildung zu den Bereichen Familie, Generationen, Lebensformen und Gender. Dabei wird in der Formulierung der religiösen Bildung eine grundsätzliche Ausrichtung der EB spürbar: „Evangelische Erwachsenenbildung steht in der Tradition protestantischer Aufklärung...Die Theologie der Rechtfertigung muss zurückübersetzt werden in eine öffentliche Sprache...Evangelische Erwachsenenbildung steht für die öffentliche Diskussionsfähigkeit und Diskussionsbedürftigkeit religiöser Fragen. Daher betrachten wir den Themenbereich Theologische und Religiöse Bildung als unverzichtbaren Beitrag Evangelischer Erwachsenenbildung." (These 6).

Diese Erklärungen und Stellungnahmen der DEAE über 5 Jahrzehnte hin spiegeln zunächst die Tatsache wider, dass die Entstehung der EEB unmittelbar in gesellschaftlichen Entwicklungen und staatlichen Entscheidungen wurzelt und nicht in einem kirchlichen Willensbildungsprozess. Es verwundert deshalb auch nicht, dass die Selbstreflexion der EEB in den ersten Jahren vor allem im gesellschaftlichen Kontext und im öffentlichen Bildungsdiskurs verortet ist und nicht im innerkirchlichen Selbstverständigungsdiskurs. Eine hohe Kontinuität der verschiedenen Texte wird erkennbar in der Orientierung an den aktuellen gesellschaftlichen Herausforderungen und der – auch argumentativen – Verortung im pluralen System der öffentlichen Weiterbildung. Und sie orientieren den Auftrag der EEB nicht am Selbsterhaltungswillen der Institution oder gar an innerkirchlichen Problemen und Bedürfnissen, sondern am gesellschaftlichen und öffentlichen Wirken der evangelischen Kirche. Selbst noch die Thesen von 2001 bringen den Rückbezug auf die protestantische Tradition als Ressource für den Beitrag der EEB im öffentlichen Bildungsdiskurs ins Spiel. Dennoch demonstriert der kurze Durchgang durch die Texte eine Wiederentdeckung zuerst des protestantischen Erbes, dann einer theologischen Anthropologie als Grundlage evangelischer Erwachsenenpädagogik, und schließlich der Kirche nicht nur als Trägerin, sondern als Diskurs- und Lebensraum der EEB.

Es ist m. E. offensichtlich, dass die organisierte Evangelische Erwachsenenbildung in dieser Entwicklung nicht nur ihre Identität als evangelische Erwachsenenbildung in kirchlicher Trägerschaft stärkt, sondern zugleich ihr Profil innerhalb des öffentlichen Weiterbildungssystems und des Bildungsmarktes schärft. Damit tritt jedoch die Spannung zwischen dem Profil evangelischer Erwachsenenbildung als einer einem „Wertekanon" und einer Anthropologie verpflichteten Form der öffentlichen Weiterbildung, die sich aus den wesentlichen Grundlagen des Christentums ableiten und nicht nur die Inhalte und Themen, sondern auch die pädagogischen Grundlagen und die Ziele der Erwachsenenbildung prägen, und der am Arbeitsmarkt und den Bedürfnissen der Wirtschaft orientierten gegenwärtigen Weiterbildung, wie sie unter dem Label des lebenslangen Lernens auch die baden-württembergische Weiterbildungspolitik derzeit dominiert, deutlich ans Tageslicht.

3. Erwachsenenbildung ist im 19. Jahrhundert als „Volksbildung" entstanden. „Die tiefe Beunruhigung als Folge des gesellschaftlichen Wandels und die Frage nach seiner humanen Gestaltung sind die grundlegenden Motive der Erwachsenenbildung bis heute..."(Strunk, 1993). In den rasanten Wandlungsprozessen der Industriegesellschaft wird sie systemrelevant und deshalb zunehmend als sozialstaatliche Aufgabe und notwendiger Bereich des Bildungssystems anerkannt. Damit verändern sich jedoch zunächst unter der Hand und dann programmatisch Ziele und Schwerpunkte. Greifbar wird die Verschiebung terminologisch im Strukturplan des Deutschen Bildungsrates von 1970: Aus der Volks- bzw. Erwachsenenbildung wird die Weiterbildung. Und das Interesse liegt eindeutig und einseitig auf der beruflichen Weiterbildung.

Mit dem Memorandum über Lebenslanges Lernen der Kommission der Europäischen Gemeinschaft aus dem Jahr 2000 wird Lebenslanges Lernen zum Leitmotiv der Weiterbildung. Ausgangspunkt sind die demografische Entwicklung und die daraus gefolgerten ökonomischen Notwendigkeiten. „In Europa ist die wissensbasierte Gesellschaft und Wirtschaft entstanden. Mehr als jemals zuvor sind der Zugang zu aktuellen Informationen und Wissen sowie die Motivation und Befähigung zur intelligenten Nutzung dieser Ressourcen – zum eigenen Wohl und zu dem der Gemeinschaft – der Schlüssel zur Stärkung von Europas Wettbewerbsfähigkeit und zur Verbesserung von Beschäftigungsfähigkeit und Anpassungsfähigkeit der Arbeitskräfte" (Klatt, zitiert nach Seiverth, 2002, S. 592). In der Lissabon-Strategie der EU (Europäischer Rat 2000) ist das Ziel formuliert, die EU zum „wettbewerbsfähigsten und dynamischsten wissensbasierten Wirtschaftsraum der Welt zu machen'. Damit wird Wissen zur Basis der Ökonomie. Wissen wird aber nicht nur zu einem Faktor im ökonomischen Prozess, sondern selbst ökonomisiert: Es wird zur Information, die modularisiert und pragmatisiert, evaluiert und zertifiziert werden kann...Verloren geht dabei und wird wieder notwendig: eine neue Selbstverständigung über Funktion und Grenzen von Wissen, eine Vergewisserung über Inhalte und Reichweite von Wissen und damit verbunden eine Transformation einer Wissens- und Informations- zu einer Bildungsgesellschaft, die mit ihren Wissensbeständen umzugehen versteht." (Friedrich & Luibl, 2012, S. 348).

Auf dieser Linie bewegen sich auch die Empfehlungen der Enquetekommission „Fit fürs Leben in der Wissensgesellschaft – berufliche Schulen, Aus- und Weiterbildung" des Landtags von Baden-Württemberg. Auch der Bildungsbericht 2012 „Bildung in Deutschland" konzentriert sich nahezu ausschließlich auf berufsbezogene, vor allem betriebliche Weiterbildung unter der Perspektive der Arbeitsmarktwirksamkeit (Autorengruppe, 2012, S. 10; S. 141–156). „Wachstum, Wohlstand und soziale Kohäsion" (ebd., S. 199) werden zusammenfassend als Ziele von Bildung definiert. Das Individuum gerät weitgehend aus dem Blick, und wenn, dann werden die „individuellen Vorteile" von Bildung arbeitsmarktbezogen definiert. Darüber hinaus heißt es: „Zu den nicht monetären und schwer messbaren Effekten von Bildung zählt die gesellschaftliche Teilhabe, die sich unter anderem in ehrenamtlichem Engagement, durch Mitgliedschaften in Parteien, politischen und gesellschaftlichen Organisationen sowie Interessenverbänden oder auch in der Wahrnehmung demokratischer Rechte wie der Beteiligung an Wahlen ausdrückt" (ebd., S. 207). Auch hier findet die Darstellung nicht aus der funktionalen Betrachtung heraus, die bereits methodisch durch das Kriterium der Messbarkeit sich nahelegt und verfestigt ist.

Weiterbildung wird im Konzept des lebenslangen Lernens als Anpassungsleistung an sich rasant wandelnde äußere, vor allem berufliche, aber auch gesellschaftliche und kulturelle Rahmenbedingungen verstanden. Bildung als subjektorientierter Prozess gerät aus dem Blick.

Diese politische Steuerung hat zur Folge, dass auch die finanziellen Ressourcen überwiegend in die berufliche Bildung fließen; den Hinweisen von Heuer kann man entnehmen, dass dafür über 200mal so viel Geld zur Verfügung steht, wie für die allgemeine Weiterbildung.

Die Evangelische Erwachsenenbildung gerät durch diese Instrumentalisierung des lebenslangen Lernens in eine „widersprüchliche Lage" zwischen dem „Konzept emanzipatorischer, konfliktorientierter Erwachsenenbildung" ...und der finanziellen Abhängigkeit von heute geforderter „Anpassungsbildung" (Klatt, 2002, S. 589; S. 593).

4. Christoph Markschies hat in seinem Essay „Zur Freiheit befreit. Bildung und Bildungsgerechtigkeit in evangelischer Perspektive" darauf hingewiesen, dass der sich von Humboldt herleitende Bildungsbegriff in Bezug auf Bildungsgüter, Bildungsinhalte und Bildungsziele, aber auch in Bezug auf die anthropologischen Rahmentheorien (Markschies, 2011, S. 38 ff.) inhaltsleer ist. Aus diesem Grund bedarf er des öffentlichen Bildungsdiskurses unterschiedlicher Verantwortlicher und Träger. Denn jedes Bildungsverständnis wurzelt in einer bestimmten Auffassung vom Menschen. Markschies selbst entwickelt einen theologisch und insbesondere christologisch grundierten Bildungsbegriff (vgl. Markschies, 2011) und greift damit nicht nur mittelalterliche und reformatorische Traditionen auf, sondern setzt so in der formal und funktional dominierten gegenwärtigen Bildungsdebatte inhaltliche Impulse. Wie die Theoretiker der EEB greift auch Markschies dabei auf die Gottebenbildlichkeit des Menschen als eine der Grundfiguren christlicher Anthropologie zurück, die er christologisch zuspitzt. „Leben in der Nachfolge Jesu heißt also,

dass wir uns nach dem Ebenbild Gottes wieder zum Bild Gottes bilden lassen, dass auch wir unser Verhältnis zu Gott und zum Nächsten nach diesem maßstabsetzenden Modell und zugleich von diesem Mittler formen lassen. Man kann daher das Christentum als eine Bildungsbewegung beschreiben, bei der alle, die nach menschlicher Weise bilden..., diesem Maßstab der universalen Zuwendung Gottes folgen und sich für alle einsetzen, sich also, indem sie als Christen leben, immer schon für Bildungsgerechtigkeit einsetzen." (ebd., S. 102). „Die These, die in dem vorliegenden Essay vertreten wird, ist die folgende: Wenn ein theologisch gehaltvoller Bildungsbegriff entwickelt wird, impliziert er automatisch zugleich ein Konzept von Bildungsgerechtigkeit." (ebd., S. 28). Sein Essay liest sich als fulminantes Plädoyer für Bildungsgerechtigkeit, die Markschies im Zentrum christlichen Bildungsverständnisses verankert sieht. „Wenn es in dieser Situation (sc. der deplorablen Bildungsungerechtigkeit in unserem Land) der evangelischen Kirche gelänge, mit einem christologisch grundierten Bildungsbegriff, zu dem organisch die Forderung nach mehr Bildungsgerechtigkeit gehört, auch andere gesellschaftliche Akteure zu einem energischeren Einsatz für mehr Bildungsgerechtigkeit zu provozieren, wäre das geradezu wunderbar" (ebd., S. 115).

Damit nimmt Markschies reformatorische Impulse auf, denn die Reformation hat aus religiösen Gründen Bildung „demokratisiert". Das Ziel der Bildungsbemühungen der Reformation war, alle Menschen im Glauben mündig zu machen und sie zur Freiheit und Liebe zu befähigen. Das eigene Verstehen ist unverzichtbar, denn jeder und jede einzelne steht in der Verantwortung unvertretbar im Glauben vor Gott, aber auch unvertretbar in seinem oder ihrem „Stand" für ein gutes Zusammenleben der Menschen. Nimmt man noch die evangelische Grundüberzeugung hinzu, dass der Glaube trotz aller Bemühungen nicht machbar ist, sondern Gnade, die geschenkt wird, wo und wann Gott es will, dann ist der Interpretationsweg nicht weit zu den modernen Stichworten, die den Bildungsbegriff evangelischer Erwachsenenbildung inhaltlich prägen: Subjektorientierung, Reflexivität, Kritikfähigkeit, Unverfügbarkeit und Ergebnisoffenheit von Bildungsprozessen. Damit ist ein starker inhaltlicher Impuls gesetzt, der Auswirkungen auf Didaktik und Thematik der Evangelischen Erwachsenenbildung hat. „Bildung wird nicht funktional von den gesellschaftlichen oder kirchlichen Bedürfnissen her gedacht, sondern von der Freiheit des Evangeliums." (Friedrich & Luibl, 2012, S. 12).

Von diesem theologischen Ausgangspunkt her sind es meines Erachtens vor allem vier Argumentationsfiguren, die die EEB in den gegenwärtigen Bildungsdiskurs einbringt und auch in Zukunft einbringen kann und muss.

Das ist zum einen das Wissen um die Unverfügbarkeit, Freiheit und Unabgeschlossenheit, die sowohl dem Glauben wie Bildungsprozessen eignet. Keiner „ist gebildet", jeder und jede ist auf dem Weg. Für religiöse Bildung gilt, dass alle Didaktisierbarkeit darin ihre Grenze findet, „dass der Glaube selbst in aller Freiheit Geschenk ist. Man kann diese Spannung mit dem Gegenstand, dem Glauben, selbst begründen. Man kann darin aber auch ein Grundphänomen jeder Bildung sehen, dass jeder Gegenstand seine eigene Erkenntnis mit sich bringt und dass keine Bildungsanstrengung erzwingen kann, dass diese Erkenntnis zur lebenserschließenden Erfahrung wird, wenn Bildung wesentlich mit Freiheit verbunden ist" (Friedrich & Luibl, 2012, S. 349 f.). Es gibt deshalb aus evangelischer Sicht eine begriffliche Nähe von Glaubens- und Bildungsprozessen, die in den Voraussetzungen christlicher Anthropologie begründet ist. Schon aus diesem Grund muss evangelische Erwachsenenbildung auf der Offenheit, Freiwilligkeit und Unverfügbarkeit von Bildungsprozessen bestehen. Und religiöse Bildung ist in doppelter Hinsicht der Freiheitlichkeit verpflichtet. Daran bemisst sich ihre Qualität. Und genau darin kann sie zu einer Form religiöser Erfahrung werden. „Denn der Glaube wird euch frei machen".

Zum andern ist sich die EEB bewusst, dass jedes Bildungshandeln, ob reflektiert oder nicht, in einer Anthropologie wurzelt, die letztendlich Ziele, Inhalte und Didaktik des Bildungshandelns bestimmt (Seiverth, 2002, S. 523 ff.). Auch das Menschenrecht auf Bildung – wie alle Menschenrechte – kann nur dann Realität werden, wenn es durch innere Überzeugungen unterfüttert ist (Schweitzer, 2012, S. 6 f.). Ob sich ein Bildungssystem dem Recht auf Bildung für alle verpflichtet sieht, ob in Bildungsprozessen die Maße des Menschlichen beachtet werden und wie diese definiert sind, ob Bildung verstanden wird als „Realisierung von gemeinsam geteilter Freiheit" (Bubmann, 2010, S. 93), so dass der „Mensch sich in seinen Lebensmöglichkeiten frei entfalten" kann und dabei auch „die Freiheit der anderen achten" lernt und „ein gemeinschaftsgerechtes und naturbewahrendes Lebensprofil" entwickelt" (ders., S. 93; S. 95); ob Bildungsziele und Bildungsinhalte so formuliert und gestaltet werden, dass die Orientierung am Menschen und seiner Persönlichkeit in einer guten Balance stehen zu den Bedürfnissen und Zielen der Gesellschaft, des Staates oder des Arbeitsmarktes und der Mensch nicht Zwecken untergeordnet und Bildung zum Instrument der Anpassung wird: All das ist nicht mit dem Bildungsbegriff vorgegeben, sondern muss immer wieder geklärt und gesichert werden. In diesen Diskurs bringt sich die EEB pointiert ein: „Evangelische Erwachsenenbildung engagiert sich für die personale Bildungsfähigkeit der Menschen als Subjekte. So relativiert sie die Vorstellung einer technischen Bildbarkeit der Menschen als Objekte zweckrationaler Machbarkeit. Zugleich geht sie von der Bildsamkeit des Menschen über die gesamte Lebensspanne aus..." (DEAE, 2011, S. 15 f.). Friedrich Schweitzer zieht daraus die Konsequenz: „Auch das Lernen im Erwachsenenalter findet sein Maß nicht allein in den Anforderungen von Wirtschaft und Technik, sondern übergreifend in der umfassenden Würde eines jeden Menschen." (Schweitzer, 2012, S. 6) „Bildung als Standortfaktor und als Remedium für Arbeitslosigkeit ist wichtig, aber Bildung ist mehr. Sie ist ein Weg zur Verwirklichung des Menschen in seiner Menschlichkeit selbst – eines jeden Menschen. Dafür muss Evangelische Erwachsenenbildung einstehen, wenn sie von der gottgeschenkten Menschenwürde ausgeht." (ebd.)

Zum dritten vertritt EEB das Recht auf religiöse Bildung im öffentlichen Bildungswesen. „Religiöse Bildung ist ebenfalls ein Menschenrecht – sie ist ein Ausdruck der Religionsfreiheit, die ja keineswegs allein die Freiheit bedeutet, auch ohne Religion leben zu dürfen, sondern ebenso die Freiheit zur Religion, zur öffentlichen Religionsausübung, wie es im Grundgesetz heißt...Damit Menschen dieses Grund und Menschenrecht der Freiheit zur Religion in Anspruch nehmen können, brauchen sie Möglichkeiten der religiösen Bildung – ein Leben lang, wie schon Martin Luther es beschrieben hat...Bei der religiösen Bildung nimmt die Evangelische Erwachsenenbildung Religionsfreiheit als Menschenrecht in Anspruch, um ihren Beitrag zur religiösen Bildung zu begründen. Und damit trägt sie zugleich bei zum Aufbau und Erhalt von Überzeugungen, derer es bedarf, dass Bildung insgesamt als Menschenrecht verwirklicht werden kann – dass Menschen Überzeugungen ausbilden können, die sie dazu motivieren, sich genau dafür einzusetzen, dass jeder Mensch zu seinem Recht kommt, auch in und durch Bildung. Evangelische Erwachsenenbildung reicht über religiöse Bildung hinaus, aber sie ist insgesamt begründet in der Würde des Menschen, um dessen Geschöpflichkeit sie weiß." (Schweitzer, 2012, These 7). Dem liegt die Überzeugung zugrunde, dass Religion, um mit Schleiermacher zu reden, eine eigene „Provinz im Gemüt" ist, in heutigen Worten ein nicht auf anderes reduzierbarer „Bereich menschlichen Fühlens, Denkens und Handelns" (Benner, zit. bei Bubmann, 2010, S. 96), und dass dementsprechend religiöse Sprache über einen semantischen Überschuss verfügt, der nicht in andere Sprachspiele übersetzt werden kann und dessen unsere Gesellschaft dringend bedarf (vgl. Habermas, 2001). Deshalb muss Religion öffentlich sein, öffentlich verhandelt werden und Teil öffentlicher Bildung sein. Diesem gesellschaftlichen Interesse korrespondiert das christliche Verständnis von Religion: Religion – und das gilt aus christlicher Sicht auch für andere Religionen – ist keine Privatsache, und Kirche kein religiöser Verein, sondern Sachwalterin öffentlicher christlicher Religion. Öffentliche Religion aber ist reflektierte Überzeugung, ist diskurs- und gemeinschaftsfähig.

Und schließlich bringt EEB in das öffentliche Weiterbildungssystem das Wissen ein, dass zu Bildungsprozessen unabdingbar die Auseinandersetzung mit Grenzerfahrungen und Transzendenz gehört. „Das Bildungsprojekt bleibt aber unvollständig ohne die Konfrontation mit jenen menschlichen Grunderfahrungen, die in Grenzsituationen und an der Grenze der eigenen Erfahrungsfähigkeit gemacht wurden und gemacht werden und die von der Religionsgeschichte auf so unterschiedliche Weise bezeugt werden. Die Frage ist dann, ob ein reflektiertes Verhältnis zu so verstandener Religion als konstitutives Element von Bildung verstanden werden muss" (Peukert, zit. bei Bubmann, 2010, S. 96).

Evangelische Erwachsenenbildung ist deshalb mehr als Erwachsenenbildung in evangelischer Trägerschaft. Sie ist Erwachsenenbildung, die von einem evangelischen Bildungsbegriff geleitet wird, der ihre Konzeption durchdringt und prägt und den sie in die öffentliche Debatte um die Weiterbildung und deren konkrete, auch politische Aus- und Umgestaltung einbringt. „Bildung bedeutet dem Protestantismus mehr als Wissenstransport, denn sie zielt auf die Fähigkeit zur eigenständigen Selbst- und Weltgestaltung. Bildung, protestantisch verstanden, leitet das Individuum an, sich in einer Fülle unterschiedlicher Überzeugungen und einer sich wandelnden Welt zu orientieren und zu handeln. Es geht dabei insbesondere um Gewissensbildung, die auch Herzensbildung ist, da sie den Intellekt ebenso wie die Empathie schult" (Evangelische Akademien, 2012, S. 5).

Der Trägerpluralismus, der das Weiterbildungssystem in Deutschland prägt, und die Beteiligung der Kirchen sind deshalb nicht nur verfassungsrechtlich legitim, sondern von der Sache her geboten: Denn Strukturpluralität ist eine politisch notwendige Voraussetzung für das Gelingen öffentlicher Diskurse. So ist der Diskurs um Bildungsbegriff und Bildungsverständnis, um Bildungsziele und Bildungsinhalte und -methoden auf eine strukturell unterfütterte Pluralität angewiesen, die sicherstellt, dass Diskussionen offen und gleichberechtigt geführt werden können und die Traditionen, Erfahrungen, Überzeugungen, Interessen und Werteorientierungen verschiedener gesellschaftlicher Gruppen, Strömungen und Systeme kritisch miteinander im Gespräch und auch in Konkurrenz bleiben. Das wird zwar nicht verhindern, dass einseitige und verengte Bildungskonzepte mächtiger Verbände Dominanz entfalten können, aber sie werden kaum in der Lage sein, sich totalitär durchzusetzen. „Über Bildung kann in liberalen demokratischen Staaten keine Instanz allein entscheiden" (Kirchenamt, 2003, S. 89. These 2). So bleibt ein kritischer Diskurs über die Ausrichtung der Erwachsenenbildung bzw. Weiterbildung möglich. Öffentlicher Bildungsauftrag und Konfessionalität sind deshalb keine Paradoxie, sondern stellen einen sinnvollen Bezug dar. Dabei stehen die Positionen, die die evangelische bzw. konfessionelle Erwachsenenbildung heute im Mainstream der Weiterbildung vertritt, in vielen den Überzeugungen der Humboldtschen Bildungstradition und den emanzipatorischen Ziele der frühen Volksbildung nahe. Sie sind, gemeinsam mit den Volkshochschulen, Sachwalter auch dieses Erbes.

5. Das eingangs beschriebene „Dilemma" der EEB erweist sich somit auf seiner öffentlichen Seite als programmatisch. Sowohl die in der Trägerpluralität angelegte Diskurspluralität wie auch der kirchliche Auftrag fordern geradezu, dass sich EEB mit ihrem evangelischen Bildungsverständnis und einem entsprechend grundierten Bildungsangebot profiliert und pointiert in die Weiterbildungslandschaft einbringt und dies durchaus auch gegen den Trend, wenn das notwendig sein sollte. Evangelische Erwachsenenbildung hat sich deshalb von jeher durch Eigenständigkeit und Widerständigkeit ausgezeichnet (vgl. Tietgens, 2002). Dass dies nicht blauäugig geschieht, sondern die berechtigten Interessen von Gesellschaft, Staat und Wirtschaft aufgreift und für die eigenen Konzepte berücksichtigt, ist selbst integraler Bestandteil evangelischen Bildungsverständnisses. Denn eine kritische evangelische Erwachsenenbildung arbeitet realitätsbezogen und muss sich auf dem Bildungsmarkt behaupten. Dabei zeigt es sich, dass ein profiliert evangelisches Angebot durchaus nachgefragt wird. Dieses mit den Erfordernissen der beruflichen Weiterbildung zu verknüpfen und hier neue Kooperationen zu suchen und zu erproben wird sicherlich eine der zukünftigen Herausforderungen der EEB darstellen. Selbstbewusst wird in der Denkschrift „Maße des Menschlichen" die Richtung vorgegeben: „Auch berufliche Weiterbildung sollte als ein Ingrediens der Erwachsenenbildung angesehen werden, die es immer mit dem je besonderen ‚ganzen Menschen' in human zu gestaltenden Beziehungen zu tun hat" (Kirchenamt, 2003, S. 95, These 13). Nicht die berufliche Weiterbildung setzt den Rahmen und die Maßstäbe, innerhalb derer dann die Nischen für die allgemeine Erwachsenenbildung zu suchen sind, sondern sie ist einzuordnen in den weiten Kontext der Bildung des ganzen Menschen.

Wenn aber der Auftrag der EB nicht selbstgewählt ist und sich auch nicht in erster Linie aus den staatlichen Anforderungen, wie sie z. B. im Weiterbildungsgesetz des Landes Baden-Württemberg formuliert sind, ergibt – obwohl sie denen selbstverständlich zu genügen hat -, sondern eine verpflichtende Aufgabe der Kirche darstellt, dann wirft das „Dilemma" der EEB auf seiner innerkirchlichen Seite die Frage auf, wie ernst es der Kirche mit ihrem Auftrag ist und ob sie überhaupt im recht verstandenen Sinne missionarisch sein will. Denn dies setzt ja eine „missionarische Präsenz" der Kirche außerhalb des kerngemeindlichen Bereichs voraus, so dass Kirche da ist, wo die Menschen sind, dass sie „Kontaktflächen" auch denen anbietet, die, ob als Kirchenmitglieder oder nicht, jenseits der Parochie und der dort dominanten Milieus leben, und dass sie bereit ist, diesen offen, unbefangen und auf Augenhöhe zu begegnen und sich auf fremdes Denken einzulassen.

Dabei ist der Begriff „missionarisch" hier nicht im volksmissionarischen Sinne, sondern als Teilhabe an der missio dei verstanden, wie wir ihn in der Tradition,

Bonhoeffers, des Ökumenischen Rates der Kirchen, und seit 1999 auch in der EKD finden: Eine missionarische Kirche als Kirche für andere. „Der missionarischen Kirche geht es nicht um sich selbst –sie ist eine Kirche für andere" (Klatt, 2002, S. 596; vgl. Rösener, 2009). Eine solche Kirche ist auch in ihrem Bildungshandeln bei den Menschen, einladend und dialogisch. In diesem Sinne kann man die organisierte Evangelische Erwachsenenbildung als eminent missionarisch bezeichnen, auch wenn dies die Gefahr von Missverständnissen heraufbeschwört: Sie bietet Kontaktflächen, sie begegnet den Menschen auf Augenhöhe, sie lässt sich auf die Interessen der Menschen ein, pflegt den Diskurs mit Andersdenkenden und muss schon deshalb in ihrer Sprache allgemeinverständlich sein. Dabei gelten die Prinzipien des Überwältigungsverbot und des Kontroversitätsgebotes selbstverständlich. sie sind geradezu Voraussetzung für gelingenden Kontakt und Dialog und für eine einladende Kirche. Für eine wahrhaft missionarische Kirche stünde deshalb die Legitimität und Notwendigkeit der EEB außer Frage, sie müsste die EEB wertschätzen und stärken.

Mit dieser Problematik hat die gesamte Bildungsarbeit der evangelischen Kirche zu kämpfen, sofern sie sich als öffentliche Bildungsverantwortung versteht und sich im öffentlichen Bildungssystem abspielt. Bei der Erwachsenenbildung tritt sie jedoch aus mehreren Gründen besonders deutlich zu Tage. Zum einen bewegt sie sich mehr als Kindertagesstätten, Schulen und Hochschulen auf dem offenen Bildungsmarkt. Der Weiterbildungssektor hat sich als sog. quartärer Bildungsbereich weder institutionell noch finanziell konsolidieren können. Die Prinzipien der Trägerpluralität und Ehrenamtlichkeit stellen sich in Bezug auf Qualität und Engagement als Stärken, bezüglich der Sichtbarkeit und Steuerbarkeit jedoch zugleich als nicht ungefährliche Schwächen heraus. Auch ist die organisierte Erwachsenenbildung nicht, wie Schulen, Universitäten und Kindertagesstätten historisch aus kirchlichem Bildungshandeln oder in enger Kooperation mit der Kirche erwachsen, sondern eher in Kirchendistanz und unter dem kritischen Blick der Kirche (cf. den knappen historischen Abriss in „Orientierung in zunehmender Orientierungslosigkeit", ebd., S. 29ff). Kirche ist nicht von Anfang an und selbstverständlich Teil des Systems der frühen Volks- und später Erwachsenenbildung, sondern hat sich erst relativ spät integriert. Schließlich sieht sich die evangelische Erwachsenenbildung auch in der Tradition der christlichen Aufklärung, die innerkirchlich nicht unumstritten ist (cf. TRE, 1993, S. 179). Dies alles führte dazu, dass die evangelische Kirche erst in den späten 90er Jahren begann, die Aufgaben und Möglichkeiten der Evangelischen Erwachsenenbildung sachgemäß zu würdigen und sich bis heute schwer tut, sie so auszustatten, dass sie ihre beharrliche, qualitätvolle und erfolgreiche Arbeit ohne Abstriche tun kann. Seit einigen Jahren fordert die Kirche von ihrer Erwachsenenbildung vermehrt innerkirchliche Dienstleistungen ein, die der Selbsterhaltung der Organisation dienen, sei es die Pflege der religiösen Sozialisation, sei es die Schulung Ehrenamtlicher. Damit bietet sich der Evangelischen Erwachsenenbildung die Chance, sich durch Nützlichkeit zu legitimieren. Diese Chance sollte sie m. E. nicht verstreichen lassen. Allerdings besteht die Gefahr, dass damit das alte Dilemma in neuem Gewande wieder auf den Plan tritt als Konflikt zwischen dem Auftrag der Erwachsenenbildung und den Selbsterhaltungslogiken der Organisation Kirche. Auch hier wird es auf kluge Kompromisslösungen ankommen. Die innerkirchlichen Bedürfnisse müssen also in einem bestimmten Umfang und v. a. mit hoher Qualität bedient werden. Angesichts des Traditionsabbruchs ist es unabdingbar, dass die Kirchen beim Bemühen um religiöse Sozialisation und Bildung ihrer Mitglieder einen Schwerpunkt setzen, und es ist legitim, dass sie damit auch die evangelische Erwachsenenbildung beauftragt.

Die organisierte Evangelische Erwachsenenbildung hat auf die ambivalente Haltung der Kirche ihr gegenüber phasenweise mit einem manchmal gekränkten Rückzug und bewusst gepflegter Distanz reagiert und das Protestantische gegenüber der Öffentlichkeit kräftiger und mit mehr Nachdruck als in der Kirche vertreten. Auch waren in ihren Anfangszeiten die Energien vor allem darauf gerichtet, sich im System der öffentlichen Erwachsenenbildung zu legitimieren und ihren Platz zu finden. In den vergangenen zwei Jahrzehnten hat sich aber, wie oben anhand der Erklärungen der DEAE von 2001 und 2011 gezeigt wurde, allerdings sowohl im Selbstverständnis wie in der Praxis ein deutlicher Wandel vollzogen.

6. Mit den Thesen der DEAE von 2011 und den Thesen Friedrich Schweitzers zum „Menschenrecht Bildung" sind die Perspektiven auch für die Erwachsenen- und Familienbildung in Württemberg vorgezeichnet. Dabei scheint mir folgendes wichtig zu sein:

Die organisierte Evangelische Erwachsenenbildung wird sich zukünftig noch deutlicher als eine für andere attraktive Form kirchlichen Lebens und Handelns begreifen und darstellen und dementsprechend selbstbewusst in den innerkirchlichen Selbstverständigungsprozess über Auftrag und Ziele der Kirche einbringen. Sie wird dabei deutlich machen, dass ihrer Arbeit eine theologisch reflektierte Konzeption evangelischen Bildungshandelns zugrunde liegt. Sie steht für eine zeitgemäße – mag man die Gegenwart als Moderne, Spät- oder Postmoderne bezeichnen –, weltzugewandte, dialogische und dialogfähige, offene, gesellschaftsverantwortliche und in diesem Sinne missionarische Kirche. „Die Kirche ist durch eine Situation herausgefordert, die in paradoxer Weise durch einen rasend schnellen Wandel in den Mitteln und vielfach durch Ratlosigkeit in den Zielen geprägt ist. Will sie hier Orientierung vermitteln, muss die Kirche ein Ort in der Moderne und auch ein Ort der Moderne sein. Moderne Themen und die Thematisierung der Moderne brauchen einen modernen Ort in der Kirche. Erwachsenenbildung ist ein solcher Ort" (Kirchenamt EKD, 1997, S. 55). Sie wird insbesondere das Arbeitsfeld der Kirche sein, an dem „das innerhalb der evangelischen Kirche unausgetragene und weithin unbearbeitete Verhältnis zu Aufklärung und Bildung neu thematisiert wird" (TRE, 1993, S. 179) und in dem sich Menschen finden, die sich einem aufklärerisch-naturwissenschaftlichem Weltbild verpflichtet wissen und für deren Christsein das Thema „Glauben und Wissen" zentral ist. Durch die Sinus-Studie „Evangelisch in Baden-Württemberg" wissen wir, wie entscheidend dieses Thema für viele Menschen ist. Die evangelische Erwachsenen- und Familienbildung wird so, zusammen mit anderen kirchlichen Bildungsträgern, den öffentlichen Bildungsauftrag der Kirche zu einem innerkirchlichen Bildungsthema machen und die Kirche damit kontinuierlich daran erinnern, dass ihre Aufgabe nicht die Selbsterhaltung ist, sondern dass sie einen Auftrag in dieser Gesellschaft und dieser Welt wahrzunehmen hat.

Meines Erachtens ist inzwischen fraglich geworden, ob die klare Unterscheidung eines innerkirchlichen von einem öffentlichen Bildungsauftrag, wie sie sich z. B. in den Veröffentlichungen der EKD 1983 und 1997 (Orientierung) findet, der Wirklichkeit der Volkskirche noch entspricht oder je entsprochen hat. Untersuchungen zeigen jedenfalls, dass die Distinktion von Kerngemeinde, Distanzierten und Nichtmitgliedern zunehmend abgelöst oder wenigstens überlagert wird von Individualisierungs-, Subjektivierungs- und Pluralisierungsprozessen innerhalb wie außerhalb der Kirche, die sowohl die religiösen Überzeugungen wie der Praxis der Kirchenmitgliedschaft und des christlichen Lebens betreffen. Believing und Belonging treten auseinander (cf. Könemann, 2010). Sind diese Beobachtungen richtig, so bedeutet das, dass sich die Voraussetzungen auf Seiten der Teilnehmerinnen und Teilnehmer, auf die sich die evangelische Erwachsenenbildung einstellen muss, innerhalb und außerhalb der Kirche angleichen: die Erwartungen, die dem öffentlichen Auftrag der EEB zugeschrieben wurden, gelten in wachsendem Maße auch innerkirchlich. Zum Beispiel sind religiöse und theologische Bildung, die zu einem reflektierten, diskurs- und koexistenzfähigen Glauben befähigt, sowohl innerkirchlich wie gesellschaftlich gefragt. Und umgekehrt sind Gesellschaft und Politik darauf angewiesen, dass die Wahrheitsansprüche, ohne die sich jede religiöse Überzeugung auflösen würde, öffentlich diskutiert werden.

Evangelische Erwachsenenbildung wird sich weiterhin engagiert im öffentlichen Bildungsdiskurs und im System der Erwachsenen- und Weiterbildung einbringen als Erwachsenenbildung, die ihren Bildungsbegriff theologisch begründet und ihre Pädagogik an evangelischer Anthropologie orientiert. Das wird sich nicht allein und nicht in erster Linie an Inhalten, sondern an Zielen, Didaktik und Lernformen und

Lernorten zeigen, aber natürlich auch im Programmangebot mit seinen Schwerpunkten religiöse Bildung, Theologie und Spiritualität, Familienbildung und kulturelle Bildung. Der Bildungsdiskurs bedarf dieses Beitrags, die Öffentlichkeit darf ihn von einer Evangelischen Erwachsenenbildung ebenso erwarten wie die Teilnehmerinnen und Teilnehmer.

Kritisch wird sich EEB befragen müssen, welchen Beitrag zur Bildungsgerechtigkeit sie zu leisten vermag. Das Aufgehen der Schere zwischen arm und reich, der Zusammenhang von Armut und Bildung und die Forderung nach Teilhabegerechtigkeit sind selbstverständlich Themen der EEB. Aber was trägt die EEB selbst bei zur Bildungsgerechtigkeit, und welche Angebote müsste sie entwickeln, um hier noch stärker zu werden?

Schließlich ist seit langem unübersehbar, „dass wir innerhalb der Kirche unterschiedliche theologische und religiöse Kulturen haben, auch unterschiedliche Bilder über die verschiedenen Kulturen. Angesichts dessen stellt sich für die Kirchenleitungen mehr und mehr die Frage, ob wir das so nebeneinander herlaufen lassen oder ob es nicht notwendig ist, dass diese Kulturen miteinander in eine Diskussion kommen, um wenigstens ein Minimum an geteilter Religionskultur innerhalb der Kirche zu bewahren oder erst wieder wachsen zu lassen. Doch wer inszeniert dann diesen Diskurs? Ich denke, das ist eine wesentliche und genuine Bildungsaufgabe und eine veritable Aufgabe für die evang. Erwachsenenbildung" (Dopffel, 2010, S. 21).

Bleibt zum Schluss die spannende Frage, ob und inwiefern die hier beschriebenen Prozesse, Aufgaben und Herausforderungen der evangelischen Erwachsenenbildung konfessionsspezifisch sind oder doch eher auf die konfessionelle Erwachsenenbildung insgesamt zutreffen. Vielleicht lässt dieser Band Rückschlüsse zu. Für die Zukunft der Evangelischen Erwachsenen- und Familienbildung, die weiterhin auf dem Markt der öffentlichen Weiterbildung ein starker Partner sein will, wird auf jeden Fall die enge und vertrauensvolle Kooperation mit starken Organisationen der katholischen und evangelisch-methodistischen Erwachsenenbildung, wie sie vor allem im Rahmen der KiLAG geübt wird, unabdingbar sein.

Quellenangaben

Autorengruppe Bildungsberichterstattung (Hrsg.) (2012). Bildung in Deutschland 2012. Ein indikatorengestützter Bericht mit einer Analyse zur kulturellen Bildung im Lebenslauf. Kirche der Freiheit. Bielefeld: W. Bertelsmann Verlag.

Bubmann, P. (2010). Fundamentalethik als Theorie der Freiheit. Gütersloh: Gütersloher Verlagshaus.

Bracker, R./Faulstich, P. (4/2012). Prekarität des Lebens und des Lernens. In: fe 4/12, S. 16 ff.

DEAE e. V. (2011). Menschenrecht Bildung. Evangelische Erwachsenenbildung in der Zivilgesellschaft. Bildungspolitische Erklärung der anlässlich ihres 50jährigen Bestehens. In: fe 3/11, S. 15 f. und in FPI 6/2011, S. 6 f.

Dopffel, H. (3/2010). Fragen an die Evangelische Erwachsenenbildung aus kirchenleitender Perspektive. In: fe 3/10, S. 19–22.

Evangelische Akademien in Deutschland. (2012). Diskurskultur. Ein Positionspapier der Evangelischen Akademien in Deutschland. Frankfurt: Gemeinschaftswerk der Evangelischen Publizistik.

Fleige, M. (3/2010). Aufgabe und Arbeitsfeld Evangelischer Erwachsenenbildung. In: fe 3/2010. S. 30 ff.

Friedrich, M. & Luibl, H. (Hrsg.) (2012). Glaubensbildung. Die Weitergabe des Glaubens im europäischen Protestantismus. Leipzig: Evangelische Verlagsanstalt.

Habermas, J. (2001). Glauben und Wissen. Rede bei der Verleihung des Friedenspreises des deutschen Buchhandels. Frankfurt: Suhrkamp Verlag.

Herre, P. (3/2012). Historischer Rückblick. Diskurse zur Kulturellen Bildung in der DEAE. In: fe 3/12, 43 ff.

Heuer, U. (3/2010). Lebenslanges Lernen – Freude an Bildung oder Anpassen an Marktbedürfnisse? In: fe 3/2010, 24 ff.

Kirchenamt der EKD (Hrsg.) (1983). Erwachsenenbildung als Aufgabe der evangelischen Kirche – Grundsätze/vorgelegt von der Kammer der Evangelischen Kirche in Deutschland für Bildung und Erziehung. Gütersloh: Gütersloher Verlagshaus.

Kirchenamt der EKD (Hrsg.) (1997). Orientierung in zunehmender Orientierungslosigkeit: Evangelische Erwachsenenbildung in kirchlicher Trägerschaft; eine Stellungnahme der Kammer der Evangelischen Kirche in Deutschland für Bildung und Erziehung. Gütersloh: Gütersloher Verlagshaus.

Kirchenamt der EKD (Hrsg.) (2003). Maße des Menschlichen. Evangelische Perspektiven zur Bildung in der Wissens- und Lerngesellschaft. Eine Denkschrift der EKD. Gütersloh: Gütersloher Verlagshaus.
Kirchenamt der EKD (Hrsg.) (2009). Kirche und Bildung. Eine Orientierungshilfe des Rats der EKD. Gütersloh: Gütersloher Verlagshaus.
Könemann, J. (3/2010). Kontexte und Bedingungen religiöser und theologischer Erwachsenenbildung in: fe 3/2010, 4 ff.
Klatt, H-G. (2002). Gefangen im Netz des lebenslangen Lernens. in: Seiverth, A. (2002). Am Menschen orientiert. Deutsche Evangelische Arbeitsgemeinschaft für Erwachsenenbildung (Hrsg.), Revisionen evangelischer Erwachsenenbildung. S. 589, S. 593. Bielefeld: W. Bertelsmann Verlag.
Markschies, Ch. (2011). Zur Freiheit befreit. Bildung und Bildungsgerechtigkeit in evangelischer Perspektive. Berlin: Hansisches Druck- und Verlagshaus.
Rendtorff, T. (1975). Religion als Grenzbestimmung. Kirche ist Institution der Freiheit, in: Evange-lische Kommentare 8. Freiburg: Kreuz Verlag GmbH & Co. KG.
Robak, St. (3/2010). Lebenslanges Lernen und Kompetenzorientierung als pädagogische Strategien in der Spätmoderne. In: fe 3/2010, S. 10 ff.
Rösener, A. (1/2009). Religiöse Erwachsenenbildung im Dschungel von Mission und Dialog. In: fe 1/2009, S. 7–12.
Scheilke, Ch.Th. (1995). Evangelische Erwachsenenbildung. Versuch einer Zwischenbilanz. In: JRP 12.
Schweitzer, F. (1/2012). Menschenrecht Bildung – Sieben Thesen aus evangelischer Sicht. In: fe 1/12, S. 6 f.
Schweitzer, F. (2006). Religionspädagogik, S. 253. Gütersloh: Gütersloher Verlagshaus.
Seiverth, A. (2002). Am Menschen orientiert. Deutsche Evangelische Arbeitsgemeinschaft für Erwachsenenbildung(Hrgs.), Revisionen evangelischer Erwachsenenbildung. Bielefeld: W. Bertelsmann Verlag.
Strunk, G. (1983). Art. „Erwachsenenbildung". In: TRE X 1993. S. 175–181. Berlin: De Gruyiter Verlag.
Theologische Real Enzyklopädie. (1993). Band 10. S. 178. Berlin: De Gruyter Verlag.
Tietgens, H. (2002). Anpassung und Widerstand. In: Andreas Seiverth (Hg.) ReVisionen evangelischer Erwachsenenbildung. Am Menschen orientiert. S. 115–127.
Vogel, N. (1999). Art. „Erwachsenenbildung". RGG 4. Auflage. Bd.2. Sp.1473–1478.
Wolf, G. (2011). Zur Konstruktion des Erwachsenen.

Helmut Dopffel, Kirchenrat, Referatsleiter Werke und Dienste der evangelischen Landeskirche in Württemberg

Volkshochschule im Spiegel Kirchlicher Erwachsenenbildung

Hermann Huba

Eine Aufgabe der offenen Kirchlichen Erwachsenenbildung ist offensichtlich, den Volkshochschulen Konkurrenz zu machen. In großen Bereichen nicht nur der Grund- und Allgemeinbildung, sondern auch der Gesundheitsbildung konkurrieren die Angebote der Kirchlichen Erwachsenenbildung und der Volkshochschulen. Lediglich der Sprachenbereich scheint sicher in der Hand der Volkshochschule. Und hinsichtlich der Beruflichen Weiterbildung könnten und sollten beide mehr tun.

Da diese Konkurrenz in geordneten Bahnen verläuft, ist sie nicht zu beklagen. Im Gegenteil. Sie dient durchaus der Qualitätssicherung.

Es gibt indessen ein zweites Feld, auf dem die Kirchliche Erwachsenenbildung und die Volkshochschulen nicht einfach nur konkurrieren, sondern sich kategorial unterscheiden. Das Credo der Volkshochschulen lautet auf religiöse und weltanschauliche Neutralität. Diese Verpflichtung auf Nicht-Identifikation ist die Grundlage ihres Bemühens um das Vertrauen ihrer Teilnehmenden und der Bevölkerung insgesamt: Vertraut uns, den Volkshochschulen, denn wir und unser Weiterbildungsangebot sind weder offen noch versteckt einer Religion oder einer Weltanschauung verpflichtet!

Ganz anders die Kirchliche Erwachsenenbildung. Sie glaubt an das Recht ihrer Teilnehmenden, in existenziellen Fragen nicht alleine gelassen, sondern gehalten zu werden von einer Bildung mit Bezug auf das Evangelium und mit Bezug auf Gott.

Während Volkshochschularbeit, die die Bewältigung von Lebenskrisen verspricht oder betreibt, vom vhs-Verband als unseriös gerügt wird, beginnt für Kirchliche Erwachsenenbildung hier eine ihrer zentralen Zuständigkeiten.

Herrscht im ersten hier thematisierten Verhältnis zwischen Kirchlicher Erwachsenenbildung und Volkshochschulen einfache Konkurrenz, ist das zweite Verhältnis geprägt von Komplementarität. Die Kirchliche Erwachsenenbildung ist normativ gebunden. Die Volkshochschulen sind das nicht.

Dem Selbstverständnis Kirchlicher Erwachsenenbildung zu Folge wirkt diese normative Gebundenheit zunächst modal: „Unser Orientierungsmaßstab ist das Evangelium Jesu Christi. Es prägt unseren Umgang mit den Menschen und gibt unserem Handeln Motivation und Perspektive"(Diözese Rottenburg Stuttgart, 2006).

Darüber hinaus bestimmt sie aber auch die Bildungsinhalte: „Sie (Kirchliche Erwachsenenbildung) ist mehr als ethische Orientierung. Sie ist immer auch religiöse Bildung, selbst dann, wenn nicht ausdrücklich religiöse Fragen angesprochen werden; denn beim Glauben geht es immer um den ganzen Menschen, um sein Denken, Fühlen und Handeln"(Positionen, 2002. 4.Prämisse).

Mit „einfacher Konkurrenz" bzw. „Komplementarität", also Konkurrenz bei kategorialer Differenz, ist das Verhältnis zwischen Volkshochschulen und Kirchlicher Erwachsenenbildung aber bei weitem nicht vollständig beschrieben. Beide haben sich viel mehr zu bieten: Sie können von einander lernen. Das soll auf drei Themenfeldern exemplarisch belegt werden, den Themenfeldern „Verankerung", Öffentlichkeitsarbeit und Ökonomisierung.

1 Verankerung

Den Volkshochschulen fehlt also die religiöse und weltanschauliche Verankerung der Kirchlichen Erwachsenenbildung; sie sind kommunal verankert. Die kommunale Verankerung der Volkshochschule bestimmt ihre Identität. Und umgekehrt verfügen die Kommunen mit ihren Volkshochschulen „über ein eigenes Steuerungs- und Gestaltungsinstrument im Bildungs-, Arbeitsmarkt- und sozialpolitischen Bereich. Ziel der Steuerung ist ein bedarfsgerechtes, zukunftsfähiges, niederschwelliges und bezahlbares Angebot an Weiterbildung, das die Bürgerinnen und Bürger darin unterstützt, ihre Arbeits- und Lebenswelt erfolgreich zu gestalten."

Das Zitat entstammt der Gemeinsamen Erklärung der Kommunalen Spitzenverbände vom November 2011, die für alle knapp 1.000 Volkshochschulen in Deutschland und für alle 173 Volkshochschulen in Baden-Württemberg gilt.

„Verankerung" ist ein schönes Bild. Der Clou solcher Sprachbilder besteht darin, dass sie zutreffen, ohne genau festzulegen, was damit gemeint ist. Ihre bewusste

Verwendung bedeutet also eine strategische Ungenauigkeit. Strategische Ungenauigkeiten können sehr sinnvoll sein. Deshalb sollte man sie nicht vorschnell mit Präzision bekämpfen. Aber der Begriff darf natürlich auch nicht leer bleiben. Gefüllt wird er durch das Gesetz, die (traditionelle) Übung und/oder durch (ausdrückliche) Vereinbarung.

Nach § 1 Abs. 2 des Weiterbildungsförderungsgesetzes ist es die Kernaufgabe der Weiterbildung, also auch jeder Volkshochschule, „dem Einzelnen zu helfen, im außerschulischen Bereich seine Fähigkeiten und Kenntnisse zu vertiefen, zu erweitern oder zu erneuern. Sie umfasst auf der Grundlage des Grundgesetzes und der Landesverfassung die allgemeine Bildung, die berufliche Weiterbildung und die politische Bildung. Die Weiterbildung soll den Einzelnen zu einem verantwortlichen Handeln im persönlichen, beruflichen und öffentlichen Bereich befähigen und damit der freien Gesellschaft im demokratischen und sozialen Rechtsstaat dienen."

Neben diese Verpflichtung zu einem breit gefächerten, umfassenden Weiterbildungsangebot können andere Aufgaben der Volkshochschule treten: Sich um die Integration verschiedener Nationalitäten und Kulturen oder unterschiedlicher Generationen zu kümmern, die Fortbildung der Mitarbeiter/innen der Kommunalverwaltung zu übernehmen, berufliche Qualifizierungen anzubieten, die auf die regionalen Entwicklungsperspektiven zugeschnitten sind und/oder etwa einen Schwerpunkt ihrer Arbeit auf die Eltern- und Familienbildung zu legen.

Ob weitere Aufgaben der Volkshochschule neben ihre Kernaufgabe treten sollen und welche, kann nicht klar genug vereinbart werden. Dabei kann die entsprechende kommunale Vereinbarung ausdrücklich getroffen werden oder sich stillschweigend entwickeln, wichtig ist nur, dass sich die Beteiligten über die Inhalte einig sind. Herrscht Einigkeit über die konkreten Aufgaben, weiß die Volkshochschule, was von ihr erwartet wird und wissen die Bürgerinnen und Bürger sowie die Gemeindeverwaltung und ihre Repräsentanten, was sie von der Volkshochschule erwarten können. Und umgekehrt weiß die Volkshochschule, was sie von ihrem Träger erwarten darf und weiß der Träger, wofür er leistet. Dabei geht es nicht immer um direkte finanzielle Förderung. Praktisch ebenso wichtig ist, wie eine Volkshochschule untergebracht ist, ob sie über ein identitätsstiftendes eigenes Haus verfügt und wie frei ihr Zugang zu den Räumen für ihre unterschiedlichen Veranstaltungen ist.

Gute und belastbare kommunale Verankerung ist also nur durch kommunale Vereinbarung möglich. Gleichwohl fehlt es an dieser kommunalen Abstimmung der gegenseitigen Erwartungen in der Praxis viel zu häufig. Die Erfahrung lehrt, dass untergeordnete Fragen die Klärung des Grundverhältnisses alltäglich überlagern, ja überdecken, um eben dadurch dann selbst unlösbar zu werden und jede Menge sinnvoller nutzbare Ressourcen zu verbrauchen.

Indes, diese Erscheinung ist nicht ohne Parallele. So steht sogar in den Selbstbeschreibungen Kirchlicher Erwachsenenbildung nicht ihre Verankerung im Evangelium im Vordergrund, sondern die Bewältigung gesellschaftlicher Herausforderungen (keb FN, 2013).

Wenn diese Beobachtung zutrifft, wirft auch sie die Frage auf, warum sich Volkshochschulen wie Kirchliche Erwachsenenbildung in einer pluralen Weiterbildungslandschaft nicht auf ihr Eigenes, das Genuine berufen, sondern auf das Allgemeine rekurrieren? Was ist so abschreckend an Kommunalität und Partikularität? – Vermutlich die Furcht vor nur bedingter, nämlich sozialräumlich oder sachlich bedingter Bedeutung und daraus folgend nur bedingter Legitimation, angesichts verbreiteter Universalitätsansprüche, zumal, aber bei weitem nicht nur, im Bildungssystem.

Vor diesem Hintergrund gewinnt die These von der Notwendigkeit der Profilbildung zumindest an Plausibilität. Denn nicht das Verwechselbare, sondern das Unverwechselbare schafft doch Orientierung und damit Vertrauen. Genau das sieht man aber eher bei der Beobachtung der Konkurrenz als bei sich selbst.

2 Öffentlichkeitsarbeit

Die Frage des Umgangs mit der eigenen Verankerung ist – das sollte unter 1. deutlich geworden sein – mehr als die technische Frage nach dem Alleinstellungsmerkmal im Rahmen eines Marketingkonzepts. Sie ist eine Frage der Darstellung der Bildungsorganisation.

Das zentrale Darstellungsproblem der Volkshochschulen ist schnell beschrieben: Sie verstehen sich in einer Zeit der Spezialisierung als Generalisten, die für möglichst alle Schichten und Milieus, möglichst überall, in allen sinnvollen Formen, zu allen denkbaren Zeiten und mit allen erfolgversprechenden Methoden jeden erforderlichen Inhalt vorzuhalten haben. Allein dieser Widerspruch zur gesellschaftlichen Grundwartung der Spezialisierung speist so manches abschätzige Urteil. Zu der Verpflichtung auf soziale, methodische und sachliche Generalität kommt ein zweiter Widerspruch. Das Konzept der Volks- und damit der Breitenbildung verträgt sich schlecht mit dem aktuellen Leitgedanken des Bildungssystems im weiteren Sinne, also mit dem Gedanken der Exzellenz.

Und schließlich sind Volkshochschulen bemüht, neue Entwicklungen, seien es inhaltliche oder methodische, im Interesse ihrer Teilnehmenden zwar durchaus kritisch, aber eben doch rasch aufzugreifen. Das erweckt den Eindruck fehlenden Eigensinns: Geh' dauernd mit der Zeit und Du gehst in ihr verloren!

Auch hier trägt ein Blick auf die Kirchliche Erwachsenenbildung zur Klärung der eigenen Verhältnisse bei. Sie steht vor keinem geringeren Darstellungsproblem: Was bedeutet das Evangelium, was bedeutet christliche Identität in einer säkularisierten Gesellschaft?

Wenn es sich, wie oben angedeutet, nicht empfiehlt, diesen Widerspruch in Richtung „Verweltlichung" zu lösen, dann ist es auch keine erfolgversprechende Lösung, die Volkshochschule als „Multi-Spezialistin" zu profilieren.

3 Ökonomisierung

Die allgemeine Tendenz zur Ökonomisierung hat längst auch das Bildungssystem erfasst. Volkshochschulen wie Kirchliche Erwachsenenbildung begegnen dem Nützlichkeitskalkül bei ihrer Arbeit auf Schritt und Tritt. Und beide weisen sie ihn zurück. Merkwürdigerweise auf die gleiche paradoxe Weise: durch Erweis des Nutzens des Nicht-Nützlichen. „Der Sinn für das <Über-nützliche> bedarf gerade in einer säkularen Gesellschaft der besonderen Wertschätzung und Pflege. Bildung, die auf der Höhe ihrer Zeit ist, sorgt für heilsame Unterbrechungen, für Zeiten der Muse und der Besinnung auf Sinn, Maß und Ziel des Lebens. Kirchliche Erwachsenenbildung verbindet in Theorie und Praxis das Nützliche mit diesem Übernützlichen"(Positionen, 2002, 3.Prämisse). Überschrieben ist dieser Absatz mit „Vom <Nutzen des Übernützlichen>".

Diese Überschrift trifft sich mit einem der Kernsätze der Rechtfertigung der Allgemeinbildung durch die Volkshochschulen: Allgemeine Bildung sei zweckfrei, aber nicht zwecklos.

4 Fazit

Das Fazit dieser kurzen Beschreibung der Verhältnisse lautet, dass die Familienähnlichkeiten von Volkshochschulen und Kirchlicher Erwachsenenbildung unverkennbar sind. Die übereinstimmende Verhaltensweise ist Anpassung, Anpassung an die Herrschaft der Universalitätsansprüche, Anpassung an die Alleinherrschaft des Spezialisierungsprinzips bzw. an die säkulare gesellschaftliche Wirklichkeit und Anpassung an das Diktat der Vernützlichung. – Vielleicht sollten wir uns gegenseitig wieder einmal daran erinnern, dass Bildung nicht nur Anpassung bedeutet, sondern auch Widerstand.

Quellenangaben

Diözese Rottenburg Stuttgart (2006). Leitbild der Katholischen Erwachsenenbildung der Diözese Rottenburg-Stuttgart.
kcb FN (2013). Leitbild auf: www.keb-fn.de.
Positionen (2002). Positionen Kirchlicher Erwachsenenbildung in Baden-Württemberg. KILAG Kongress Stuttgart.

Dr. Hermann Huba, Direktor des Volkshochschulverbands Baden-Württemberg

„Tüchtigkeit" und „Herzensbildung"

Bedeutung und Wirkung von „Bildung" bei Adolph Kolping und im Kolpingwerk

Clemens Dietz

Bereits im 19. Jahrhundert sah Adolph Kolping (1813–1865) „Bildung" als zentralen Inhalt für die Anfänge der Arbeit in den „Gesellenvereinen", den Vorläufern der Kolpingsfamilien, die heute die Grundstruktur des Kolpingwerkes bilden.

Adolph Kolping war zeitlebens selbst ein Lernender: In bescheidenen Familienverhältnissen geboren, absolvierte er nach der Volksschule zunächst eine Schuhmacherlehre in Kerpen und arbeitete zehn Jahre lang in diesem Beruf in verschiedenen Werkstätten im Raum Köln. Danach setzte er seine schulische Bildung im Marzellengymnasium in Köln fort und erwarb noch mit 28 Jahren die Hochschulreife, um in München und Bonn Theologie zu studieren. Nach seiner Priesterweihe in der Kölner Minoritenkirche war er zunächst in Wuppertal-Elberfeld Kaplan und Religionslehrer, bevor er 1849 als Domvikar nach Köln berufen wurde. Hier gründete er im gleichen Jahr den ersten „Gesellenverein" und stellte sich engagiert und konsequent in den Dienst der Bildung junger Menschen. Über zehn Jahre lang baute Kolping den Gesellenverein zur „Akademie im Volkston" aus: Er sollte eine wahre „Schule des Volkes" sein, in der Handwerksgesellen Grundkenntnisse wie Lesen, Rechnen und Schreiben erlernen konnten, wo zugleich auch religiöse und politische Bildung sowie Persönlichkeitsbildung stattfand. Hier entdeckte Kolping in der pädagogischen und volksbildnerischen Arbeit mit (jungen) Erwachsenen seine Lebensaufgabe, die er als „Gesellenvater", als Schriftsteller, Prediger und Redner, als „Bildungsreferent" und Seelsorger zeitlebens an verschiedenen Orten und vor allem in der zahlreichen Gründung von Gesellenvereinen und Kolpinghäusern - als Lern-Orte der „Volksbildung" - durch seine Person prägte und mit Leben füllte.

Nach seinem Tod wird „Bildung" im Werk Adolph Kolpings, durch alle gesellschaftlichen Veränderungsprozesse hindurch, zu einem nachhaltigen und prägenden Leitwort für das Handeln und Wirken des Kolpingwerks als eines Katholischen Sozialverbandes, sowohl in seinen Strukturen und Angeboten als Personalverband als auch in seinen Einrichtungen und Dienstleistungen als Bildungsanbieter (Kolping, 2013).

„Wir begleiten Menschen in ihrer persönlichen und beruflichen Bildung", so wird dieser Anspruch als dauernde Herausforderung kurz und bündig im Leitbild des Kolpingwerkes (2000) benannt.

Adolph Kolping beschäftigte sich im Rheinischen Volksblatt von 1854 in drei Ausgaben sehr intensiv mit der Frage „Was ist Bildung?" (Rheinische Volksblätter, 1854). Dabei geht er vom christlichen Menschenbild aus und spricht von einer Grundform, die Gott im Menschen, nach Gottes, seines Schöpfers Bild und Gleichnis" geschaffen hat und die es im Leben auszugestalten gilt:

„Wie aber der Mensch selbst sich bildet, so wird er die Dinge um sich bilden, je nachdem seine innere geistliche Bildung und die Bildung seines Herzens beschaffen ist, wird sein äußeres Schaffen und Gestalten ausfallen", schreibt Adolph Kolping 1854.

Für ihn ist nicht das angehäufte Wissen das ausschließliche Gütekriterium für einen gebildeten Menschen, sondern die „Tüchtigkeit", die er als Lernziel und Tugend benannte. Der Begriff umfasst auf der allgemeinen Ebene Lebenstüchtigkeit: ein „Bild" von sich und der Welt haben und sich in der Lebenswelt zurechtfinden, auf einer spezifischen Ebene berufliche Tüchtigkeit: ein fachliches Anforderungsprofil verantwortungsvoll und kompetent ausfüllen, außerdem den Aspekt bürgerschaftlicher Tüchtigkeit: auch außerhalb des unmittelbar privaten und beruflichen Bereichs als Teil eines Ganzen Verantwortung im Gemeinwesen wahrnehmen.

Darüber hinaus beschreibt Kolping die „Herzensbildung" als Schlüsselqualifikation des Menschen: Sie wird bereits dem kleinen Kind, durch die Zuwendung von Müttern und Vätern, im Leben der Familie vermittelt. Im Laufe des Lebens entwickeln sich in diesem Zentrum weitere Werte und Qualitäten wie Akzeptanz, Mitgefühl, Verzeihen, Einsicht, Toleranz, Religiosität, Achtung, Solidarität – ein liebevoller Umgang mit sich selbst, mit anderen Menschen und mit der Schöpfung.

Der französische Schriftsteller Antoine de Saint-Exupéry formuliert es in seinem bekannten Buch vom „Kleinen Prinzen" (de Saint-Exupéry, 1982, S. 72) mit den Worten: *„Man sieht nur mit dem Herzen gut. Das Wesentliche ist für die Augen unsichtbar."*

Bildung ist ein dynamischer, nie abgeschlossener Prozess, in dem der Mensch sich in Auseinandersetzung mit seinem sozialen Umfeld ein „Bild" von der Welt macht und so seine Persönlichkeit und Identität entwickelt. Er eignet sich im Bildungsprozess emotionale, moralische, soziale und kognitive Kompetenzen an. Diese befähigen ihn, den Herausforderungen der Welt, die ihn umgibt, angemessen und verantwortungsvoll begegnen zu können.

Bildung ist für das Kolpingwerk Weg und Ziel zugleich. Ihr lebensbegleitender und mehrdimensionaler Charakter wird im Leitbild des Kolpingwerkes Deutschland mit dem Attribut ganzheitlich beschrieben.

Hier heißt es in verschiedenen Abschnitten (Kolpingwerk Deutschland, 2000):

- Persönliche und berufliche Bildung und ständiges Lernen sind Voraussetzung für eine eigenverantwortliche und dem Gemeinwohl verpflichtete Lebensgestaltung. Lernen und Bildung sind ein wesentliches Merkmal unseres verbandlichen Wirkens und Handelns.
- Wissen und soziale Kompetenz sind für KOLPING Bestandteile ganzheitlicher Bildung. Deshalb fördern und unterstützen wir den Einzelnen mit seinen Fähigkeiten und Begabungen. Wir wollen, dass jeder Mensch seine Chance erhält.
- Lernen und Bildung vermitteln wichtige Erfahrungen und erweitern den eigenen geistigen Horizont. Sie sollen Freude bereiten und Neugier wecken.
- KOLPING erreicht mit seinem vielfältigen Angebot Menschen weit über den Kreis der Mitglieder hinaus. Als freier Träger von Bildungsarbeit übernehmen und erfüllen wir gesamtgesellschaftliche Aufgaben.
- Unsere Bildungswerke sind mit Angeboten der persönlichen und beruflichen Bildung für Jugendliche und Erwachsene tätig. Wir bieten allen entsprechend ihren Fähigkeiten eine Vielfalt von Qualifizierungsmaßnahmen an, sowohl für ihre persönliche Entfaltung als auch für ihr berufliches Weiterkommen. Wir helfen benachteiligten Menschen in Maßnahmen zur beruflichen Bildung.
- Als generationenübergreifende Gemeinschaft ist uns die Familienbildung ein besonderes Anliegen. Unsere Bildungswerke unterstützen und fördern diese Arbeit.

Längst ist das Kolpingwerk vom einstigen „Gesellenverein" zu einer lebensbegleitenden und generationsverbindenden Gemeinschaft und zu einem Katholischen Sozialverband geworden, ohne Alters-, Standes- oder Konfessionsgrenzen: ein Verband von engagierten Christen, offen für alle Menschen, die auf der Grundlage des Evangeliums und der katholischen Soziallehre/christlichen Gesellschaftslehre Verantwortung übernehmen wollen. Bei KOLPING geben und erfahren Menschen Orientierung und Lebenshilfe. Im Sinne Adolph Kolpings soll ein Bewusstsein für verantwortliches Leben und solidarisches Handeln gefördert werden. Dabei versteht sich KOLPING als Weg-, Glaubens-, Bildungs- und Aktionsgemeinschaft.

Viele Kolpingsfamilien und Bezirksverbände im Diözesanverband Rottenburg-Stuttgart bieten Bildungsmaßnahmen im klassischen Sinn (z. B. Vorträge, Diskussionsabende, Exkursionen ...) an oder kooperieren vor Ort mit anderen Bildungsträgern und verwirklichen somit ein vielgestaltiges Angebot des kolpingspezifischen Bildungsauftrags. Auf Diözesanebene finden Veranstaltungen zur Jugend- und Familienbildung sowie zur Beratung und Fortbildung von Leitungskräften statt.

In den Kolpinghäusern Stuttgart, Bad Cannstatt, Ulm und Reutlingen finden längst nicht mehr nur wandernde Handwerksburschen „auf der Walz" Herberge. Sie dienen als Heimat auf Zeit vielen Lehrlingen, Meisterschülerinnen und -schülern, Studierenden – und bieten somit den „Wandergesellen heute" in einer zunehmend mobilen und flexiblen Ausbildungs- und Arbeitsgesellschaft - wenigstens vorübergehend - auswärts ein Zuhause mit eigenem Freizeit- und Bildungsangebot für junge Menschen.

Das Kolping Bildungswerk Württemberg e. V. ist als unabhängiger eingetragener Verein ein überkonfessioneller und für alle Kulturen offener Bildungsanbieter für weiterführende Schulabschlüsse und berufliche Aus- und Weiterbildung. An 15 Standorten in Baden-Württemberg betreibt es rund 70 Privatschulen und beschäftigt mehr als 350 fest angestellte Mitarbeiter und knapp 400 Dozenten. Jährlich nehmen hier über 10 000 Menschen ein breites Bildungsangebot wahr – vom Tageskurs bis zur mehrjährigen Qualifizierung, von Abitur und Fachhochschulreife über berufsbezogene Sozialarbeit und Berufsfindungsprogramme bis zur schulischen Berufsausbildung in Fremdsprachen, Foto-/Medientechnik und Grafik-Design sowie im tertiären Bildungsbereich. Auch hier sollen Jugendliche und Erwachsene motiviert und ihnen ermöglicht werden, sich entsprechend ihrer Begabungen weiterzuentwickeln.

Die verschiedenen Facetten seines Bildungsverständnisses sowie Leitlinien für dessen Umsetzung entfaltet das Kolpingwerk Deutschland in einem aktuellen Grundlagenpapier Bildung (Kolpingwerk Deutschland, 2012), das in einem breit angelegten, basisorientierten Entwicklungs- und Diskussionsprozess von den Delegierten beim Bundeshauptausschuss des Kolpingwerkes Deutschland im November 2011 beschlossen wurde. Hier wird folgendes Verständnis von Bildung zusammengefasst:

- Menschen zu motivieren und zu helfen, sich ihren Begabungen entsprechend zu entwickeln und so ihr Leben eigenverantwortlich zu gestalten,
- Menschen in Bildungsfragen zu unterstützen und zu beraten,

- Menschen bei dem Aufbau und der Erweiterung ihrer beruflichen und persönlichen Existenz durch Bildungsangebote zu fördern,
- Menschen in Beschäftigung zu vermitteln bzw. bei der Vermittlung in Beschäftigung zu unterstützen,
- Menschen in Umbruchsituationen zu stärken sowie benachteiligte und behinderte Menschen durch Vermittlung von Bildung zu unterstützen,
- Menschen zu befähigen, Verantwortung in der Gesellschaft zu übernehmen.

KOLPING stellt den Wert von Bildung in den Mittelpunkt menschlichen Seins und Wirkens, was auch impliziert, dass Bildung nicht andauernd finanziellen Verteilungskämpfen ausgesetzt sein darf. Die Zukunftsfähigkeit einer Gesellschaft und der Grad ihrer zivilgesellschaftlichen Kultur hängen wesentlich davon ab, welche Bedeutung der Bildung sowie dem Lernen und der Forschung zugemessen wird. Das, was der Mensch vorfindet, formt sich auch nach seinem Wissenspotential. Die Qualität von Lösungen für Krisen und neue ökonomische, soziale, ökologische Herausforderungen stehen somit im direkten Verhältnis zum Bildungsgrad der Gesellschaft.

Welche Perspektiven eröffnet KOLPING-Bildungsarbeit?

Im Mittelpunkt steht der Mensch mit seinen Bedürfnissen, seinen Möglichkeiten und seinen Grenzen, seinem Glauben und seinen Zweifeln, mit seinen Talenten und in seiner Sehnsucht nach Lebens-Erfüllung und Gemeinschaft.

KOLPING-Bildungsarbeit unterstützt diesen Weg und den Prozess des lebenslangen Lernens, schafft Angebote und Anreize für verschiedene Zielgruppen, bietet Orientierung und Lebenshilfe an. Sie sorgt für Rahmenbedingungen einer ganzheitlich verstandenen Persönlichkeitsbildung. Sie motiviert zur beruflichen Weiterentwicklung und zur Qualifikation von Verantwortungsträgern. Aus ihrem christlichen Grundverständnis heraus fördert sie freiwilliges, ehrenamtliches und bürgerschaftliches Engagement für und in unserer multikulturellen und multireligiösen Gesellschaft.

KOLPING-Bildungsarbeit bedeutet Gemeinschaftsbildung, Beziehungen und Netzwerke miteinander aufzubauen, sich vielfältig zu vernetzen und diese Gemeinschaften zu pflegen. Aus dieser Bildungs- und Beziehungsgemeinschaft wächst eine Aktionsgemeinschaft mit Stärke und Energie, vielfältig gebündelt und verbündet, um in Kirche und Gesellschaft Veränderungen und Zukunftsorientierung zu bewirken. KOLPING-Bildungsarbeit stiftet sinnvolle (Frei-)Zeitgestaltung und – sie macht Spaß und schenkt Freude!

Ausgehend von der Person Adolph Kolping und seiner „Bildungsarbeit" damals und der Bedeutung von Bildung als Weg und Be-Wegung für die verbandliche

Verwirklichung gilt damals wie heute: „*Helft eine bessere Zukunft schaffen, indem ihr sie erziehen helft. Bilden heißt gestalten, formen, ausprägen und je schärfer und vollkommener das geschieht, umso wirklicher schreitet die Bildung vorwärts.*" (Kolping, 1849 und 1854). Bildung wirkt nachhaltig, hinterlässt Spuren, bringt Veränderungen mit sich – und bleibt eine Herausforderung für KOLPING in Gegenwart und Zukunft!

Quellenangaben

Copelovici, Hanke, Lüttgen & Stüttker (Hsrg.) (2013), Rheinische Volksblätter, Ausgabe Kolping Schriften, Bd 4. Köln: BDJK Altenberg, WS. 131 – 147.
De Saint-Exupéry, A. (1982). Der kleine Prinz. Mit Zeichnungen des Verfassers, übersetzt von Grete und Josef Leitgeb. Kap. 21. Düsseldorf: Rauch – Verlag
Kolpingwerk Deutschland (Hrsg.) (2000). Grundlagenpapier Bildung. In: Kölner Schriften des Kolpingwerkes Deutschland (Band 6), Köln: Kolping-Verlag.
Kolpingwerk Deutschland (Hrsg.) (2000). Leitbild des Kolpingwerkes Deutschland. Dresden/Köln.
Kolping. (2013). www.kolping.de; www.kolping-dvrs.de; www.kolping-bildungswerk.de, https://www.kolping.de/php/evewa2.php?d=1371643924&menu=0504&g2=1 vom 19.06.2013).

Clemens Dietz, Familienbildungsreferent Kolpingwerk Diözesanverband Rottenburg-Stuttgart, Mitglied im Diözesanvorstand der keb

Geistes Gegenwart

*Perspektiven kultureller Bildung in der keb unter besonderer Berücksichtigung literarischer Bildung
Ein Versuch*

MICHAEL KRÄMER

1 Vorbemerkung

Wenn eine Kirche die von ihr getragene Erwachsenenbildung selbst in erster Linie als „kulturelle Diakonie" versteht (z. B. Kasper, 1998), dann muss es ihr im Rahmen dieser Erwachsenenbildung auch entscheidend um kulturelle Bildung gehen. Und wenn diese Kirche sich als Christliche Kirche versteht und einer ihrer zentralen Texte (Johannes-Evangelium) vom Logos im Anfang spricht, dann muss es in der dort angesiedelten Bildungsarbeit gerade auch um jene Kunst gehen, die sich mit dem Wort beschäftigt, um Dichtung und Literatur, zugleich auch um alles, was mit Zeichencharakter, Deutung, Interpretation, kurz: was mit kulturell unterlegtem Verstehen zu tun hat.

Gleichzeitig stellt sich die Frage, was die Kirche unter „Kultur" verstehen will. Kulturbegriffe gibt es ohne Zahl, grundsätzlich lassen sie sich aber (nach Wagner, 2005) auf drei Grundmuster reduzieren:
- Ein normatives Grundmuster, das festlegt, was „gute" oder auch „weniger gute" oder gar „primitive" Kultur ist. Dabei ist häufig der Blick auf die Vergangenheit (Tradition) gerichtet und/oder es findet eine Verabsolutierung der eigenen Kultur, mindestens aber deren Höherstellung statt.
- Ein deskriptives Grundmuster, das davon ausgeht, dass es Menschengruppen gibt, die gemeinsame Werte, Vorstellungen etc. teilen. Hier gibt es dann kulturelle Grenzlinien, die auch Grenzen zwischen Menschengruppen sind. Dieses Denkmuster ist momentan sehr verbreitet, etwa in der Rede vom „Christlichen Abendland", der „Muslimischen Welt", den „Juden", der „Deutschen Kultur" oder der „Afrikanischen Kultur" (Negritude). Auch ein Buch wie

„Kampf der Kulturen" (S. Huntington) versteht den Kulturbegriff in diesem Sinne.
- Die dritte Ausprägung eines Kulturbegriffs richtet sich eher aufs Individuum und auf das Prinzip des Menschseins: Menschen bewerten ihre Handlungen, Menschen nehmen Beziehungen auf und gestalten diese (interpretierend), Menschen sind Deutungswesen, die entsprechende Deutungsmuster entwickeln, die im Lauf eines Lebens veränderbar sind. (Wagner, 2005, S. 497 f). Sie nutzen dazu die ihnen zur Verfügung stehenden Angebote (nach Belieben) oder entwickeln neue.

Wenn über kulturelle Bildung zu sprechen ist, dann ist es notwendig, diese drei eher grundsätzlichen Linien im Blick zu haben. Kulturelle Bildung geht ja offensichtlich davon aus, dass im Bildungsprozess etwas vermittelt/entwickelt wird, dass entweder eine bestimmte Form von Kultur und von kulturellen Inhalten „weiter gegeben wird" oder aber etwas entsteht, das den einzelnen Menschen hilft, ihre eigenen Deutungsmuster weiter zu entwickeln und an gegenwärtige Erfahrungen anzupassen.

Im Folgenden wird es notwendig sein, auf den Kulturbegriff zu schauen, der hinter einem Verständnis von kultureller Diakonie steht. Gleichzeitig werden sich andere Fragen auftun, so etwa nach der Bedeutung dessen, was Assmann „kulturelles Gedächtnis" oder was Halbwachs „kollektives Gedächtnis" nennt. Und es wird darüber nachzudenken sein, in welchem Kontext z. B. Pluralitätsfähigkeit (Schweitzer, 2013) hier steht und welche Rolle hier kulturelle Bildung spielt (Assmann, 2007; Halbwachs, 1985).

Was im Rahmen dieses Artikels nicht zu leisten ist: Es wird keine neue Definition von Kultur entstehen, es werden nicht die Themen Interkulturalität oder Multikulturalität aufgegriffen, wiewohl sie am Rande eine Rolle spielen. Es wird auch nicht nach einer gemeinsamen europäischen kulturellen Identität gefragt (Joas & Wiegandt, 2010), wenn es diese denn geben sollte. Allenfalls kommt die Bedeutung der europäischen Aufklärung in den Blick, da diese im Bildungszusammenhang von Bedeutung ist.

Und wo Assmann oder Halbwachs von Gedächtnis sprechen, wird hier eher das Wort „Archiv" benutzt werden, weil „Gedächtnis" eher dem Individuum zuzuordnen ist als einer ganzen Kultur (Krämer, 2012a).

Nach einer eher selektiven Bestandsaufnahme wird es zunächst darum gehen, inwieweit kulturelle Bildung sich als „kulturelle Diakonie" verstehen kann. Später werden diese Überlegungen noch einmal aufgegriffen und erweitert.

In einem zweiten Schritt wird der Zusammenhang zwischen kultureller Bildung und dem, was hier „kulturelle Archive" heißt, erläutert. Dabei geht es auch um die Bedeutung kultureller Bildung für die Erschließung dieser Archive.

Danach werden die Aufgaben kultureller Bildung – zugespitzt an den Bereichen Bildende Kunst und Literatur – weitergehend erläutert.

Schließlich wird ausführlicher der Bereich der literarischen Bildung thematisiert. Die Gründe dafür finden sich dort. Und am Ende gibt es ein perspektivisches Fazit.

2 Kulturelle Bildung

a) Befund

„Kino und Kirche", Kirchenraum-Pädagogik, Museumsführungen, Operneinführungen und -besuche, Theatergespräche, Moschee-Besuche und -Führungen, Graffiti-Workshops und Kurse zum Ikonenmalen, Brauchtumskurse, Literaturvorstellungen, Erzählworkshops, interkulturelle Begegnungen – all das ist nur ein kleiner Ausschnitt aus dem, was in der keb an kultureller Bildung läuft.

Oftmals hat eine Veranstaltung in diesem Bereich (wie in anderen auch) sehr pragmatische Hintergründe: Es gibt Anfragen, es gibt gute ReferentInnen, es gibt persönliche Interessen, aus Themen entwickeln sich neue Themen usw. Das Besondere von keb wird meist als Haltung, als Wert oder auch in der Gestaltung sichtbar, die Veranstalter, Referentinnen oder Moderatoren an den Tag legen. Oft resultieren Veranstaltungen aus dem Bedürfnis von TeilnehmerInnen (TN), ihre alte oder neue Heimat besser kennen lernen zu wollen, mehr zu verstehen, manchmal ist es Angst vor Fremdheit (in der modernen Musik etc.), die TN nach Orientierungspunkten und Einordnungen fragen lassen.

Immer aber geht es in diesem Umfeld um ein Wissen, das hilft, besser zu verstehen, häufig auch um ein persönliches Angesprochen-Sein oder um die Erfahrung, dass miteinander mehr an Erkenntnis möglich ist als allein. Vielfach ist es ein Bedürfnis nach Heimat, nach einer Vergewisserung der eigenen Wurzeln, die Menschen in solche Veranstaltungen führt. Und damit ist die TN-Motivation meist sehr personenbezogen.

Neben diesen Elementen der allgemeinen Weiterbildung gibt es – vor allem im Kontext der Katholischen Akademien – seit mehr als 50 Jahren die Tradition der Dialog-Veranstaltungen (Kunst und Kirche), der Künstler-Tage (in Rottenburg-Stuttgart: Aschermittwoch der Künstler), es gibt Kirchen als Kunst-Stationen, es gibt teilweise hervorragende Ausstellungen von Gegenwartskunst, auch durch die keb durchgeführt (Widerstand und Aufbruch, 1994), es gibt Lesungen und, auch das sei gesagt, es gibt vielfach auch Dinge, die weit hinter den Möglichkeiten gegenwärtigen künstlerischen Arbeitens zurück bleiben und eher an die Kunst des 19. Jahrhunderts gemahnen.

All das sind Veranstaltungen und Unternehmungen, die eindeutig in den Bereich der kulturellen Bildung fallen. Für die Beteiligten sind sie sinnvoll, sonst würden diese nicht erscheinen, und für die Veranstalter sind sie sinnvoll, weil sie damit ihrem Anspruch der TN-Orientierung nachkommen und sich zugleich die Möglichkeit bietet, neue und alte Inhalte zu vermitteln.

b) Kulturelle Diakonie – ein Begründungszusammenhang?

Kulturelle Diakonie ist ein Teil der Gesamtdiakonie der Kirche. Sie gehört damit in den Zusammenhang der gemeinhin schlicht „Nächstenliebe" heißt und der bereits in der alten Kirche und den frühen Gemeinden einen hohen Stellenwert besaß. Immer noch ist der diakonische Anteil kirchlichen Handelns innergesellschaftlich hoch anerkannt (MDG, 2013; Pragma, 2013) und bisweilen gibt es gar Vorschläge, dass Kirche sich auf dieses Handlungsfeld konzentrieren solle (Höhn, 2009).

Diakonisches Handeln richtet sich vor allem an jene Menschen, die nicht mithalten können, die verloren zu gehen drohen, an Benachteiligte, Schwache, Kranke, Arme und Alte. Es richtet sich zugleich insofern an die ganze Gesellschaft, als es auf gesellschaftliche Defizite aufmerksam macht und auf deren Beseitigung politisch wie publizistisch dringt.

In diesem Zusammenhang bekommt der Begriff der „kulturellen Diakonie" allerdings eine eigenartige Richtung. Kulturelle Diakonie muss sich auf die gesamte Gesellschaft, in der die Kirche verortet ist, richten. Das würde allerdings heißen, dass das dahinter liegende Gesellschaftsverständnis von Defiziten ausgeht. Kulturelle Diakonie würde bedeuten, dass die Kirche aus ihrem reichen Kulturschatz der Gesellschaft (die hier zu verarmen droht) reichlich abgibt, dass sie sich Menschen zuwendet, die in kultureller Armut leben und sich weder im Rahmen ihrer Deutungsmuster noch ihrer unmittelbaren Deutungen in der Welt zurechtfinden.

Hinter einer solchen Vorstellung steckt – so ein möglicher Verdacht – offensichtlich ein normativer Kulturbegriff: Diejenigen, die hier kulturell diakonisch tätig werden, wissen, was die Menschen, was die Gesellschaft braucht. Sie sind im Besitz dieses Kulturschatzes, der wertvoller ist als vieles andere.

Eine solche Vorstellung ist verbreitet, im kirchlichen Raum zeigt sie sich etwa, wenn von der „*Weitergabe* des Glaubens an die kommende Generation" die Rede ist, aber auch im Kontext sonstiger Kulturkritik ist sie immer wieder anzutreffen. Die jeweilige Gegenwartskultur wird als defizitär erfahren im Verhältnis zu einem anderen Stadium der Kultur (vgl. Wagner, 2005). In diesem Zusammenhang ist es nicht verwunderlich, wenn auch aus kirchlichen Kreisen immer wieder Kritik an der Gegenwartskultur geübt wird (ähnlich von Migranten an der „deutschen" Kultur, oder vgl. etwa Spengler, Untergang des Abendlandes). Oft stellt sich in diesem Zusammenhang die Frage, ob es sich bei derartiger Kritik nicht um eine vergoldete Erinnerung handelt, in der eine bestimmte frühere Zeit (vor fünfzig Jahren, in der Jugendzeit) oder ein bestimmter anderer Ort (in der früheren Heimat) zu einem immer uneinholbaren Kriterium für Gegenwart wird. Übrigens wird hier nicht die Auffassung vertreten, dass es keine Kulturkritik geben dürfe. Nur muss es sich dabei um eine fragende Kritik handeln, ohne Larmoyanz und Besserwisserei.

Allerdings lässt sich das Verständnis kultureller Diakonie genauso gut umkehren: Wenn Künstler oder Literaten in dialogischen Prozessen auf die Kirche zugehen und die Kirchenmitglieder teilhaben lassen an ihren Deutungen der Welt, an ihrer Art des Schaffens, am Prozess ihrer Arbeit, dann ist das nach diesem Verständnis ebenfalls ein Akt kultureller Diakonie, diesmal an der Kirche.

Kulturelle Diakonie ist also keine Einbahnstraße. Und vielleicht ist der Begriff für das gegenwärtige Miteinander von Kirche und Kunst, von Kirche und Gesellschaft auch nicht besonders geeignet, weil er zumindest auf den ersten Blick zu Missverständnissen führen kann. Viel schöner wäre, wenn es zwischen Kirche und Kulturbereich einen emergenten Dialog gäbe, einen Dialog also, der auf Augenhöhe stattfindet und in dem neue Perspektiven entwickelt werden im Miteinander. Und noch schöner wäre es, wenn sich möglichst viele Kirchenmitglieder und weite Teile der nichtkirchlichen Gesellschaft in diesen Dialog hineinziehen ließen.

Nun ist „schön" zwar eine ästhetische Kategorie, aber keine hinreichende Begründung. Deswegen gilt es weiter nachzudenken, welche Bedeutung Kulturelle Bildung in katholischer Trägerschaft gesellschaftlich und für die einzelnen Menschen haben kann.

c) Archive – Kommunikation – Individuum

Hintergrund der folgenden Überlegungen ist die These, dass es kulturelle Archive gibt, die zur Verfügung stehen, ohne notwendig prägend zu wirken, die einen Schatz bedeuten, den aber niemand heben muss, die Verschreckendes enthalten, das aber der Erinnerung bedarf.

Unter Archiven wird hier sehr Differentes verstanden: Bibliotheken und Kirchen, Museen und Filmarchive, die Erinnerungen lebender Menschen und die Kodifizierungen alter Zeiten, das Gedächtnis des Einzelnen und das kleine Epigramm auf einem verlorenen Stein. Die Aufzählung ist unvollständig. Was davon je gesellschaftlich relevant wird, ist zum Teil zufällig, zum Teil gesteuert, sei es medial, politisch oder ökonomisch: Immer aber muss Verbindung bestehen mit den Erfahrungen der gegenwärtig lebenden Menschen, wenn denn Aktualisierung archivierter Inhalte stattfinden soll.

Dass Kirchen und Christentum über derartige Archive verfügen und strukturell ein solches darstellen, dürfte kaum bestreitbar sein. Ganz ohne differenzierte Vermittlung beziehen sich auch die Gegenwartskunst, die Gegenwartsliteratur auf diese Archive, einfach weil der gesamte kulturelle Zeichenhaushalt ein gewaltiges Netzwerk darstellt und die Knoten dieses Netzes immer wieder, spielerisch, neugierig oder auf der Suche nach Orientierung, neu geschlungen werden. Viele Artikulationen der Gegenwartskünste sind ohne das Wissen um die Inhalte dieser (religiösen) Archive nur bedingt oder eingegrenzt verständlich.

Gerade die sogenannten kulturellen Archive, das sind jene, die keine lebenden Zeitzeugen mehr für sich sprechen lassen können und deren Inhalte aus dem zeitgenössischen Diskurs nicht unmittelbar entnehmbar bzw. belegbar sind, bedürfen der Vermittlung. Sie müssen im Wortsinn ins Gespräch gebracht werden, weil das, was Menschen bewegt, allenfalls das Drei-Generationen-Archiv ist. Dieses von Halbwachs kollektives Gedächtnis genannte Archiv besteht im Erzählen der Generationen miteinander, im Austausch verschiedener Menschen über Themen, Vorkommnisse, Erinnerungen etc. In Deutschland verliert sich aus diesem Archiv gerade die Geschichte des 1. Weltkrieges. Parallel dazu lässt sich feststellen, dass Historiker und Publizisten der Frage verstärkt nachgehen, was dieser Krieg etwa für die weitere Entwicklung Europas bedeutet hat. Historiker, Autorinnen, Dichter, Künstlerinnen, Steinmetze etc. – sie alle füllen die kulturellen Archive unentwegt auf. Aber anders als in oralen Gesellschaften, in denen das Erinnerte im Erzählfluss gehalten werden muss, soll es nicht untergehen, lässt sich in literalen Gesellschaften ein Inhalt ablegen, der dann womöglich erst nach Jahrzehnten oder gar Jahrhunderten (wieder) an Bedeutung gewinnt (oder auch für immer in einer abgelegenen Bibliothek schlummert).

Mit dem Fokus auf den Ersten Krieg wird also der Versuch unternommen, eine im kommunikativen kollektiven Archiv nicht mehr vorhandene Erinnerung dennoch als Deutungsmuster für Gegenwart im Blick zu halten. Ähnliches gilt erst recht im Blick auf die Geschichte des sog. Dreißigjährigen Krieges – um im Kontext der Kriegserinnerungen zu bleiben. Und gerade dieser Krieg hat nicht nur in literarischen Hervorbringungen (von Grimmelshausen bis Gerhardt und sogar bis heute hin – Grass, Das Treffen in Telgte) sondern auch in den deutschen Volksmärchen seine Spuren hinterlassen. All das sind Archive für die damaligen Erfahrungen, und diese stehen uns heute zur Verfügung. Wir brauchen sie nur zu öffnen. Wer sie sich erschließt, wird erschrecken vor den Grausamkeiten, die damals und heute von Kriegen ausgelöst, in Kriegen von Menschen anderen Menschen angetan wurden und werden.

Die Erinnerungen an die Zwischenkriegszeit verblassen ebenfalls langsam, und auch das Drei-Generationen-Gedächtnis in Bezug auf den Zweiten Krieg scheint nicht mehr recht zu funktionieren. (Anders steht es mit der Erinnerung an die Shoa, die – wohl zunächst auch aus Staatsraison – ins Gedächtnis der jungen Bundesrepublik eingepflanzt wurde.) Vielleicht wäre es sinnvoll, diese noch gar nicht so alten Archive zu öffnen, um mit ihrer Hilfe zumindest Verstehen zu finden für die gegenwärtige Situation Europas.

Dass die Kirchen über lang zurückreichende kulturelle Archive verfügen, ist, wie bereits angedeutet, kaum bestreitbar. Gebäude wie Klöster, Kirchen, Denkmale, Bibliotheken ohne Zahl, Hymnen und Lieder, Bilder, Zeichnungen, Skulpturen, auch die Lehre selbst – all das sind archivierte Erfahrungen und Artikulationen, die in keiner Zeit allesamt zu heben oder auch nur von Interesse sind. Was allerdings geschehen ist: Diese Inhalte sind zum großen Teil obsolet geworden. Sie erheben in Gestalt ihrer gegenwärtigen Verwalter Anspruch auf Gegenwartsgestaltung und Deutung gegenwärtiger Erfahrungen, stoßen aber bei vielen Einzelnen auf Desinteresse, Unverständnis oder sogar auf Ablehnung. Das heißt, dass ihnen der Anschluss an die gegenwärtigen Erfahrungswelten und deren Deutungsmuster abhanden gekommen ist.

Ähnlich geht es mit anderen Archiven auch: Kaum jemand besinnt sich auf die antiken Philosophien, auf die Skulpturen der Griechen oder das Demokratieverständnis der römischen Republik, um die Gegenwart besser verstehen zu können. Das war zu Zeiten der Renaissance – vor allem in Italien – und in den Zeiten der Klassik in Deutschland durchaus anders. Und kaum jemand versucht, die Geschichte der Arbeiterbewegung im 19. Jahrhundert in Zusammenhang mit gegenwärtigen Solidaritätsbewegungen zu bringen (auch dies nur exemplarisch).

Gleichzeitig gilt es zu bedenken, dass vor allem in Deutschland seit der Reformation Menschen sich längst nicht mehr allesamt der gleichen kulturellen Archive bedienen, um ihren Alltag zu bestehen. Es gibt eine Vielfalt unterschiedlicher Archive, die sich mit der Immigration von Menschen aus anderen Ländern und Erdteilen noch einmal multipliziert hat. Selbst die Katholiken Deutschlands bedienen sich unterschiedlicher Archive, wenn es um die Alltagsbewältigung und die Verortung im Leben geht. Und das religiöse Archiv (der Kirchen) ist nur eines davon.

Das erste Jahrzehnt der Nachkriegszeit, vielleicht auch das Zweite teilweise noch, war davon geprägt, dass die konfessionellen Archive als Ankerpunkte für die gesellschaftliche Zuordnung und den eigenen Standpunkt dienten. Das ging hin bis zu klaren parteipolitischen Positionierungen. Seitdem hat sich vieles geändert. Die Pluralität ist gewachsen, auch weil Menschen längst in der Lage sind, sich selbst aus diesen unterschiedlichen Archiven zu bedienen und sich auszusuchen, was ihnen zum Leben dient. Das Internet mit seiner mehr oder minder qualifizierten Informationsvielfalt, den Zugriffsmöglichkeiten auf längst Vergangenes, hat die Chancen auf Eigensuche (und –finden) noch einmal vervielfacht. Und natürlich gibt es soziale und ökonomische Gründe für derartige Veränderungen, die hier nicht genauer angesprochen werden können (DBW, 1997).

Im Sinne der Kulturkritik werden solch selektive Vorgänge, sich Deutungsmuster aus verschiedenen Welten zusammen zu fügen, meist als Eklektizismus oder Synkretismus bezeichnet. Das ist selbstverständlich dann pejorativ gemeint. Zunächst aber sind diese Vorgänge nichts anderes als ein Zeichen dafür, dass Erwachsene in unseren Gesellschaften sich ungern belehren lassen darüber, was ihnen gut tut. Und sie zeigen auch die Vielfalt und von vielen erlebte „Gleich-Gültigkeit" solcher Archive. Warum beispielsweise soll ich mir nicht als Europäer ein wenig an buddhistischen Meditationstechniken und Reinkarnationsglauben zulegen, wenn es mir doch gut tut und mich entlastet? Über derlei Dinge gilt es, ohne die jeweils andere Seite abzuwerten, Diskurse zu führen, und hier beginnt das Lernen von Pluralitätsfähigkeit.

An dieser Stelle setzt auch kulturelle Bildung ein und an.

d) Aufgaben kultureller Bildung

Deswegen stellt sich erneut die Frage nach den Aufgaben kultureller Bildung – erst recht in katholischer Trägerschaft. Offensichtlich gibt es drei Elemente, die zu dieser Bildung gehören:
(1) Vermittlung aus den bekannten Archiven in Gegenwartserfahrungen hinein,
(2) Vermittlung dieser Archive mit den neu hinzu gekommenen aus anderen Weltteilen,
(3) Vermittlung von Gegenwartserfahrungen und gegenwärtigen Deutungen aus dem Kulturbereich in die Kirche.

(1) Wer etwas vermitteln will, tut gut daran, zunächst zuzuhören. Denn Vermittlung, wie das Wort es will, ist die Schaffung eines Miteinanders, das ohne Kommunikation nicht funktioniert. Die Forderung „Man muss auch uns zuhören" ist jedem Vermittler fremd. Insofern ist es zunächst Aufgabe kultureller Bildung wie

jeglicher keb, die Zeichen der Zeit zu erkennen (Krämer, 2013b; Zweites Vatikanisches Konzil, 1965) und zu deuten.

Da Kultur nicht im luftleeren Raum entsteht, sondern in Menschen, in Männern und Frauen, ist die Zuwendung zu diesen Menschen der erste Schritt: Was bewegt sie, aus welchen Quellen leben sie, wie verstehen sie ihre Welt und mit welchen Mitteln deuten sie sie? Die Antwort auf diese Frage wird vielfältig sein, dennoch lassen sich gewisse Cluster bilden, die der Kulturellen Bildung als Anhaltspunkte dienen können (Die Sinus-Milieus sind ein solcher Ansatz, allerdings mit einer starken Perspektive auf Marketing.).

Ein gelungenes Beispiel für eine derartige Zuwendung stellt die Kirchen(raum)-Pädagogik dar (vgl. Schmitt, 2013; Gebauer, 2013). Andere Beispiele sind etwa die Literatur-Interpretationen von Paul Konrad Kurz seit den späten 60er Jahren, die vielfältigen Unternehmungen, Bibel und Dichtung, Theologie und Literatur ins Gespräch zu bringen. Auch die ganz normalen Kirchen- und Klosterführungen, die Wanderungen auf dem Jakobsweg etc. gehören zu diesem Bereich.

Ein kleines Beispiel: Im Zwinger in Dresden stehe ich vor einem barocken Monumentalgemälde: Judith und Holofernes. Es fließt dort viel Blut, das Bild ist in seiner Gestaltgebung reißerisch. Sex and Crime – würden wir heute sagen. Neben mir steht ein junges Paar und unterhält sich über das Bild. Irgendwann finde ich die Phantasien der Beiden so spannend, dass ich sie anspreche: „Wissen Sie was das Bild erzählt?", frage ich sie. Sie meinen dann, dass es eine spannende Story sei, Frau und Mann, Mord und Totschlag. Damit hätte es sein Bewenden haben können. Ich habe sie dann gefragt, ob sie wissen, wo man diese Story nachlesen kann. Sie wussten gar nicht, dass man die lesen kann, waren aber interessiert. Aber als ich ihnen sagte, sie stehe in der Bibel, waren sie vollkommen konsterniert. Die Bibel war für sie der große Langweiler. Ich habe schließlich noch auf das passende Buch hingewiesen. Das waren drei Minuten „kulturelle Bildung", ein kleiner Einstieg; denn jetzt hätte es weiter gehen können.

Andererseits: Wer sich in unserer Gesellschaft bewegt, kommt gut ohne derlei Informationen aus. Unmittelbar lebensnotwendig sind sie nicht. Aber mit diesen Informationen ist vieles leichter. Wer die Abraham-Geschichte oder die Emmaus-Geschichte nicht kennt, stirbt nicht. Wer sie aber kennt, wird manches – auch im eigenen Leben – anders und besser verstehen. Ihm werden sich auch andere kulturelle Artikulationen leichter erschließen.

Wer davon überzeugt ist, dass das Christentum etwas zum Verstehen der Gegenwart, zum Verständnis des eigenen Lebens und zum Umgang mit den kritischen Situationen im Leben zu sagen hat, muss solche Situationen aufgreifen. Davon auszugehen, dass derlei Informationen familiär vermittelt wurden, ist jedenfalls längst ein Irrtum. Deswegen gehört inzwischen in den Bereich der kulturellen Bildung auch die theologisch-religiöse Bildung (Krämer, 2013a), die ja keinen konfessorischen oder missionarischen Charakter hat (Krämer, 2012c).

Menschen werden derlei Informationen nur auf- und wahrnehmen, wenn sie den Eindruck haben, dass sie ihnen in irgendeiner Weise im Leben hilfreich sind, und sie werden sie vor allem nur dann aufnehmen, wenn es gelingt, sie so zu sagen, dass sie verständlich sind und nicht belehrend klingen. Die Lernmotivation Erwachsener ist eben – jedenfalls im Bereich der allgemeinen Weiterbildung – eine rein intrinsische. (Für den Bereich der beruflichen Bildung gilt sicher etwas anderes.)

Kulturelle Bildung hat also die Aufgabe, die Archive zu öffnen, die uns zur Verfügung stehen, keineswegs nur die kirchlichen. Aber sie muss aus diesen Archiven so erzählen, dass diese Archive wieder aktuell werden können. Im Zusammenhang künstlerischer Artikulationen zeigt sich dann, dass die theologisch-religiösen Archive einiges enthalten, das dem besseren Verständnis dient. Und das Wissen, dass Menschen zu unterschiedlichen Zeiten vergleichbare Erfahrungen (z. B. von Tod und Endlichkeit, von Liebe und Glück) gemacht und diese für sich gedeutet haben, kann auch dazu beitragen, die eigenen Deutungsmuster zu reflektieren und zu klären.

(2) Kulturelle Bildung kann nicht (mehr) davon ausgehen, dass es nur *eine* kulturelle Artikulation zum Verständnis der Gegenwart gibt. Auch wenn wir in unserer Gesellschaft immer noch eine Vielzahl von Menschen haben, die einen Großteil ihrer Wertbildungen und Lebensverständnisse aus christlichen Hintergründen beziehen, selbst wenn sie es selbst gar nicht mehr so einschätzen (vgl. etwa die säkularisierte protestantische Ethik in skandinavischen Ländern), gibt es doch zunehmend mehr Menschen, die aus anderen kulturellen Zusammenhängen kommen und ihre eigenen Archive mitbringen.

Während für die sogenannte Mehrheitsgesellschaft anscheinend wenig Anlass besteht, über die eigenen kulturellen Hintergründe nachzudenken, ist für die Menschen, die eingewandert sind, die Besinnung auf die eigenen Wurzeln oftmals lebensnotwendig, wenn sie sich, d. h.: ihre Identität, nicht im neuen Umfeld verlieren wollen.

Wenn man heute feststellen muss, dass die zweite Generation der sog. Gastarbeiter häufig weniger inkludiert ist in unserer Gesellschaft als die erste Generation, dann ist offensichtlich etwas falsch gelaufen im Staate Deutschland. Wir haben hier als keb eine besondere Aufgabe. Wenn das Wort von der kulturellen Diakonie gelten soll, dann in dem Sinne, dass wir Menschen auch ermöglichen, ihre eigenen kulturellen Wurzeln zu entdecken und zu bewahren. Auch wenn deren Werte nicht die unseren sind und es vielfach nur partielle gemeinsame Schnittmengen gibt, brauchen doch gerade diese Menschen Orte und Zeiten, an denen sie ihre eigenen kulturellen Identitäten reflektieren können, wenn sie das wollen. Sie werden dabei vielleicht merken, dass es so wenig wie es *eine* christliche oder *eine* atheistische Identität *eine* muslimische oder *eine* orthodoxe Identität gibt.

Das bedeutet, dass wir in diesem Zusammenhang z. B. mit muslimischen, alewitischen etc. Gemeinden engstens zusammen arbeiten müssen, nicht im Sinne einer Missionierung, sondern um sie zu unterstützen, Menschen ihre Heimat zu erhalten und zugleich in dieser neuen Heimat anzukommen. Genauso wichtig, im Zeichen von Bewusstseinsbildung und Toleranz, ist es, Menschen aus der sog. Mehrheitsgesellschaft vertraut zu machen mit den Hintergründen unserer Zuwanderer. Und es steht hier bewusst das Wort „Vertraut-Machen" und nicht das Wort „Informieren".

Kulturelle Bildung in katholischer Trägerschaft schöpft dabei aus ihren eigenen Archiven, wie sie in all unseren Dokumenten (das sind nicht nur Schriften) hinterlegt sind, und weist zugleich einen Weg der Vermittlung auf.

In diesem Zusammenhang taucht (auch hier) immer wieder der Begriff der kulturellen Identität auf. Angesichts der fluktuierenden Identitäten der Gegenwart und angesichts der Fragmentierung unserer Gesellschaft ist dieser Begriff vielfach kein hilfreicher Begriff mehr. Ich habe keine Identität mehr, das ist ein Faktum, sondern ich entwickle meine Identität stets neu und immer wieder anders. Das mag für manche Menschen, die einem normativen Kulturbegriff folgen, irritierend sein, es ist aber eine Beschreibung der Situation (Sinus). Wenn wir als keb hier im Rahmen der kulturellen Bildung Angebote machen, dann wissen wir, dass wir auf einem plural gestalteten Markt unterschiedlicher Angebote stehen. Einen bevorzugten Standort haben wir auf diesem Markt schon lange nicht mehr. Also werden wir nur durch die Güte unserer Angebote überzeugen können. Aufgeben dürfen wir unseren Stand jedenfalls nicht, denn gerade im Blick auf unsere eigenen Kirchenmitglieder hat die keb besondere Aufgaben (Pollack-Studie, 2013):

Sie muss im Inneren der Kirche dafür werben, andere Werthaltungen und Lebensperspektiven lediglich als „anders", nicht aber als fremd und bedrohlich wahrzunehmen.

(3) Die Begegnung mit den Künstlern und mit der Kunst der Gegenwart stellt eine weitere Herausforderung für die keb im Bereich der kulturellen Bildung dar. Wenn es stimmt, dass die keb im Kontext kirchlichen Handelns (Krämer, Begründung)

einen prophetischen Auftrag hat, dann bekommt sie ihre Hinweise vor allem aus dem Kontakt mit Menschen, die künstlerisch aktiv sind. Literatur und bildende Kunst sind in besonderer Weise symbolische bzw. deutende Darstellungen von Gegenwart mit oftmals über diese hinausreichenden Perspektiven. Das Wort symbolisch ist hier bewusst genutzt, weil es eine Offenheit signalisiert, die eines entsprechenden Gegenübers bedarf. (Beim Symbolon fehlt eigentlich eine Seite. Erst wenn es vollständig wird, ist es ein Zeichen der Gastfreundschaft). In dieser gastfreundlichen Weise gilt es, den Kontakt mit den Kunstschaffenden herzustellen. Warum?

Ein Paul Celan war (auch) ein Prophet im Blick auf den kulturellen Antisemitismus seiner Zeit, ein Picasso war ein Prophet auf die Deformationen seiner Zeit, die expressionistischen Künstlerinnen und Dichter haben wie kaum eine andere gesellschaftliche Gruppe die Verwerfungen ihrer Zeit artikuliert, und um weiter zurück zu greifen: Ein Goethe war mit seinen Meister-Romanen ein Prophet seiner Zeit im Blick auf Bildungsnotwendigkeiten. Kunst hat in jeder Form seismographische Funktion auf ihre jeweilige Gesellschaft hin, auch wenn das vielleicht nicht ihre erste Aufgabe ist. (Es wäre spannend, unter diesem Gesichtspunkt auch die Musik als eine Form reiner Artikulation (sprachlos) anzuschauen. Es ist leider aus Raumgründen nicht möglich).

Kunst seit der Renaissance, erst recht seit der Aufklärung, ist wohl vor allem eine Schule der Wahrnehmung: Wer sich mit Gegenwartsliteratur beschäftigt, der wird selber sensibel für die Unmöglichkeiten, die uns häufig, beispielsweise im politischen Kontext oder im Werbungsumfeld, sprachlich zugemutet werden (natürlich auch im Verkündigungszusammenhang) und wird sich fragen, was sich dahinter wohl verberge. Wer vor einem monochromen Bild im Museum verweilt hat, der wird anschließend das Geschrei der Farben draußen kaum noch ertragen. Und wer sich einem Werk der Gegenwartsmusik ausgesetzt hat, der wird anschließend erschreckt sein über das Gedudel der Supermärkte und Automaten.

Weil Kunst von den „zwei Schwingen des Lebens", Lieben und Sterben (Kunert, 1980), getragen wird, hält Kunst die Frage offen, was es denn sei, dass der Mensch sich unentwegt über sich selbst hinaus zu strecken versucht. In diesem fragenden Sinn lassen sich beispielsweise in der Kunst Transzendenz-Erfahrungen machen (Und hier ist die Gegenwartskunst gemeint!), wofür die Kirchen oft genug keinen Raum mehr bieten. Vielleicht ist es gerade dies Fragende, das jegliche Form von Kunst in die Gesellschaft und zu den Menschen bringt. Vielleicht setzen sich auch deswegen Menschen immer noch und immer wieder neu der Wirkung von Kunst aus. Vielleicht ist die Prophetie der Gegenwart gerade die existentielle Frage.

Kulturelle Bildung muss also, wenn sie dem prophetischen Auftrag der keb gerecht werden will, Kontakt herstellen zu den Menschen, die Kultur schaffen in allen Bereichen. Das beschränkt sich eben nicht auf den Dialog-Prozess der Akademien: Kunst muss in der Kirche ihren Raum finden, als Bildende Kunst, als Musik, als Literatur und mit all den neuen Formen, die sich gerade entwickeln und entwickelt haben. Es ist dies kein Akt purer Freundlichkeit. Die Kirche, die Menschen in der Kirche sind auf diese Künste angewiesen, wenn sie sich nicht selbst gettoisieren und belanglos machen wollen.

Die kulturelle Bildung ist das Einfallstor für solche Kunst – in die Kirche hinein. Gerade in der keb, gerade vor Ort. Da ist noch viel zu tun. Da werden wir als Verantwortliche einigen Mut brauchen, den Mut, Menschen in ihren (Wahrnehmungs-)Gewohnheiten zu verschrecken etwa, nicht der lieben Provokation wegen, sondern damit Aufmerksamkeit entsteht auf die Schrecken jeder Gegenwart.

e) Noch einmal: Kulturelle Diakonie

Wenn wir am Beispiel kultureller Diakonie lernen können, dass es sich hier nicht um ein Zuwenden sondern um einen dialogischen Prozess handelt, dass es gerade um das Lernen von den Anderen geht, dann betrifft das auch die anderen Formen von Diakonie. Tatsächlich verstehen sich ja auch die diakonischen Verbände der Kirchen nicht nur als Betreuungsorganisationen, sondern auch als Advokaten ihrer Klientel. Kulturelle Diakonie mit Blick auf die kulturelle Bildung in diesem dreifachen Sinne verstanden – Ort der Vermittlung und des Lernens, Ort der Wahrnehmung von Gegenwartskunst und ihren Intentionen und advokatorischer Auftrag vor allem in die Kirche hinein – wird dann doch zu einem Begriff, der zeigt, in welche Richtung sich kulturelle Bildung im Rahmen der keb weiter entwickeln kann und muss.

3 Zwischen Wort und Wort (Domin)

Anmerkungen zur literarischen Bildung

Sie war's. Als wäre sie aus Adams Traum gefallen, lag sie da,...
Sie wird verschwinden, dachte er. Gleich ist sie fort.

Aber sie blieb. Diesmal verschwand sie nicht. Sie öffnete die Augen, sie sah ihn an und lächelte. „Dann bist du also Adam!", sagte sie. „Ich komme, dir zu helfen. Der Herr hat mich geschickt. Er meint, die Arbeit würde dir allein zu viel!"

„Und... wer bist du?"

„Ich heiße Eva", sagte sie.

...

Sie stieß ihn an.
„Nun komm doch, komm!" Er ging voraus, sie folgte ihm. Und Hund und Katze auch.
Und alles was sie sah, wurde zu Worten. Sie jubelte für jede Blume, rief Ah und Oh, und ihr Entzücken hallte durch den Garten
Für Adam waren ihre Worte wie ein Regen nach einer langen Trockenheit.
Sie fielen in sein Herz und wuschen allen Kummer fort.
Das Beste jedoch war, sie war kein Traum. Sie war aus Fleisch und Blut wie Adam selbst. Er konnte sie berühren und sie blieb. Das machte Adam stumm vor Gluck. Er wusste gar nicht, was er sagen sollte. Aber das war nicht schlimm. Sie redete für zwei.

JUTTA RICHTER

a) Was Jutta Richter hier in ihrer Erzählung (Richter, 2008) darstellt, ist eine wunderbare Beschreibung dessen, was Sprache vermag: Kontaktaufnahme, Selbstartikulation, Halten von Beziehung, Benennung und Weltorganisation. Wir, die wir mit der Sprache und dem Sprechen groß werden, nutzen unsere Sprache täglich und selbstverständlich in dieser Weise. Und seit wir als Einzelne wie als Gesellschaft aufs Lesen und Schreiben gekommen sind, nutzen wir Sprache auch noch zum Niederlegen unserer Erinnerungen und deren Relecture, als Mittel der Reflexion und als Ausgangspunkt der Wissenschaften.

Dichtung und Literatur wenden sich auf ganz eigene Art der Sprache zu und setzen sich mit ihr auseinander. Im besten Sinne versuchen sie die Grenzen der Sprache zu erweitern, Worte noch da zu finden, wo bisher Schweigen gegolten hat. Dabei tauchen alte Wörter plötzlich im neuen Gewand auf, neue Wortbildungen erscheinen – unsere Sprache bietet da unendliche Möglichkeiten durch Wortzusammensetzungen –, die grammatischen Strukturen von Sprache werden erweitert, verändert, gebrochen, so dass deutlich wird, welche Handlungen und Interpretationen beim Sprechen unbemerkt mit abgebildet werden. Keine Absicht wird dahinter sichtbar, sonst würde es sich nicht um Literatur handeln, sondern um pädagogisches Ornament. Und dennoch ist es nicht l'art pour l'art, sondern es geht um die Sprache, ums Sprechen, am Ende um das, was Menschen auszeichnet.

Das alles geschieht natürlich nicht in Sprache an sich (jedenfalls meistens nicht, es gibt Ausnahmen in der Lyrik), sondern an Hand von Themen, die gesellschaftlich und individuell en vogue sind. Nur haben Dichterinnen und Autoren keine besondere Kompetenz zu solchen Themen. Erst über den Fokus Sprache wird Literatur zu einem ernst zu nehmenden Gesprächspartner, auch im thematischen Diskurs. Und hier gelingt es vielen Autorinnen, zumindest seit dem 18. Jahrhundert, über die Sprache und deren Vermögen zur Selbstreflexion in Regionen vorzudringen, die wissenschaftlich unerschlossen oder anders erschlossen sind und, um ein Beispiel zu nennen, psychische Verwerfungen zu beschreiben, die von der Psychologie erst Jahrzehnte später entdeckt wurden (Reents, 2013).

Wer also Romane oder Erzählungen, Gedichte oder Theaterstücke rezipiert, setzt sich damit zugleich einem besonderen Umgang mit Sprache aus, der das eigene Sprechen infiziert und es verändern kann. Wer zu lesen beginnt, wird bald nicht mehr nur Bücher lesen, sondern auch seine eigenen Erfahrungen, seine Mitmenschen, die Welt um sich herum, kurz: fast alles, was ihm begegnet. Aber nicht nur das Lesen schafft einen neuen Blick auf die Wirklichkeit: Auch das Erzählen in mündlicher Form ist in diesem Sinn ein Erkenntnis-Instrument, weil es Ereignisse nicht einfach als vereinzelte stehen lässt, sondern miteinander in Verbindung bringt, Zusammenhänge herstellt und so einer Kette von Ereignissen Sinn zuspricht. Dabei kann das erzählte Leben (z. B.) in hohem Maße vom erlebten Leben abweichen. Und ein Außenstehender, der beides mitbekommen hat, wird sich vielleicht wundern, was das Erzählen an Zusammenhängen, Verklärungen und Erklärungen hergibt.

b) keb als Weiterbildung in katholischer Trägerschaft trägt in sich auch die Erinnerung an jenen Text, der beginnt: „Im Anfang war das Wort." (Joh 1,1). Es ist eine Schrift- und Offenbarungsreligion, die Grundlage kirchlichen Handels ist. Ohne Sprache geht es in dieser Religion nicht. Und diese Religion, das Christentum, ist eins der Archive (. s. o.), aus denen sich unsere Werthaltungen bis heute mit speisen. Ihr Ursprungsdokument, die beiden Testamente, ist selbst Literatur, stellt sogar eine ganze Bibliothek bereit mit einer großen Anzahl von Büchern.

Literarische Bildung muss deswegen zur Grundausstattung der keb gehören. Menschen, die lesen können – und damit ist nicht die rezeptive Beherrschung des Alphabets gemeint – finden leichter Zugang zu einer ganzen Reihe unserer kulturellen Archive, eben auch zu den Archiven des Christentums. Umgekehrt gilt: Wer diese Archive nicht kennt in ihren Grunderzählungen, der wird auch viele gegenwärtige Literatur nicht verstehen. (Ähnliches dürfte auch für die Kunstgeschichte gelten. (vgl. Gebauer, 2013).

Ein Beispiel: Walle Sayer, Werner Söllner, Georg Trakl, und Hölderlin – um nur eine kleine Auswahl zu nennen, haben Gedichte geschrieben, in denen „Brot und Wein" als Motiv vorkommt. Ohne die Kenntnis der christlichen Abendmahls-Tradition und der damit zusammen gehörenden Geschichten, ohne die Kenntnis von

Demeter, Persephone und Dionysos geht ein großer Teil an Bedeutung, die solchen Gedichten innewohnt, schlicht verloren, werden nicht einmal die erlittenen Deutungsverluste erkennbar.

Gedichte und literarische Geschichten zitieren unentwegt parallel entstandene Texte und frühere Gedichte und Geschichten – inzwischen quer durch die Literaturen der Welt. So entsteht, wie Sten Nadolny schreibt, ein inneres Geflecht, eine Makro-Textur. Und je besser ich mich darin auskenne, umso mehr erschließt sich mir an anderen und an neuen kulturellen Inhalten, und ich bin darin mehr zu Hause als im eigenen Garten (Nadolny, 1990).

All das ist aber nicht nur Selbstzweck, wiewohl es auch einfach Freude und glücklich machen kann, solche Bezüge zu entdecken und immer mehr zu verstehen. Zugleich gewinne ich als Leser an Heimat innerhalb dieser kulturellen Bezüge und in meiner eigenen Sprache. So beginnt die Sprache selbst im Sprechen mir immer mehr zu erschließen über mich, über die Welt und unser Verständnis und die Interpretationen von all dem. Gleichzeitig, und das ist das Paradox im Umgang mit Literatur, sehe ich manches mit anderen, mit fremden Augen. Auch das hat Erschließungscharakter. Und schließlich gehe ich in mein eigenes Leben und beginne dort ebenfalls Zusammenhänge herzustellen.

„Von Gott kann man nicht sprechen, wenn man nicht weiß, was Sprache ist. Tut man es dennoch, verrät man seinen Namen und erniedrigt ihn zur Propagandaformel." (Eich, 1959/2011) Vor diesem Hintergrund wird literarische Bildung auch zu einer innerkirchlichen Dienstleistung. Wenn oben (Krämer, 2013a) davon die Rede ist, dass die keb in ihrer Form der Gegenwartszuwendung auch prophetische Züge trägt, dass sie dazu aber Bündnispartner braucht und diese im Kunstbereich findet, dann gilt das zentral auch für das Gespräch mit der Dichtung. Vielleicht braucht es innerhalb des Theologie-Studiums – um *einen* Ort zu nennen – auch die verpflichtende Auseinandersetzung mit der Literatur. Denn im kirchlichen Reden ist Gott oftmals tatsächlich nur noch Propaganda. Und die Werbung greift dann immer noch gern auf religiöse Sprachkontexte zurück, auch strukturell, indem sie etwa an eine Konsum-Aktion ein Erlösungsversprechen bindet (Schönheit, Attraktivität etc.).

„Wenn man nicht weiß, was Sprache ist." – Das lässt sich an der Dichtung erfahren, was Sprache ist und sein kann. Und deswegen geht es für die literarische Bildung der keb auch darum, Dichtung in die Kirchen zu tragen, wörtlich verstanden und als Dialog von Menschen aus Pastoral und Verkündigung mit Dichterinnen und Autoren.

c) Formen literarischer Bildung gibt es viele, sowohl rezeptive wie produktive. Im produktiven Bereich finden sich Erzähl- und Schreibwerkstätten, Lyrik-Workshops,

Ausbildungen im biographischen Schreiben, Kurse zur Verfremdung und Aktualisierung biblischer Geschichten etc.. Der größere Teil der literarischen Bildung ist allerdings rezeptiver Natur. Fast überall gibt es Lektüre-Kurse und Literatur-Kreise, Veranstaltungen zu einzelnen Autorinnen und Autoren. Es gibt Kooperationen mit den katholisch öffentlichen Büchereien, mit Stadtbüchereien und Volkshochschulen. Eine Veranstaltung mit Alleinstellungsmerkmal sind die – inzwischen auf die Diözese Rottenburg-Stuttgart beschränkten, früher auch anderswo stattfindenden – Literaturvorstellungen im Herbst eines jeden Jahres, meist unter dem Namen „LiteraTour". Etwa 2.000 Menschen lassen sich an bis zu 50 Orten – in Buchhandlungen und Büchereien, Gemeinde-Zentren und Cafés – Bücher aus der deutschsprachigen Literaturproduktion des laufenden Jahres vorstellen. Es geht ausschließlich um deutschsprachige Autorinnen und Autoren. Und dabei liegt ein Schwerpunkt auf kleinen Verlagen und unbekannteren, aber lesenswerten Autorinnen und Autoren. Und eine kleine Buchausstellung mit ca. 100 Neuerscheinungen gehört dazu, damit die TN sich ihr eigenes Bild durch kurzes Anlesen machen können.

Es handelt sich bei all dem um Leseförderung, die aus dem Bewusstsein heraus erfolgt, dass unsere Gesellschaft ohne lesende Menschen eine andere und vielleicht weniger humane wäre. Gleichzeitig ist ein Hintergrund aber auch, Menschen mit literarischer Gegenwartssprache in Kontakt zu bringen, aus der Überzeugung heraus, dass eine solche Begegnung dem Menschsein, dem Menschwerden dienlich ist. Und schließlich brauchen Menschen diese intensivierte Lesefähigkeit, um selbständig auf die Bibliotheken, die Archive unserer Kultur, zugreifen zu können.

Diese Veranstaltungen, vom Literaturkreis bis zur Literaturvorstellung, erfreuen sich wachsender Beliebtheit. Natürlich dienen sie auch der Orientierung in einem ausufernden Literatur-Markt. Gleichzeitig berichten TN aber davon, dass sie unfähig geworden sind, Bücher zu lesen, die ihnen früher reizvoll erschienen, weil sie plötzlich deren sprachliche, stilistische, formale, inhaltliche Mängel bemerken und dahinter statt Humanität Hominisierung (Metz) wittern.

Die von Emanuel Gebauer in diesem Band vorgestellte Herangehensweise der kunstgeschichtlichen Wissenschaft gilt in ähnlicher Form auch für die Auseinandersetzung mit literarischen Texten. Natürlich gibt es eine Form der Textbegegnung, in der der Text zum Auslöser für ein Gespräch über eigene Erfahrungen wird. Das ist dann eher eine Selbsterfahrungsgruppe als eine Gruppe mit Interesse an Sprache und Struktur literarischer Texte. Auch das hat seine eigene Berechtigung. Dichtung – als Sprachform – ist ihrem Wesen nach Gespräch (Celan, 1986). Deshalb ist es nicht verwunderlich, wenn sie Gespräche auslöst.

Die meisten der literarischen Veranstaltungen leisten genau das, was oben im Kontext der Makro-Textur beschrieben wurde. Sie entdecken im Miteinander und aus der Kompetenz der unterschiedlichen Teilnehmenden sowie des Leiters/ der Referentin Bezüge zu anderen Texten, finden verbindende Motive, konfrontieren diese Lektüre mit anderen, vergleichen und interpretieren, nähern sich dem Entstehungskontext und versuchen, aus all dem Erkenntnisse über Gegenwärtiges und neue Perspektiven zu gewinnen. Parallel dazu geschieht aber etwas Unerwartetes: Menschen werden auf einmal auf ihre eigene Sprache, auf ihr Sprechen aufmerksam. Sie werden sensibler, sowohl in ihrer sprachlichen Artikulation, wie in ihrer sprachlichen Wahrnehmung. Sie werden unbrauchbar für ideologisches Geschwätz und Propaganda-Rede. Und sie merken, dass sie im eigenen Sprechen nicht nur zeigen und deuten, sondern auch handeln und damit andere Menschen treffen und betreffen. Sie werden dabei immer weniger ansprechbar für floskelhaftes Gerede.

d) Literarische Bildung ist – im hier beschriebenen Sinn – nicht Kür, sondern Pflicht der keb. Und sie ist das aus mehreren Gründen:
1. Literarische Bildung bindet die Sprache der einzelnen Menschen in den größeren Erzähl- und Sprachkontext der Literatur ein. Sie stellt dadurch Zusammenhänge her, die ohne sie nicht erfahrbar und sichtbar würden. Sie öffnet in dieser Weise kulturelle Archive, die anders verschlossen blieben.
2. Literarische Bildung sensibilisiert Menschen für ihre eigene Sprache und das Sprechen ihrer Umwelt. Sie lässt Menschen aufmerksam werden auf das, was Sprache vermag und auch darauf, wo sie an Grenzen kommt. Und gleichzeitig erweitert sie die sprachlichen Möglichkeiten der Lesenden und Mitdenkenden.
3. Literarische Bildung ist Leseförderung. Lesen ist eine der grundlegenden Kulturtechniken unserer Gesellschaften. Und damit schafft literarische Bildung die notwendigen Voraussetzungen für weitere Lern- und Lesekontexte ihrer Teilnehmenden.
4. Literarische Bildung ist in dem oben beschriebenen doppelten Sinn kulturelle Diakonie. Sie schließt Menschen kulturelle Archive auf. Gleichzeitig wirkt sie in die Kirche hinein als Advokatin einer Sprache, die zeitgenössische Erfahrungen, auch religiöse Erfahrungen, artikulieren kann und wird so zur Herausforderung auch für Verkündigungssprechen.
5. Schließlich ist literarische Bildung ein Ort, an dem Menschen viel über sich selbst und die Welt erfahren, wo sie lernen, dass es nicht nur eine wissenschaftliche Sicht der Welt gibt, sondern auch eine, die – nah verwandt mit dem ursprünglich mythologischen Weltverstehen – dem Menschen zugewandt, damit aber umso mehr lebensfördernd ist.

4 Zum Schluss

Menschen sind die einzigen bekannten Wesen, denen es gelungen ist, die genetische Vererbung mit Hilfe vor allem der Sprache bei weitem zu überholen. Wir können Wissen und Fähigkeiten von Generation zu Generation weiterreichen, seit wir zu sprechen gelernt haben. Und seit wir schreiben und lesen können, gelingt das sogar über mehrere Generationen hinweg.

Niemand muss das Sprechen, Schreiben und Lesen, niemand muss das Kochen, Denken und Tanzen, niemand den Fahrzeugbau und Hausbau in seinem eigenen Leben neu erfinden. Auch Deutungen von Erfahrung, Wissen um Lebenszusammenhänge, Umgang mit Glück und Schrecken, mit Anfang und Ende müssen nicht in jedem Leben neu entdeckt und entwickelt werden.

Was aber von Sprache und Hausbau, vom Tanzen und vom Kochen wie vom Lernen selbst gilt, das trifft auch auf die Fähigkeit des Deutens und des Verstehens zu: „Was von den Vätern du ererbt, erwirb es, um es zu besitzen." (Goethe). Vieles wird uns überliefert in Schule und Unterricht, im Beruf und im Leben. Erst der aktive Umgang damit (das Erwerben) aktualisiert all das auch als Fähigkeit für uns einzelne Menschen und macht es lebensförderlich oder auch abscheidbar.

Kulturelle Bildung wird in einer Gesellschaft, die immer pluraler wird in dem, was als Wert, als mögliches Deutungsmuster, als religiöse Orientierung erfahren wird, in einer Gesellschaft auch, die außer einem rechtlichen Geländer kaum mehr verbindlich festlegen kann, wie Menschen leben, zusammen leben und ihr Leben gestalten sollen, eine immer größere Bedeutung gewinnen.

Wenn Menschen sich bewusst entscheiden wollen, wenn sie Orte suchen, an denen sie „Ererbtes" „erwerben" können, wenn sie merken, dass Wertfindung und Lebensdeutung nicht nur Sache des Einzelnen ist, sondern in Gemeinschaft geschieht, dann finden sie im Rahmen der kulturellen Bildung die dafür notwendigen Orte, Zeiten und Menschen.

Der Kulturbegriff, der hinter einer kulturellen Bildung in katholischer Trägerschaft steht, ist kein normativer, obgleich kulturelle Bildung in katholischer Trägerschaft vor allem die Archive der eigenen Gemeinschaft erschließen kann. Mit einem nichtnormativen Kulturbegriff im Hintergrund wertet solche Bildung andere Archive, andere Werthaltungen nicht ab. Sie ist aber auch nicht gleichgültig Werten und Deutungsmustern gegenüber und ihr ist nicht alles gleich gültig. Sie wirkt nicht prägend, obwohl sie Entscheidungen möglich macht. Sie will nicht überwältigen, sondern befreien. Sie ist gegenwärtig und aktuell in Sprache, Methodik und Wissen. Im besten Fall entsteht in ihr, an den Stellen, wo sie sich selbst überschreitet, Geistes Gegenwart.

Quellenangaben

Assmann, J. (2007). Das kulturelle Gedächtnis . Schrift, Erinnerung und politische Identität in frühen Hochkulturen. München: Beck.
Celan, P. (1986). Gesammelte Werke in fünf Bänden, Bd. III, 200. – Ansprache anlässlich der Entgegennahme des Literaturpreises der Freien Hansestadt Bremen 1958. Frankfurt/M.: Suhrkamp.
DBW & Diözesanratsausschuss EB (Hrsg.) (1997). Hoffnung ist Auftrag. In: keb DRS (Hrsg.). Stuttgarter Hefte 27. Stuttgart.
Eich, Günter (2011) Darmstädter Rede bei der Entgegennahme des Georg-Büchner-Preises 1959. Heidelberg: Reclam.
Gebauer, E. (2013). Mut zur Malgemeinschaft in der kulturellen Bildung! Kirchenpädagogik ist Beziehungspflege am Objekt, nicht Zwischennutzung vor der Räumungsklage. In diesem Buch. Bielefeld: W. Bertelsmann Verlag.
Grass, G. (1994). Das Treffen in Telgte: Eine Erzählung und dreiundvierzig Gedichte aus dem Barock. München: Deutscher Taschenbuch Verlag.
Halbwachs, M. (1985). Das Gedächtnis und seine sozialen Bedingungen. Aus dem Französischen von Lutz Geldsetzer. STW 538. Frankfurt: Suhrkamp.
Höhn, H.-U. (2009). Soziale Diakonie – kulturelle Diakonie. Vom entscheidend Christlichen. www.bussemer.net/daten/SozialeKulturelleDiakonie.pdf (Aufruf 25.06.13).
Joas, H. & Wiegandt, K. (2010). Die kulturellen Werte Europas. (S. 494–511). Frankfurt: Fischer Taschenbuch Verlag.
Kasper, W. (1998). Bildungswerk der Diözese Rottenburg-Stuttgart e. V. (Hrsg.). Dokumentation 25 Jahre Diözesanbildungswerk. Grußwort. In: Stuttgarter Hefte 33/34. Stuttgart.
Krämer, M. (2012a). April und andere Archive. Hinweise zur kulturellen Identität. http://www.keb-drs.de/fileadmin/downloads/themen-kulturelle-identita et-2008.pdf
Krämer, M. (2012b). Hoffnung. http://www.keb-drs.de/fileadmin/downloads/ selbstverstaendnis-hoffnung.pdf
Krämer, M. (2011). keb Diözese Rottenburg-Stuttgart (Hrsg.): In: Jahresbericht 2010/2011. Stuttgart. http://www.keb-drs.de/fileadmin/downloads/jahresbe richt-2010–2011.pdf
Krämer, M. (2012c). keb Diözese Rottenburg-Stuttgart (Hrsg.): In: Jahresbericht 2011/2012. Stuttgart. http://www.keb-drs.de/fileadmin/downloads/jahresbe richt-2011–2012.pdf

Krämer, M. (2013a). Geistes Gegenwart. Perspektiven kultureller Bildung in der keb unter besonderer Berücksichtigung literarischer Bildung. In diesem Buch. Bielefeld: W. Bertelsmann Verlag.

Krämer, M. (2013b). Kirche und Gesellschaft. Einige Anmerkungen zu religiösen/theologischen Bildung. In diesem Buch. Bielefeld: W. Bertelsmann Verlag.

Kunert, G. (1980). Unterwegs nach Utopia. Gedichte. Berlin/Weimar: Aufbau-Verlag.

Nadolny, St. (1990): Selim. Oder die Gabe der Rede. München: Piper Taschenbuch Verlag.

PRAGMA Studie (2013): Studie zu den religiösen Orientierungen in der Diözese Rottenburg-Stuttgart. (unveröffentlicht).

Pollack, D., Müller, O., Rosta, G., Friedrichs, N. & Yendell, A. (2013). Grenzen der Toleranz. Wahrnehmung und Akzeptanz religiöser Vielfalt in Europa. Wiesbaden: Springer VS.

Reents, E. (13.02.2013). FAZ-Online-Feuilleton. Otto Ludwig. Ein großer Erzähler, der zu Unrecht vergessen ist. http://www.faz.net/aktuell/feuilleton/buecher/autoren/otto-ludwig-ein-grosser-erzaehler-der-zu-unrecht-vergessen-ist-12059267.html (Aufruf 25.06.13).

Richter, J. (2008): Der Anfang von allem. München: Carl Hanser Verlag GmbH & Co. KG.

Schmitt, Ch. (2013). „Kommt und seht..." Kirchenführung als Vorschule zur Glaubensästhetik. In diesem Buch. Bielefeld: W. Bertelsmann Verlag.

Schweitzer, Friedrich (2013). Religiöse und interreligiöse Bildung im Erwachsenenalter. In diesem Band. Bielefeld: W. Bertelsmann Verlag

MDG MedienDienstleistungsGmbH (Hrsg) (2013). MDG Milieuhandbuch „Religiöse und kirchliche Orientierungen in den Sinus-Milieus®". Heidelberg: MDG.

Wagner, P. (2005). Hat Europa eine kulturelle Identität? In: Joas, H. & Wiegandt, K. Die kulturellen Werte Europas. (S. 494–511). Frankfurt: Fischer Taschenbuch Verlag.

Zweites Vatikanisches Konzil (1965). Gaudium et Spes. In: LThK. Zweite, völlig neu bearbeitete Auflage, Teil III: Das Zweite Vatikanische Konzil. Konstitutionen, Dekrete und Erläuterungen, Lateinisch und Deutsch, Kommentare. Hrsg. Von Heinrich S. Brechter, Bernhard Häring, Josef Höfer u. a.. Freiburg/Basel/Wien 1968.

Dr. Michael Krämer, Leiter der keb DRS

Dieser Aufsatz ist Kaja, Jonne und Michel gewidmet.

„Kommt und seht ..." – Kirchenführung als Vorschule zur Glaubensästhetik

Christoph Schmitt

Kirchenräume in Führungen zu erschließen, findet sich im Repertoire katholischer Erwachsenenbildung seit jeher. Das kulturelle Interesse an kirchlichen Bauten, an ihrer Geschichte und ihren Ausstattungsgegenständen findet ungebrochen Angebote, wie ein Blick quer durch die Programmhefte zeigt. Ungebrochen? Schon die subjektive Wahrnehmung zeigt hier ein verändertes Bild. Denn zunehmend sind Frauen und Männer Teilnehmende, für die es nicht mehr selbstverständlich ist, am kirchlichen Leben im engeren Sinne teilzunehmen und für die es nicht mehr selbstverständlich ist, was im Kirchenbau, was mit seinem Inventar geschieht, wozu es dient und was es bedeutet.

1 Kirchenführerausbildung – eine ökumenische Qualifizierungsoffensive

Nach der Jahrtausendwende wurde in den Bildungseinrichtungen immer deutlicher das Interesse bekundet, die katholische Erwachsenenbildung möge Angebote machen, Interessierte so fortzubilden, dass diese in ihren Kirchen „bessere Führungen" machen können. Hinter diesem Interesse fand sich nicht nur der Bedarf, mehr über Baustile, Ikonographie oder Kunstgeschichte im weiteren Sinne zu erfahren. Auch theologische, kirchengeschichtliche, liturgiebezogene und methodische Fragestellungen sollten zur Sprache kommen.

Im Rahmen des diözesanen Bildungswerkes bildete sich ein kleiner Arbeitskreis „DenkMalBildung" aus Referentinnen und Referenten einzelner Bildungswerke (Ulm, Rems-Murr, Stuttgart und Calw), der sich dem Thema der Begegnung von Kultur und Kirche widmete. Seit 2003 stellte man dort Überlegungen an, einen entsprechenden Kurs auf diözesaner Ebene anzubieten, nachdem Emanuel Gebauer für das Bildungswerk Rems-Murr schon einen mehrteiligen Wochenendkurs angeboten und dieser positive Resonanz gefunden hatte.

Auch der 2001 gegründete Arbeitskreis Kirchenraum/Kirchenpädagogik innerhalb der evangelischen Landeskirche in Württemberg war dabei, ein Konzept zu entwerfen, das Personen für die Betreuung geöffneter Kirchen, für Kirchenführungen und kirchenpädagogische Praxis zu qualifizieren suchte. Persönliche Kontakte zwischen beiden Arbeitskreisen führten sie zusammen und eine ökumenische Arbeitsgemeinschaft Kirchenführerausbildung begann 2004 das Konzept eines bewusst ökumenisch orientierten Kirchenführerkurses zu erarbeiten.

Dieser Arbeitskreis ist einerseits mit Referentinnen an die evangelische Erwachsenenbildung angebunden, hat aber zugleich eine Anbindung in den pastoralen Bereich über die Einbindung in den Evangelischen Gemeindedienst für Württemberg im Fachbereich Kirche in Freizeit und Tourismus, der auch die Geschäftsführung übernommen hat. Auf Zeit hat die württembergische Landeskirche eine Bildungsreferentinnenstelle um 25 % einer Vollzeitstelle aufgestockt, um die inhaltliche Seite zu gestalten. Auf katholischer Seite ist die AG DenkMalBildung zur Zeit nur über die Erwachsenenbildung personell besetzt, wobei es keine eigens ausgewiesene Stellen dafür gibt, sondern diese Aufgabe im Tätigkeitsfeld der beteiligten Referent/innen aufgrund ihrer Kompetenzschwerpunkte mitgetragen wird.

Das erste Kursangebot „Kirchen sehen, Kirchen verstehen" konnte 2005 in Gestalt eines Basismoduls aus 7 Wochenend- und Tagesseminaren, die sich über mehrere Monate verteilten, angeboten werden. Die Resonanz war so groß, dass auf der Grundlage des mehrmonatigen Kurses ein zweites, paralleles Angebot entwickelt wurde, das sich auf eine lange Kurswoche als Basiskurs konzentrierte: 7 Wochen(enden) wurden in einen Wochenkurs gewandelt, der dann später aus kurstechnischen und pädagogischen Überlegungen in zwei Halbwochenkurse gegossen wurde.

Der erste Durchlauf erfolgte als 7-tägiges Seminar mit rund 60 Wochenstunden. Die Auswertung der ersten Durchläufe führten mit Rücksicht auf die Ressourcen von Teilnehmenden wie Referenten dazu, den Wochenkurs in den beiden letzten Jahren zu revidieren und den Basiskurs als zwei Wochenseminare mit insgesamt 8 Tagen und rund 65 Wochenstunden anzubieten; zwischen den beiden Basiskurshälften liegen ca. 4 bis 6 Wochen, in denen die Teilnehmenden die Möglichkeit haben, sich in die Lektüre einzuarbeiten und inzwischen auch eine kleine praktische Hausarbeit für den zweiten Kursteil vorzubereiten.

Dieses Modell etablierte sich, weil es dem Zeitbudget der Teilnehmenden entgegen kommt und auch arbeitsökonomisch für das Referententeam von Vorteil ist. Die personellen Ressourcen werden nun stärker auf den zweiten Bestandteil des Kurses verwandt, die sogenannten Aufbaumodule. Deren Ziel ist es, aufbauend auf den Kenntnissen des Basiskurses, Handlungsfelder der Kirchenführung zu vertiefen bzw. zu erweitern. Die Teilnehmenden können dabei eine gewisse Auswahl treffen, um sich so auf ihre möglichen Einsatzfelder schwerpunktmäßig vorzubereiten, sei es mehr im Kinder- oder Jugendbereich oder auf erwachsene Besucher konzentriert.

Jährlich bietet das Ausbildungsteam aus Theolog/innen, Bildungsreferent/innen, Kunsthistorikern, Religionspädagog/innen und Erwachsenenbildner/innen zwischen 8 und 10 Aufbaumodule an. Als ganztägige Veranstaltung über das Jahr verteilt bilden sie den zweiten Teil der Ausbildung und bieten den Basiskursabsolventen die Möglichkeit, innerhalb eines Jahres zum Abschluss ihrer Fortbildung zu kommen. Diese Aufbaumodule finden nicht nur bei Basiskursteilnehmenden Interesse, sondern stehen auch früheren Absolventen oder am Thema Interessierten offen. Das Repertoire der Aufbaumodule reicht dabei von vertiefenden Seminartagen zu den Baustilen (insbesondere zur Moderne und Gegenwart), über spezielle ikonographisch bestimmte Module (Heilige, Maria, Teufel, Farben), Kirchenpädagogik für Kinder, theologische Themen (nicht zuletzt zur Rolle der Liturgie, der Kirchenmusik) und Schwerpunkte der Kirchengeschichte, Biographiearbeit im Kirchenraum, Spirituelle Führungen, Methodenseminare, Seminartage zu schriftlichen Kirchenführern u. a. m.. Die Konzeption der Module sieht dabei vor, dass auf diese Weise Praxis und Reflexion sowie Theorie des Gegenstandes miteinander verflochten werden.

Seit 2005 wurden für die württembergische Landeskirche bzw. die Diözese Rottenburg-Stuttgart 11 ökumenische Kurse angeboten, darunter vier 7-teilige Basiskurse. Doch warum das alles in dieser Form?

2 Inhalte der Ausbildung und Einbettung in die Kirchenpädagogik

Bei der Entwicklung des Konzeptes entschied sich das Team für einen didaktischen Aufbau, der beim historisch-genetischen Zugang ansetzt. Nicht nur erwachsene Besucher von Kirchenräumen kommen auf diese Weise gegenwärtig am häufigsten mit dem Kulturdenkmal Kirchenraum in Kontakt, sondern auch die anvisierten Kursteilnehmenden benannten vielfach diese Perspektive als Erstes für eine Entscheidung, die Ausbildung zu beginnen. Die Kurskonzeption berücksichtigt so, was das „Dresdner Positionspapier 2010" des Bundesverbandes Kirchenpädagogik in Fortschreibung seiner Thesen von 2002 benennt: „Als Orte des kulturellen Gedächtnisses, der Identifikation und als Kulturgüter gehören Kirchenräume nicht allein den Kirchen. Daher findet Kirchenpädagogik auch auf dem Markt touristischer Angebote statt. Tourismus und Eventkultur tragen zu einem neugewonnenen Interesse der Menschen an Kirchenräumen bei. Kirchenpädagogik nimmt dieses Interesse ernst und behauptet sich auf dem touristischen Markt mit einem besonderen Profil. Dabei setzt sie sich mit historischen, kunsthistorischen und gesellschaftswissenschaftlichen Fragestellungen auseinander. Sie nimmt die theologisch wie geschichtlich bedingten Linien der Kirchenraumgestaltung ernst, übersetzt sie in die Gegenwart und setzt sie zu den Erfahrungen und Fragen der Teilnehmenden in Beziehung"(Dresdener Positionspapier, 2010, S. 54).

Dieser Zugang ist nicht, was manche Kirchenpädagogen befürchten, eine auf eine enge kunsthistorische Sicht der Dinge bezogene Reduktion, vielmehr setzt das Curriculum bei Prämissen an, denen sich eine kirchenpädagogische Arbeit heute stellen muss:
a) Menschen haben ein großes Interesse an Kirchenräumen und gleichzeitig gehen sie in einer differenzierten und persönlich geprägten Haltung auf Religion und die christlichen Kirchen zu. Kirchenräume werden als Zeugnisse vergangener Epochen respektiert, die nicht nur architektonisch resp. künstlerisch anerkannt sind, sondern kulturelle, bis heute reichende Auswirkungen haben.
b) Menschen begegnen heute in höherem Maße der Religion in ihren visuellen Ausdrucksformen. In der Offenheit einer ästhetischen Wahrnehmung von Religiosität wird diese attraktiver für die einzelne Person, je ausdrucksstärker diese Ausdrucksformen sind und dem Anspruch von Ästhetik genügen. Nicht zu unterschätzen ist das Empfinden dieser Weltwahrnehmung, hat sie doch viel mit der Suche des Menschen nach Verwirklichung seiner Autonomie zu tun (Krämer, 2009).
c) Menschliches Leben ereignet sich in einer geschichtlichen Dimension. Wird diese transzendiert, zeichnet sich Leben durch Glauben aus. Solches Glauben lässt sich verstehen als ein beständiges Hinhalten der eigenen Existenz gegenüber einem, wenn auch nie einholbaren, doch immer schon geschauten Hoffnungshorizont, der im Namen „Gott" kulminiert. Wieweit Kirchenräume mit ihrer eigentümlichen Raumatmosphäre Zeitlichkeit und Ewigkeit vermittelnd Erfahrungsfeld dieses ungestillten Verlangens von Leben im Glauben sein können, lohnt eine eigene Ausführung.
d) Glauben im Heute ist angewiesen auf eine kritische Befragung, die sich ihrem Kern nach aus den Glaubenserfahrungen des Gestern herausschälen lassen muss. Damit wird ernst genommen, dass Lebensdeutungen wie der Glaube immer in einem soziokulturellen Kontext stehen. Soll dieser für die Jetztzeit

einer Person bedeutungsvoll und ein Beitrag zum Walten im eigenen Leben sein, das „über den Tag hinaus" fruchtbar sein will, dann sind die Glaubenszeugnisse des Gestern in ihrer zukunftsöffnenden Dimension zu erschließen. Kirchenräume und ihre Ausstattung erweisen sich als geschichtlich bedingte Zeugnisse des Glaubens. Der Blick auf diese ist ein „Blick zurück" und erfordert methodisch eine Gestaltung, die die theologischen bzw. spirituellen Dimensionen bewusst und verständlich machen kann. Und das Optimum würde erreicht, wenn zugleich deren performative Kraft für das Heute offengelegt wird. In dieser Ausrichtung von Kirchenpädagogik wird eine Reduktion auf das bloße Jetzt zu vermeiden gesucht, damit das Jetzt nicht normativ für die gegenwärtige Praxis erscheint (keine Korrektivfunktion). Andererseits heiligt der Blick auf das Gewesene nicht gegenwärtige Erstarrung.

Theologische liturgische kirchenhistorische Perspektiven	Symbole und Ikonografie	Kirchenraum als „heiliger Raum"	Konfessionelle Prägungen	Liturgische Orte im Kirchenraum	Raum und Liturgie	Kirchenbau im lokalen Kontext
Kunstgeschichtliche Perspektiven	Ikonografie Ikonologie	Baugeschichte	Baustile von der Romanik bis zur Moderne/Gegenwart	Architektur	Bildhauerei	Bildende Kunst
Didaktische Perspektiven	Museumspädagogische bzw. kirchenpädagogische Methoden religionspädagogische Reflexionen	Ikonologisch geprägte Vermittlung	Zielgruppen orientierte Vermittlung	Spirituelle Erfahrung ermöglichen	Leben und theologisches/religiöses Wissen vermitteln	
Exerzitium	Einüben des Sprechens, speziell vor Gruppen	„Standing"	Dramaturgie der Führung und Bewegung im Raum	Medien einsetzen/erstellen	Geistliche Elemente authentisch integrieren	Den Feierraum nutzen

Entsprechend diesen Prämissen ergibt sich eine Matrix der Inhalte, deren einzelne Elemente in der Umsetzung im Basiskurs und in den Aufbaumodulen soweit möglich in Korrelation gebracht werden. Dies geschieht einerseits in der Korrelation von Theorie und Praxis, d. h. die Teilnehmenden lernen in der progressiven Übung theoretische Inhalte mit methodischen Umsetzungen zu verknüpfen und dabei über ihre Erfahrungen zu reflektieren. Dies ist umso notwendiger für die spätere Praxis, da kein Kirchenraum dem anderen gleicht und die Bandbreite von Zielgruppen und thematischen Schwerpunkten groß ist.

In der Umsetzung einer solchen Matrix ergibt sich dann, je nach Veranstaltungsort, für den Basiskurs etwa folgende Kombination der Bausteine:

Ansetzend bei ihren Erfahrungen betrachten die Teilnehmenden den „Kirchenraum als liturgischen Raum" und analysieren an ausgewählten Kirchen(räumen), was sie aus ihrer Perspektive dort wahrnehmen, und tragen dies zusammen, woraus sich ein doch vergleichbares Bild ergibt. Im zweiten Schritt geht es um die Analyse einer klassischen Führung im Vergleich zu einer kirchenpädagogisch geprägten Führung, um die Akzentsetzungen wie auch die Gemeinsamkeiten und Unterschiede wahrzunehmen. Auf diesem Hintergrund folgt die Einführung in das Kurskonzept und die Frage, um was es in der kirchenraumpädagogischen Kirchenführung eigentlich geht. Reflektiert wird schließlich, was Kirche als Sakralraum heißen kann und was ein „heiliger Raum" ist, wobei sich hier interessante Gespräche aus den konfessionellen Zugängen ergeben (vgl. Gebauer, 2013).

Was die Baugeschichte bzw. die Baustile angeht, folgt man durch die Kurswoche hindurch einer chronologischen Abfolge: Romanik – Gotik – (die Renaissance wird eher nur touchiert, da sie in Württemberg kaum im Kirchenbau vertreten ist) – Barock – Klassizismus und Baugeschichte des 19. und 20. Jahrhunderts. Insbesondere im Kontext des Barock und des Kirchenbaus des 19. Jahrhunderts (Historismus) werden auch die theologiegeschichtlichen Kontexte des Kirchenbaus zur Sprache gebracht; dies ist sowohl der Württemberg prägenden Konfessionalität als auch dem Baubestand im Bereich der Teilnehmenden geschuldet und tangiert natürlich auch die reformatorisch umgestalteten älteren Kirchen.

Diese Einführungen wechseln ab mit weiteren theoretischen Einführungen bzw. praktischen Erprobungsphasen: So beginnt man sehr früh schon mit der Heranführung an die Ikonographie bzw. Ikonologie als Handwerkszeug und erarbeitet sich die Erfahrung exemplarisch in einer Übung.

Von Anfang an werden auch exemplarische Formen kirchenpädagogischer Führungen eingebaut, so die Führung im Kontext von Dunkelheit und Nacht, die eine religiös-spirituelle Dimension von Kirchenführung zu erschließen anstreben und in der eigenen Erfahrung Machbares wie Grenzen aufzeigen. Eine umfassendere Einführung in die „Kirchenpädagogik", ihre Theorie und ihre Methoden ist immer verbunden mit dem berühmten Sprung ins Wasser, durch Übung kirchenpädagogisch handlungsfähig zu werden und die eigenen Erfahrungen zu reflektieren. Nicht nur das Ganze, sondern auch die Teilelemente einer Kirche bieten Anlass für thematische Erschließungen, sowohl theoretisch (etwa in der liturgiewissenschaftlichen und theologischen Erschließung) wie praktisch (was lässt sich mit Taufstein, Altar, Fenstern usw. vermitteln?). Auf den eigenen mitgebrachten und im Kurs gemachten Erfahrungen aufsetzend wird ein Augenmerk auf die Sehschule und Vermittlung gesetzt; denn ein Objekt zu erschließen heißt auch, es genau wahrzunehmen. Dies braucht einen eigenen Lernprozess, in dem genaues Beobachten der Führungsperson ebenso wichtig ist, wie der Hinweis darauf, Besucher zum differenzierten eigenen Schauen zu bewegen. Für beides gibt es in der Kurspraxis besonders gotische und barocke Beispiele.

Schließlich gehört zu jedem Basiskurs auch die Entwicklung einer eigenen Führung in einer vorgegebenen Kirche, in der sich die Kursteilnehmer von der Planung bis zur Durchführung beweisen können – und das Kursteam immer wieder staunen darf, welch kreative Teilnehmer sie während der beiden Kurswochen begleitet haben.

3 Kirchenpädagogische Kirchenführung – Schule einer Glaubensästhetik?

Mit Bedacht greife ich auf einen Begriff zurück, den Aloys Goergen – der Theologe und Philosoph war Wegbereiter des Dialogs von Kunst und Kirche – als zentralen Begriff seiner Arbeit wählte: Unter dem Begriff Glaubensästhetik „verstand [er ...] den wahrnehmbaren Ausdruck allen gläubigen Tuns" (Zahner, 2005, S. 245), der sich aber „dem Anspruch des Zeitgenössischen, etwa in Kunst, Theologie, aber auch in der Wissenschaft" stellen muss und dieser Ausdruck „muss dem als göttlichen Geschenk Erfahrenen und Geglaubten, in der Gemeinschaft der Versammelten sich zeigenden christlichen Leben entsprechen"(vgl. ebd.). Goergen selbst schreibt: „Was wahrhaft lebendig ist, drängt zur Aussage. Soll sie verbindlich sein, verlangt sie nach Form, die das Erfahrene ins objektiv angemessene Bild erhebt, wo sie als Gebet, Lied oder Tanz zur Erscheinung kommt. Da der Glaube sich im Geist der Zeit verwirklichen will, von dem er ein Teil ist, sucht gerade er die kontemporäre künstlerische Gestalt. Erst in dieser Auseinandersetzung erhält die Rede der Gemeinde Saft und Kraft und gewinnt den geschichtlichen Ort, von dem aus sie glaubwürdig von dem sprechen kann, was sich von Gott her zeigen will. Hier ist der Ursprung der Glaubensästhetik"(Goergen, 2005, S. 37). Goergen sieht sie als „aus reflektierter Praxis gewonnene Theorie zur Deutung aller zur sichtbaren

Wahrnehmung (aisthesis) kommenden Vollzüge der gläubigen Gemeinde"(Goergen, 2005, S. 40) und so „soll [sie] bezeichnen, was vom Menschen hergebracht und wahrgenommen wird. Durch das, was der Mensch tut oder macht, allein oder gemeinsam mit anderen, werden seine inneren Gebilde, seine Triebe, Wahrheit, Lüge und Wahn sinnlich wahrnehmbar, gewinnen Gestalt und Figur. [...] Das Innere drückt sich im Äußeren aus und kann am Äußeren abgelesen werden, weil jede leibliche Bewegung und Gebärde das Seelische ins Körperliche übersetzt und so zu Wahrnehmung bringt" (Goergen, 2005, S. 53).

Sein Begriff verweist auf Vollzug dieser Gestaltung im Jetzt durch Vollzüge der Gemeinde. Dies ist mit Blick auf eine normale genetische Kirchenführung ein völlig anderes Tun, doch mit Blick auf den Anspruch der Kirchenpädagogik, im präliturgischen Handlungsraum Erfahrungen zu ermöglichen, bildet die Glaubensästhetik eine Perspektive. Kirchenpädagogik wird zwar nicht Glaubensästhetik betreiben im Goergen'schen Sinn, jedoch Menschen hinführen können an die Schwelle, an oder auf der sich jemand wahrnehmungsfähig vorbereitet, mit wachen Sinnen Liturgie und Kirchenraum als Geschehen und Ort der Verwirklichung von Gotteserfahrung zu erleben (vgl. Krämer, 2013). Für die glaubensästhetische wie die kirchenpädagogische Zugangsweise ist ein Kirchenraum als liturgischer Raum mehr als eine geschichtlich wie künstlerisch geprägte Größe, nicht bloß historisches Zeugnis, sondern Ort präsentisch ansprechender Aussage über die Zuwendung Gottes zu den Menschen. Nimmt man Goergens Ansatz ernst, heißt dies aber auch, dass glaubensästhetisch fundiertes Handeln zeitgemäß gestaltend wirkt – darin bleibt kirchenpädagogisches Handeln im Respekt vor der Geschichtlichkeit zurück. Könnte sich aber dieses Sich-zurück-halten nicht positiv dahin wenden lassen, das Gewordene nicht bloß konservierend zu betrachten, sondern ihm durch die perspektivische Sicht, wozu der Kirchenraum und seine Elemente da sind, seine ‚Fremdheit' zu nehmen und zum zeitgemäßen Handlungsort für die Erfahrung des Mysteriums des Glaubens werden zu lassen? Die Möglichkeit dazu bieten sich im methodischen Repertoire der Kirchenpädagogik, für die das Erkunden der sinnlichen Dimensionen (Sehen, Hören, Tasten, Riechen, Bewegung, leibliches Präsentsein, selbst das Schmecken ist hier möglich) und die Frage, was dies an symbolischen Deutungspotentialen enthält, Kernbestand ist.

Wenn Kirchenpädagogik bei Raumatmosphären ansetzt und Menschen zu Erfahrungen und Reflexionen (Wissen) führen will, so ist eine Begegnung mit Goergens Glaubensästhetik für die Kirchenpädagogik insofern auch bedeutsam, da seine Glaubensästhetik von einem Paradox ausgeht, nämlich dass der unsichtbare Gott des christlichen Glaubens im kultischen Akt sichtbar wird. Hier lassen sich zwei philosophische Ansätze heranziehen, nämlich einmal jener von Hermann Schmitz

(Schmitz, 2005) und zum anderen der Gernot Böhmes (vgl. Böhme, 2001 und 2006). Ersterer definiert vier Raumdimensionen, nämlich den leiblichen Raum, den Gefühlsraum, den Ortsraum und die Wohnung als Kultur der Gefühle im umfriedeten Raum. In letzteren sind Kirchengebäude einzuordnen, da sie die göttliche Atmosphären kultivieren und verräumlichen. In einer Kirche als Ortsraum begegne der Leibraum des Menschen einer atmosphärischen Macht eines Gefühls und könne davon im affektierten Betroffensein leiblich angerührt werden. Für Gernot Böhme sind Atmosphären etwas zwischen Subjekt und Objekt – und die Außenwirkung der Objekte und Dinge finden andererseits ein leibliches Verspüren des wahrnehmenden Subjekts. Gerade in der Erfahrung des Raumes als einer anderen Atmosphäre entstehen beim Menschen Anmutungen, die ihn in eine bestimmte Stimmung bringen. Da diese Anmutungen von außen wirken, können sie mit anderen Menschen geteilt werden und sind auch machbar. Menschen erkennen also Räume auch wieder, weil sie eine Inszenierung haben, die Wiedererkennung möglich macht. Die Kirchenpädagogik habe ihre Aufgabenstellung darin, den Kirchenraum als heiligen Raum wahrnehmbar werden zu lassen angesichts einer auch soziokulturell bedingten Wahrnehmungsvoraussetzung. Dabei wolle sie aber nicht nur die Außenwirkung erzeugt wissen, sondern auch das bestätigen, was sich darunter an Glauben birgt. Für die Kirchenpädagogik nutzbar gemacht hat beide Ansätze Tobias Woydack, Der räumliche Gott. Was sind Kirchengebäude theologisch? (Woydack, 2005).

Damit wird deutlich, dass die Gegenstände, die in der Kirchenpädagogik betrachtet werden, nicht für sich stehen bleiben sollen, sondern, weil die Sichtbarkeit die geschichtliche Dimension des Menschen ausmacht (Goergen, 2005, S. 53), zu Kommunikation und sozialer Dimension führen. Nicht das Geschaffene selbst repräsentiert Gott, weil Gott unsichtbar, sinnlich nicht wahrnehmbar ist, ja sogar selbst als der verstanden wird, der im Dunkel wohnt (1 Kön 19,12). Es ist eigentlich die Leere, die der „Präsenz" Gottes am ehesten als ‚Statthalter' entspricht – und so wird deutlich, dass der Kirchenraum und was in ihm den Glauben zum Ausdruck bringt, nur Ausdruck von Gottes Handeln in der Geschichte beschreiben kann. Und doch will „das Neue, das von jenseits der Bedingung menschlicher Wahrnehmung in die Geschichte gekommen ist", also jene Gotteserfahrung, um die es dem christlichen Glauben an den menschgewordenen Sohn geht, „nichtsdestoweniger wahrgenommen werden", indem der Mensch „zu bestimmten Haltungen und Handlungen, durch die seine [scil. Gottes] unsichtbare Wesens- und Denkart sichtbar wird"(Goergen, 2005, S. 54). Für Goergen ist klar, dass dies letztlich nur im Vollzug der Glaubensästhetik dem Menschen wirklich nahekommt. Kirchenpädagogik selbst kann von ihrem eigenen Verständnis nicht diesen Vollzug schaffen, zumindest jedoch dort hin führen und in gewisser Vorerfahrungen bzw. Sensibilitäten schaffen.

Kirchenpädagogik kann in ihrer Ernsthaftigkeit nicht beim bloßen Hinschauen bleiben, muss Menschen auf diese Ernsthaftigkeit des Gotteserfahrung fördernden Raumes und seiner Dinge verweisen. Gerade die mangelnde Ernsthaftigkeit im Umgang mit Kirchenräumen und ihrem Inventar verbunden mit einem mangelnden Wissen um deren Bedeutung für die Hinführung zur Erfahrung des Göttlichen motivieren Peter B. Steiners Beiträge in seinem Buch „Glaubensästhetik"(Steiner, 2008). Kirchenpädagogik muss sich in ihrer Praxis immer wieder selbstkritisch anschauen, ob sie die Einladung, zu kommen und zu sehen, auch in einem missionarischen Sinne verstehen will.

Das Dresdener Positionspapier 2010 des Bundesverbandes Kirchenpädagogik greift diesen Gedanken explizit auf: „Kirchenpädagogisches Handeln geschieht auf der Schwelle: dort, wo sich Inhalte menschlicher Alltagserfahrungen und gelebter Glaubenserfahrungen begegnen. So ist eine wesentliche Aufgabe kirchenpädagogischen Arbeitens – wie in der dritten These zur Kirchenpädagogik formuliert –, Zugänge zu oftmals verschütteten religiösen Erfahrungen und Sehnsüchten der Beteiligten anzubahnen und diesen Prozess unaufdringlich und behutsam zu moderieren. Darin besteht auch ihre Erfolgsgeschichte, und so wird sie vielerorts wahrgenommen. Angesichts des Verlustes des Alleinstellungsmerkmals für das Religiöse in unserer Gesellschaft [...] will [Kirchenpädagogik] in diesem Kontext Kirchen in ihrem einladenden statt vereinnahmenden Charakter erschließen helfen. Sie kann nicht zum expliziten Bekenntnis herausfordern, aber kirchenpädagogisch geprägtes Handeln erweist sich gerade hier als Zeitgenossenschaft, die den Verstehens- und Glaubenshorizont der Menschen der gegenwärtigen Gesellschaft miteinbezieht. Dies setzt bei den kirchenpädagogisch handelnden Personen eine bewusste Reflexion ihres eigenen Standortes gegenüber der Kirche in ihren drei Dimensionen – architektonisches Bauwerk, Gemeinschaft der Glaubenden und institutionelle Konkretion – voraus. Im Blick auf die Teilnehmenden sind sie selbst Repräsentantinnen und Repräsentanten der Institution Kirche, mit der sie sich in einer kritischen Sympathie verbunden fühlen."

Kirchenpädagogische Fähigkeiten durch ein sich weiter entwickelndes Kursangebot an Menschen zu vermitteln, denen ihre Kirche mehr sagen will als Daten und Namen, ist daher eine Antwort auf die Frage, wie Menschen anderen Menschen in deren religiösen Suchbewegungen Erfahrungsräume erschließen helfen, sich dem unsichtbaren Gott anzunähern. Kirchenpädagogik ist eine Schwellenhilfe für die Menschen und ihre Verortung in der Erwachsenenbildung, die dem Menschen helfen will, seine Erfahrungen reflektiert und verantwortlich zu machen. Sie passt zur kirchlichen bzw. katholischen Erwachsenenbildung als personale Präsenz auf der Schwelle zwischen dem Binnenraum Kirche und dem Außenraum der Kirche, bewegt und agiert, weil die handelnden Personen sich zwischen den Räumen bewegen und Kenntnis haben von beiden Räumen. Wer wissen will, wo der Meister wohnt, der muss selbst kommen wollen und über einen *gewissen* Zeitraum an einem *gewissen* Ort gemeinsame Erfahrungen sammeln können, um das eigene Ja geben zu können. Bildung schafft hier nicht dieses „Ja". Bildung begleitet Menschen zur Entscheidungsschwelle und schafft die Voraussetzungen dafür, dass Menschen „Nein" sagen können oder eben doch ihr eigenes „Ja".

Quellenangaben

Böhme, G (2001). Aisthetik. Vorlesung über Ästhetik als allgemeine Wahrnehmungslehre. München: Wilhelm Verlag.
Böhme, G. (2006). Architektur und Atmosphäre. München: Wilhelm Verlag.
Dresdener Positionspapier (2010). In: kirchenPÄDAGOGIK 10. www.bvkirchenpaedagogik.de/index.php?id=66.
Gebauer, E. (2013). Kulturelle Bildung. In diesem Buch. Bielefeld: W. Bertelsmann Verlag.
Georgen, A. (2005). Zum Konzept der Landakademie Rattenbach. In: Ders., Glaubensästhetik. Aufsätze zu Glaube, Liturgie und Kunst. Gerhards, A. & Schlette, H. (Hsrg.). Ästhetik-Theologie-Liturgik, 34. Münster: Lit Verlag.
Krämer, M. (2009). Ungestillte Gegenwart. Stuttgart. http://www.keb-drs.de/fileadmin/downloads/ungestillte-gegenwart.pdf
Schmitz, H. (2005). Das Göttliche und der Raum. System der Philosophie III.4, Bonn: Bouvier.
Steiner, P.B. (2008). Glaubensästhetik. Wie sieht unser Glaube aus? 99 Beispiele und einige Regeln, Regensburg: Schnell & Steiner Verlag.
Woydack, T. (2005). Der räumliche Gott. Was sind Kirchengebäude theologisch? Kirche in der Stadt. 13 Hamburg: Eb-Verlag.
Zahner, W. (2005). Nekrolog. In: das münster 58. Regensburg: Schnell und Steiner Verlag.

Christoph Schmitt, Dekanatsreferent, Leiter und Geschäftsführer der keb Nördlicher Schwarzwald e. V.

Mut zur Malgemeinschaft in der kulturellen Bildung!

Kirchenpädagogik ist Beziehungspflege am Objekt, nicht Zwischennutzung vor der Räumungsklage

Emanuel Gebauer

Mainz, irgendwann im Jahre 1992: Soeben habe ich ein paar Hinweise über die Jugendlichen erhalten, die ich gleich durch den Dom führen soll. Sie kommen weitgehend aus einem, wie man so sagte, „Brennpunktbezirk" einer fremden Stadt. Aber die Gruppe spricht Deutsch als Muttersprache. Kirchenführung: Kunst und Geschichte eben, normales Programm, aber eben möglichst kurz. Nun gut. Immerhin kann ich mir einige Minuten vorher intuitiv ein Bild davon machen, wer und was mich erwartet. Es gibt allerdings nicht viel, an das ich hätte anknüpfen können: Nach wenigen Minuten stellt sich heraus, dass die gemeinsame Sprache allein nicht reicht: Der Gang durch den Dom wird für mich wie ein Tasten auf dünnem Eis. Ich fange an zu reden und sehe bestenfalls bemühte, leere Blicke. Der anschwellenden Verunsicherung begegne ich durch banges Nachfragen: ein Schiff? nein, was ist das, Altar? nein, was ist das, eine Bischofskirche? nein, was? Ein Gottesdienst? – schon mal gehört, ja, nicht so genau. Irgendwann muss ich den roten Faden, den ich hatte, fallen lassen, denn das „dünne Eis" erweist sich als ein See von losen Schollen, und mir gelingt es nur mühsam, mich stockend mit der Gruppe von einer Eisscholle zu anderen zu retten, um die Schleifspur der Entmutigung, die ich im Dom hinterlasse, nicht zu lang werden zu lassen. Bislang dachte ich zu wissen, worum es geht. Jetzt geht mir auf, wie behaglich ich bisher nur bildungstolerante Milieus bedient hatte, in einem Raum von störungsfreier Immanenz. Erfüllung von Erwartungen. Ich hatte eigentlich weniger etwas zu vermitteln, als den Menschen den Blick auf das zu lenken, was schon im Innern ihres Wissens schlummerte. „Anschlusslernen", diesen erwachsenenpädagogischen Wert, habe ich erst viel später kennen gelernt. Nach 45 Minuten wird die Qual im

Dom dann doch anständig beendet. Alle sind dankbar und erleichtert, vor allem darüber, dass es endlich vorbei ist. Schon rechne ich wieder mit den Abschiedsritualen des Heimspiels: Vielen Dank, da haben wir ja wieder viel gelernt, nicht wahr, man nimmt doch immer wieder was mit, haben sie das schriftlich oder wo kann man das nachlesen, wo ist denn die nächste Toilette ...? Doch es bahnt sich eine unerwartete Wende an: Jemand fragt, ob man denn noch etwas gemeinsam essen gehen könne, und ob ich was Billiges empfehlen könne, 'nen Döner oder so. Nun geht es hintereinander auf dem schmalen Gehweg durch die Gassen der Altstadt den Berg hinauf. Links, rechts, an Toreinfahrten vorbei. Plötzlich ein Aufschrei! Der Pilgerzug aus der Kirche bleibt abrupt stehen und erblickt seitlich in einem stinkigen Hinterhof, vor dem eine kleine Leuchtschrift baumelt: eine Moschee! Die Gruppe ist außer sich. Ein Jubeln: Hier? Nein, so was. Ausgelassenes Gelächter der Freude, fast wie zuhause. Diese Überraschung ist ein Gruppenfoto wert: Wir sind hier gewesen, ein unwiederbringlicher Augenblick! Ich werde gebeten, die Gruppe zu fotografieren, vor der Toreinfahrt – keine leichte Aufgabe in der schmalen, lauten Gasse.

Beim Klick auf den Auslöser durchfährt mich das Gefühl, eine unausgesprochene Schuld, die ich bei meiner Kirchenführung angehäuft hatte, wieder getilgt zu haben. Ich hatte die Gruppe in einem Bild miteinander und mit dem Symbol dessen, was ihnen teuer war, in Beziehung gesetzt. Eine freudige Erfahrung hatte alle geeint, und das Bild sicherte den Zeugen dieses Ereignisses wiederum als Symbol die Chance, sich dieser Erfahrung in Zukunft zu erinnern!

Könnte ich das Foto heute in die Hand nehmen, wäre ich vermutlich der einzige, der in diesem Bild die Erinnerung an eine „Kirchenführung" ins Bewusstsein zurückholte ... – die Erfahrungen im Kirchenraum und das, was danach geschah, waren durch Welten voneinander getrennt geblieben. Mir war es nicht gelungen, eine Brücke zwischen diesen Bestandteilen jenes Nachmittags herzustellen. Sie hätte symbolbildend beide Galaxien der persönlichen Verinnerlichung ineinander geschoben – zu *einer* Erfahrung machen können. Eine unfreiwillige, vom Zufall geleitete Didaktik hatte mir allerdings eine Lehre erteilt.

Für solche Praxiserfahrungen fand ich erst später in der Religionspädagogik und in der Erwachsenenbildung die notwendigen theoretischen Deutungsmuster. Die Episode blieb mir jedoch besonders in Erinnerung. Lassen sich doch aus der Umkehrung des Geschehens Beispiele für viele Prinzipien dessen ableiten, woraus sich in den vergangenen Jahren eine Synthese aus Erwachsenen-, Museums- und Religionspädagogik entwickelt hat. Sie wird heute noch immer nicht ganz richtig, weil missverständlich und verkürzt, als „Kirchenpädagogik" bezeichnet (Degen, 2001, Bd.2, Sp. 1224 ff.). Da sind zum einen die Prinzipien der Erwachsenenpädagogik von Subjekt- bzw. Teilnehmerorientierung, Selbsttätigkeit und erfahrungsbezogenem Lernen, die Einsichten in die wahrnehmungspsychologischen Konditionen und der daraus abzuleitenden, vorzugsweise einzusetzenden Mittel. Unter diesen kommt der Anschaulichkeit und der Visualisierung eine grundsätzliche Bedeutung zu (vgl. Siebert, 1983). Auch die Religionspädagogik hatte ja bereits wesentliche Erkenntnisse der Bildungswissenschaft übernommen. Hier war die Krise des hermeneutischen Ansatzes mit der Verbreitung des Prinzips der Korrelation überwunden worden, d. h. mit der wechselseitigen Bezugnahme von aktueller lebensweltlicher Erfahrung, die von den Teilnehmern in das Lerngeschehen eingebracht wird, und dem tradierten Glaubensgut, das zu vermitteln bzw. anzueignen ist (vgl. z. B. Hemmerle, 1994, S. 304–311).

Wie diese verschiedenen Ansätze in die Theoriebildung der Kirchenpädagogik eingeflossen sind, wäre anderswo am Aufbau der ökumenischen Kirchenführerausbildung im Raum Württemberg kaum erschöpfend darzustellen (Gebauer, 2003, S. 23 ff.). Um dies ein wenig abzukürzen, sei hier der Spaß gegönnt, kurz in wenigen Sätzen meine Erfahrungen von 1992 den Prinzipen gegenüber zu stellen, wie sie 2002 vom Bundesverband Kirchenpädagogik in seinen „Thesen" (vgl. Kirchenpädagogik, 1/2002, S. 24 f.) formuliert und kürzlich ergänzt wurden (vgl. Zeitschrift des Bundesverbandes Kirchenpädagogik, 2010, S. 54 f.). Die Gruppe im Mainzer Dom hatte keine Beziehung zum Raum und seinen Orten darin, und ich keine zur Gruppe. Die Schleifspur der Entmutigung war das Ergebnis einer allgemeinen Beziehungslosigkeit. Das Lern-Geschehen wurde vom Kopf auf die Füße gestellt, als die Gruppe eine Moschee in einem nahen Hinterhof erblickte.

Genau da setzt Kirchenpädagogik an: an der Beziehung des Einzelnen zum „Objekt". Darunter soll hier alles, was als Gegenstand, als Bau oder Bild, ästhetisch und haptisch zuzuordnen ist, subsumiert werden. Nur über die Beziehung werden den „Objekten" Bedeutungen und Werte zugeschrieben. Fehlt sie zwischen Gruppe und Objekt völlig, sind der Lebenshorizont der Beteiligten, ihre Beziehung zur bzw. zum „Kirchenführer /-in" und die aktive Beteiligung umso wichtiger. Ohne sie gibt es keine Aufmerksamkeit und Wahrnehmung – auch nicht die Möglichkeit der Beteiligung, d. h. die Hoffnung, das Geschehen zu beeinflussen oder sogar heilsam zu wenden. In Mainz kam dies erst am Schluss mit der Frage: „Gehen wir etwas essen?" Und diese Frage kam nicht vom Kirchenführer, sondern von der Gruppe Kirchenpädagogisches Bemühen setzt also auf Beteiligung, und damit auf die Möglichkeit der Teilnehmenden, das Lerngeschehen, wenn nicht immer äußerlich und allgemein, so doch zumindest für sich selbst innerlich aktiv zu beeinflussen. Nur so findet eine wahrhafte persönliche Auseinandersetzung und innere „Inbesitznahme" des vermittelten Objekts statt. Für den Dom kam das in Mainz leider zu spät. Die persönliche Inbesitznahme eines Objekts erfolgte deshalb erst danach: durch das Gruppenfoto vor der Hinterhofmoschee.

Sicher, jedes Beispiel hat seine Grenzen. Man könnte fortfahren, und die weiteren Ziele der Kirchenpädagogik an der Umkehrung der beschriebenen (Negativ-)Erfahrung erläutern. Diese Ziele bauen zum Teil aufeinander auf: Eine Kirchenpädagogik, die Zugänge zu religiösen Erfahrungen eröffnen will, braucht notwendigerweise Zeit. Sie kann den Prozess nur „unaufdringlich und behutsam moderieren". Indem sie auf „ästhetische, dramaturgische, körperbezogene, musikalische und meditative Vermittlungsansätze sowie klassische Methoden der Religionspädagogik" zurück greift, wird kirchenpädagogisches Planen und Handeln selbstverständlich angewiesen sein auf eine möglichst kleinteilige, zielorientierte Elementisierung vielfältiger Methoden. Sie sollte auf einer imaginären didaktischen Treppe (vgl. Leger, 2013) zu dem zuvor möglichst klar formulierten pädagogischen Realziel einer wirklichen Begegnung führen. Auch zwischen der intendierten didaktischen Fokussierung und dem hinter allem anagogischen oder mystagogischen Bemühen stehenden Wunsch der Verlangsamung gibt es einen inneren, kausalen Zusammenhang. Selbst die für eine interkulturelle Bildung sich aufdrängenden Implikationen meiner beschriebenen Lern-Erfahrung ließen sich noch positiv umkehren, planen und strategisch gestalten (Gebauer, 2007, S. 18–21). Doch kommt es mir im Folgenden auf etwas Zentrales an:

Ein wichtiger Aspekt droht in den letzten Jahren mehr und mehr in der Theoriebildung aus dem Blick zu geraten. Ich behaupte, dass gewisse Beobachtungen in der kirchenpädagogischen Praxis in Bezug darauf, welche konzeptionellen Herausforderungen die größte planerische Energie aufsaugen, damit im Zusammenhang stehen könnten. Hartmut Rupp konstatiert beispielsweise in seinem Versuch einer konfessionellen Differenzierung der Kirchenpädagogik, dass sie sich „mit ihren experimentellen, spielerischen Momenten gerade im Kontext evangelischer Kirchen" entwickelt habe (Rupp, 2009, S. 42), wohingegen „katholische Kirchenpädagogik" auf Grund einer beharrenden Bindung an den heiligen Raum sich „mehr an spirituellen Formen der Raumerschließung interessiert" zeige und deshalb einen stärker mystagogischen Ansatz entwickelt habe. Wenn das stimmt, dann liefe eine solchermaßen konstatierte „evangelische Kirchenpädagogik" meines Erachtens durchaus Gefahr, sich in naher Zukunft zu verausgaben. Denn H. Rupp begründet dies damit, dass „außerhalb des Gottesdienstes der evangelische Kirchenraum ja ein Raum wie jeder andere" sei (Rupp, 2009, S. 42). Deshalb habe sich hier die Kirchenpädagogik entwickelt. Fatal wäre die Schlussfolgerung daraus, dass es eine selbstständige „Kirchenpädagogik" eigentlich gar nicht gibt, sondern eine zeitweilig im Kirchenraum aufgeschlagene Religionspädagogik. Diese wird eben nur, aus welchen modischen oder taktischen Erwägungen auch immer, mal im Kirchenraum veranstaltet. Der hat dann wesentlich gar nichts mit dem Geschehen zu tun.

Führt die Annahme einer solchen „Zufälligkeit" des Kirchenraums für die Kirchenpädagogik nicht dazu, dass ihre doch eigentlich am Objekt geschliffenen Methoden irgendwann nur noch als „Spielereien" einer religionspädagogischen Manier wahrgenommen werden? Kirchenraum, Bild oder Bau, also nur als *Medien* anstelle einer Tageslichtprojektorfolie oder einer Powerpoint-Präsentation? Kirchenraum also als bessere *„gestaltete Mitte"* zur Förderung der Gruppenbeziehungen im Lern-Prozess? Kirchenraum nur als *Illustration* einer religionspädagogischen Kernhandlung?

Um einen solchen Verdacht einer Verengung noch ein bisschen zu überspitzen, müsste man noch einmal ganz von vorne fragen: Warum gibt es dann Kirchenpädagogik überhaupt? Ist sie vielleicht nur ein kirchenpolitisches Vehikel, um zum Beispiel ein moralisch nicht mehr zu vertretendes Überangebot an kirchlichen Immobilien mit irgendetwas zu bespielen, ein Feigenblatt der immer größeren, funktionslosen Leere vor und nach dem immer unmutiger besetzten Gottesdienst? Kirchenpädagogik also als eine Art Resteverwertung, Zwischennutzung, um die Räumungsklage und Übergabe bestenfalls an den „Nachmieter Allah" (vgl. Kirchenumbau, 2013) doch noch ein bisschen hinauszuzögern? Dann hätte sich der an eine solche Funktion gebundene Sinn unserer Anstrengungen erledigt, sobald die Kirchen als Gemeinschaften kein Interesse mehr am Erhalt des überkommenen kulturellen Erbes haben. Theologisch ist ein solches Interesse keinesfalls zwingend – und zwar auch nicht, um hier H. Rupp zu widersprechen, auf katholischer Seite, auch wenn es hier gut begründete Ansätze einer Art von Theologie der Denkmalpflege gibt (vgl. u. a. Lehmann, 1995).

Grundsätzlich schließe ich mich der Charakterisierung der Erscheinungsformen in der konfessionellen Differenzierung von H. Rupp durchaus an. Hier geht es mir nicht darum, diese unterschiedlichen Ausformungen gegeneinander auszuspielen. Schließlich habe ich bislang keinen Ort in der ökumenischen Praxis der Kirchen erlebt, in dem so viel voneinander gelernt wurde, wie in der gemeinsamen Arbeit der ökumenischen Kirchenführerausbildung in Württemberg. Die genannten Fragen sind auch nicht neu, sondern waren schon auf der gemeinsamen Klausurtagung 2009 im Blick.

Ich denke jedoch, dass die Begründung einer genuin auf das „Objekt", den Bau oder das Bild, bezogenen Kirchenpädagogik nicht auf einen irgendwie plakativ als „katholisch" etikettierten Ansatz angewiesen ist, um sich von der Religionspädagogik emanzipieren zu dürfen – so gern ich da als Katholik beispringen würde. Die Begründung der Kirchenpädagogik sollte stattdessen wieder kraftschlüssig auf eine offenbar inzwischen vergessene oder vielleicht auch immer wieder bewusst verdrängte Wurzel der Kirchenpädagogik gestellt werden: ein durchaus „spirituelles" Erkenntnisinteresse in Museumspädagogik und Kunstgeschichtswissenschaft. Auf diese „Spiritualität" gehe ich noch ein. Weil die oben holzschnittartig beschriebene Gefahr der Verausgabung der Kirchenpädagogik vielleicht gar nicht mehr so abstrakt ist, füge ich zuvor noch ein paar unangenehme Fragen an:

Woher kommt es überhaupt, dass die Genese aus der Museumspädagogik in der Kirchenpädagogik gerne vergessen wird? Ausgerechnet diese beiden Disziplinen haben ein gemeinsames Proprium, das bei ihnen zentral, dagegen aber in Erwachsenen- und Religionspädagogik nur ein Element unter vielen ist: Der Aspekt des Lernortes als gesetzte, nicht zur Disposition stehende Bedingung aller daraus folgenden Theorien. Er steht bei beiden am Anfang der Theoriebildung. Das „Objekt" also, oder sagen wir einfach: das Mal an sich (vgl. Gebauer, 2003, S. 23 ff.).

Bereits seit den siebziger Jahren leitete die Museumspädagogik aus dem Axiom „Lernort" verschiedene Raum erschließende, durch selbsttätige Auseinandersetzung charakterisierte, subjektorientierte Methoden ab. Die damalige Bildungsdebatte hatte im Nachspann der Auf- und Umbrüche der 1968er Jahre nun auch die Museen als öffentlich-rechtliche Träger von „Stätten" erreicht. Deren gesellschaftspolitische Legitimation war mit der Diskussion „Lernort contra Musentempel" auf den Prüfstand gekommen. So kompliziert war das gar nicht, denn die klassische Museologie hatte spätestens seit dem 19. Jahrhundert mit dem Topos Museum dezidiert einen Bildungsauftrag verbunden (vgl. Weschenfelder u. a., 1981). Der Unterschied zu den anderen von Reformpädagogik und Bildungsreform erfassten Gebieten ist hier das Verharren im Topos. Das Element des Topos, das dort eher marginal gewesen war, wurde hier in den Mittelpunkt gerückt: das örtlich Gegebene als Ausgangspunkt für die Gestaltungsstrategien von Lernerlebnis und Lernerfahrung.

Die oben zitierte Betonung der Autonomie einer Kirchenpädagogik *vom* Raum, also *vom* Objekt in Bau und Bild, ist eine neuere Tendenz. Das damit einhergehende Verschwinden des Bewusstseins einer Genese der Kirchenpädagogik aus der Museumspädagogik kann entweder an einer evangelikalen Theologen suspekten Konstellation liegen: Erstens, *die* biblische Begründung des Kirchenraums gibt es nicht, man muss sich dem Phänomen schon kulturphilosophisch nähern. Zweitens, eine säkulare Disziplin wie die der Museologie ist hier in ein Arbeitsfeld der praktischen Theologie eingedrungen, und nicht umgekehrt. Oder aber, was ich für näher liegend halte, es ist einer Konkurrenzsituation geschuldet. Immerhin stehen hier zwei numinose Orte gegeneinander: Auf der einen Seite befindet sich der Ort „Museum", oberflächlich betrachtet ein Kind der Aufklärung. Nach dem weitgehenden Verlust des Magischen in den hergebrachten sakralen Räumen, den Kirchen, wurde er als Distanz schaffender Ersatzort einer freiheitlichen, individuellen, emanzipatorischen Reflexion – auch religiöser – Inhalte konstruiert. Was kaum beachtet wird: Fast atavistisch blieb hier als Alleinstellungsmerkmal des Museums unter den Bildungsstätten der Aufklärung die „Aura" erhalten. Wer kann sich noch denken, dass diese „Aura" eng mit dem Wahrheitsbegriff der Substanz und seiner physischen Authentizität zu tun haben muss? Insbesondere die Idee von *substanzieller Originalität*, die Frage nach der Wahrheit im „Echten", wird bis heute in der Museumspädagogik als Garant für das Proprium des Museums als Lernort betrachtet." (vgl. Schulze, 2001) Versteht sich das von selbst? Offenbar sind eine unersetzliche Bestimmtheit des Objekts und die Freiheit des Subjekts enger aufeinander angewiesen, als manche platte kirchliche Aufklärung glauben machen will.

Auf der anderen Seite befindet sich der Ort „Kirchenraum", der zwar spätestens seit der Reformation viele der magischen Implikationen verloren hat. Dennoch aber ist er im binnenkirchlichen Milieu, vor allem im geschlossenen innergemeindlichen, noch vielerorts nur schwer als Stätte der Vermittlung zu legitimieren, *weil* er dort noch als religiöser Raum betrachtet wird. Diese ‚Stallblindheit' gegenüber einer unmittelbaren, ‚eigenen' religiösen Erfahrung geht davon aus, dass sich Vieles angeblich von selbst verstehe, *weil* Glaubensgüter und religiöse Kunstgüter im vertrauten Raum ja noch einen „Sitz im Leben" hätten. Die Ressentiments, die der Kirchenpädagogik noch bis vor Kurzem vor allem in katholischen Gemeinden entgegen gebracht wurden, hatten hier ihre Wurzel. Die emanzipatorische Distanz, die überhaupt erst eine Vermittlung notwendig gemacht habe und jetzt sozusagen als ein „trojanisches Pferd" *in* und *mit* der Kirchenpädagogik wieder an den Ort des angeblich ‚authentischen' Glaubenslebens zurück kehre, wird bestenfalls als unnötig empfunden. Sie befremdet, weil sie zunächst einmal entfremdet. Man hat Angst, dass die materiellen Güter, die der Glaube, und sei es erst kürzlich, hinterlassen hat, nun unausgesprochen als „museal" etikettiert werden. Vieles spricht dafür, dass diese Zusammenhänge bis heute dazu animieren, sich zum Trotz aller Wesensverwandtschaft möglichst weit weg von der Museumspädagogik zu positionieren. Fatal ist dabei, dass Worte wie „Museum", „museal" usw. leider von Pädagogen und Theologen vielerorts pejorativ verwendet werden. Schade, bezeichnet es doch schon von der Etymologie her ein religiöses Potential: einen konkreten Ort mit konkreten „Objekten", an dem es im Hier und Jetzt – wesenhaft – um mehr geht als um das, was physisch der Fall ist.

Eine Kirchenpädagogik, die autonom vom Raum, also vom Objekt in Bau und Bild, wäre, gibt es nicht, und die Kirchenpädagogik muss sich ihrer Herkunft und Bindung an einen mit kulturwissenschaftlichen Begriffen zu fassenden Lernort bewusst bleiben. Sie muss ihr vor-christliches Verhältnis zwischen numinosem Mal und Betrachter offensiver reflektieren als bisher. Und sie darf, um das alles nur noch einmal anders auszudrücken, keine Angst vor Religion als conditio humana haben. Denn alle Theologie ist nachträglich. Der „Gegenstand" ist dafür ein immerwährendes, „lebendes" Mahnmal, substantiierte Ideologiekritik. Die Deuter kommen und gehen. Das Mal bleibt.

Nebenbemerkung: Um die Bedeutung und den Status des Kunst-„Objekts" ist es in jeder Art von Fundamentalismus schlecht bestellt. Das wird noch immer unterschätzt: Als die Taliban die vorislamischen Buddha-Statuen von Bamiyan in die Luft sprengten, kam die Empörung über den Verlust des Weltkulturerbes zu spät – wenige Wochen vor dem 11. September 2001. Ein Fundamentalismus in Verbindung mit Fetischismus ist mir nicht bekannt.

Die Kunstgeschichte, als Gebiet mit spezifischen Methoden, wurde schon erwähnt. Auch sie wird oft völlig verengt verstanden. Man frage KirchenpädagogInnen oder KirchenführerInnen einmal, was sie oder er unter Kunstgeschichte verstehen: Vom eigentlichen Potential kunstgeschichtswissenschaftlicher Methodik ist ein recht schmalspuriger, „vulgärer" Begriff im Gebrauch. Jeder meint sofort zu wissen, was „Kunstgeschichte" sei, hat aber zumeist eine Vorstellung damit verknüpft, die mit dem genetischen Typus der Kirchenführung (vgl. Neumann u. a., 2003, S. 54 f.) gleichgesetzt ist. Es ist Zeit, an einige nützliche Methoden einer „Kunstgeschichte" zu erinnern, die ihrerseits einer Geschichte unterworfen war und eben nicht im 19. Jahrhundert, also bei den Methoden der Stilkritik, stehen geblieben ist (vgl. Kultermann, 1981). Vor ziemlich genau hundert Jahren, verwendete der Kunsthistoriker Aby Warburg erstmalig den Begriff „Ikonologie" für eine auf der Ikonographie aufbauende Methode mit dem Ziel, eine aus dem Positivismus hervorgegangene Einseitigkeit der formalen Kunstbetrachtung zu überwinden (ebd., S. 374).

Schon Aby Warburg hatte an kunstphilosophische Auffassungen angeknüpft, die auf das „magische" Potential des Objekts aufmerksam gemacht hatten: Ein gestaltetes Bild hält einen „Augenblick" fest und wird damit durch die Betrachtung der wechselnden Zeiten hindurch zur Brücke zwischen Jetzt und Damals, Sein und Nicht-mehr-da. Die Re-Präsentation des Bildes ermöglicht es sozusagen, mit dem Augenblick einer anderen Zeit zu kommunizieren, und damit auch über die solchermaßen gebannten Erfahrungen der Menschen.

Warburgs komplexe, bisweilen ins Hermetische abdriftenden Entdeckungen zwischen Bild, Symbol und Kontext kann man vielleicht am besten nachvollziehen, wenn man seiner Konzeption der Ikonologie ein bestimmtes Bild-Verständnis zuordnet. Darin hebt sich jede Art von Bezug zu einer linearen Zeitvorstellung auf, vergleichbar mit der Andacht vor Reliquien, deren Potential, wie P. Brown plastisch beschrieben hat, von Beginn an ganz ähnlich zugleich substanzielle, bestimmbare Orte und ein unbestimmbares Anderswo sind (vgl. Brown, 1991, S. 21).

Kunstobjekt und Reliquie sind also gar nicht so weit von einander entfernt. Ob man die Konzeption der Ikonologie (vgl. Kultermann, 1981, S. 374), also die Entstehung einer Methode der neueren Kunstgeschichte magisch oder irrational nennt: Man hat sie bislang womöglich nur deshalb nicht „spirituell" genannt, weil Warburg und Panofsky als Juden hier gegenüber ihren Adressaten keine trennenden Erfahrungswelten ansprechen wollten (vgl. Sudbrack, 2009, Bd.9, Sp.852 f.).

Aber im Grunde ist sie nichts weniger als das, und es macht nachdenklich, dass diese wie viele weitere bedeutende Kunsthistoriker der so genannten Hamburger Schule, die sich leidenschaftlich den Schlüsseln einer Ikonologie der (christlichen) Kunst gewidmet und das Erkenntnisinteresse der Kunstgeschichte grundsätzlich und nachhaltig auf die *Deutung der Be-Deutungsinhalte der Objekte* gelenkt haben, aus der jüdischen Geisteswelt kamen. Das Werk Hans Beltings knüpft noch heute daran an (vgl. Belting, 2005).

Erwin Panofsky schuf darauf aufbauend und zugleich für die weitere Entwicklung der Methoden des Faches Schule bildend die drei Stufen der ikonologischen Analyse. Im Prinzip geht es um eine möglichst kleinteilige Elementarisierung genau dessen, was auch erklärtes Ziel der Kirchenpädagogik ist: die Verlangsamung der Wahrnehmungsaktivität des Subjekts. Sie setzt dazu den Anker im bildnerischen Objekt, weil es nicht um die Vorerfahrungen des Betrachtenden geht, sondern um Erkenntnis aus dem Objekt, die Chance der Fremderfahrung. Es geht um die Frage, was das Objekt aus seinem eigenen, umfassend kulturgeschichtlichen Zusammenhang wie durch ein metaphysisches „Wurmloch" hindurch heute mitzuteilen hat. Panofskys „drei Schichten" der ikonografischen bzw. ikonologischen Analyse haben also zunächst weniger etwas mit aktualisierender Symboldidaktik zu tun. Es geht um die Suche nach dem Sinn, der wirklich außerhalb von mir da ist.

Die Theorie der „drei Schichten" ikonologischer Bildbeschreibung nach Erwin Panofsky ist im Kern recht einfach darzustellen (vgl. Panofsky, 1939). In der ökumenischen Kirchenführerausbildung, wo wir sie in einer von der Museums- und Kirchenpädagogin Gabriele Harrassowitz weiter entwickelten Form (vgl. Harrassowitz, 1994) als Stufen der Betrachtung einsetzen, hat sich allerdings gezeigt, dass es nicht so einfach ist, diese Suche wirklich gewissenhaft durchzuführen. Sie bedarf tatsächlich der Einübung. Insbesondere die ersten Schritte, die wir dabei betont akademisch auseinander ziehen, stoßen bisweilen auf Widerstand und Ungeduld.

Umso überraschender sind in unseren Übungen dann jedoch die „Aha"-Erlebnisse. Wie kaum eine andere Übung ist dieses Herausarbeiten der „Schichten" von Bedeutungen der Bildinhalte technisch/didaktisch dazu geeignet, sich auf das „Objekt" als eines ernstzunehmenden Gegenübers einzulassen, zur Ruhe zu kommen, die eigene visuelle Wahrnehmung und Urteilskraft zu schärfen, Gesehenes in eigenen Worten zu artikulieren und schließlich die weiterführenden Fragen zu stellen. Die ikonologische Analyse unseren KursteilnehmerInnen als Chance der *Fremd*begegnung zu vermitteln, stellt sich dabei immer wieder als besondere Herausforderung dar. Zu sehr wird nach meiner Erfahrung bei der Ankündigung einer Bildbetrachtung unausgesprochen erwartet, vor allem erst einmal die *eigene* Erfahrung in das Bild projizieren zu dürfen. Das mag der traditionellen Bildbetrachtung in Religionsunterricht und Katechese geschuldet sein. Diese schnelle aktuelle Deutung (vgl. Engemann, 1997) hat natürlich auch ihren Sinn, aber sie führt eben vorrangig zu einer dann banalen Selbstbegegnung und lässt das oben beschriebene Potential der Bilder als Boten einer anderen Welt ungenutzt. Die aktualisierende, mystagogische Stufe einer „existenziellen Auseinandersetzung" (Harrassowitz), in der schließlich die eigenen Glaubenserfahrungen zum Symbol-Erleben hinführen, wird für den letzten Schritt aufgehoben und kommt dadurch entsprechend „gereift" zur Sprache, nachdem sich ein Vertrauensraum aufgebaut hat.

In der ersten Stufe geht es darum, die Dinge im Bild so zu beschreiben, als ob wir über die rein praktische Erfahrung mit dem Motiv hinaus keine weiteren Kenntnisse hätten. Wir unterdrücken bewusst unseren Drang, die Dinge und Gestalten benennen zu wollen. Statt dessen beschreiben wir die Motive nur so weit, wie wir eine allgemeine Vertrautheit damit annehmen. Panofsky spricht hier vom „primären Sujet", vom „Tatsachenhaften". Einzige Korrektive sind über meine eigenen lebensweltlichen Erfahrungen hinaus höchstens stilgeschichtliche Einsichten in die Art und Weise, wie „unter wechselnden Bedingungen Gegenstände und Ereignisse durch Formen ausgedrückt wurden"(Panofsky, 1939, S. 223). Panofsky spricht hier von der „vor-ikonografischen Beschreibung".

Angesichts einer kleinen, vollplastischen Holzskulptur aus dem 16. Jahrhundert dürfen wir so zunächst nicht über die Rede von einem offenbar gefolterten jungen Mann hinaus, der auf einem Stein sitzend den mit einem Dornenkranz bekrönten Kopf versunken in seinen Ellenbogen stützt. Manche Beobachtungen bleiben offen: Der ganze Körper ist mit unterschiedlichsten Flecken bedeckt, und unsere Erfahrung stößt an Grenzen: Teils sieht es aus wie Wunden, teils wie Beulen, teils wie Striemen.

In der zweiten Stufe geht es um die „ikonografische Analyse". Hier kommen wir mit unseren eigenen Erfahrungen nicht mehr weiter. Als „Schlüssel" werden historische literarische Quellen benötigt, und es ist als „Korrektivprinzip der Interpretation" hilfreich, mit bestimmten Themen und Vorstellungen vertraut zu sein, und wie diese unter wechselnden historischen Bedingungen ausgedrückt wurden. Panofsky spricht hier vom „sekundären Sujet", das die „Welt von Bildern, Anekdoten und Allegorien" bilde.

Bleiben wir beim Beispiel, dann erkennen wir in der genannten Lindenholzplastik den Jesus der Passion, so wie uns die biblischen Quellen (andernfalls auch Legenda aurea, Physiologus, usw.) ihn nahe legen: Irgendwann nach der Verurteilung, nach der Dornenkrönung, nach dem Kleiderraub. Doch hoppla, unsere Kenntnis der literarischen Quellen kommt ebenfalls an Grenzen und muss durch Hypothese und Phantasie ergänzen: Wo kann Jesus im Passionsgeschehen so da gesessen haben? Der verlangsamte Blick wird vielleicht spätestens jetzt in die Revision gehen: Was ist mit den seltsamen Körpermalen? Teilweise sind es keine Striemen aus der Geißelung, sondern die fünf Wundmale in Seite, Händen und Füßen. Nun führt das kritische Verweilen der eigenen Beobachtung an eine verwirrende Grenze: Biblische Quellen und Objekt fallen auseinander. Es kann nicht der Jesus der Passion sein. Es kann nur Jesus nach dem Tod am Kreuz sein!

An dieser Stelle setzte Panofsky die dritte Stufe an. Jetzt geht es um die eigentliche „ikonologische Interpretation", in der das Objekt das „Sujet" der „Welt symbolischer Werte" bildet. Schon Panofsky spricht von der „synthetischen Intuition", mit der ein Betrachter in dieser Stufe ausgerüstet werden müsse, vertraut mit den „wesentlichen Tendenzen des menschlichen Geistes" und „geprägt durch persönliche Psychologie und Weltanschauung", um hier zu Schlüsseln der Erkenntnis des Sinns zu kommen. Als Korrektivprinzip gelte hier die „Geschichte kultureller Symptome oder Symbole".

Am Beispiel gesprochen, erkennen wir Jesus im Gesamtzusammenhang seines Heilswirkens: Es ist der Christus, der Auferstandene, der hier sinnt. Aber aus der nun neu zusammengefügten Bedeutung ergeben sich neue Fragen. Schließlich kennen wir den auferstandenen Christus in der Tradition „kultureller Symptome" vielleicht weniger nachdenklich als Geschundenen am Wegesrand sitzend denn als strahlenden Sieger in der Gloriole?

Und die Hypthesen aus den neuen Fragen werden vielleicht wie Schlaglichter auf die alten offenen Fragen wirken: Sinnt Christus mit seinen Beulen vielleicht gar nicht am Rande des Ölbergs, sondern irgendwo inmitten einer Stätte der Pest?

Für Panofsky wäre diese dritte Deutungsschicht der Ausgangspunkt in verschiedenste historisch-kritische Kulturbereiche hinein. Sein Erkenntnisinteresse ist ein historisch-wissenschaftliches, und mehr darf er sprachlich nicht „zugeben". Im Sinne der glaubensmystagogischen Ziele der Kirchenpädagogik, im Sinne unserer spirituellen Bildung, ist an dieser Stelle jedoch genau der Punkt erreicht, an dem wir nicht abbrechen dürfen.

Wir könnten jetzt mit Panofsky und dem gewonnenen Bündel der zu verobjektivierenden Fragen beispielsweise wieder in die Ferne schweifen, um dann zu erkennen, dass die Christusskulptur möglicherweise in einem Klosterhospital für Pestkranke aufgestellt war, Schwestern Hoffnung schenkte, plausibel machte, dass ihr Dienen, Leiden und Sterben längst im Mitleiden und Sterben des menschgewordenen Gottessohnes aufgehoben, ihre Pesterkrankung ein Aspekt der Nachfolge Christi war und so weiter.

Wir könnten, wollen es aber nicht. Wir dürfen *jetzt* einfach mal bei uns bleiben: G. Harrassowitz legt hier nämlich eine weitere „Ebene" an. Sie nennt sie die „existenzielle Auseinandersetzung", in welcher der Betrachter persönlich angesprochen ist und sich mit der Frage selbst auseinander setzen muss: „Was bedeutet das *für mich*?"

Denn erst damit kommt es zur wirklichen Beziehung zwischen Objekt und Betrachter. Sie spricht vom „meditativen Prozess des inneren Schauens". Die Beziehung, die sich jetzt entwickelt, lässt die Grenzen eines klaren Gegenüber von Betrachter und erkanntem „Symbol" verschwimmen. Beide werden in ein Symbol-Erleben hinein genommen. Das „Symbol" wird dadurch aktualisiert.

Diese innere, spirituelle Begegnung kann dann in eine meditative Versenkung oder ein Gebet hinein genommen werden. Ausdruck dieser erneuerten Beziehung kann zum Beispiel das „Du" sein.

Wie andere Übungen der Kirchenpädagogik am Objekt kann die ikonologische Übung somit am Übergang zu Formen der Andacht und der Liturgie stehen. Wie kaum eine andere Übung dient sie jedoch in einem Vorgang zugleich den anderen, oben genannten Zielen.

Die Freiheit des Subjekts ist in der kulturellen Bildung angewiesen auf eine Beziehung zum Objekt wie die Zeit auf den Augenblick und der Raum auf den Ort, sei er Bild oder Stätte (vgl. Gebauer, 2007, S. 18–21).

Quellenangaben

Belting, H. (2005). Das Echte Bild. Bildfragen als Glaubensfragen. München: Beck Verlag.
Brown, P. (1991). Die Heiligenverehrung. Ihre Entstehung und Funktion in der lateinischen Christenheit. Übersetzt, bearbeitet und herausgegeben von Bernard Johannes. Leipzig: Lit Verlag.
Degen, R. (2001). Lernort Kirchenraum, in: Mette, N. & Rickers, Folkert. Lexikon der Religionspädagogik. Darmstadt: Lizenzausgabe der Wissenschaftlichen Buchgesellschaft.
Engemann, J. (1997). Deutung und Bedeutung frühchristlicher Bildwerke. Darmstadt: Wissenschaftliche Buchgesellschaft.
Gebauer, E. (2003). „Lass Steine erzählen ...". Das Kursangebot der diözesanen Arbeitsgemeinschaft Denkmalbildung. In: Informationen: Erschließung „Heiliger Orte. Priesterrat und Diözesanrat der Diözese Rottenburg-Stuttgart (Hrsg.). Nr. 378 April/Mai.
Gebauer, E. (2007). Christliche Kunst intellektuell vermittelt. „Hasenfenster"-Projekt in der Berufsvorbereitung. In: Informationen: Heilige Orte. Priesterrat und Diözesanrat der Diözese Rottenburg-Stuttgart (Hrsg.). Nr. 401 März/April.
Goecke-Seischab, M-L./Ohlemacher, J. (2010). Kirchen erkunden, Kirchen erschließen. Köln: Anaconda Verlag.
Groha, U. (1/2002). Kirchenpädagogik. In: Zeitschrift des Bundesverbandes Kirchenpädagogik e. V. S. 36 f..
Harrassowitz, G. (1994). Religionsunterricht im Museum. Im Bilde Sein. Nürnberg (= Schriften des Kunstpädagogischen Zentrums im Germanischen Nationalmuseum).
Hemmerle, K. (1994). Der Religionsunterricht als Vermittlungsgeschehen – theologische Anmerkungen zum Korrelationsprinzip. Aachen. Bischöfliches Generalvikariat Hauptabteilung Erziehung und Schule (Hrsg.). und ders. Der Religionsunterricht als Vermittlungsgeschehen. Überlegungen zum Korrelationsprinzip. In: Katechetische Blätter 119.
Kirchenpädagogik (1/2002). Zeitschrift des Bundesverbandes Kirchenpädagogik e. V..
Kirchenumbau (7.2.2013). Nachmieter Allah. In Hamburg soll eine Kirche zur Moschee werden. Zeitungsartikel Frankfurter Allgemeine Zeitung.
Klausurtagung (1/2009). Protokoll der Klausurtagung der Kooperation von AG Denkmalbildung und AK Kirche-Raum-Pädagogik. Cleebronn.

Kultermann, U. (1981). Geschichte der Kunstgeschichte. Frankfurt a. M./Berlin/ Wien: Prestel-Verlag.
Leger, H. Artikel in der deutschsprachigen Wikipedia-Ausgabe sowie Nachruf unter http://www.dialogos-team.de/_pdf/dialogos-infobrief.pdf. 2013.
Lehmann, K. (1995). Bauen-Bewahren-Verkünden. Denkmalpflege und Kirche. In: Zentralinstitut für Kunstgeschichte München (HG.). Kunstchronik Heft 9/10.
Neumann, B./Rösener, A. (2003). Kirchenpädagogik. Kirchen öffnen, entdecken und verstehen. Ein Arbeitsbuch. Gütersloh: Gütersloher Verlagshaus.
Panofsky, E. (1939). Ikonographie und Ikonologie. In: Kaemmerling, E. (HG.). Bildende Kunst als Zeichensystem. Ikonographie und Ikonologie. Theorien, Entwicklung, Probleme, Köln 1979, S. 207 – 225 (= DuMont-Taschenbücher 83).
Rupp, H. (2009). Typisch Evangelisch. Das Evangelische im evangelischen Kirchenraum. In: Kirchenpädagogik. Zeitschrift des Bundesverbandes Kirchenpädagogik e. V. 9. Jg..
Schulze, Ch. (2001). Museumspädagogik. In: Wörterbuch Erwachsenenpädagogik. Arnold, R./Nolda, S./Nuissl, E. (HG.). Wissenschaftliche Buchgesellschaft. Darmstadt.
Siebert, H. (1983). Erwachsenenbildung als Bildungshilfe. Bad Heilbrunn. Klinghardt, Julius Verlag.
Sudbrack, J. (2009). „Spiritualität". In: Lexikon für Theologie und Kirche. Sonderausgabe 2009 der 2. Aufl. 1993–2001, Bd. 9. Freiburg i.Br.: Herder.
Weschenfelder, K./Zacharias, W. (1981). Handbuch Museumspädagogik. Orientierungen und Methoden für die Praxis. Düsseldorf: Pädagogischer Verlag Schwann.
Zeitschrift des Bundesverbandes Kirchenpädagogik (Hgrs.) (2010). Positionspapier. Anlässlich des zehnjährigen Bestehens des Bundesverbandes Kirchen-pädagogik e. V.. In: Kirchenpädagogik. e. V. 10. Jg.

Dr. Emanuel Gebauer, Leiter und Geschäftsführer der keb Rems-Murr e. V.

Kirche und Gesellschaft

Einige Anmerkungen zur religiösen/theologischen Bildung

Michael Krämer

Vorbemerkung

Das Nachdenken und Sprechen über das, was Kirche ausmacht und zusammenhält, genießt in einer Erwachsenenbildung in kirchlicher Trägerschaft naturgemäß besondere Aufmerksamkeit. Dabei gilt es aber immer zu berücksichtigen, dass die keb eine offene, das heißt auch inklusive, Form der Erwachsenenbildung ist. Sie hat allen Menschen, die Interesse haben, offen zu stehen, und diese potentiellen Teilnehmenden dürfen nicht befürchten müssen, dass sie im theologischen oder religiösen Arbeitsfeld der keb missioniert oder von der einzig denkbaren Wahrheit überzeugt werden sollen.

Theologische und religiöse Bildung in der keb steht dafür, dass jeder Mensch dort Erfahrungsräume und Reflexionsmöglichkeiten findet, die ihn in seiner eigenen Entwicklung stärken und ihn zu einem – auch im religiösen Kontext – mündigen Menschen weiter wachsen lassen.

1 Zur Unterscheidung von religiöser und theologischer Bildung

Zunächst ist es notwendig, die beiden Begriffe „religiös" und „theologisch" – besonders im Blick auf Bildung hin – zu unterscheiden:

a) Religion ist hier im Sinne Paul Tillichs verstanden als „das, was mich unbedingt angeht" (Krämer, 1986). Diese Formulierung signalisiert einen ontologischen Religionsbegriff und somit ist keine bestimmte Religion gemeint, inhaltlich bleibt religiöse Bildung unter diesem Begriff diffus. Insofern sie im Rahmen der keb stattfindet, können die Teilnehmerinnen und Teilnehmer (TN) allerdings davon ausgehen, dass hier nicht Hinduismus oder Islam im Mittelpunkt stehen, sondern das, was aus dem Christentum mich unbedingt angehen könnte.

Die Bedingungslosigkeit selbst ist allerdings nicht Moment der Bildung, sie kann allenfalls bei den TN als Erfahrung auftauchen. Gegenstand religiöser Bildung können deswegen Inhalte sein, von denen Menschen gesagt oder geschrieben haben, dass sie sie unbedingt angehen. Religiöse Bildung hat also nicht die Aufgabe, die Erfahrung von Bedingungslosigkeit herzustellen, sondern sie ist Vermittlungsarbeit an Texten und Bildern, an Ritualen und Symbolen sowie dem Miteinander von Menschen.

Die Arbeit an diesen Zeugnissen richtet sich aufs Verstehen: Warum kommt ein Meister Eckhart im 13. Jahrhundert darauf, dass das Entscheidende für den Menschen sei, dass sich Gott und Seele im Menschen begegnen? Wie kommt es, dass etwa 60 Jahre zuvor ein Dschalal ad-Din Muhammad, genannt Rumi (der Römer wg. Ostrom/Konstantinopel), zu ähnlichen Aussagen, an ganz anderem Ort und unter ganz anderen Bedingungen kommt? Welche Bedeutung hat das Abendmahl bzw. die Eucharistie durch die Zeiten hindurch für Menschen gehabt? Warum kommt der Eucharistie – im katholischen Kontext – ein solches Maß an Verehrung zu? Was hat das Gebet des Vaterunser quer durch die Zeiten für Menschen bedeutet? Und was kann es heute bedeuten? Was heißt es in diesem Zusammenhang, in einer langen (auch diachronen) Reihe Betender zu stehen? Das sind nur einige Beispiele für Inhalte religiöser Bildung in katholischer Trägerschaft. Und ähnlich wie in anderen Bildungszusammenhängen, der kulturellen Bildung etwa am Beispiel eines Kunstwerks, haben die TN auch hier die Möglichkeit, sich selbst in das Gespräch mit all dem einzubringen. Oder anders und am Beispiel deutlich gemacht: Das Verstehen und das Erproben von Meditationsverfahren ist Gegenstand der religiösen Bildung, nicht die Meditation selbst.

Wenn man von Glauben sprechen will, dann ist religiöse Bildung eine Art Vorschule (im Jean Paulschen Sinne) des Glaubens. Religiöse Bildung ermöglicht persönliche Entscheidungen, fordert sie aber nicht ein. Sie ist kein Ort für Bekenntnisse und Überzeugungsarbeit. Sie ist ein Ort der Ansprache und des Verstehens.

b) Theologische Bildung hingegen hat eine andere Funktion. In einer plural sich gestaltenden Gesellschaft steht sie der kulturellen Bildung sehr viel näher als der religiösen. Kulturelle Bildung dient (Krämer, 2013) u. a. auch der Öffnung der Archive des Christentums. In einer Gesellschaft, die weiträumig eine selbstverständliche innerfamiliäre Weitergabe von Informationen über das Christentum nicht mehr kennt, in der in den Großstädten etwa ganze Viertel zu weit mehr als 50 % konfessionslos sind, in der die Teilnahme am innerkirchlichen Unterricht wie auch an den Gottesdiensten sich von Jahr zu Jahr vermindert, wird es immer wichtiger, kontextbezogen solche theologischen Inhalte darzustellen und zu vermitteln. Das ist *eine* Aufgabe der theologischen Bildung. Auch hier geht es also um Texte und andere Dokumente, die im Laufe der Jahrtausende und vor allem am Anfang des Christentums entstanden sind.

Ein Beispiel: Bereits Mitte der 80er Jahre des 20. Jahrhunderts fanden sich im katholischen Religionsunterricht in einer Grundschule in Bielefeld katholisch getaufte Kinder, Kinder von ImmigrantInnen aus dem seinerzeitigen Ostblock, die den Unterschied zwischen Jesus und Joseph nicht kannten und allen Ernstes nachgefragt haben, wer das denn sei. Für die Studierenden war das damals eine erschreckende Erfahrung, weil alles, was ihnen noch so selbstverständlich schien an Informationen, offensichtlich keineswegs überall mehr selbstverständlich vorhanden war. Inzwischen hat sich die Situation erheblich zugespitzt (MDG, 2013).

Dabei geht es nicht um Frömmigkeit und Glauben. Es geht darum, dass ich vor einem Gebäude stehe und sagen kann: Das ist eine Kirche, dass ich vor einem Bildstock stehen und sagen kann: Das ist ein Kreuz. Es geht also darum, dass Menschen Zeichen und Monumente, denen sie begegnen, zumindest nicht *viel* fremder sind als ein Bahnhof, ein Kaufhaus oder eine Bank. Es geht darum, eine sinnvolle Orientierung im Lebensraum unserer Gesellschaft zu ermöglichen. Insofern ist ein Teil der theologischen Bildung heute „Alphabetisierungsarbeit".

Für jene Menschen, die inhaltlich tiefer einsteigen möchten in das Verständnis eigener kultureller Traditionen im Umfeld des Christentums, muss es inhaltliche Vertiefungen geben. Die Kirchen wären schlecht beraten, wenn sie hier nicht investieren würden; denn sie würden dadurch die Verständnislosigkeit ihnen gegenüber weiter vermehren.

Eine zentrale Aufgabe in diesem Zusammenhang ist die biblische Bildung. Die Kenntnis der Bibel braucht es auch im Rahmen der kulturellen Bildung (Geistes Gegenwart). Aber dort geht es darum, Verbindungen aus anderen kulturellen Bereichen herzustellen und Zusammenhänge zu erhellen. Im Rahmen einer expliziten biblischen Bildung muss es darum gehen, nach den Ursprüngen der Bibel zu fragen und nach ihrer vielfältigen Deutung. Dabei wird jeweils der neueste Stand der Forschung zu berücksichtigen sein. Auch hier sind inhaltliche Verbindungen herzustellen zu älteren Kontexten (aus dem Zweistromland oder Ägypten beispielsweise) und damit erweist sich diese Form theologischer Bildung als kulturelle Bildung. Es muss erläutert werden, wie die Menschen seinerzeit gedacht haben, wie ihre kulturellen Prägungen waren, in welchen Sprachen sie gesprochen und geschrieben haben etc. und was das für das Verständnis der Aussagen bedeutet. Und es müssen auch die Differenzen zu heutigem Denken deutlich werden.

Angesichts der Möglichkeit von Reisen in die Länder des vorderen Orients, Nordafrikas, nach Griechenland, Italien etc., die heute von einer Vielzahl von Menschen genutzt werden, gibt es eine große Anzahl von Menschen, die besser verstehen wollen, was ihnen dort begegnet. Was ist etwa das Besondere an der Orthodoxie? Warum haben sich die christlichen Konfessionen auseinander entwickelt? Was ist Judentum? Islam? Welche Funktion hat ein Papst? Wie hängt die griechische Antike mit unserer Gegenwartskultur zusammen und welche Funktion hat hier das Christentum usw.?

Auch hier ist theologische Bildung in erster Linie kulturelle Bildung. Wo sie auf Glaubende trifft, mag sie auch vertiefend, manchmal aber auch verstörend wirken. Wo sie auf Nicht-Christen trifft, löst sie vielleicht den einen oder anderen Aha-Effekt aus und führt dazu, dass Menschen etwas voneinander verstehen.

Theologische Bildung ist allerdings weiter ausgelegt. Sie bietet Orte der ethischen Reflexion, sie impliziert das Gespräch zwischen den Geisteswissenschaften und der Theologie. Sie reflektiert die Anfragen der Naturwissenschaften und macht deutlich, dass es unterschiedliche Welt-Verstehens-Zugänge gibt.

Sie zeigt die Geschichte theologischen Denkens auf, ebenso wie die Geschichte der Seitenströmungen, insbesondere der Mystik, die für viele Menschen heute zumindest intellektuell faszinierend ist und für manche auch ein neuer Denk- und Lebensort werden mag.

2 Innerkirchliche und außerkirchliche Aufgaben theologischer und religiöser Bildung

Theologische Bildung hat es mit dem „Logos" zu tun: Sie will Verständnis ermöglichen, Analyse gegenwärtiger Zustände im religiösen Kontext. Dass dabei nicht nur der Kopf im Spiel ist, dürfte im Bildungszusammenhang selbstverständlich sein. Sie führt dann vielleicht weiter zu einer auch anders gearteten Form von Auseinandersetzung und Begegnung mit religiösen Inhalten.

Religiöse Bildung setzt sich unmittelbarer mit religiösen Deutungsmustern auseinander. Sie will Erfahrungen ermöglichen, hilft vielleicht, eigene Entscheidungen vorzubereiten. Dass das nicht ohne Reflexion und ohne zusätzliche Informationen und Fähigkeiten geht, dürfte ebenfalls selbstverständlich sein.

Als Elemente einer offenen Erwachsenenbildung stehen beide Menschen innerhalb wie außerhalb der Kirche zur Verfügung, haben ihre Aufgabe sowohl im nichtkirchlichen gesellschaftlichen Umfeld wie innerhalb der Institution Kirche.

Die Aufgabenfelder in diesen beiden Wirkungsbereichen überschneiden sich zum Teil, zum Teil sind sie aber unterschiedlich.

a) Religiöse Bildung

Als offenes Angebot, bewusst außerhalb der Kirche platziert, rechnet religiöse Bildung mit Menschen, die auf der Suche nach Orientierungswissen sind, Menschen also, die sich bewegen wollen, die auf dem Weg sind – nicht unbedingt in eine bestimmte Richtung und nicht unbedingt mit dem Ziel „Christen" zu sein oder zu werden, sondern Menschen auf der Suche nach dem, was sie unbedingt angeht. Die Haltung der Veranstalter, Referentinnen und Moderatoren orientiert sich sinnvollerweise an der Emmaus-Geschichte. Denn unsere professionellen Haltungen können wir gut aus unseren eigenen Archiven generieren. Diese Geschichte erzählt ja von (zwei) Menschen, die sich auf den Weg gemacht haben, deren Deutungsmuster brüchig geworden sind, die sich Sorgen um die Zukunft machen, die auf der Flucht sind vor ihrem Leben.

Der Dritte, der in diesem Fall hinzukommt, ist kein Impulsgeber, er ist ein Fragender. Er lässt sich alles noch einmal erzählen, was die beiden umtreibt. Auch dann hält er den beiden keinen Vortrag. Er fragt weiter nach ihren kulturellen und religiösen Erinnerungen, hier: nach dem Gesetz und den Propheten, den für Juden entscheidenden Teilen ihrer Schrift, erinnert an etwas, das die Beiden selbst wissen. Nun erscheint dies Erinnerte in neuem Licht, weil Zusammenhänge deutlich geworden sind, die ohne den Dritten nicht ins Licht gerückt worden wären.

In der Emmaus-Geschichte machen die beiden eine Erfahrung, die über bloßes Verstehen hinausgeht. Sie nennen es „brennende Herzen". Etwas „Unbedingtes" ist ihnen widerfahren und hat sie getroffen. Wenn Menschen im Anschluss an eine Bildungsveranstaltung so für sich sprechen können, dann war das nicht geplant. Es zeigt aber an, dass diese Menschen durch diese Veranstaltung für sich etwas gefunden haben, was ihnen existentiell wichtig ist.

Es ist dies keine Bekehrungs-, sondern eine Heilungsgeschichte. Heilungskräfte (auch für gebrochene Deutungsmuster) kommen immer aus dem Eigenen. Und so sollten Menschen unterschiedlicher Herkunft in solchen Veranstaltungen in ihren Sehnsüchten und Brüchen artikulationsfähig werden, sie sollten davon erzählen können. Sie sollten auf die Grunderzählungen ihrer eigenen Geschichte stoßen. Das zu ermöglichen ist Sache „des Dritten". Das ist der Moderator, die Referentin. Erst an dieser Stelle mögen dann auch interreligiöse Gespräche möglich werden: Weil ich meiner eigenen Sehnsucht und dem damit verbundenen Schmerz begegnet bin, kann ich offener werden auch für die Sehnsüchte anderer, für ihre Schmerzen und Sorgen und natürlich auch für ihr Glück und ihre Hoffnungen.

Im innerkirchlichen Kontext, also bei Menschen angesiedelt, die konkret nach neuen Möglichkeiten eines christlichen Verstehens von Zeit, Welt und Mensch suchen, ist der Weg selbst nicht viel anders. Auch hier braucht es den Dritten, der distanzierend, fragend hinzukommt. Aber dann mag es die Situation geben, dass Menschen nach mehr fragen, ihren eigenen Glauben genauer kennen lernen wollen, dass sie eintauchen wollen in die liturgischen Vollzüge, dass sie Rituale und Symbole verstehen wollen, um mit ihnen leben zu können.

Hier beginnt dann die Katechese, die Vorbereitung auf kirchliche Vollzüge, auf Sakramente, auf (neue) Mitgliedschaft in der Kirche oder eine Pastoral im engeren Sinne, manchmal vielleicht auch die Beratung. Das jedenfalls ist definitiv nicht mehr Sache einer offenen religiösen Bildung, auch nicht in katholischer Trägerschaft.

b) Theologische Bildung

Theologische Bildung richtet sich grundsätzlich an jeden Menschen, der Interesse hat an theologischen Themen. Außerhalb der Kirche platziert, in einem Café etwa, einer Bücherei, in einem offenen Haus (auch der Kirche) gibt sie Informationen über die Hintergründe religiösen Denkens und Lebens, die Teil des gesellschaftlichen Diskurses sind. Es geht um ethische Fragestellungen, um grundsätzliche Weisen des Weltverstehens. Als Teil der kulturellen Bildung beteiligt sie sich auch am interkulturellen Dialog, gibt Auskunft über Denkweisen, die Jahrhunderte lang das Miteinander von Menschen in Europa geprägt haben, und trägt dazu bei, das besser zu verstehen.

Theologische Bildung leistet damit Hilfestellung auch in der Reflexion eigener Positionen. Wie die Vorabveröffentlichung der Pollak-Studie „Grenzen der Toleranz" zeigt, brauchen gerade religiös stark gebundene Menschen derartige Reflexion, um die Positionen anders Denkender, anders Glaubender wenigstens akzeptieren zu können. Dazu beizutragen ist ebenso eine gesellschaftliche Aufgabe theologischer Bildung.

Auch innerkirchlich verortet hat theologische Bildung die Aufgabe, notwendige Informationen bereit zu stellen, den gegenwärtigen Forschungsstand in bestimmten Bereichen zu referieren, dann aber auch Menschen zu befähigen, ihren eigenen Glauben zeitgenössisch zu leben und zu begründen (Drumm, 2013). Gerade der Diskurs mit den Wissenschaften unterschiedlicher Art ist dabei von großer Bedeutung.

Gleichzeitig richtet sich theologische Bildung auch auf das kirchliche Sprechen, die Verlautbarungen der Institution, auf die Sprache der Verkündigung. Sie befragt sie daraufhin, ob sie, diese unterschiedlichen Äußerungen, wirklich zeitgenössisch sind. Sie fragt nach deren Kompatibilität mit je gegenwärtigen Denkmustern. Sie konfrontiert sie mit neuen exegetischen, archäologischen, kosmologischen, psychologischen etc. Forschungsergebnissen und sucht innerkirchlich einen Weg, so zu sprechen, dass die Angesprochenen tatsächlich davon überzeugt sind, dass sie von einem Menschen der Gegenwart angesprochen werden und nicht floskelhaft gewordenen oder ganz unverständlichen Sätzen aus alten Zeiten lauschen.

Im Kontext der keb gibt es allerdings die Verortung innerkirchlich/ außerkirchlich so nicht. Als offene Erwachsenenbildung muss und will keb jederzeit damit rechnen, dass Menschen mit höchst divergenten Absichten und Ansichten in den Veranstaltungen dabei sind. Insofern wird sich jeweils konkret die Frage stellen, mit welchen Menschen ich es als Gesprächsleiterin, als Referent in einer Veranstaltung zu tun habe. Die methodische und inhaltliche Herausforderung besteht dann gerade darin, für unterschiedliche TN-Gruppen auch verschiedene Denk- und Lernwege offen zu halten und ggf. mitzugehen. Die Herausforderungen für die Leitenden im Blick auf Wahrnehmung, Methodik und Planung von Veranstaltungen sind damit im Bereich der theologischen wie der religiösen Bildung besonders hoch. Es bedarf deshalb auch besonderer Formen der Fortbildung für diese Menschen. Daran wird in Zukunft verstärkt zu arbeiten sein.

3 Kind der Aufklärung

Fest zu halten gilt, was theologische, was religiöse Bildung nicht ist: Sie ist keine Mystagogie und keine Mission, sie ist weder Katechese noch Liturgie, sie ist weder Bekenntnis noch Verkündigung. Als Bildung ist auch die theologische/religiöse Bildung ein Kind der Aufklärung.

Theologische religiöse Bildung trägt deswegen dazu bei, dass Menschen auch auf religiösem Gebiet, Mut haben, sich ihres eigenen Verstandes zu bedienen. Dazu braucht es auf der einen Seite selbstverständlich Wissen. Mindestens ebenso wichtig ist aber, miteinander Reflexions und Denkhaltungen zu entwickeln, die sich von keiner Außenautorität qua Autorität beeindrucken lassen.

Mehr als jedes andere Themenfeld der keb braucht deswegen insbesondere die theologische/religiöse Bildung die Freiheit des Denkens - gerade im Binnenraum der Kirche.

Im Kontext der theologischen Bildung ist hier sicher manches einfacher als im Rahmen einer explizit religiösen Bildung. Allerdings kann die Differenzierung zwischen Katechese und religiöser Bildung hier weiterhelfen. Die Katechese stellt die religiöse Bildung davon frei, Dinge übernehmen zu müssen, die unmittelbar in kirchliche Vollzüge hineinführen. Sie ist ein eigenes Arbeitsfeld mit eigenen Kompetenzen und einer eigenen Methodik (auch wenn sie manchmal vielleicht lieber religiöse Bildung wäre).

Angesichts der Verabsolutierung des Verstandes in der Folge der Aufklärung, angesichts dessen, was in der Kritischen Theorie „Instrumentelle Vernunft" heißt und ebenfalls Resultat der Aufklärung ist, angesichts auch eines populären Positivismus der Naturwissenschaften (Dawkins als Beispiel), lohnt es sich vielleicht immer wieder einmal, auch in den Tractatus Logico-Philosphicus zu schauen, weniger in das Logik- und Formelwerk, sondern in den „alltagssprachlichen" Teil. Dass nach aller Logik und allen Beschreibungen dessen, „was der Fall" ist, kein Problem des Lebens alltäglich geklärt ist, ist ein Hinweis darauf, dass es jenseits dieses logischen Denkens etwas geben muss, das gelebt wird, worüber aber schwer nur zu sprechen ist. „Wovon man nicht sprechen kann, darüber muss man schweigen." (Gunnarsons, 2000, 7.). Nur gibt es im Schweigen wenig Heimatliches und schon gar kein Miteinander mehr.

Deswegen braucht gerade theologische, vor allem aber religiöse Bildung Verbündete, die sich ebenfalls an der Welt der Sprachlosigkeit abarbeiten. Sie findet diese Verbündeten in den Künsten, wenn sie nur sensibel genug auf sie zugeht und sie nicht aufs Neue zur „ancilla theologiae", zur Magd der Theologie degradieren will. Das alte Denken der Scholastik, in dem die Künste „ornamentum" waren, gilt nach der Aufklärung und der selbsterklärten Autonomie der Künste nicht mehr. Bündnispartner findet diese Bildung bisweilen aber auch in Bereichen jenseits der Sprache und des Denkens, im Tanz und vor allem in der Musik.

Zum Schluss: Kirche und Gesellschaft
Es ist nicht einfach, angesichts gegenwärtig bekannt werdender kirchlicher Fehler und von Kirchenleuten begangener Verbrechen, angesichts der vielfach vorhandenen Gestrigkeit kirchlichen Sprechens und angesichts immer wieder und fast schon systematisch scheinender sprachlicher Entgleisungen kirchlicher Amtsträger –Kleriker wie Laien – kirchlich archivierte theologische/religiöse Inhalte in die Gegenwart zu tragen. Und noch schwieriger ist es, deutlich zu machen, welche Orientierungen selbstbewusster Art das Christentum zu bieten hat.

Oft genug stellt sich die Frage, ob sich keb überhaupt als „katholisch" zu erkennen geben soll. Die Mitarbeitenden in der keb in der Diözese Rottenburg-Stuttgart haben sich für einen klaren Weg entschieden: Sie definieren den Begriff „katholisch" nicht nur im Sinne einer offenen Katholizität, wie ihn die katholische Tübinger

Schule vertritt. Sie stellen sich in die Folge von „Unsere Hoffnung", dem Glaubensbekenntnis der Würzburger Synode (Bistümer, 1978) also, und definieren das „katholisch" inhaltlich als Hoffnungswort im Sinne von 1. Petr 3, 15: „Seid jederzeit bereit, jedem der fragt, Auskunft zu geben über die Hoffnung, von der ihr lebt." Und sie wissen dabei zugleich, dass uns die Hoffnung nur gegeben ist um der Hoffnungslosen willen (Benjamin zit. nach Krämer 2012a).

Insofern kann die keb der Diözese auch offensiv im Bereich der theologischen und religiösen Bildung Hoffnungsworte benennen, religiöse Inhalte in gesellschaftliche Zusammenhänge rücken und theologisches Denken als hilfreich für die Lösung auch gegenwärtiger gesellschaftlicher Problemsituationen darstellen (vgl. Drumm, 2013; Krämer, 2012a; Krämer, 2012b). Und keb wird auf der Basis ihrer eigenen theologischen Begründung auch zu einem potentiellen Korrektiv einer Gesellschaft, für die immer mehr Funktionalität vor Menschlichkeit geht.

Gleichzeitig aber gilt es, und genau das ist auch die Aufgabe einer theologischen Bildung im Rahmen der keb, zu verstehen, welche religiösen Inhalte sich innergesellschaftlich gerade etablieren. Und wie und wo sie erkennbar werden. Dazu helfen die bekannten Studien mit (Pragma/ Sinus), wenn sie als Erkenntnisinstrument und nicht als Marketing-Instrument genutzt werden. „Wellness für die Seele" ist sicher ab und an ganz nett, aber noch lange keine Bildung. Und sonderlich sinnstiftend ist sie auch nicht.

Religion ist (wieder) zu einem erstaunlich bedeutsamen Phänomen in dieser Gesellschaft geworden in den letzten zwei Jahrzehnten. Jetzt gilt es im Kontext einer theologischen, noch mehr im Rahmen einer religiösen Bildung, dafür zu sorgen, dass diese religiösen „Aufbrüche" Menschen freier und lebendiger machen, dass nicht neue Strukturen religiöser Unterdrückung und Bedrückung entstehen, das Fundamentalismen oder gar religiös motivierte Gewalt verhindert werden. Auch dafür steht die religiöse wie die theologische Bildung im Rahmen der keb. Sie wird sich dabei immer wieder auch zur „interreligiösen Bildung" wandeln müssen (Schweitzer, 2013).

Quellenangabe

Bistümer in der BRD (1978). Unsere Hoffnung. In: Gemeinsame Synode der Bistümer in der Bundesrepublik Deutschland, S. 84 – 111. Freiburg: Herder Verlag.
Drumm, Joachim (2013). Rechenschaft über die christliche Hoffnung als sinnstiftender Auftrag konfessioneller Erwachsenenbildung. In diesem Band. Bielefeld: W. Bertelsmann Verlag.
Gunnarsons, Logi (2000). Wittgensteins Leiter: Betrachtungen zum Tractatus. Berlin: Philo Verlagsgesellschaft.
Krämer, Michael (1986). Religionsbegriffe. In: Lage, E. (Hrsg.). Christliches ABC – heute und morgen. 3. Karlsruhe: DIE Verlag.
Krämer, Michael (2012a). „Nur um der Hoffnungslosen willen ist uns die Hoffnung gegeben". http://www.keb-drs.de/fileadmin/downloads/hoffnung-04–2012.pdf
Krämer, Michael (2012b). Einführung in Jahresbericht 2011/2012. http://keb-drs.de/.
Krämer, Michael (2013). Geistes Gegenwart. In diesem Buch. Bielefeld: W. Bertelsmann Verlag.
MDG MedienDienstleistungsGmbH (Hsrg) (2013). MDG Milieuhandbuch „Religiöse und kirchliche Orientierungen in den Sinus-Milieus®". Heidelberg: MDG.
PRAGMA Studie (2013). Studie zu den religiösen Orientierungen in der Diözese Rottenburg-Stuttgart. (unveröffentlicht).
Schweitzer, Friedrich (2013). Religiöse und interreligiöse Bildung im Erwachsenenalter. In diesem Band. Bielefeld: W. Bertelsmann Verlag.

Dr. Michael Krämer, Leiter der keb DRS

Teil 2
Praxisbezogene Perspektiven

Bausteine zu einer interkulturellen Elternbildung

Wilfred Nann

Seit 2007 gibt es bei der keb Ostalb Ansätze und Entwicklungen zu einer systematischen Erweiterung der Elternarbeit in den interkulturellen Bereich.

Die folgende Übersicht von Bausteinen bzw. Aspekten, die zum Gelingen eines solchen Unterfangens beitragen können, fußen auf ganz unterschiedlichen Erfahrungen bei folgenden Projekten:
1. „Mehr Freude mit meinen Kindern – weniger Stress im Erziehungsalltag" als ein Baustein im Rahmen eines Projekts des Nachbarschaftszentrum Rötenberg: „Wir entdecken unsere Stärken als Mütter"
2. Übersetzung des KESS-Handbuches ins Türkische (KESS-Handbuch, 2009)
3. Implementierung von KESS-Kursen in einer Moscheegemeinde in Aalen
4. Bundesweites KBE-Projekt (Katholische Bundesarbeitsgemeinschaft für Erwachsenenbildung) zur Interkulturellen Kompetenz in der Weiterbildung mit einem Praxisprojekt vor Ort: Medienkompetenz 2.0: „Denn wir wissen nicht was sie tun" – Facebook, Twitter, SchülerVZ und andere Social Communities als „Black Box"

A Kurzbeschreibungen der vier Projekte, die als wesentliche Erfahrungsfelder für uns dienen

1 „Mehr Freude mit meinen Kindern – weniger Stress im Erziehungsalltag"

Aus einer Anfrage des Jugend- und Nachbarschaftszentrums Rötenberg (Aalen) entwickelten zwei erfahrene KESS-Referentinnen ein Kursangebot speziell für Frauen des internationalen Frauentreffs im Nachbarschaftszentrum. Als Grundlage dienten der seit Jahren erfolgreich bei der keb durchgeführte KESS-Kurs und einige Anregungen aus dem Fortbildungsprogramm des „Arbeitskreises Neue Erziehung e. V. Berlin".

Aus den ursprünglich geplanten fünf Kurseinheiten zu zwei Stunden, wurden schon nach dem ersten Treffen insgesamt sieben Einheiten zu drei Stunden mit folgenden Themen:
1. Jedes Kind ist einzigartig! Wie sehe ich mein Kind?
2. Heimat, was ist das? Wo komme ich her, wo wachsen meine Kinder auf?
3. Wie hängen Heimat, Identität und Fernsehen zusammen?
4. Mein Kind besser verstehen – soziale Grundbedürfnisse.
5. Mein Kind besser verstehen – Ermutigung.
6. Freiheiten lassen – Grenzen setzen.
7. Umgang mit dem Machtkreislauf – Wer ist der Stärkere?

Das Anliegen war, die Mütter für die Anforderungen an die Erziehung und das Aufwachsen ihrer Kinder in Deutschland zu sensibilisieren, neue Wege der Erziehung in den Blick zu bekommen und diese behutsam in einem geschützten Raum auszuprobieren. Obwohl die Frauen teilweise fließend Deutsch sprechen und verstehen konnten, gab es immer wieder Sprechhemmungen. Deswegen war es sehr hilfreich, dass eine Frau des Organisationsteams „Internationaler Frauentreff" als Übersetzerin während des ganzen Kurses zur Seite stand. Sie vermittelte auch bei auftretenden Missverständnissen und erklärte Übungsanleitungen. Ebenso war die Deutschlehrerin der Frauen als Kontakt- und vor allem Vertrauensperson von Anfang an mit dabei.

2 Übersetzung des KESS-Handbuches ins Türkische

Der Erfolg des Kurses im Nachbarschaftszentrum rief die keb der Diözese und die AKF (Arbeitsgemeinschaft für katholische Familienbildung in Bonn) als Entwicklerin des KESS-Kurskonzeptes auf den Plan. Es wurde angeregt, das KESS-Handbuch ins Türkische zu übersetzen. Herausforderung dabei war natürlich, dass das Kurskonzept wesentlich auf einem christlich-humanistischen Weltbild aufbaut. Es eins zu eins in eine vom Islam geprägte Kultur zu „übersetzen", wäre zum Scheitern verurteilt gewesen. Hier ist wohl in Anlehnung an Martin Bubers Bibelübersetzung auch besser von einer „Übertragung" zu sprechen. Im Laufe des Übersetzungsprozesses stellte sich heraus, dass die von einem hochkarätigen vereidigten Übersetzer erstellte Übertragung von einer zweisprachigen KESS-Trainerin redigiert werden musste. Viele Fachtermini, die eine bestimmte Haltung ausdrücken, waren z. T. wörtlich übersetzt worden, und entsprachen nun nicht mehr dem „KESS-Geist". So wurde z. B. das Konzept KESS mit Selbstvertrauen übersetzt, wobei KESS als feststehende „Marke" erhalten werden musste, oder der Begriff Fairness mit Ehrlichkeit, was nur einen Teilaspekt ausdrückt. Die Lebensbeispiele deutscher Kinder mussten in Alltagserfahrungen von türkischen Familien transkribiert werden. Es reichte nicht, nur die Namen auszutauschen. Die Thematik, welcher Kulturbegriff unserem Tun zugrunde liegt, spielte hier eine große Rolle. (dazu im Folgenden mehr).

3 Implementierung der KESS-Kurse in eine Moscheegemeinde

Die erfreuliche Tatsache, eine deutsch-türkische KESS-Trainerin und ein türkisches Handbuch zu haben, bewog die keb Ostalb nun, die nächsten Schritte in interkultureller Elternarbeit zu tun. In einer Kooperation mit dem Integrationsbeauftragten der Stadt Aalen und der Projektwerkstatt c·punkt der Caritas-Ostwürttemberg konnte im Frühjahr 2011 ein erster deutsch-türkischer KESS-Kurs mit acht Müttern mit türkischem Migrationshintergrund im c·punkt durchgeführt werden. Auch hier erwies sich die Zweisprachigkeit der KESS-Referentin als großer Erfolgsfaktor. Die Grundsprache war deutsch, jedoch speziell bei Alltagsbeispielen aus dem Familienleben, war es oft nötig, ins Türkische zu wechseln.

Weitere Gespräche mit Verantwortlichen diverser Bildungsvereine und der Moscheegemeinde waren nötig, bis schließlich in der Fatih Moschee Aalen seit 2012 regelmäßig KESS-Kurse für türkische Eltern stattfinden. Diese sind in der Zwischenzeit so beliebt, dass gleich mehrere parallel angeboten werden. Die Erweiterung des Angebots auf den Kurs Pubertät steht bevor.

4 KBE-Projekt: Interkulturelle Kompetenz in der Weiterbildung im Bereich der kulturellen Bildung (von Sept 2010 bis Dez 2012)

Seit September 2010 führte die Katholische Bundesarbeitsgemeinschaft für Erwachsenenbildung (KBE) das Forschungs- und Entwicklungsprojekt „Interkulturelle Kompetenzen in der Weiterbildung im Bereich der Kulturellen Bildung" durch. Vertreterinnen und Vertretern aus bundesweit 15 Mitgliedseinrichtungen der KBE ermöglichte das vom Bundesministerium für Bildung und Forschung geförderte Projekt, sich über einen Zeitraum von zweieinhalb Jahren mit den aktuellen Themen „interkulturelle Öffnung", „inklusionsorientierte Angebots- und Einrichtungsentwicklung" und „interkulturelle Kompetenz" zu beschäftigen, entsprechend zu qualifizieren und im Rahmen von Praxisprojekten vor Ort Neues zu erproben. Dabei konzentrierte sich das Projekt schwerpunktmäßig auf den Bereich der Kulturellen Bildung.

Ziel des Projekts war es, Menschen mit Zuwanderungsgeschichte stärker als bisher an den Weiterbildungsangeboten der keb zu beteiligen und langfristig mehr Multiplikatorinnen und Multiplikatoren, Weiterbildnerinnen und Weiterbildner mit Migrationshintergrund für die Erwachsenenbildung zu gewinnen.

Das eigene Praxisprojekt vor Ort hatte folgende Anknüpfungspunkte:
- zum einen die stets in KESS-Kursen (speziell Pubertätskurse) auftauchende Problematik des (exzessiven) Medienkonsums der Kinder und Jugendlichen,
- zum anderen die gesamtgesellschaftliche Thematik, dass speziell die sogenannten „Sozialen Netzwerke" oft eine „Kulturbarriere" zwischen den Generationen darstellen und das Kommunikationsverhalten einschneidend verändern.

Ausgehend von der Überzeugung, dass beim Thema Soziale Netzwerke die Jugendlichen, die sogenannten „digital natives", die eigentlichen Experten sind, sollten junge Menschen und Erwachsene in diesen Fragen der Medienkompetenz voneinander lernen können. Das Projekt hatte zwei Zielgruppen:
1. Jugendliche und junge Erwachsene (mit und ohne Migrationshintergrund) die sich mit ihrem Engagement in sozialen Netzwerken auseinandersetzen wollen und (noch) mehr Kompetenz erlangen wollen
2. Eltern mit und ohne Migrationshintergrund, die in zunächst getrennten Informationsabenden an die Neuen Medien speziell an die Sozialen Netzwerke herangeführt werden und im nächsten Schritt in einem Workshop – angeleitet von jugendlichen „Experten" – selbst Erfahrungen sammeln können. (Nann, 2013, S. 90 f.)

Wir konnten als Kooperationspartner die Katholischen Jugendreferate Ostalb, diverse Vertreter türkischer Bildungseinrichtungen und den Caritas Treff c·punkt gewinnen.

In Anlehnung an das zu behandelnde web 2.0 entschieden wir uns für folgenden Titel:

„Medienkompetenz 2.0" – „Denn wir wissen nicht, was sie tun"
Ein interkulturelles und intergeneratives Projekt zur Frage der Bedeutung der Sozialen Netzwerke

Begonnen wurde mit Informationsabenden für türkische (zweisprachig) und deutsche Eltern. Eine qualitative Befragung im Vorfeld hatte zwei Themenschwerpunkte ergeben: Internet und soziale Netzwerke sowie die Computerspielewelt (von der Console bis zum Onlinespiel). Aufgrund der Anregung aus der türkischen Community wurden die Infoabende sprachlich und zeitlich getrennt angeboten.

Der dritte Teil – als Workshop und Erfahrungsaustausch konzipiert – fand gemeinsam statt. Dabei standen pädagogisch-psychologische Fragen im Mittelpunkt: „PC und Internet als neues Familienmitglied". Deutschen und türkischen Eltern wurde dabei die Möglichkeit geboten, sich mit der elterlichen Rolle im medialen Alltag intensiv auseinanderzusetzen. In einem fakultativen Workshop unter fachkundiger Anleitung wurde interessierten Eltern angeboten, selbst eigene Erfahrungen mit den Sozialen Netzwerken z. B. Facebook zu machen. Dabei standen auch Jugendliche und junge Erwachsene als persönliche Coaches zur Verfügung.

B Zehn Bausteine einer interkulturellen Elternarbeit

Welche Aspekte spielten nun im Lauf der beschriebenen Projekte eine Rolle? Was waren „Gelingfaktoren"? Was sollte vermieden werden? Die folgenden zehn Aspekte waren und sind für unsere interkulturelle Elternarbeit wichtig geworden:

1 Klärung des eigenen Kulturbegriffs

Nicht nur in der konkreten Fort- und Weiterbildung im Bereich der Interkulturalität ist es wichtig, sich seiner eigenen Vorstellung von Kultur bewusst zu werden. Ein enger Kulturbegriff, der in dem bekannten Zitat zum Ausdruck kommt: „Zivilisation ist es, eine Gabel zu haben, Kultur, sie auch zu benutzen", führt im interkulturellen Kontext in eine Sackgasse: Er bleibt in Stereotypen und Vorurteilen hän-

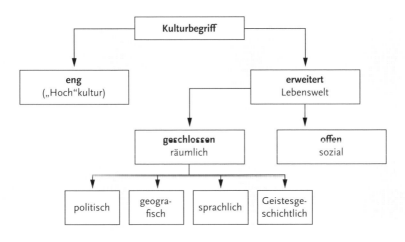

Quelle: Jürgen Bolten (2007). Interkulturelle Kompetenz, Erfurt, S. 15

gen. Die heutige Forschung ist sich weitgehend einig, von einem erweiterten Kulturbegriff zu sprechen, der die gesamte Lebenswelt des Individuums und seiner Gesellschaft einbezieht.

Der dynamische und prozessuale Charakter eines erweiterten, offenen Kulturbegriffs kam z. B. stark während der Übersetzungsarbeit des KESS-Handbuches zum Tragen: Erst im Dialog mit Übersetzer, deutscher und türkischer KESS-Referentin wurden begriffliche Stolperfallen erkannt und konnten schließlich ausgeräumt werden.

2 Interkulturelle Kompetenz

gilt als die *"Fähigkeit, mit Individuen und Gruppen anderer Kulturen erfolgreich und angemessen zu interagieren, im engeren Sinne die Fähigkeit zum beidseitig zufriedenstellenden Umgang mit Menschen unterschiedlicher kultureller Orientierung."* (wikipedia, 2013)

In der (interkulturellen) Trainings-Literatur geht man davon aus, dass die interkulturelle Kompetenz ein *"anwendungsbezogener Spezialfall allgemeiner Handlungskompetenz"* ist (vgl. Bolten, 2007 zitiert in Niedermeyer u.a,.2008. S. 22)

Sie ist keine eigenständige isolierte Handlungskompetenz, sondern eingebettet in einen sog. Kompetenzzirkel, bei dem Fachkompetenz, Methoden- und strategische Kompetenzen, soziale Kompetenz und individuelle Kompetenz ineinander greifen, sich bedingen und ergänzen. (vgl. Niedermeyer, 2008. S. 23). Interkulturelles Handeln bedeutet, seine unterschiedlichen Kompetenzen in interkulturellen Situationen angemessen zum Tragen zu bringen. Somit ist diese interkulturelle Kompetenz eine *"Transferleistung"* (ebd., S. 23).

3 Fachkompetenz

Ein Aspekt des Kompetenzzirkels sei hier herausgegriffen, weil er aus der Rückschau eine wichtige Rolle gespielt hat.

Die nötige Flexibilität, Empathie und Kommunikationsfähigkeit konnte bei den Elternkursen nur durch die langjährige Praxiserfahrung der Referentinnen gewährleistet werden. Interkulturelles Geschehen ist prozessual, von Unwägbarkeiten, Missverständnissen und Brüchen geprägt. Daher ist eine Souveränität in den entsprechenden fachlichen Disziplinen von großem Vorteil.

Beim Medienkompetenzprojekt kamen ebenfalls Profis zum Einsatz, die sich schon jahrelang mit den modernen Medien auseinander gesetzt hatten.

4 Querdenken

Den Gedanken der Transferleistung aufgreifend waren wir oft in der Herausforderung des Querdenkens gestanden. In den Fortbildungen und Trainings, die die Bildungsreferenten der keb Ostalb in den letzten Jahren gemacht haben, hatten Rollenspiele eine wichtige Funktion: Sie ermöglichten, eigene, evtl. festgefahrene Denkschemata zu durchbrechen, im wörtlichen Sinne quer zu denken. Die interessante Erfahrung dabei war, oft eine innere Befreiung von alten, gewohnten Verhaltensmustern und eine neue Leichtigkeit des Seins zu erleben. Man kann fast sagen, Querdenken macht Spaß.

5 Kommunikation

Die klassischen Kommunikationstheorien und entsprechenden Relativierungen, wie viel „Inhalt einer Botschaft" beim Gegenüber ankommt, gelten in interkulturellen Kontexten in verstärktem Maße. „Wenn wir überlegen, was notwendig ist, damit Prozesse kulturellen Wandels und interkulturellen Handelns überhaupt stattfinden können, in welcher Weise sie sich „ereignen" bzw. wie Werte, Regeln und Normen Verbindlichkeit erlangen können, werden wir unweigerlich feststellen müssen: Ohne Kommunikation gibt es keine (Inter-)Kulturen" (Bolten, 2007, S. 23), Kommunikation und interkulturelle Prozesse bedingen sich gegenseitig.

Ein wichtiger Aspekt gelungener interkultureller Kommunikation ist der Rollenwechsel, die Ebene der Metakommunikation: Manfred Niedermeyer, erfahrener Trainer im Bereich internationale Wirtschaftsbeziehungen, schildert das Problem, dass jemand in einem Meeting das Englisch einer indischen Kollegin schlicht nicht versteht. Er schlägt vor, auf die Metaebene zu gehen: „Liebe indische Kollegin, leider verstehe ich ihr Englisch nur schlecht. Das kann an meinen schlechten Ohren oder an meinem schlechten Englisch liegen. Bitte sprechen Sie ein wenig langsamer und deutlicher, damit ich Sie in Zukunft besser verstehe. Und seien Sie mir nicht böse, wenn ich öfter das Gehörte zusammenfasse" (Niedermeyer, 2008. S. 9). Jedoch selbst diese direkte Metakommunikation birgt in asiatischen Kulturräumen die Gefahr des Gesichtsverlustes des Gegenübers. Indirekt formuliert könnte sie lauten: „Entschuldigen Sie mein schlechtes Englisch. Ich verstehe Sie deswegen oft nicht. Gestatten Sie deshalb, dass ich mit meinen Worten noch einmal Ihre Ausführungen zusammenfasse." (ebd.)

Ein eigenes Beispiel aus dem Medienkompetenzprojekt:

Eine für mich klare Frage in einer Mail wurde von meinem Gegenüber nicht unbedingt als eine Bitte/ein Auftrag aufgefasst mir zu antworten. Ich hörte einfach wochenlang nichts. Da lief so manche technisch gestützte Kommunikation ins Leere. Auch in solchen Fällen lernten wir die Bedeutung der Beziehungspflege neu kennen. Erst wenn die Beziehungsebene als stimmig empfunden wird, können die nächsten Schritte zu Vereinbarungen gegangen werden.

6 Sprache

Sprache gilt gemeinhin als Schlüsselfaktor für Integration. Viele Irritationen und Missverständnisse haben hier ihre Wurzeln. Sprache ist *eine* Ausdrucksform gelebter Kultur. Die wörtliche Übersetzung des KESS-Handbuches traf nicht immer den „Geist" des Kurskonzeptes. Z.B. kann der „Rückzug" eines Kindes nicht mit „Rückschritt" übersetzt werden. Das ist im Kontext geradezu sinnentstellend. In den KESS-Kursen für Migranteneltern ist es immer wieder nötig, an Stellen, wo es um emotionale Aspekte der eigenen gelebten Alltagskultur geht, in die Muttersprache zu wechseln. Die Wahl der Sprache ist beziehungsprägend: Geschieht die anstehende Kommunikation auf Augenhöhe oder ist sie eine Riese-Zwerg-Beziehung?

Eine verblüffende eigene Erfahrung dazu: Als in einer Informationsveranstaltung zu Sozialen Netzwerken der Referent und einige Teilnehmer sich über längere Zeit hinweg auf Türkisch unterhielten, verlor ich den Anschluss. Wo waren wir im Thema, ich empfand mich auf einmal nicht mehr als „Herr des Geschehens". Wie oft mag es Menschen mit Migrationshintergrund, z. B. auf einem Amt, so ergehen? Es war für uns Veranstalter „heilsam", die sprachliche Asymmetrie ganz konkret zu erleben.

7 Zeit

Dieser Faktor begegnete uns auf allen Ebenen und in allen Phasen der Projekte:

Im Nachhinein betrachtet, kann man den Aspekt ZEIT gar nicht hoch genug ansetzen. Es gab kaum ein Teilziel, das nicht unter dem Diktat des Zeitdrucks stand. Projekte haben ja qua Definition einen Beginn und ein Ende. Auch beim keb-Projekt „Interkulturelle Kompetenz in der Weiterbildung" haben alle Teilnehmer/innen die Erfahrung gemacht, dass das ursprünglich veranschlagte Zeitbudget zu knapp bemessen war.

Dazu kommt, dass Zeiträume oft ganz unterschiedlich empfunden werden: Das Wort *bald* mag für mich den Zeitraum von einer Woche bedeuten, für mein Gegenüber evtl. einen Monat oder nur 2–3 Tage. Eine Untersuchung von deutschen und polnischen „Zeitbudgetvorstellungen" ergab, dass z. B. der Ausdruck „*Wir haben noch sehr viel Zeit*" bei Deutschen ca. 12 Monate bedeutete, bei den Polen nur 4 Monate. „*Der letzte Drücker*" bedeutete 1–2 Monate bei den Deutschen und nur 1–2 Wochen bei den Polen (Niedermeyer, 2008. S. 27).

Im Projektalltag zeigt sich das z. B. darin, dass die Kooperationspartner oder Multiplikatoren nicht zu jedem Zeitpunkt erreichbar sind. Es gilt auf die persönlichen Umstände Rücksicht zu nehmen. Ein wichtiger Faktor ist die Kommunikation. Technische Hilfsmittel wie Telefon oder Mail ersetzen hier in der Regel kaum ein persönliches Gespräch. Wir haben in allen Projekten die Erfahrung gemacht, dass Beziehungsaufbau und -pflege an erster Stelle des interkulturellen Handelns stehen müssen. Und das erfordert nun mal Zeit.

8 Flexibilität

Flexibilität ist eine der Kompetenzen, die im interkulturellen Handeln stets gefragt ist. Im ersten Projekt im Nachbarschaftszentrum war es notwendig nach dem ersten Treffen von geplanten fünf Kurseinheiten auf sieben zu erweitern: Aus der 3. Einheit: „Kinder brauchen Wurzeln und Flügel" wurde: „Wie hängen Heimat, Identität und Fernsehen zusammen?" Aus der Einheit „Meine Kind besser verstehen" wurden zwei, wobei es einmal um soziale Grundbedürfnisse und ein andermal um Ermutigung ging.

Beim Projekt Medienkompetenz hatten wir über Multiplikatoren ein erstes Kennen-Lern-Treffen für Jugendliche geplant und entsprechend jugendgerecht vorbereitet: Es kamen vier türkische Jugendliche plus deren Eltern und weitere drei interessierte Erwachsene! Wir mussten gehörig improvisieren, damit die Inhalte für den Abend umgesetzt werden konnten. Es gelang uns dann nach der ersten Überraschung ganz gut.

9 Geduld und Empathie

In interkulturellen Prozessen gehören Missverständnisse zur Normalität. Je stärker jemand hier die Rollendistanz (3. Metakommunikation) gelingt, umso eher lassen sich Missverständnisse zwar nicht ausschließen, aber meist reduzieren. „Die Distanz gegenüber dem eigenen Handeln und letztlich auch gegenüber dem Situationskontext erleichtert es, auf den anderen einzugehen, zu versuchen die Hintergründe seines Handelns zu verstehen. Man spricht dann von Einfühlungsvermögen oder Empathie. Und so wie die Rollendistanz den Raum für Situationsbeobachtungen öffnet, so bietet Empathie auf der Grundlage dieser Beobachtungen überhaupt erst die Möglichkeit, für den anderen und sein Handeln Verständnis aufzubringen" (Bolten, 2007, S. 75).

Empathie spielte in den Elternkursen eine wichtige Rolle. Nur so war es möglich eine Atmosphäre zu schaffen, die es den Müttern ermöglichte, offen über ihre Schwierigkeiten mit den Kindern zu sprechen.

Beim Aspekt Geduld stößt man je nach individuellem Temperament schneller als gewünscht an seine persönlichen Grenzen. Der bildhafte Begriff des Geduldsfadens (der dann reißen kann) drückt das treffend aus. Wir Verantwortlichen im Medienkompetenzprojekt hatten hier bei den Werten geduldiges Warten, Loslassen und Vertrauen ein großes Lernfeld.

10 Verbindlichkeit/Termintreue

Das ist wohl so eine „typisch deutsche" Eigenschaft, die uns weltweit zugeschrieben wird. Dieses Stereotyp ließ uns immer wieder mal an die Wand laufen. Das oben erwähnte unterschiedliche Zeitempfinden mag hier auch eine Rolle spielen. Wichtig für uns war es zu erkennen, dass mit einem geplatzten Termin kein Respekt- oder Interessenverlust verbunden ist. Es sind vielmehr andere Prioritäten, die es zu akzeptieren gilt.

Im Rückblick wollen wir keine der Erfahrungen missen. Die keb Ostalb wird konsequent den eingeschlagenen Weg weitergehen. Anschlussprojekte z. B. im Bereich Medienkompetenz mit dem JuFuN e. V. (Verein für Jugend-, Familien- und Gemeinwesenarbeit) in Schwäbisch Gmünd sind in der Planung. Die KESS-Kurse werden um das Modul Pubertät erweitert.

Wir sind der Überzeugung, dass ein gedeihliches Miteinander von Einheimischen und Neuheimischen (um den schwierigen und sperrigen Ausdruck „Menschen mit Migrationshintergrund" zu vermeiden) nur gelingen kann, wenn wir Integration als Prozess des gegenseitigen Lernens begreifen und dazu kleine aber entschiedene Schritte unternehmen. Die Balance zu finden zwischen dem persönlichen Fundament und den pluralen Identitäten in einer globalisierten Gesellschaft ist die große Herausforderung heute. Kultur ist kein in sich abgeschlossener Container, sondern unterliegt einem stetigen Veränderungsprozess. Die Veränderungen behutsam, aufmerksam mit Mut und Initiative zu begleiten sehen wir als ureigensten Auftrag der katholischen Erwachsenenbildung an.

Quellenangaben

AKF Bonn/keb DRS (2009). Türkisches KESS Handbuch. Bonn.
Bolten, J. (2007). Interkulturelle Kompetenz. Erfurt: Landeszentrale für politische Bildung Thüringen.
Nann, W. (2013). Medienkompetenz 2.0— „Denn wir wissen nicht, was sie tun". In: Hoffmeier, A. & Smith, D. (Hrsg.) Interkulturelle Kompetenz und kulturelle Erwachsenenbildung. EB Buch 33. Bielefeld: W. Bertelsmann Verlag.
Niedermeyer, M. u. a. (2008). iCulT- Train the Intercultural Trainer. Berlin: RKW Berlin GmbH.
Wikipedia (2013). http://de.wikipedia.org/wiki/Interkulturelle_Kompetenz.

Wilfred Nann, Leiter und Geschäftsführer der keb Ostalbkreis e. V.

Wie in einem Spiegel – Interkulturelle Filmgespräche führen

Ein altes Format mit neuer Funktion

LUDGER BRADENBRINK

Verborgenes sichtbar machen, ohne das Geheimnis zu verraten; Verborgenes sichtbar machen, ohne Tiefe zu verlieren; Verborgenes zur Sprache bringen und dabei achtsam mit dem umgehen, was sichtbar und hörbar wird – vielleicht sind das Annäherungen an einen Bereich, der uns in der offenen Erwachsenenbildung kirchlicher Trägerschaft beschäftigt.

Natürlich geht es bei unseren Angeboten auch um handhabbares Wissen, um Gewinn, um die Steigerung von Nutzen – aber eben nicht nur. Kulturelle Bildung wird geprägt von einem anderen Akzent. Das Element der Zweckfreiheit tritt hinzu. Kulturelle Bildung pflegt einen subjektiven Ansatz. Und das hat wahrlich nichts mit Beliebigkeit zu tun.

Auf den Bereich der Filmarbeit angewendet gilt für mich folgender Satz des Regisseurs Theo Angelopoulos: „Ich erwarte nicht von Dir, dass Du das verstehst, was ich mit meinen Filmen meine. Ich erwarte von Dir, dass Du das verstehst, was Deine Seele in diesen Filmen erkennt."

Für diese spezielle Art der kulturellen Bildung im Rahmen der Erwachsenenbildung haben wir in der Regel auch einen speziellen TeilnehmerInnenkreis. Menschen, die interessiert sind, sich selbst und andere zu entdecken, die bereit sind, sich auf neue und unbekannte Bereiche einzulassen, die das Erlebte, das Gesehene und Gehörte und Gefühlte in Sprache fassen möchten und vor allem, die in der Lage sind, andere Erfahrungen (bzw. die Erfahrungen Anderer) in ihrer Andersartigkeit wahrzunehmen und zu würdigen.

Könnte es gelingen, diesen Bereich für Menschen mit Migrationsgeschichte zu öffnen? Ja, könnte es gelingen, mit dem oben skizzierten Ansatz kultureller Bildung interkulturelle Begegnung zu ermöglichen? Wie könnte das gehen? Eine Fragestellung, die mich schon länger begleitet.

Bislang hatten wir im Rahmen der offenen Erwachsenenbildung in kirchlicher Trägerschaft wenig Kontakt zu Menschen mit Migrationsgeschichte. War und ist schon der Kontakt zu Mitgliedern von Kirchengemeinden anderer Muttersprache mit dem Focus Erwachsenenbildung schwierig, so erst recht zu Menschen aus einem anderen religiösen Kulturkreis. Natürlich gab und gibt es Kontakte zwischen Kirchengemeinden und Moscheegemeinden, wechselseitige Einladungen zu Festen, vielleicht mal einen gemeinsamen kess-Kurs und, wenn es gut geht, eine Gesprächsrunde zu religiösen Fragen. Aber gemeinsame interkulturelle Bildung? In der Regel Fehlanzeige.

Es bräuchte einen gemeinsamen Bezugspunkt, um nicht nur Unterschiede zu benennen, Vorurteile zu pflegen und Fremdheitserfahrungen aufzuzählen. Vor allem aber bräuchte es eine Atmosphäre von Offenheit, Wohlwollen und Vertrauen. In diese Suche hinein kam es zu einer mich weiterführenden Begegnung. „Wie halten Sie es mit Spielfilmen?", mit dieser Frage wurde ich vor ein paar Jahren in unserem damals noch recht jungen Christlich-Muslimischen Arbeitskreis konfrontiert. Diese Frage kam von einem türkischen Mitglied und er legte gleich nach: „ich habe nämlich einen Film, in dem spielt Anthony Quinn den Onkel des Propheten". „Und ich habe einen Film, in dem spielt Anthony Quinn den Papst", antwortete ich. Und schnell gab es eine Vereinbarung: Wir zeigen beide Filme einem gemischten Publikum aus Muslimen und Christen und sprechen über das Gesehene. Gesagt, getan. Es gab zwei spannende Filmabende mit vielen TeilnehmerInnen. Doch die anschließenden Gespräche gingen gründlich daneben. Klischees und Vorurteile dominierten die Runde. Hier schien methodisch etwas nicht zu stimmen. So konnte es nicht weiter gehen.

Hier half mir die Fortbildung „Interkulturelle Kompetenz in der Weiterbildung im Bereich der kulturellen Bildung" weiter, die von der KBE (Katholische Bundesarbeitsgemeinschaft für Erwachsenenbildung) zusammen mit dem Bundesministerium für Forschung und Bildung in den letzten beiden Jahren durchgeführt wurde. Schnell hatte ich mein Projekt gefunden, das im Rahmen dieser Weiterbildung zu entwickeln war: Ich wollte herausfinden, wie interkulturelle Filmgespräche möglich sind, was dazu benötigt wird und ob sie helfen können, voneinander und miteinander zu lernen, ohne einander zu vereinnahmen (Zum Projektverlauf vgl. Bradenbrink, 2013).

Zusammenfassend kann ich sagen, es ist gelungen. Wir begannen mit einer kleinen Gruppe von Menschen, die sich schon aus einem Arbeitskreis kannten, so dass

Vertrauen gegeben war und wir Schritt um Schritt ausprobieren konnten, was wir uns voneinander zeigen und woran wir andere teilhaben lassen möchten. Wir wussten ja noch nicht, wo Verunsicherung besteht und Tabugrenzen verlaufen.

Das Medium Spielfilm mit interkultureller Thematik eignete sich ausgezeichnet, um einen gemeinsamen Bezugspunkt von Bekanntem und Unbekanntem zu haben. Im Gespräch kann man dann sehr persönlich reden, ohne zuviel von sich preisgeben zu müssen, geht es doch immer um die Personen und Rollen im Film, die durch die Zuschauenden projektiv aufgeladen sind. Wir schauen einen gemeinsamen Film und doch sieht jede und jeder in gewisser Weise ihren/ seinen eigenen Film. Diese Differenz ist das Einstiegstor für spannende Gespräche.

Das Format „Interkulturelle Filmgespräche" werden wir auf jeden Fall weiter führen. Mittlerweile hat sich sogar ein Deutsch-Türkischer Club gebildet, bei dem wir als kirchliche Erwachsenenbildung eine wichtige Rolle spielen. Die oben vermisste Zielgruppe konnte erreicht werden. Viele Menschen verschiedener Kulturen haben Interesse bekommen, über das gemeinsame Anschauen guter Spielfilme miteinander ins Gespräch zu kommen und Neues über sich und Andere zu erfahren, Grenzen zu relativieren, Ängste und Vorurteile abzubauen und Andere gerade in ihrer Andersartigkeit zu entdecken.

Das Format „Interkulturelle Filmgespräche" ist erlebnisreich und bietet eine Fülle lebensrelevanter Themen, es ist „hierarchiefrei", da die Teilnehmenden sich auf einen gemeinsamen fremden und vertrauten Punkt (den Film) beziehen, es lädt ein zu offener Kommunikation (wenn das Gespräch gut moderiert wird), bietet (auch wissensbezogen) eine kulturelle Erweiterung und viele bereichernde persönliche Begegnungen. Was wollen wir in der offenen Erwachsenenbildung in kirchlicher Trägerschaft mehr?

Praktische Hinweise

Falls Sie beim Lesen Interesse an unserem Projekt gefunden haben und selber in diese Richtung etwas ausprobieren möchten, gebe ich Ihnen hier noch ein paar Anregungen:
- Einige der Teilnehmenden an ihren interkulturellen Filmgesprächen sollten sich bereits kennen und Vertrauen zueinander haben; gute Filme sprechen oft persönlich an, so dass wir im Filmgespräch sehr schnell bei persönlichen Erfahrungen sind. Und die haben oft auch mit Grenzerfahrungen zu tun und können schmerzhaft sein. Außerdem können Tabugrenzen auftreten, wo Sie es gar nicht vermuten.
- Andererseits schützen Filme auch. Es geht ja um die Personen und Rollen im Film. So kann man anderen etwas von sich mitteilen, ohne ungeschützt von

sich selbst sprechen zu müssen. Sie dürfen also beim Auswählen der Filme und im Filmgespräch durchaus mutig sein.
- Organisieren sie ein interkulturelles Filmgespräch immer gemeinsam mit VertreterInnen der Kulturen, die auch im Film vorkommen. Wenn sie miteinander statt übereinander reden möchten, muss sich das auch in der Organisationsform widerspiegeln.
- Filme mit anschließendem Filmgespräch sind ein zeitaufwendiges Format. Darauf sollten sie sich einstellen.
- In der Regel sind interkulturelle Filmgespräche keine Einzelveranstaltungen, sondern lohnen sich erst als Reihe, um an gemachten Erfahrungen anknüpfen zu können.
- Zum Einstieg eignen sich auf jeden Fall Komödien mit Tiefgang. Später können Sie auch „ernstere" Filme wählen.
- Jemand aus der Vorbereitungsgruppe sollte den Film kennen, der gezeigt werden und als Gesprächsgrundlage dienen soll.
- Klären sie die rechtliche Seite. Wo kann man den Film mit Vorführlizenz günstig ausleihen? Gibt es evtl. Lizenzen für Kauf-DVD's? Oder kooperieren Sie mit einem Programmkino.
- Es lohnt sich, für die Teilnehmenden eine Kurzbeschreibung des Films (vgl. z. B. Katholischer Filmdienst) bereit zu halten.
- Zur Filmkultur gehört ein ansprechendes Ambiente.
- Für das anschließende Filmgespräch benötigen Sie eine andere Sitzordnung als beim Anschauen der Filme. Jetzt sollten Sie sich anschauen können.
- Filmgespräche müssen gut moderiert werden.
- Beginnen Sie beim Filmgespräch immer damit, subjektiven Seheindrücken Raum zu geben. Die Beiträge werden zunächst nicht diskutiert. Jede und jeder erlebt ja einen anderen Film.
- Hören sie in der ersten Runde gut zu. Mit den spontanen Äußerungen nennen die GesprächsteilnehmerInnen in der Regel auch die Themen (bzw. auch die Ängste und Vorbehalte), die sie wirklich interessieren und die Sie dann später aufgreifen können.
- Ermutigen Sie auch Personen, die sich nicht gleich äußern, ihre Seheindrücke zu benennen.
- In einem zweiten Schritt können dann Sach- und Hintergrundinformationen zum Film einfließen. Hier ist auch Raum für Verständnisfragen.
- Spannend ist es auch, sich einzelnen Personen bzw. Rollen im Film zuzuwenden. Wie werden sie dargestellt? Wie entwickeln sie sich? Was an ihnen fasziniert, was irritiert? Was haben sie mit mir und meinen Erfahrungen zu tun?

- Spätestens jetzt können Sie auf die verschiedenen Themen eingehen, die in der ersten Runde und im Verlauf der Äußerungen angesprochen wurden. Vielleicht ergeben sich Schwerpunkte. Lassen Sie unterschiedliche Sichtweisen zu einem Themenfeld zu.
- Achten Sie dabei auch auf die Bedeutung kultureller Erfahrungen und Prägungen. Hier können persönliche Erfahrungen einfließen, die über den Film hinausgehen. Wie weit Sie das Gespräch öffnen möchten, müssen Sie erspüren. Einerseits können wichtige persönliche Erfahrungen zur Sprache kommen, anderseits könnte das Gespräch aber auch ausufern und der gemeinsame Bezugspunkt (Film) verloren gehen.
- Lohnend ist immer eine Schlussrunde „was ich noch sagen möchte". Hier können Sie auch wieder TeilnehmerInnen motivieren, die zuvor wenig oder gar nichts gesagt haben.
- Wenn Sie ein interkulturelles Filmprojekt organisieren möchten, stehe ich Ihnen auch gern persönlich zur Verfügung. Sie erreichen mich per Mail unter Ludger@Bradenbrink.de oder unter bradenbrink@kath-hdh.de

Fragen für die Filmgespräche
Was für einen Film habe ich gesehen?
Wie habe ich mich dabei gefühlt?

Was sind für mich Schlüsselszenen des Films?
Welche Person/Rolle hat mich fasziniert?
Welche hat mich geärgert?
Warum?
Welche habe ich nicht verstanden?

Welche Themen kamen aus meiner Perspektive in dem Film vor?
Mit welchen persönlichen Erfahrungen verbinde ich den Film?

Mit welcher Darstellung/Interpretation bin ich einverstanden?
Mit welcher Darstellung/Interpretation bin ich nicht einverstanden?
Warum/warum nicht?

Wie kam die Kultur meines Landes/meiner Lebenswelt zur Sprache?
Womit bin ich einverstanden?
Was war für mich befremdlich?
Was sehe ich anders?

Wie kam die Kultur des anderen Landes/der anderen Lebenswelt zur Sprache?
Was habe ich daran verstanden?
Was ist mir fremd geblieben?
Warum?

Welche leitenden Normen und Werte habe ich dabei entdeckt?
Wie unterscheiden sie sich von meinen bisherigen Lebensorientierungen?
Wie möchte ich mit dieser Differenz umgehen?

Worauf habe ich Lust bekommen durch den Film und das Gespräch?
Möchte ich etwas Neues ausprobieren?

Was ich noch sagen möchte:

Quellenangaben

Bradenbrink, L. (2013). Wie in einem Spiegel – Interkulturelle Filmgespräche führen, In: Hoffmeier, A. & Smith, D. (Hrsg.). Interkulturelle Kompetenz und Kulturelle Erwachsenenbildung. Erfahrungen, Möglichkeitsräume, Entwicklungsperspektiven, EB Buch 33. Bielefeld: W. Bertelsmann Verlag.

Ludger Bradenbrink, Dekanatsreferent, Leiter und Geschäftsführer der keb Heidenheim e. V.

Zwischen „Digitaler Demenz" und „digitaler Relevanz"

Herausforderungen der Mediatisierung für die Katholische Erwachsenenbildung

CHRISTIAN KINDLER

1. Otmar Traber ist ein weit über die Grenzen der Katholischen Erwachsenenbildung hinaus bekannter und geschätzter Kabarettist. In seinem neuen Programm „Burnout im Paradies" verkörpert er den zornigen Alt-Achtundsechziger, Albert Trott, „der unterwegs ist, eine bundesweite Rentner-Aktions-Front zu initiieren, um ein Leben des immer Schneller, immer Besser, immer Mobiler aus den Angeln zu heben". Trabers Figur ist die Welt zu schnell, zu klein, zu digital geworden, und so ruft sein Albert Trott mit dem Mut der Verzweiflung dazu auf, in der Uckermark ein Reservat für Menschen über 60 zu gründen, in dem der Einfluss der digitalen Medien, die vor allem für die ständige Beschleunigung verantwortlich sind, verbannt sein solle. Die Uckermark als Sinnbild für eine bessere Welt: weil langsam, beschaulich, schön langweilig, vor allem medienfrei und damit wieder menschlich. „So wie Bonifatius einst die „Donareiche" der heidnischen Germanen fällte," so wütet Albert Trott mit missionarischem Eifer, „werden wir dort die Sendemasten der Telekom fällen". Das Publikum amüsiert sich über die kabarettistische Übertreibung und vielleicht stimmt der eine oder die andere der Idee des Erzürnten zu. Sind nicht die zahlreichen Sendemasten quasi die „Heiligen Eichen" der Moderne? Wäre weniger Mobilfunk, weniger Internet, weniger Computer, weniger Smartphone nicht eigentlich viel besser, vielleicht sogar notwendig angesichts der diagnostizierten „Digitalen Demenz" (Spitzer, 2012), die uns alle, vor allem natürlich unsere Kinder und Enkel, bedroht?

2. Szenenwechsel: Karlsruhe, Kongresszentrum Ende Januar 2013. Die Learntec ist eine der wichtigsten internationalen Kongressmessen für technologiegestütztes Lernen. Der wissenschaftliche Leiter der Learntec, Prof. Peter Henning, Gründungs-

direktor des Institute for Computers in Education, unterstreicht bereits im Vorfeld die Bedeutung der Messe angesichts einer Explosion des digital verfügbaren Wissens. Bildung, Qualifizierung und informelles Lernen verlagerten sich mehr und mehr in digitale Bereiche, weil die digitalen Medientechnologien in mehr und mehr Lebensbereiche Einzug halten. Nicht nur in Unternehmen, wo die digitale Informations- und Datenverarbeitung, Prozesssteuerung, Kommunikation, Dokumentation und Qualifizierung selbstverständlich sind, auch in Schule und Ausbildung spielen mediengestütztes Lernen und Wissensmanagement zunehmend eine Rolle. Selbst Schulbuchverlage fragen sich, ob das überkommene Schulbuch nicht längst von Ebooks abgelöst gehöre, weil sie aktueller, interaktiver, multimedialer und damit dem heutigen Verständnis von Lernen angemessener seien. Die Lernenden könnten mit ihren „Pads" auf Online-Bibliotheken zugreifen, auf Lernplattformen und Wikis gemeinsam Themen weiterentwickeln und sich über Grenzen hinweg vernetzen. „Nur mit den digitalen Informationstechnologien lässt sich die Explosion der Wissensbestände überhaupt handhaben", sagt Henning auf einer Tagung der Medien- und Filmgesellschaft Baden-Württemberg.

Apples „Ipad" – eines der an den Umsatzzahlen gemessen populärsten Produkte des letzten Jahres, mag als sozio-technisches Sinnbild für die „Mediatisierung der Alltags" (Krotz, 2007) gelten. Computer und die digitale Vernetzung sind nicht mehr allein ein Teil der Arbeitswelt, sondern sind zum Lifestyle geworden. Henning spricht von einer „Digitalen Relevanz" und empfiehlt mehr Medienkompetenz bei allen Akteuren – nicht nur um die immer neuen Techniken nutzen, sondern um den Prozess der Modernisierung kritisch begleiten und aktiv gestalten zu können. Und Sünne Eichler, ebenfalls wissenschaftliche Leiterin der Learntec, fordert dabei pädagogische Unterstützung: „Für Menschen, die sich wenig mit digitalen Medien beschäftigen, ist die rasante Entwicklung ein wenig unheimlich. Man sollte diese stärker an die Hand nehmen und die Berührungsängste im Umgang mit neuen Medien abbauen. Hier können Unternehmen bei ihren Mitarbeitern ansetzen, Volkshochschulen bei der Bevölkerung und Schulen bei der Aufklärung der Eltern helfen. Angstmacherei vor der digitalen Welt ist hier wenig hilfreich, denn der Entwicklung hin zur Digitalisierung der Umwelt können wir uns nicht entziehen – aber wir können lernen, positiv und gleichzeitig kritisch damit umzugehen" (Henning & Eichler, 2013).

3. „Digitale Demenz" oder „Digitale Relevanz" – schon an dieser Stelle zeigt sich die Bedeutung der Erwachsenenbildung jetzt und in der Zukunft. Es geht um Orientierung, um Vergewisserung, um Urteilsfähigkeit im Prozess der Modernisierung, die immer auch mit der Einführung neuer Technologien verbunden ist. Lässt man die sozio-technische Entwicklung der letzten 20 Jahre Revue passieren, so wird bald klar, dass die Mediatisierung nicht erst mit der Öffnung des Internets in

Form des „WWW" und der massenhaften Verbreitung digitaler Endgeräte, die nicht mehr nur Telefone sondern Minicomputer sind, keine vorübergehende Erscheinung ist. Wir nehmen an einer soziotechnischen Modernisierung teil, die tiefgreifende kulturelle Veränderungen mit sich bringt, die manche Autoren (Büsch, 2010) mit der Einführung des Buchdrucks vergleichen. „Schriebe Max Frisch seinen Roman Homo Faber erst in diesen Tagen, wäre die Hauptfigur Walter Faber garantiert ein Softwareentwickler und kein Ingenieur für Anlagenbau.", schrieb Götz Haman in DIE ZEIT August 2012. So wie Mitte/Ende des 19. Jahrhunderts die Industrialisierung und die Einführung der Maschinen die Welt veränderten, so verändert heute die Digitalisierung und die Einführung der Rechner die Lebenswelt der Menschen. Und wie sich Menschen im Laufe des 20. Jahrhunderts die Maschinen anzueignen gelernt haben, so eignen sie sich auch im 21. Jahrhundert die digitalen soziotechnischen Systeme an. Selbst die Geschwindigkeit der Modernisierung, von den Albert Trotts dieser Zeit als bedrohlich empfunden, ist nicht neu. Schon bei der Einführung der Eisenbahn 1835 soll es Skeptiker gegeben haben, die in der damals neuen Reisegeschwindigkeit (ca. 30 km/h), die mit der neuen Dampfmaschine möglich wurde, eine „Ursache für schwere Hirnerkrankungen (Delirium furiosum)" sahen (Albrecht, 2005). Hielt Kaiser Wilhelm II. das Automobil zunächst noch für eine vorübergehende Erscheinung, so ist es spätestens in den 60er Jahren zu einem allgemeinen Symbol des technischen Fortschritts und zu einem Vehikel des sog. Wirtschaftswunders geworden. Fast jeder hat es heute, jede nutzt es ganz selbstverständlich ohne Expertenwissen und normalerweise ohne Gefahren. Rundfunk, Fotografie, Telekommunikation, es ließen sich weitere Bespiele dafür anführen, wie Technologien in einem Prozess der Aneignung kultiviert worden sind.

4. Die „Kultivierung" der sog. „neuen Medien" ist längst im Gange. Besonders Eltern erleben den Prozess – nicht immer spannungsfrei – bei Kindern und Enkeln, den sog. „Digital Natives" (Marc Prensky). Die nach dem Jahr 1990 Geborenen können sich eine Welt ohne Internet, ohne den „Personal Computer" und ohne mobile Kommunikation („Handy") kaum noch vorstellen. Für die in den 2000er Jahres Geborenen ist es selbstverständlich, dass leichte mobile Computer als persönliche Begleiter in den Alltag integriert sind. Das „Smartphone" ist dafür zum Sinnbild geworden. Regelmäßig untersucht der Medienpädagogische Forschungsverbund Südwest (MPFS) die Medienausstattung und die Nutzungsgewohnheiten der 6–13-jährigen (KIM) und der 12–19 jährigen (JIM). Es zeigt sich, dass die junge Generation offenbar mit einer gewissen Virtuosität die unterschiedlichen konvergierenden Medientechnologien für Ihre Zwecke nutzen und in den Alltag gut integrieren kann (MPFS, 2013).

Die SINUS U18- Studie, die 2012 die Lebenswelten von jungen Menschen qualitativ untersucht hat und bei der ein besonderer Fokus auf den Aspekt „Medien" gelegt wurde, belegt eine fortschreitende Aneignung digitaler Medien: „Jugendliche haben bis auf wenige Ausnahmen ein sehr abgeklärtes und entspanntes Verhältnis zum Internet. Das Internet ist etwas ‚Normales', etwas, das schon immer da gewesen ist. Entsprechend selbstverständlich gestaltet sich der Umgang mit den Medien" (Clambach u. a., 2011, S. 51). Die Studie belegt allerdings auch die bekannte soziale Spaltungstendenz: Bildungsnahe und soziokulturell besser Gestellte profitieren überproportional von den Potentialen des sog. Social Web. Bildungsferne und sozio-kulturell Benachteiligte fallen dagegen mit einem fast ausschließlich unterhaltungsorientierten Medienkonsum weiter zurück. Die Bildungs- und Partizipationskluft vertieft sich. Wenn es stimmt, dass „Information und Wissen die Ressourcen des 21.Jahrhunderts sind" (Henning, 2013), dann ist Bildung und Medienbildung als Kernkompetenz und im Sinne kultureller Gerechtigkeit dringend notwendig.

5. Die Jugendlichen von heute sind die Erwachsenen von morgen und als solche die Zielgruppen der Erwachsenenbildung in der Zukunft. Sie „ticken" anders als die Erwachsenen, die wir heute aus unseren Bildungseinrichtungen kennen. Sie werden künftig andere Fragen an die Erwachsenenbildung stellen und sie werden (wahrscheinlich) andere Anforderungen an Vermittlungsformate haben. Bereits heute ist erkennbar, dass junge Menschen andere Lernstrategien und Bildungsmotive haben. Neben institutionalisierten Lern- und Bildungsorten spielt informelles Lernen in Peer-Groups und Sozialen Medien eine immer wichtigere Rolle. Die Entscheidung, was wichtig und bedeutsam ist und damit die Anstrengung des Lernens und Aneignens lohnt, schein zunehmend weniger von der Zugehörigkeit zu einem bestimmten Kanon von Kulturgütern abzuhängen, als von der Viabilität der Lösungen. Pragmatismus und Flexibilität sind die in der globalisierten Ökonomie von jungen Menschen gelernten Kernkompetenzen. Einer Sache auf den Grund zu gehen, das ist angesichts der Explosion des verfügbaren Wissens, selbst für Fachleute, ohne digitales Wissensmanagement kaum mehr möglich und angesichts der Anforderung, stets flexibel und mobil zu bleiben für junge Menschen ein weniger lohnendes Ziel. Auch die mediale Kommunikation und Öffentlichkeitsarbeit ändert sich. Bilder gewinnen an Bedeutung. Für Information, Anmeldung und Werbung nehmen die „schnellen" digitalen Formen via Internet gegenüber den „langsamen" analogen gedruckten Halbjahresprogrammen an Bedeutung zu. In einigen Jahren wird es selbstverständlich sein, auch über Soziale Medien mit der keb, mit anderen Teilnehmenden oder mit Referentinnen und Referenten zu kommunizieren. Die „Kunden" bekunden ihre Interessen, diskutieren Themen im Netz weiter und stellen neue Fragen. Eine neue Chance für die Ent-

wicklung von Bildungsangeboten und Öffentlichkeitsarbeit. Darauf muss sich die (Katholische) Erwachsenenbildung einstellen und ihre Strategien entsprechend weiterentwickeln.

6. Von jeher sind Medien für den Bildungsprozess ein wichtiges Instrument. Sie sind nicht nur (selbst) diskutierter Gegenstand der Erwachsenenbildung, sie dienen auch der Vermittlung von Lerninhalten und sind somit entscheidend für den Unterstützungsprozess von Lernenden. Von bewahrpädagogischen Maßnahmen abgesehen, konnten und können mithilfe der Medien verschiedenstartige Lehr-/Lernkulturen entwickelt werden. Waren anfangs Bücher und Texte das wichtigste Werkzeug, später computergestützte Lernprogramme oder das Telekolleg, so ist heute eine Verschiebung zu Social Web -Technologien auszumachen. Erwachsenenbildung muss sich dieser Entwicklung noch stärker annehmen. Nicht allein, weil es „trendy" ist, sondern weil es ihre Aufgabe ist und bleibt, „Themen der Menschen aufzunehmen und Orientierungsprozesse zu ermöglichen" und dabei methodisch-didaktisch auf der Höhe zu bleiben. Orientierungsbedarf ist gerade bei den Erwachsenen (den sog. „Digital Immigrants") da. Dabei könnte eine handlungsorientierte Medienarbeit auch in der Erwachsenenbildung eine wichtigere Rolle spielen. Zwar gibt es einzelne Ansätze (Blended-Learning Arrangements zum II. Vatikanischen Konzil, Interkulturelle Bildung im „Second life", „Spielplatz Computer" als Erfahrungsraum für Eltern, oder Angebote zum internationalen „Safer Internet Day"), aber bisher ist es weitgehend bei Experimenten ohne nachhaltige Wirkung geblieben. Teils aus Mangel an Infrastruktur, teils wegen organisatorischer Rahmenbedingungen (Abrechnungssystem, traditionelle Ausrichtung auf klassische Formate wie Seminar und Vortrag, analoge Kommunikationsformen) und knappen Ressourcen, die kaum Spielräume zur Entwicklung neuer Formate für neue Zielgruppen ermöglichen. Teilweise hängt es auch an der medienpädagogischen Qualifizierung der Erwachsenenbildner/innen. Ein Dilemma, das bereits 2009 von prominenten Pädagogen und Medienwissenschaftlerinnen in einem „Medienpädagogische Manifest" zum Ausdruck gebracht worden ist. Unter der Überschrift „Keine Bildung ohne Medien" werden darin Perspektiven formuliert, die – mit spezifischen Anreicherungen – auch für die Katholische Erwachsenenbildung Anregungen liefern (vgl. Meister, Moser & Niesyto, 2009):

- Damit Erwachsene jeden Alters und insbesondere Eltern auch künftig die Chance erhalten, ihre Medienkompetenzen (die heute zu einem selbstbestimmten und verantwortlichen Leben notwendig sind) zu erweitern, müssen medienpädagogische Programme auch in der Erwachsenenbildung, in der Seniorenarbeit, vor allem aber in der Familien- und Elternbildung verstärkt werden. Hier gilt es die Urteilskraft der Menschen zu stärken und Erziehende in

der Wahrnehmung ihrer Verantwortung für eine Medienerziehung der eigenen Kinder und Jugendlichen zu fördern.
- Einen besonderen Schwerpunkt stellen pädagogische Angebote für Erwachsene aus Migrationskontexten und bildungsbenachteiligten Milieus sowie Angebote zur geschlechtersensiblen Arbeit dar. Dieser Bereich scheint im Bereich der keb bisher (möglicherweise auch aus den o. g. strukturellen Gründen) eher eine untergeordnete Rolle zu spielen und diese Zielgruppen werden bisher eher wenig angesprochen/ erreicht. Medienpädagogik ist im Kontext (inter)kultureller Bildung erheblich mehr zu fördern.
- Für die Akteure in der Erwachsenenbildung ist eine medienpädagogische Grundbildung als Bestandteil der pädagogischen Aus- und Weiterbildung zu verankern. Daneben müssen spezifische medienpädagogische Ausbildungen in Form von Master-Studiengängen und als Wahlpflichtbereiche in anderen Studiengängen (Theologie, Pädagogik, Erwachsenenbildung) angeboten werden. Da viele Akteure in der Erwachsenenbildung bereits sehr erfahren sind (ihre Ausbildung also schon etwas zurückliegt), sind Programme zur medienkundlichen, medienethischen und medienpädagogischen Fort- und Weiterbildung zu entwickeln, um erprobte pädagogische Kompetenz mit der Medienbildungskompetenz zu verbinden.
- Während es zur quantitativen Mediennutzung diverse Studien gibt, mangelt es nach wie vor an Untersuchungen, die die Mediennutzung in sozialen Kontexten differenziert und prozessbezogen analysieren, auch im Sinne von Grundlagenforschung. Notwendig ist vor allem eine deutliche Verstärkung der Mediensozialisationsforschung und der medienpädagogischen Begleit- und Praxisforschung. Hilfreich wäre es, die Mediatisierung der Lebenswelten auch auf ihre kulturellen, sozialen und individualpsychologischen Begleiterscheinungen hin zu untersuchen, bzw. die dazu laufende wissenschaftliche Diskussion mehr in die Entwicklung von Bildungszielen einzubeziehen.

Das Feld der Bildung sollte nicht allein populistischen Pessimisten überlassen werden, die von der Angst vor der „digitalen Demenz" profitieren. Katholische Erwachsenenbildung kann sich auch nicht in eine „kulturelle Uckermark" zurückzuziehen, weil es ihrem Selbstverständnis widersprechen würde. Sie muss die sozio-technische Entwicklung als Bestandteil der Kultur- und Lebenswelt wahrnehmen und in die eigene Arbeit aktiv einbeziehen, um auf der Höhe der Zeit zu bleiben und ihren eigenen Qualitätsansprüchen gerecht zu werden. Sie darf sich nicht darauf beschränken, die Medientechnologie als didaktisches Mittel und zur Optimierung der Öffentlichkeitsarbeit nur zu beherrschen. Es geht auch um elementare Kategorien: „Sachen klären, Menschen stärken" (von Hentig, 1986). Erwachsenenbildung bleibt auch im Kontext der Mediatisierung ein Prozess der Vergewisserung, der Reflexion und der Gestaltung von Ausdruckformen in Zeichen und Sprache im Zusammenspiel von Menschen. „Das Neue ist letztlich das Alte, insofern die Herausforderung (für die Katholische Erwachsenenbildung, Cki) die gleiche ist: Menschen zu helfen, ihr Leben im Vollsinn als verantwortlich handelnde mündige Subjekte in den für sie relevanten sozialen Bezügen gestalten zu können." (Büsch, 2010).

Quellenangaben

Albrecht, H. (2005). Physiologie der Raserei. In: DIE ZEIT 08.09.2005 Nr. 37, http://www.zeit.de/2005/37/T-Geschwindigkeit (15.2.2013).
Büsch, A. (2010). Medienerziehung 2.0 – neue Antworten auf neue Herausforderungen?. In: Amos international 3.
Calmbach, M. u. a. (2011). Wie tickt die Jugend? Lebenswelten von Jugendlichen im Alter von 14–17 Jahren in Deutschland. Haus Altenberg Verlag.
Hamann, G. (2012). Wir sind so frei. Was die internationale Funkausstellung über Technik, Selbstbestimmung und die Menschen erzählt. In: DIE ZEIT 30.08.2012 Nr 36 http://www.zeit.de/2012/36/IFA-Internationale-Funkausstellung-Berlin (15.2.2013).
Henning, P. & Eichler, S. (2013). „Den Menschen die Angst vor den neuen Medien nehmen" Pressemitteilung bei Checkpoint elearning zur Leartec 2013 unter: http://www.checkpoint-elearning.de/article/11782.html (28.1.2013).
Hepp, A. & Hartmann, M.(Hrsg.) (2007). Mediatisierung der Alltagswelten. Wiesbaden: VS Verlag für Sozialwissenschaften.
Krotz, F. (2007). Mediatisierung. Fallstudien zum Wandel der Kommunikation. Wiesbaden: VS Verlag für Sozialwissenschaften.
Kübler, H.D. (2012). Medienwandel und Medienpädagogik. Analytische und intentionale Dilemmata. In: Merz – Medien und Erziehung. Zeitschrift für Medienpädagogik Nr. 5 Okt 2012. München: kopaed.
Medienpädagogischer Forschungsverbund Südwest (2013). JIM-Studie 2012 Jgend, Information, Medien http://mpfs.de/fileadmin/JIM-pdf12/JIM2012_Endversion.pdf (15.2.2013).
Meister, Moser, Niesyto u. a. (2009). Keine Bildung ohne Medien – Medienpädagogisches Manifest http://www.keine-bildung-ohne-medien.de/medienpaedmanifest/ (15.2.2013).

Reimer, R.T.D. (2010). Lernen mit Medien in der Erwachsenenbildung. In: Enzyklopädie Erziehungswissenschaft Online Fachgebiet: Zeuner, C. (HG.).Erwachsenenbildung, Lernen im Erwachsenenalter. Weinheim München: Juventa Verlag. Online: http://www.erzwissonline.de/fachgebiete/erwachsenenbildung/bei traege/16100039.htm (15.2.2013).
Spitzer, M. (2012). Digitale Demenz. Wie wir uns und unsere Kinder um den Verstand bringen. München: Droemer Verlag.
von Hentig, H. (1986). Die Menschen stärken, die Sachen klären. Ein Plädoyer f. d. Wiederherstellung d. Aufklärung. Ditzingen: Reclam Verlag.

Christian Kindler, Leiter und Geschäftsführer der keb im Kreis Ludwigsburg e. V. und Fachreferent für Medienpädagogik, Fachstelle Medien der Diözese Rottenburg-Stuttgart

Vom Suchen und Finden

Perspektivische Überlegungen zur Lernbegleitung

PAUL SCHLEGL

Sprache ist verräterisch. Sie gibt Aufschluss über den Zeitgeist, aber auch darüber, wie sich das Bewusstsein ändert. In der Erwachsenenbildung war beispielsweise lange vom Hörer die Rede. Der Veranstaltungsbesucher sollte eben reichlich mit Stoff abgefüllt werden. Teilnehmer ist heute der gängige Begriff, der diesem eine aktivere Rolle zuspricht. Getoppt wird diese Sicht mit dem neuen Wissen, dass der Lernende sein Lernen selbst steuert. Oben und unten dominier(t)en in der pädagogischen Staats- und Kirchensprache, markiert durch Begriffe wie Unterricht oder Glaubensunterweisung. Recht antiquiert, weil viel zu passiv, hört sich nach wie vor im beruflichen Lernen die Rede vom Auszubildenden an.

Wirkungen der Transformationsgesellschaft
Die sich ändernden Begriffe in der Bildung spiegeln die sich ändernde Gesellschaft wider, die sich in einem permanenten Strukturwandel befindet. Während dieser Wandel vormals in längeren Zeitphasen erfolgte, leben wir mittlerweile in einer sich beschleunigenden „Transformationsgesellschaft" mit vielfältigen „Prozessen des Übergangs in unvertraute Neuartigkeiten" (Schäffter, 2012). Globalisierung, naturwissenschaftlicher und technischer Fortschritt, Medienexplosion, Veränderungen des Arbeitslebens, interkulturelle/interreligiöse Begegnung, demografischer Wandel, Individualisierung und Differenzierung der Lebensformen sind nur einige Stichworte aus einem breiten Spektrum. Angesichts dessen ist der große Bedeutungszuwachs des Lernens naheliegend, um Fragen zu klären und Orientierung zu erhalten. Die neue Unübersichtlichkeit bewirkt jedoch, dass auch das Lernen komplexer wird. Herkömmliche Formen greifen häufig zu kurz. Vordefinierte Inhalte erreichen keine Relevanz.

Als Folge der Transformationsgesellschaft differenziert sich auch Bildung immer mehr aus (ebd.). Neben dem staatlich organisierten System ist ein riesiger Markt entstanden, der auf Bedarfe reagiert. In der Frage, was anerkennenswert und förderwürdig ist, begleiten diese Entwicklung auch ideologische Verengungsdiskussionen in der Politik und anderswo. Während beispielsweise vor wenigen Jahren zunehmend einseitig auf (berufliche) Qualifizierung und in diesem Zusammenhang auf Einweg-Vermittlung von Wissen und Fertigkeiten gesetzt wurde, wächst heute wieder die Sensibilität für Allgemeinbildung in den verschiedensten Lebensbereichen. Zunehmend werden auch die Auswüchse der Beschleunigung des Lernens problematisiert und es wird verstärkt wieder die Notwendigkeit betont, Wissen zu reflektieren und zu hinterfragen, als auch Wissenssektoren zu verbinden. Lernen hängt mit Reifeprozessen zusammen. Beides braucht Zeit.

Komplexität und Vielfalt in der Gegenwart haben die eindeutigen Wege verwischt. Viele sind möglich. Suchen und Finden gehört zu den kreativen Herausforderungen, kann aber auch zur Bürde werden. Dies betrifft sowohl Individuen als auch Organisationen und Gruppen. Deshalb stellt sich die Frage nach Unterstützung und Begleitung beim suchenden Lernen. An dieser Stelle kommt die professionalisierte Erwachsenenbildung in den Blick, in der Bildungsformate entwickelt wurden, um einzelne Lernende und um Organisationen in „zielgenerierenden Suchbewegungen" (Schäffter, 2009) zu begleiten, damit sich ein Weg erschließt und damit Perspektiven sichtbar werden.

Klärungen in Kirche und kirchlicher Erwachsenenbildung

Die katholische Kirche befindet sich an einem Scheideweg: Werden zukünftig die (zu vermittelnden) Inhalte immer mehr amtlich-hierarchisch-katechetisch definiert und vorgegeben oder entstehen sie aus der Analyse von Lebenswelten und im Prozess der Begegnung? Die in der Kirchenkrise zunehmende Polarisierung gefährdet in diesem Zusammenhang nicht nur das seitherige Sowohl-als auch-Prinzip, sondern verstärkt die binnenzentrierte Sonderwelt von Kirche.

Die weitere Klärung dieser Frage wird zeigen, ob Kirche auch zukünftig gesellschaftsrelevant und dienstleistend offene Erwachsenenbildung mitgestalten oder sich immer mehr ins Innerkirchliche zurückziehen wird.

Die 40jährige Erfolgsgeschichte der Katholischen Erwachsenenbildung, die ja auch mit Statistikzahlen unterlegt werden kann, legt einen allgemeinen Perspektivenwechsel in der Kirche nahe, kirchliches Handeln generell, auch religiöse Inhalte, entschieden vom Menschen und seiner Lebenssituation her zu denken und zu entwickeln. *Was Menschen bewegt ...* – soll im Fokus stehen.

Die Erträge der Erziehungswissenschaft/Andragogik untermauern diesen Ansatz. Ein paar Prinzipien seien deshalb beispielhaft genannt: Die Lebensweltorientierung als Grundlage der Didaktik (Siebert, 2006), die Erkenntnis, dass Lerninhalte anschlussfähig sein müssen, d. h. der Lernende will anknüpfen an früheres Wissen und Erfahrungen (Siebert, 2006), die Anregungen der Ermöglichungsdidaktik (Arnold, 2007), Handlungs- und Gestaltungsräume für den Einzelnen zu erschließen usw.

Die neueren Erkenntnisse lassen sich auch mit klassischen Bibelstellen zum begleiteten Suchen und Finden des Weges untermalen: Angefangen vom Exodus des Volkes Israel aus Ägypten bis hin zur Emmausgeschichte im Lukasevangelium („Brannte uns nicht das Herz ...?") enthalten die biblischen Schriften ein breites Spektrum von Wegmotiven, die immer auch Lernen und Entwicklung beinhalten.

Lernbegleitung als Perspektive
In vielen Biografien können wertvolle BegleiterInnen identifiziert werden, die angeregt, motiviert, bestärkt, provoziert oder auch widersprochen haben: Eltern, Lehrer, Freunde, Kollegen ...

Schon in der antiken Philosophie war etwa bei Sokrates der strukturierte Dialog eine bedeutsame Methode des gemeinsamen Denkens, die bis heute wirkt. In seinem Gedicht Friedensfeier weist Friedrich Hölderlin (1800/1804) auf das Lernen durch Begegnung und Gespräch hin: „Viel hat von Morgen an, seit ein Gespräch wir sind und hören voneinander, erfahren der Mensch." Diese Linie findet ihre Fortsetzung auch in der Pädagogik des 20. Jahrhunderts. Der jüdische Philosoph Martin Buber (1923) schreibt zur Identitätsbildung: „Ich werde am Du; Ich werdend spreche ich Du. Alles wirkliche Leben ist Begegnung."

In der neueren Erwachsenenbildung werden Lernen und Entwicklung nicht mehr ausschließlich auf einzelne Menschen bezogen, sondern wechselseitig auch auf die Organisation von Erwachsenenlernen (Vogel, 1998). Die Organisationssoziologie erweitert den Blick vom lernenden Individuum hin zur lernenden Organisation.

Diese Entwicklungsorientierung entgrenzt seitherige Ansätze und Formen: Der klassische Vortrag, das Seminar, die Werkstatt, die Klausurtagung usw. werden in Bezug gesetzt zur bzw. integriert in die Entwicklung einer Person, gerade so wie einer Gemeinde oder einer bestimmten Gruppe oder bestimmten Institution. Ferner werden die Erwachsenenbildungseinrichtungen selbst genutzt, um bestimmten Ideen nachzugehen und diese zu realisieren. Die Gegenüberstellung von Bildungsanbietern und Bildungsadressaten wird relativiert. Die Betroffenen, die Beteiligten, die Ehrenamtlichen und die Hauptamtlichen diskutieren und entwickeln das Bildungsgeschehen gemeinsam.

Aus der Perspektive, Lernen, Entwicklung und Begleitung zu verbinden und im Rahmen komplexer Prozesse zu sehen, können neue Ansätze die professionalisierte Erwachsenenbildung weiterbringen und ihren Wirkungsgrad erhöhen. Notwendig ist allerdings, das staatliche und kirchliche Bezuschussungssystem zu erweitern, da die engen Zuschussstrukturen die neuen Bedarfe bislang nur unzureichend fördern.

Nachfolgend werden perspektivisch drei professionelle Ansätze der Lernbegleitung skizziert:

1 Bildung durch Beratung

Beratung kann helfen, schwierige Situationen und neue Herausforderungen anders zu sehen und zu verstehen. Der Blick von außen unterstützt das selbstgesteuerte Lernen und Handeln (keb DRS, 2011): Beratung können Einzelne geradeso wie Teams, kleine Gruppen und Organisationen in Anspruch nehmen. Der geschützte Rahmen ermöglicht, *Erfahrungen zu reflektieren, Entscheidungen zu durchdenken, Einsichten und Erkenntnisse zu gewinnen.* Dabei können eigene Muster erkannt, neue Perspektiven entdeckt und Handlungsmöglichkeiten erweitert werden.

Anlässe können sein: Erfahrungen, Veränderungen und Entscheidungen im Leben, Neuorientierung, Rollen-, Aufgaben-, Perspektivenklärung im persönlichen und beruflichen Kontext, Konflikte, Grenzerfahrungen und Burnout, Beziehungs-, Kommunikations- und Handlungsmuster analysieren. Wunsch nach neuer Tätigkeit, Organisationsentwicklung, ehrenamtliches Engagement, themenspezifische Fragen.

Im Feld der Erwachsenenbildung wurde Beratung zunächst eher als Bildungsberatung gesehen, um im Dschungel des Bildungssystems zurecht zu kommen und ferner als Lernberatung am Rande von klassischen Bildungsmaßnahmen (vgl. Knoll, 2008). Die neuere Konzeptentwicklung im Bereich von Coaching und Supervision richtet den Fokus auf berufliches Handeln (Pohl & Fallner, 2010). Allerdings wirkt diese Eingrenzung auf den Beruf künstlich, da die vielfältigen menschlichen Lebens- und Gestaltungsfelder ineinander greifen.

Die Konzepte und Methoden von Lern-/Bildungsberatung, Coaching und Supervision sind gut entwickelt und bestens geeignet, um das Verständnis zu weiten in Richtung des neuen Formats „Bildung durch Beratung", das begleitetes Lernen entlang vieler Anlässe ermöglicht.

2 Lernort Gemeinde

Auf dem Marktplatz wird das bunte Leben einer Stadt sichtbar. Im Alltagsgeschehen, an Marktständen, bei Veranstaltungen, Festen, Kundgebungen, Demonstrationen usw. finden unterschiedlichste Lebensstile ihren Ausdruck. Der Marktplatz ist ein Symbol für Vielfalt: Lebensstile weisen auf Werthaltungen hin, die sich an den Treffpunkten der Menschen zeigen. Vor diesem Hintergrund stellt die Fokussierung auf Werte und auf Gemeinde eine interessante Herausforderung dar, Erwachsenenbildung in ihren Vor-Ort-Bezügen, Inhalten und Formen weiterzuentwickeln. Die Frage: „Was ist wichtig und wertvoll – für dich, für uns, für die Gemeinde ...?" kann in unterschiedlichen Nuancen – direkt und indirekt – angegangen werden.

An diese Idee knüpfen mehrere entwicklungsorientierte Projektansätze (Schlegl, 2009) an, die Lernen und Begegnung, (neue) Kontakte und Vernetzung ermöglichen:

Beispielsweise indem die Bewohner einer Stadt, eines Stadtteils, eines Dorfes eingeladen werden, sich über das Gemeinwesen Gedanken zu machen und Ideen für gemeinsame Projekte zu entwickeln; oder indem bestimmte Zielgruppen oder thematisch Interessierte angesprochen werden und eine gemeinsame Initiative starten.

Angesichts der Komplexität des Lernens braucht es bei solchen Ansätzen eine qualifizierte Begleitung, die mithilft, dass die Beteiligten und Akteure auch wirklich weiterkommen bei der Lernprojektierung der einzelnen Schritte und Häppchen: Ziele, Inhalte, Formen und Grenzen klären; Kommunikationsstrukturen aufbauen; Lernsettings entwickeln; Reduktion von Komplexität und Unterstützung beim Gestalten und Handeln.

Projekte können gelingen, sich verändern oder auch scheitern. Wertvolle Lernerfahrungen sind immer möglich. Die Lernbegleiter sollten bereit sein, sich auf offene Situationen einzulassen, zu ergründen, was gewünscht und was sinnvoll ist und welche pädagogischen Handlungen sich nahe legen.

3 Treffpunkt Lernen

Entwicklungsorientiertes Arbeiten hat Auswirkungen auf die EB-Einrichtungen selbst. Sie sind gefordert, das eigene Selbstverständnis, die Strukturen und die Dienstleistungen auf die neuen Bedarfe hin zu öffnen. Sich als Treffpunkt Lernen (TPL) zu verstehen, kann deshalb eine interessante Perspektive sein, Lern Gruppen, den Service zukommen zu lassen, den diese für die eigene Arbeit benötigen (Schlegl, 2002).

Die Treffpunkt-Lernen-Idee braucht ein Leitbild, ein inhaltliches Konzept und eine Wertebasis, um nicht rein technisch missverstanden zu werden. Eckpunkte hierfür können die Bedeutung selbstorganisierten Lernens und Gestaltens, die gewachsene Sensibilität für Sinnfragen, die Orientierung am Gemeinwohl, ehrenamtlich-freiwilliges Engagement, interkulturelle/interreligiöse Begegnung usw. sein.

Damit die Gruppen die EB-Einrichtungen auch wirklich nutzen können, sollten diese ihren Katalog von TPL-Dienstleistungs- und Vernetzungsangeboten transparent zusammenstellen. Dazu können gehören: Aus- und Fortbildung für die Gestaltung relevanter Tätigkeiten, Beratung in der praktischen Arbeit und Coaching, finanzielle Förderung der Arbeit, Foren für Vernetzung und Erfahrungsaustausch, Informationsdienste und Arbeitshilfen, Referentenvermittlung, Unterstützung bei der Raumsuche und bei der Öffentlichkeitsarbeit, Ausleihe von Material, Geräten und Literatur.

Die TPL-Idee kann EB-Einrichtungen, aber auch andere Organisationen, die diesen Gedanken aufgreifen, dynamisieren, da Akteure sich immer mehr beteiligen, eigenverantwortliche Gestaltungsfelder suchen und finden werden.

Quellenangaben

Arnold, R. & Gòmez Tutor C. (2007). Grundlinien einer Ermöglichungsdidaktik – Bildung ermöglichen – Vielfalt gestalten. Augsburg: Ziel Verlag.
Buber, M. (1979). Ich und Du (1923). Das dialogische Prinzip. Heidelberg (1995): Reclam, Philipp, jun. GmbH Verlag.
Hölderlin, F. (1800). Gedichte 1800 bis 1804. (22.06.2012): tredition Verlag.
keb DRS (2011). www.beratung-ist-vertrauenssache.de.
Knoll, J. (2008). Lern- und Bildungsberatung. Bielefeld (2.12.2008): Bielefeld: W. Bertelsmann Verlag.
Pohl, M. &Fallner, H. (2010). Coaching mit System – Die Kunst nachhaltiger Beratung, Wiesbaden: VS Verlag für Sozialwissenschaften.
Siebert, H. (2006). Didaktisches Handeln in der Erwachsenenbildung –Didaktik aus konstruktivistischer Sicht. Augsburg (13.08.2012): Ziel Verlag.
Schäffter, O. (2009). Lernort Gemeinde – ein Format Werte entwickelnder Erwachsenenbildung. In Mörchen, A./Tolksdorf, M. (Hrsg.). Lernort Gemeinde – Ein neues Format der Erwachsenenbildung. Bielefeld: W. Bertelsmann Verlag.
Schäffter, O. (2012). Allgemeinbildung im Umbruch – Lebenslanges Lernen und Katholische Erwachsenenbildung. In: Bergold, R.(Hrsg.). Festschrift für die Katholische Erwachsenenbildung im Saarland.

Schlegl, P. (2002). Dienstleistungs- und Vernetzungsangebote für Gruppen der gemeinwesenorientierte Öffnungskurs des KBW Landkreis Reutlingen. In: Bergold, R., Mörchen, A. &Schäffter, O. (Hrsg.). Treffpunkt Lernen – Ansätze und Perspektiven für eine Öffnung und Weiterentwicklung von Erwachsenenbildungs-institutionen, Band I, Recklinghausen: Bitter Verlag.
Schlegl, P. (2009). LebensArt(en) – von der Stadtteilentwicklung zur Wertegemeinde. In: Mörchen,A. & Tolksdorf, M. (Hrsg.). Lernort Gemeinde – Ein neues Format der Erwachsenenbildung. Bielefeld: W. Bertelsmann Verlag.
Vogel, N. (1998). Entwicklungsorientierung als Organisationsprinzip der Weiterbildung. In Vogel; N. (Hrsg.). Organisation und Entwicklung in der Weiterbildung. Bad Heilbrunn: Klinghardt Verlag.

Paul Schlegl, Leiter und Geschäftsführer der keb Reutlingen e. V.

Perspektiven der Frauenbildung

ELISABETH BAUR/BARBARA SCHWARZ-STERRA

Vor 25 Jahren wurde im Bildungshaus Kloster Schöntal das Frauenprogramm initiiert. Es wird ökumenisch verantwortet, und die Inhalte haben den Anspruch emanzipatorischer Frauenbildung. Auf dem Hintergrund dieser langjährigen Angebote und der damit verbundenen Erfahrungen und Erkenntnisse stellen sich für die Zukunft der Frauenbildung verschiedene neue Fragen. Im kooperativen Austausch mit dem „Fachbereich Frauen" der Diözese Rottenburg-Stuttgart wurden nachfolgende Zukunftsfragen formuliert:
1. Wie sehen die zukünftigen Herausforderungen in der Frauenbildung aus?
2. Wie lauten die inhaltlichen Zielsetzungen?
3. Welche Veranstaltungs-Angebote folgen daraus?
4. Welche Ressourcen stehen zur Verfügung?

1 Zur aktuellen Situation

Frauenbildung scheint aktuell wieder einmal fragwürdiger zu werden. Argumentiert wird damit, dass jüngere Frauen sich heute selbstverständlich emanzipiert fühlten. Die Ziele der Frauenbewegung scheinen, so die Schlussfolgerung, erreicht zu sein. Entsprechend wird gefragt, wozu es in Zeiten von „Gender Mainstreaming" noch eine spezifische Frauenbildung braucht.

Nach über 10 Jahren des Bemühens um das Prinzip des Gender Meanstreaming durch die EU, die die Gender Perspektive als eine Querschnittsaufgabe für alle Mitgliedsländer festgelegt hat, nimmt Deutschland einen der letzten Plätze bei der Umsetzung dieser Strategie ein. Die verbreiteten starren Geschlechterrollen behindern in diesem Land weiterhin die Wahlfreiheit und das Potenzial von Frauen und Männern. Von Frauen allerdings im Besonderen, weil in den Entscheidungsgremien noch häufig und beharrlich an traditionellen Rollenbildern festgehalten wird.

Der Anteil der Abiturientinnen ist ebenfalls in den letzten 10 Jahren auf erfreuliche über 50 % gestiegen. Generell lässt sich feststellen, dass junge Frauen je jünger, desto besser qualifiziert sind. Wir verfügen heute über die bestausgebildete Generation junger Frauen und dennoch versickern diejenigen, die beispielsweise die Wissenschaftslaufbahn einschlagen, nach und nach in den männlich dominierten Hochschulstrukturen. Deutschland liegt bei den Gleichstellungsaktivitäten im internationalen Vergleich in diesem Bereich unter 20 %. Der Frauenanteil ist von 6,3 % auf 15 % in den letzten 10 Jahren gestiegen.

Das Potential dieser Frauengeneration auf den verschiedenen Qualifikationsstufen der wissenschaftlichen Karriereleiter geht unserer Gesellschaft verloren. Deshalb gilt nicht nur für den Wissenschaftsbetrieb, sondern für weite Teile in unserer Gesellschaft, dass nach wie vor ein dringender Handlungsbedarf in Bezug auf die Gleichstellung von Frau und Mann besteht.

Für eine eigene Frauenbildung gibt es deshalb auch in Zukunft gute Gründe:

Sie legt offen, was im rasanten Wandel in der Gesellschaft unsichtbar, aber dennoch wirkmächtig ist. Sie bietet Räume für Erfahrungsaustausch und Orientierung. Sie bietet Wissen für die Tätigkeitsbereiche von Frauen, sowohl in der Familie, im Erwerbsleben und im Ehrenamt. Sie sensibilisiert und unterstützt Frauen aller Generationen in ihren jeweiligen sozialen Bezugssystemen und bietet Gelegenheit zur Selbstvergewisserung und Identitätsbildung.

- Frauen bevorzugen aufgrund ihrer Sozialisation und ihrer Rollen Frauenräume, wo sie ihren Zugang zu den jeweiligen Ressourcen ganzheitlich miteinander teilen und kreativ umsetzen können.
- Lebenserfahrungen und Lebensentwürfe sind bei Frauen und Männern verschieden. Ein eigenständiger Austausch unter Frauen ist deshalb wichtig zur Findung der eigenen Identität und Selbstvergewisserung.
- In gemeinsamen Veranstaltungen von Frauen und Männern ist oft ein verändertes Verhalten von beiden Geschlechtern wahrnehmbar. Frauen verhalten sich ohne die Anwesenheit von Männern anders. Das gilt auch umgekehrt.

2 Zukünftige Herausforderungen

2.1 Orientierung für den eigenen Lebensentwurf

Während in den ersten Jahren der Frauenbildung in Schöntal der Erfahrungsaustausch der Frauen in Gesprächskreisen und -foren im Vordergrund stand, hat sich parallel zu den Veränderungsprozessen in unserer Gesellschaft ein zunehmendes

Bewusstsein für gesellschaftliche Benachteiligungen eingestellt. Heute haben Frauen im Vergleich zu früher wesentlich größere Wahlmöglichkeiten. Allerdings bergen diese auch ungekannte Risiken. Denn die Anforderungen im Erwerbsleben und die Belastungen durch eine Vereinbarung von Beruf und Familie bei gleichzeitigem Mobilitäts- und Flexibilitätsanspruch sind enorm. Nicht nur für Frauen, jedoch für sie in dem Maße besonders, wie ihnen die Rolle der Vereinbarung aller Aufgaben zugewiesen wird. Frauenbildung hat in diesem Kontext auch die Rolle einer Vermittlungsinstanz und orientiert entsprechend ihr Angebot daran:

Das geschieht beispielsweise, indem:
- Orientierungshilfen bei der Standortbestimmung des Lebens geboten werden,
- Konfliktfähigkeit gefördert wird,
- Frauen lernen, Ziele zu setzen und Entscheidungen zu treffen,
- Biographisch gearbeitet wird, um aufbauend auf die eigene Geschichte neue Perspektiven zu entwickeln.

2.2 Eigenverantwortung

Mit neuen Fähigkeiten wächst die Verantwortung der Frauen für das eigene Leben. Das alte Familienmodell scheint passé zu sein, in dem der Mann die Rolle des Versorgers hatte. Heute übernehmen Frauen die Verantwortung durch eine gute Ausbildung. Sie wollen im Zuge der zunehmenden Eigenverantwortlichkeit, die die Politik von Bürgerinnen und Bürgern voraussetzt, Einkommen und entsprechend Rentenansprüche erwerben.

Für die Frauenbildung bedeutet diese Ungleichzeitigkeit von Eigenverantwortung und strukturellen Defiziten, die die traditionellen Rollenzuschreibungen unterstützen, für Frauen ein Geländer anzubieten und sie in diesem Wandlungsprozess zu unterstützen und bewusstseinsbildend zu wirken.

Es gilt, die gesellschaftlichen Anforderungen zu formulieren, die da heißen:
- Frauengerechte Rentenmodelle
- Gleiche Bezahlung bei gleicher Arbeit
- Frauenquote, wo berufliche Zugänge versperrt sind
- Vereinbarkeit von Ausbildung, Familie, Beruf, Ehrenamt, Freizeit
- Berücksichtigung der demographischen Entwicklung.

2.3 Die Gender-Perspektive

Wirtschaftliche Unabhängigkeit ist eine wichtige Voraussetzung dafür, dass Frauen und Männer ihr Leben selbstbestimmt gestalten können. In der Regel ist dies dann der Fall, wenn sie ihren Lebensunterhalt jeweils selbst verdienen. Der höhere Frauenanteil auf dem Arbeitsmarkt dämpft die Auswirkungen des Bevölkerungsrückgangs und trägt zum Ausgleich bei. Die Elternschaft von Frauen und Männern wirkt sich dennoch auch heute noch ganz unterschiedlich auf die Arbeitsmarktbeteiligung aus, denn Frauen übernehmen nach wie vor einen übergroßen Anteil der Verantwortung für die Familie. Armut und soziale Ausgrenzung werden von Frauen und Männern sehr unterschiedlich erfahren. Entsprechend haben Frauen ein höheres Armutsrisiko, insbesondere alleinerziehende und ältere Frauen. Bei ihnen setzt sich das Lohngefälle durch ein Rentengefälle fort.

Die katholische Erwachsenen- und Frauenbildung stellt deshalb die Frage, wie Modelle, die die Geschlechtergerechtigkeit umsetzen, aussehen könnten. Mit Blick auf die verschiedenen Lebensbereiche ist deshalb aus ihrer Sicht verstärkt zu fragen:
- wie die Geschlechter künftig zusammen arbeiten,
- wie sie wo vorkommen,
- wie und wo sie mitentscheiden,
- wie und wo sie sich einbringen können,
- wie und wo sie miteinander leben möchten,
- wie sie Familie und Kindererziehung gestalten möchten.

Die Frauenbildung möchte die Frauen bei all diesen Fragen unterstützen und sensibilisieren und mit ihnen nach gerechten Antworten suchen.

Eine Zusammenarbeit mit der Männerbildung ist dabei hilfreich. Auch Kursangebote für Paare sowie männliche und weibliche Singles sind dazu weiterhin notwendig. Allerdings ersetzen diese Angebote nicht ein eigenständiges Angebot jeweils für Frauen und Männer.

2.4 Weibliche Spiritualität

Viele Frauen tun sich schwer mit den herkömmlichen Formen von Spiritualität, in denen ein männliches Gottesbild vorherrscht und die biblischen Erzählungen auf männlicher Sichtweise und Tradition beruhen. Eine zusätzliche Erschwernis liegt für Frauen im patriarchal geprägten Katholizismus. Deshalb finden oder entwickeln Frauen für sich eine Spiritualität, in der sich die weibliche Lebenserfahrung spiegelt – sowohl in der Sprache als auch in weiblichen Ausdrucksformen.

Frauenbildung begleitet Frauen bei der Suche nach Modellen für liturgische Formen und spirituelle Kursangebote und bietet Erfahrungsräume an.
- Sie fördert ein Glauben und Feiern, in dem sich Frauenleben und Frauenerfahrung wiederfindet.

- Sie ermutigt zum eigenen Entdecken und Hervorbringen von spirituellen Ressourcen und Fähigkeiten.
- Sie fördert eine Bibelauslegung aus der Perspektive der Frauen.
- Sie achtet auf eine geschlechtergerechte Sprache im Gottesdienst und begleitet Frauen auf der Suche nach weiblichen Gottesbildern.
- Sie eröffnet Erfahrungs- und Erlebnisräume, in denen neue Formen der Spiritualität erprobt werden können.
- Sie bietet Gesprächsräume, in denen Glaubenserfahrungen und Suchbewegungen offen und unvoreingenommen zur Sprache kommen können.
- Sie bietet eine Weite, in der auch Formen anderer Kulturen und Religionen in Austausch miteinander kommen und sich gegenseitig bereichern.

2.5 Frauen und Kirche

Die Katholische Kirche ermöglicht keine volle Gleichberechtigung aufgrund ihres patriarchalen Systems und des Festhaltens an Traditionen und Dogmen.

Für die Frauenbildung heißt das:
- Die Frage der Gleichberechtigung und Geschlechtergerechtigkeit muss innerhalb der Kirche immer wieder thematisiert werden. Im Besonderen geht es dabei um den gleichberechtigten Zugang zu allen Ämtern und Entscheidungsebenen.
- Frauenbildung will sichtbar machen, wo und wie sich die ungleichen Machtverhältnisse auswirken. Beispielsweise, wenn Frauen nicht beteiligt werden an so relevanten Entscheidungen wie etwa zur Empfängnisverhütung.
- Frauenbildung will die Frauen ermutigen, für ihre Rechte in der Kirche einzutreten und Positionen und Ämter weiter einzufordern.

3 Strukturelle Perspektiven

Die Entwicklung des Stellenanteils im Fachbereich Frauen & Männer der Diözese Rottenburg-Stuttgart ist leider rückläufig. Man könnte, mit Blick auf die vergangene Entwicklung, daraus den Schluss ziehen, dass Frauenbildung einem Bedeutungsverlust unterliegt:

Im Jahr 1993 betrug der Anteil auf Diözesanebene im Fachbereich Frauen noch 2,5 Stellenanteile. Bis zum Jahr 2012 wurde er auf 1 Stelle reduziert.

Auch in den einzelnen Einrichtungen der keb sind im Zuge der Sparmaßnahmen einige prozentuale Stellenanteile reduziert worden. Für die Zukunft ist darauf zu achten, dass Frauenbildung nicht weiter an Gewicht verliert. Die dargestellten Entwicklungen geben dazu Hinweise. Deshalb gilt es, für die Zukunft der Frauenbildung entsprechenden Stellenanteile auf der Mittleren Ebene abzusichern.

Elisabeth Baur, Pädagogische Leiterin der keb Hohenlohekreis e. V.
Barbara Schwarz-Sterra, Fachreferentin Frauen, HA XI Kirche und Gesellschaft

Sorge dich nicht und werde alt

– Frauen im Prozess des Älterwerdens –

ANNA JÄGER

Der Artikel will Leserinnen und Leser neugierig machen auf einen Ansatz in der Andragogik, der bewusstes Älterwerden thematisiert und Menschen in diesem Prozess begleitet. Gleichzeitig soll sich dem Leser, der Leserin erschließen, dass es um ein spezifisches Angebot für Frauen geht im Unterschied zu einem allgemeinen Angebot für älter werdende Menschen (Senioren).

Ein spezifisches Angebot?

Wir beobachten, dass Frauen, insbesondere ältere Frauen, einen erheblichen Anteil der TeilnehmerInnen an Weiterbildungsveranstaltungen stellen. Beispiel: Von den 484 Teilnehmern an längerfristigen Kursen/Seminaren in der keb Kreis Ravensburg im Jahr 2011 waren 358 weiblich. Der geschätzte Anteil bei Einzelveranstaltungen liegt bei 80 %.

Man könnte nun glauben, es bräuchte kein spezifisches Angebot für Frauen, da sie ja bereits „schon da sind". Und da viele von ihnen immer wieder bei den unterschiedlichsten Veranstaltungen teilnehmen, scheinen sie mit unserem Bildungsangebot zufrieden zu sein.

Das ist die eine Blickrichtung. Es gibt jedoch mehrere Aspekte, die für ein spezifisches Angebot für Frauen im Prozess des Älterwerdens sprechen:

Unterschiedliche Erfahrungswelten

Die Gruppe der älteren Frauen lässt sich in drei Erfahrungswelten unterteilen. (Die Einteilung soll nicht kategorisieren, sondern anregen, Lebenssituationen idealtypisch von Frauen zu erschließen. Es gibt dabei fließende Grenzen):

1. Frau, die ihre Frau steht, in traditionellen Rollenvorstellungen.

Sie hat diese wenig oder nie hinterfragt hat, sich arrangiert oder bewusst dafür entschieden, Machtsysteme familial, gesellschaftlich und kirchlich in der ihr zugeteilten Form auszufüllen und dabei Freiräume positiv zu nutzen. Sie nimmt sich im Alter vermehrt Zeit für Bildung und Kontakte.

2. Frau, die die familiale Rollenzuschreibung in ihrem Leben ausgeweitet hat und zusätzlich einem Beruf nachgegangen ist.

Diese Frau wollte oder musste ihren Teil zum Lebensunterhalt beitragen. Eigene Interessen, Kompetenzen und auch Ausbildung fanden ihren Platz in der Lebensgestaltung. Sie erhielt dabei in Familie und Berufsfeld mehr oder weniger patriarchale Machtsysteme aufrecht und war durch ihre doppelte Vergesellschaftung (Familie und Beruf verlangten hundertprozentige Aufmerksamkeit) sehr eingebunden und gefordert, „alles unter einen Hut zu bringen".

Diese Frau will sich im Alter Zeit für sich selbst nehmen.

3. Frau, die die Sechziger-Jahre in der Studentenbewegung verbracht hatte oder sich davon bewegen ließ.

Sie hat unter der doppelten Geschlechtermoral (eine Moral für Männer und eine andere Moral für die Frauen) mit ihrer Ungleichheit gelitten bzw. dagegen aufbegehrt, dass ihre Altersgenossen wie ihre Vätergeneration der Frau Unterordnung abverlangten.

Frauen dieser Gruppierung haben die Frauenbewegung, die während der Nazizeit zu existieren aufgehört hatte, neu belebt. Sie haben sich aufgemacht, ihre Fähigkeiten offen zu nutzen, selbständige Entscheidungen zu fällen und, wie es Margarethe Mitscherlich schildert, „für Verhaltensänderungen bei sich und anderen zu kämpfen, seine (ihre) Angst vor notwendigen Aggressionen zu überwinden ..., seine (ihre) masochistische Unschulds- und Vorwurfshaltung aufzugeben ..." (Mitscherlich, 2010). Diese Frauen standen und stehen einer emanzipatorischen Bildungsarbeit immer schon nah, haben auf sie zurückgegriffen, um die eigene Entwicklung in patriarchalen Familien- und Gesellschaftsstrukturen zu fördern und zu stärken und politisch wirksam zu werden. Sie waren Impulsgeberinnen für frauenbezogene Bildungsarbeit, auch in kirchlichen Strukturen.

Es bleibt, wie schon aufgeführt, bei der Grundaussage: Die Grenzen sind fließend. Gleichzeitig gibt es eine weiterführende Wahrnehmung: Im Prozess des Älterwerdens entdecken von Bereich 1 und 2 vorrangig geprägte Frauen ihren Entwicklungsbedarf für Lebensthemen, die sich vorrangig im 3. Bereich artikulieren, unter Umständen ausgelöst durch Krisen.

Diese Beobachtung ist für Frauenbildung interessant. War es in früheren Jahren so, dass sich Frauen der einzelnen Bereiche eher auseinander dividierten, sich gar als gegenseitige Provokation oder Konkurrentinnen ansahen, dann zeigt sich nun, dass Frauen im Alter von ihren Themen/Interessen her wieder zusammenfinden, sie im Alter ihre Skepsis oder Angst vor Emanzipation verlieren, dass sie sich riskieren und anderen zumuten. Sie nutzen Unterschiedlichkeit unter Frauen als Anregung, sich selbst zu reflektieren. Voraussetzung ist, dass sie eine Gelegenheit dazu erhalten.

Genderaspekte

Betrachten wir die Zielgruppe älterer Frauen auf der Folie der Gender-Debatte (gender als soziale Konstruktion von Geschlecht), dann sollten wir uns mit einer ihnen allen gemeinsamen Erfahrung genauer befassen, einer Erfahrung in der Herkunftsfamilie: Es gab Mütter und Großmütter, die während des Krieges ihre Frau standen in Familie, in Rüstungsfabriken, handwerklichen und bäuerlichen Betrieben und auf der Flucht, als ihre Männer im Krieg oder in der Gefangenschaft waren.

Als die Männer vom Krieg zurückkamen, folgte auf diese zurückliegende Erfahrung einer Selbstwerdung, Selbstbestätigung und Entwicklung, nun eine Begegnung mit einer normierenden Macht: Die alte Rollenpraxis lebte zwangsweise wieder auf, da die Männer ihre Position wieder zurückhaben wollten.

Und die Frauen haben reagiert: Zum Teil lehnten sie es ab, sich den vom Krieg entmutigten Männern unterzuordnen und ihren Platz an sie abzugeben. Frauen waren zum größeren Teil jedoch gezwungen, die Rollen der Vorkriegsverhältnisse anzunehmen auch auf dem Hintergrund, dass die auflebende Wirtschaft wieder von Männern geführt wurde. Geschlechterkonstruktionen waren in den Familien mehr oder weniger bewusst Thema, zumindest bis zu dem Zeitpunkt, bis sich Paare, gesellschaftliche Gruppen und Organisationen bis hin zur Politik neu geordnet hatten.

Heutige Kursteilnehmerinnen haben als Kinder diese Zeit miterlebt. Sie haben bewusst oder unbewusst eine Krise miterlebt, in der die Konstruktion von sozialem Geschlecht durch Rollenkonfusion durcheinander gewürfelt wurde. Und sie haben den Krieg miterlebt, Flucht, Vertreibung, Bombennächte, vermisste und gefallene Brüder, Väter. Die Bearbeitung dieser zusätzlichen Traumata ist eine gesellschaftliche Aufgabe.

Zusätzliche gesellschaftliche Bedingungen

Um 1900 erlebten nur 39 % aller Frauen ihren 60. Geburtstag, heute sind es 95 %. Wir altern heute psychisch und physisch später. Wir sind länger gesund und können die Phase 60+ vielfältig gestalten (Schenk, 2012).

Laut der repräsentativen Generali Altersstudie 2012 würde sich „...mehr als die Hälfte dieser Altersgruppe der 65 bis 85 Jährigen nicht einmal als alt bezeichnen und fühlt sich im Durchschnitt sogar zehn Jahre jünger, als es dem tatsächlichen biologischen Alter entspricht".

Spannend ist der untersuchte Aspekt der Studie: „Lust auf Lippenstift, das Altersbild im Wandel": „Vor rund 30 Jahren hat nur etwa jede vierte Frau zwischen 65 und 74 Jahren regelmäßig Lippenstift verwendet, heute ist es jede zweite Frau" (Generali Altersstudie, 2012).

Die Auflösung der früheren, weiblichen Normalbiographie hat zu einer Individualisierung und angeblichen Freiheit geführt. Frauen haben heute mehr Wahlmöglichkeiten für ihre Lebenspläne. Das bringt mehr Möglichkeiten zur Selbstentfaltung und gleichzeitig die Qual der Wahl, und das mit oft einhergehendem subjektivem Gefühl, sich falsch entschieden zu haben. Das gilt auch für den Prozess des Älterwerdens. Frau kann sich heute entscheiden, wie sie sich kleidet, ob sie allein, mit Partner, mit Freundin, bei ihrer Familie, in Distanz zu ihrer Familie, in Wohngemeinschaften, in Wohnanlagen oder im Seniorenheim leben will. Sofern sie die finanziellen Möglichkeiten hat und sofern sie dem versteckten, gesellschaftlichen Druck (Frau mit 70 muss heute aussehen wie 60...) Stand hält.

„Altern ist aber vor allem ein Frauenthema", so Herrad Schenk, „denn der Frauenanteil unter den Alten nimmt mit steigendem Alter immer weiter zu. Während das Zahlenverhältnis zwischen den Geschlechtern in den mittleren Jahren einigermaßen ausgeglichen ist, kommen in der Altersgruppe 65 plus zwei Frauen auf einen Mann; in der Altersgruppe 80plus ist das Verhältnis Frauen-Männer sogar 3 zu 1.

Heute gehören die Frauen noch qua Geschlecht zur Risikogruppe unter den Alten. Das gilt eher für die hochaltrigen Frauen als für die jungen Alten. „Frauen leben länger, aber sie haben nichts davon!", lautet einer der gängigen flotten Sprüche. „Frauen leben nicht nur länger und sind am Ende ihres Lebens eher krank und allein, sie sind in der Regel wegen ihrer unterbrochenen Erwerbsbiographie auch ärmer als Männer, vor allem, wenn sie geschieden sind. – Da rächen sich die Folgen einer vor allem am Familienzyklus orientierten Lebensplanung" (Schenk, 2012).

Welche Anforderungen sind an ein Angebot gestellt?
Im Alter geht es vermehrt um Themen der eigenen persönlichen Entwicklung, um seelische Prozesse im Älterwerden, um Lebensplanung im Alter. Frauen machen sich zunehmend auf die Suche nach Beziehungen, die Intimität pflegen. Mit welchen Frauen kann Frau über existenzielle Themen sprechen, wie z. B. Angst vor dem Älterwerden, Erotik und Sexualität im Alter, Alleinsein, Angst vor dem Tod ...?

Wenn Frau im Einzelfall die positive Erfahrung macht, mit Freundinnen über solche Themen sprechen zu können, dann sind dies zufällige Glücksmomente, bei denen sie nicht weiß, wie sie sie selbst initiieren könnte. Aus diesem Grund halte ich es für notwendig, Bildungsmodule als sozialen Mikrokosmos für gelingende Beziehung unter Frauen zu gestalten.

Chance und Anforderung ist: Teilnehmerinnen erfahren im Kurs einen moderierten und geschützten Austausch mit anderen Frauen in positiver Wertschätzung. Sie bestärken sich in ihrer Suche nach einem erfüllteren Älterwerden, hinterfragen alte, gewohnte Bilder und entwerfen neue Visionen. Durch diese Erfahrung entwickeln sie einen neuen Maßstab für die Qualität von Beziehungen und nehmen dies als Impuls, ähnliche Beziehungen in der Zukunft im eigenen Kontext zu gestalten.

Wertschätzung soll im Kursgeschehen erlebbar werden. Deshalb braucht es ein Team von Referentinnen, die in ihre eigene Haltung Wertschätzung integriert haben und aus dieser heraus mit der Gruppe arbeiten. Rückhaltlose Wertschätzung im Sinne der Aussage: „Mensch bin ich, nichts Menschliches ist mir fremd". Dies fordert, dass jegliche Erfahrung eines Menschen, egal wie fremdartig sie sein mag, in mir eine Affinität finden kann. Voraussetzung ist, dass ich bereit bin, in mein eigenes Dunkel vorzudringen. Referentinnen tun gut daran, ihren eigenen inneren Erfahrungen nachzuspüren und offen damit umzugehen, um die Vielschichtigkeit dieser Zielgruppe zur Entfaltung bringen zu können.

Auf dieser Basis lernt eine Gruppe, dass sie über Offenheit dazugewinnen kann, dass ein Für-sich-Behalten dagegen einen Verlust mit sich bringen kann.

Das Projekt „Sorge Dich nicht und werde alt"

Wie kam das Projekt zustande?
Es war Frühjahr 2000, da saßen 5 Frauen an einem Tisch und redeten über Konzepte in der Frauenbildung: Klara A. und Annemarie T. als ältere Frauen, Irmen-

gard H., Sabine D. und ich, Anna Jäger, als Frauen im mittleren Alter. Im Gespräch wurde klar: „Frauenbewegung bzw. Frauenbildung endet mit den Jahren um fünfzig. Wechseljahre sind der letzte Inhalt, der für diese Zielgruppe angeboten wird." Dreißig Jahre nach der großen Zeit der Emanzipationsbewegung entdeckten wir, dass „als Frau älter werden" bisher kaum ein Thema war.

Von diesem Zeitpunkt an bekam das Thema einen zentralen Platz in der Frauenbildung im Bildungswerk:
- Es gab eine Veranstaltung im Bildungswerk mit dem Titel: „Braucht es eine Bildungsarbeit für Frauen im Prozess des Älterwerdens?"
- Eine AG wurde installiert mit Frauen im Alter von 60 und älter. Ihre Aufgabe war es, vor Ort in ihrem Umfeld Anliegen und Interessen von Frauen in diesem Alter zu erkunden.
- Als Referentin für Frauenbildung im Bildungswerk habe ich über 100 Interviews mit älteren Frauen geführt. Ziel war es zu hören, zu staunen, zu verstehen und weiterführende Fragen zu stellen.
- Daraus entwickelte sich zusammen mit der AG nach und nach ein Konzept der Frauenbildung für diese Zielgruppe.

Die Frauen der AG, alle zwischen 64 und 74 Jahre alt und ich, wir trafen uns regelmäßig, phasenweise monatlich, um Themen aus den Interviews zu diskutieren. Jede dieser Frauen brachte ihre Erfahrung, ihr Wissen und Können ein, um das Thema „Älterwerden" zu diskutieren. Die AG wurde zu einer Gruppe, die die Fortbildungsthemen vorweg durcharbeitete. Interessen, Ängste, Fragen und Probleme dieser Lebensphase wurde miteinander geteilt und deren Bearbeitung in Veranstaltungen vorausgedacht. Auf dieser Basis konnten Kursinhalte inhaltlich mit Referentinnen teilnehmerinnenorientiert konzipiert werden. Schnell wurde deutlich, wann welche Themen ungern zum Thema gemacht werden und wie wir als Bildungsanbieterinnen sie doch zur Sprache bringen können, ohne ein Thema aufzuzwingen. Die Autonomie zu achten, galt als vereinbarte Grundhaltung. Gleichzeitig sollte wertschätzende Konfrontation eine sonst unübliche konstruktive Auseinandersetzung fördern.

Auszüge aus den oben genannten Interviews:

„Nein, für die Seniorenarbeit fühle ich mich noch zu jung, das kann noch 10 Jahre warten" (Frau M., 72 Jahre)

„Frauenbildung, nein, das kenne ich nicht, das hab ich noch nie gebraucht. Ich hab ein Leben lang gearbeitet und gewusst, was zu tun ist. Jetzt bin ich dran mit dem, was mir wichtig ist. Jetzt will ich tun, was mir Spaß macht. Ich hab mich ein Leben lang angepasst: meinem Mann gegenüber, dann den Kindern, dann hab ich meine Schwiegermutter und meine Eltern gepflegt ... Nein, gelernt hab ich es nicht, wie ich für mich selbst sorgen kann. Wo soll man das auch gelernt haben, als Frau, ..." (Frau Z., 68 Jahre)

„Mein Mann ist vor 5 Jahren gestorben. Seither bin ich sehr allein ... Doch Sehnsucht nach Geborgenheit hab ich schon, aber darüber spricht man nicht ... Ich hab auch nie mit jemand darüber geredet, wie es mir in meiner Ehe ging. Nicht einmal mit meiner besten Freundin." (Frau W., 82 Jahre)

„Ich habe schon Angst, dass die Zeit einmal kommen wird, wo alles nachlässt ... Ich mag es gar nicht, wenn ältere Menschen immer über ihre Leiden klagen und nur noch Arztbesuche zum Thema haben ... Ich halte es jedoch für sinnvoll, mich auf das Altern vorzubereiten ... Ich glaube schon, dass Altern ein Thema für Frauen ist." (Frau S., 79 Jahre)

Folgende komprimierte Aussagen verweisen auf widersprüchliche Lebenserfahrungen und Bedingungen, die zum Ausgangspunkt für das Konzept wurden:
- Ich habe mich ein Leben lang angepasst/jetzt bin ich dran/ich habe es nicht gelernt, für mich zu sorgen.
- Ich habe Sehnsucht nach Geborgenheit/aber ich rede nicht darüber.
- Ich mag nicht über Leiden klagen/gleichzeitig möchte ich mich darüber offen austauschen können.
- Frauenbildung kenne und brauche ich nicht/ich rede aber schon lieber mit Frauen, die sind einfach offener/man kann von anderen Frauen schon was lernen.
- Ich bin religiös aufgewachsen und habe meinen Platz in der Kirchengemeinde/ so ganz zuhause fühle ich mich dort nicht, ich bin auf der Suche.
- An die Kriegszeit mag ich nicht denken. Wir sind als Familie geflohen. Wir waren nirgends gerne gesehen, dieses Gefühl kenn ich heute noch.
- Ich bin nicht kreativ veranlagt/ich staune darüber, was ich in meinem Leben schon alles gemacht habe.
- Sexualität ist kein Thema für eine Veranstaltung/ehrlich gesagt: Ich hatte schon gern einmal eine wirklich erfüllende sexuelle Begegnung.
- Ich passe mich in meiner Kleidung schon an/ich hätte gerne einmal ein rotes Dessous, einen roten Hut .../ich gehe gerne nackt baden, ich habe da so eine Stelle.
- Ich bin immer für meine Kinder und Enkel da/manchmal ist es mir wirklich zu viel.

Ansatzpunkte für unsere Konzeption ist die Überlegung, dass mit dem Älterwerden
- Frauen Freiraum für eigenes Handeln bekommen,
- Frauen in diesen Freiräumen sich mit ihren Ambivalenzen und Widersprüchen konfrontiert sehen,
- sie vor Ort in ihren Lebenszusammenhängen wenig Austausch haben, sich mit diesen Ambivalenzen und Widersprüchen auseinander zu setzen.

An diesen Perspektiven orientiert sich unser Kurskonzept.
Es will
- Versöhnung mit gelebtem und nicht gelebtem Leben unterstützen,
- eine Orientierung auf die kommende Lebensphase ermöglichen,
- zur eigenen Planung ermutigen und die dazu nötigen Fähigkeiten entdecken helfen,
- zu einer realistischen Einschätzung der eigenen Ressourcen mit ihren Grenzen beitragen,
- kommunikative Erprobungsmöglichkeiten bieten,
- Kontaktmöglichkeiten bieten.

Angebotsstruktur des Projekts
Seit 2007 führen wir einmal jährlich das Projekt mit 14 bis 20 Frauen durch. Die Frauen sind im Alter von 50 bis 75 Jahren. Start ist jeweils eine *Frauenkonferenz*, die interessierte Frauen zu einem Vortrag mit anschließender Dialogrunde einlädt. Der Inhalt der Vorträge wechselt, somit können Frauen teilnehmen, die in den vergangenen Projekten teilgenommen haben sowie Frauen, die sich neu für das Thema interessieren oder Frauen, die sich nicht an einem Projekt beteiligen, jedoch das Thema persönlich weiterverfolgen wollen.

Themen der Frauenkonferenz:
- Sorge dich nicht und werde alt
- Von der Gelassenheit im Alter
- Frauen im Dialog mit Frauen und Männern – Von der Suche nach Beziehung im Alter
- Die gewandelte Frau
- Lebenskunst und Weisheit im Älterwerden
- Der Altersangstkomplex – Frauen auf dem Weg zu einem neuen Selbstbewusstsein

Sechs Module schließen sich an, jeweils ganztägig an Samstagen.

Themen der Module:
1. Lebensfreude, Lebenslust im Älterwerden
   – Frau ist so alt wie sie sich fühlt!? –
   - Älterwerden in der heutigen Zeit – wie können wir als Frauen diese Lebensphase bewusst gestalten?
   - Welche Vorstellung vom Alter trägt uns durch das Alter?
   - Vom Mythos, ewig jung bleiben zu müssen.
   - Zeit, Freude und Lust im Leben einer alternden Frau.
2. Wenn ich alt bin trage ich mohnrot.
   – Schritte zur Autonomie wagen –
   - Bei sich selbst ankommen, zu einem Ja zu sich finden.
   - Schritte der Eigenständigkeit wagen.
   - Sich mit dem Leben versöhnen.
3. Hören und gehört werden im Alter
   – Was die Weise zu sagen hat und in welcher Weise sie es sagt –
   - Wo gilt es zu hören und wo gilt es sich Gehör zu verschaffen?
   - Wie spreche ich kritische Dinge konstruktiv an?
   - Wie sag ich Nein ohne andere vor den Kopf zu stoßen?
   - Wie geh ich mit meinen Gefühlen um?
4. Wenn wir nicht mehr so können, wie wir wollen
   – Gesundheit und Krankheit im Alter –
   - Vom Umgang mit Ängsten und Abhängigkeiten, Gesundheit und Krankheit im Alter
   - Mit Abschied und Tod umgehen
   - Das innere Kind der 80-jährigen entdecken; sich einlassen was gerade ist; weg vom Getriebensein; Innehalten; neugierig auf Leben sein;
   - Wie Hoffnung und Glaube meinen spirituellen Weg stützen kann.
5. Mein Leben im Alter gestalten – als Paar oder allein
   – Bekanntes neu betrachten –
   - Welche Vorbilder habe ich für mein Altern?
   - Welche Visionen habe ich für mich/uns?
   - Bin ich allein oder einsam?
   - Was heißt Liebe für mich im Alter? Erotik und Sexualität.
6. Mit Mut und Phantasie
   – sich in Beziehung setzen mit weiblichen Bildern aus der Mythologie –
   - Wie Frauen aus der Mythologie uns ins Leben weisen
   - Welche Lebensthemen von uns selbst können wir bei ihnen entdecken
   - Wie können sie uns Mut machen und zur Phantasie anregen
   - Eine lustvolle, lehrreiche Abschlussveranstaltung

Aus allen Projektgruppen heraus entwickelte sich jeweils eine *Frauengruppe*, die sich eigenständig bei uns im Bildungswerk organisiert. Sie trifft sich je nach Interesse und verfolgt eigene Themenschwerpunkte. Jede dieser Gruppen bestimmt eine Ansprechpartnerin für die keb. Mit ihnen treffe ich mich zweimal jährlich um Interessen, Fragestellungen der Gruppen zu besprechen und daraus zweimal im Jahr ein *Vertiefungstreffen* mit je einem Samstag zu organisieren. Eingeladen werden alle bisherigen Teilnehmerinnen des Projekts

Themen der Vertiefungstreffen:
- Das innere Kind im Alter,
- Und wieder fühle ich mich schuldig – Ursachen und Lösung eines weiblichen Problems,
- TanzZeit für Frauen im Prozess des Älterwerdens,
- Kriegsgeschichten – Das Schweigen durchbrechen, durch Erinnern Ruhe einziehen lassen.

Das Projekt zeigt:
Es lohnt sich,
- nicht vorschnell ein Programm zu machen, sondern zu suchen, Gespräche zu führen, zu hören,
- sich analytisch mit der Situation einer Zielgruppe zu befassen, unterschiedliche Erfahrungswelten zu erschließen,
- Betroffene zu Beteiligten zu machen,
- Genderaspekte und demografische, gesellschaftliche Bedingungen generationsspezifisch einzubeziehen,
- und dabei Veränderungen laufend zu überprüfen, um nicht in einer alten Zielgruppenorientierung hängen zubleiben,
- Bildungsmodule als sozialen Mikrokosmos für gelingende Beziehung unter Frauen zu gestalten,
- eine Kultur der Wertschätzung in Kursplanung und in den Kursen selbst zu implementieren und dabei Verschiedenheit als Reichtum zu entdecken.

Quellenangaben

Bode, S. (2013). Die vergessene Generation. Die Kriegskinder brechen ihr Schweigen. München/Zürich: Klett-Cotta Verlag.
Bovenschen, S. (2006). Älterwerden. Frankfurt am Main: Fischer Verlag.

Generali Altersstudie (2012). Wie ältere Menschen leben, denken, und sich engagieren. Frankfurt am Main.
Hirsch, H. (2012). Endlich wieder leben. Die fünfziger Jahre im Rückblick von Frauen. München: Siedler Verlag.
Kast, V. (2011). Was wirklich zählt, ist das gelebte Leben. Die Kraft des Lebensrückblicks. Freiburg: Kreuz Verlag.
Mitscherlich,M. (2010). Die Radikalität des Alters. Einsichten einer Psychoanalytikerin. Frankfurt am Main: Fischer Taschenbuch Verlag.
Schenk, H. (2005). Der Altersangst-Komplex. Auf dem Weg zu einem neuen Selbstbewusstsein. München: Beck Verlag.
Schlumpf, E. (2006). Wenn ich einst alt bin, trage ich mohnrot. Neue Freiheiten genießen, München: Kösel Verlag.
Witzig, H. (2008). Wie kluge Frauen alt werden. Was sie tun und was sie lassen, Zürich: Xanthippe Verlag.

Anna Jäger, Bildungsreferentin, keb Ravensburg e. V.

Männerarbeit – ein gutes Stück katholischer Erwachsenenbildung

TILMAN KUGLER

„Sehnsucht nach Mehr: Meer-Sehnsucht", „Entspannung, Beweglichkeit, Kraft durch Yoga", „Kraftvoll leben, zielgerichtet handeln", „Burn! Out?", „Bergvagabunden", „Auf Jakobs Spuren", „Handlungsorientiert – kreativ – kooperativ – ganzheitlich", „Die zweite Halbzeit entscheidet – Strategien für Männer ab 40", „Ich kreise um Gott, um den uralten Turm ...", „ Männervesper in der Bierwelt", „Fußball, Filme und Fairplay", „So weit uns die Füße tragen", „Schatzsuche im Tiefenbachtal", „Zu zweit in einem Boot", ...

Männerarbeit in der keb hat viele Gesichter. Wenn ich mir die aktuellen Programme der keb anschaue, finde ich Gesprächsabende, Männergruppen, einen Segeltörn, Reisen, Pilgern, Wandern, Väter-Kinderangebote und Angebote für Paare ... Das meiste richtet sich ausschließlich an Männer, manches richtet sich an Väter, Großväter und Paten zusammen mit Kindern, und manches richtet sich an Männer – zusammen mit ihren Frauen oder der ganzen Familie.

Der Mann ist out – *Männer* sind die Zukunft

Nur noch selten wird über *den Mann* – im Singular - nachgedacht und geredet. Vorbei sind die Tage eines einheitlichen Katholischen Männerwerks, das den Mann auf seine traditionelle Rolle im beruflichen und öffentlichen Leben, als Ernährer und Politiker festgelegt und vorbereitet hat. Vorbei auch die Zeit, in der man ein Programm entwickeln, ein Thema ausrufen und dann flächendeckend auf die ganze Diözese ausbreiten konnte. Männer werden in der keb – und damit ist sie auf der Höhe der Zeit – in ganz unterschiedlichen Rollen, mit unterschiedlichen Lebensentwürfen, Fragen, Lebensstilen, Vorlieben und Ambitionen wahrgenommen.

In den beiden großen, von den Kirchen initiierten Männerstudien der letzten 15 Jahre wurden jeweils vier Typen unterschieden: Einmal (1998) lautete das Quartett:

Traditioneller, pragmatischer, unsicherer und neuer Mann. Und zehn Jahre später wurde – noch etwas vorsichtiger – unterschieden in „teiltraditionell", „balancierend", „suchend" und „modern". Männerarbeit hat gelernt – und möglicherweise auch da und dort dazu beigetragen –, dass die Lebenswege und Rollen von Männern all den Prozessen von Differenzierung und Individualisierung unterliegen, die unser ganzes modernes Leben prägen. Und so gibt es kein einfaches Konzept von Männerarbeit, das man von außen an jedem beliebigen Ort „implementieren" könnte. Männerarbeit entsteht da, wo Männer so etwas wollen. Männerarbeit ist dabei so unterschiedlich, wie die Männer und die Milieus, in denen Männer leben, heute sind. Und entscheidend sind die Akteure, die Initiatoren und Organisatoren selber!

Männerarbeit ist kein Selbstläufer – und wächst, wo Männer das wollen
Da gibt es zum Beispiel – oft von evangelischer Seite initiiert und in ökumenischer Zusammenarbeit getragen – „Männervesper". After Work oder nach der Gute-Nacht-Geschichte treffen sich Männer im Nebenraum einer Wirtschaft, essen und trinken, hören einen Vortrag, ein Impuls-Referat und reden anschließend miteinander darüber. Das Themenspektrum reicht von gesellschaftspolitischen und sozialen über psychologische und religiöse bis zu Fragen der persönlichen Lebensgestaltung und Spiritualität. Und das Ganze funktioniert, weil sich ein paar wenige Männer darum kümmern, Themen festlegen, Gesprächspartner oder Referenten suchen und dazu einladen.

Ähnlich ist es bei Männergruppen, die, auch wenn sie sich selbst organisieren, einen oder zwei „Kümmerer" haben, die sich als Ansprechpartner für die keb, für neue Interessenten oder für andere organisatorische Dinge zur Verfügung stellen. Oder es gibt die Leiter einer Väter-Kinder-Freizeit, die einst mit ihren Kindern (und vermutlich großem Vergnügen) an der Freizeit teilgenommen haben und nun selbst die Freizeit vorbereiten und begleiten.

Neben Männern, die sich um ein Angebot für Männer organisatorisch kümmern, braucht es für die inhaltliche Seite der Männerarbeit auch professionelle oder nebenberuflich erworbene Kompetenz: Den ausgebildeten Yoga-Leiter; die mit gruppen- und sozialpädagogischem Handwerkszeug ausgerüsteten Leiter von Gruppenaktivitäten; die erlebnispädagogisch geübten Freizeitleiter; den pastoral geschulten Begleiter von Pilgerwegen; den Körpertherapeuten oder Meditations-Lehrer; den Erziehungs- oder Paarberater; Männer, die ihre beruflichen Kenntnisse oder ihre Freizeitinteressen (z. B. Reisen, Natursport, Motorradfahren, künstlerische, pädagogische oder wissenschaftliche Ambitionen) einbringen und mit anderen teilen; den geübten Camper, der andere Väter mit ihren Kindern bei einem

Vater-Kind-Camp begleitet; den Priester, Diakon oder geschulten Laien, der mit Männern einen Gottesdienst draußen in der Natur feiert, ihre Motorräder segnet.

Ohne stabile Knoten hält kein Netzwerk, auch kein Männernetzwerk
Die gesicherte Erfahrung in unserer und in anderen Diözesen ist: Die Männerarbeit braucht ein Minimum an Struktur mit einem Maximum an Flexibilität. Eine Fachstelle für Männerarbeit, angesiedelt auf Diözesanebene, stellt ein unverzichtbares vielschichtiges Gerüst für die Akteure in der Männerarbeit dar. Hauptamtliche mit Bildungskompetenzen pädagogischer, pastoraler und/oder psychologischer Herkunft, können die Angebote vor Ort beraten und vernetzen. Das Büro der Männerarbeit im Bischof-Leiprecht-Zentrum (1 Fachreferenten-Stelle, verteilt auf zwei Personen, einen Pastoralreferenten und einen Pädagogen, und ein Sekretariat gemeinsam mit anderen Fachstellen), die Zeitschrift „Männernetzwerk", das halbjährliche Männerprogramm und die Homepage der Männerarbeit der Diözese erfüllen bei uns in der Diözese zwischen Bodensee und Kloster Schöntal, Calw und Ostalb – diese Aufgabe.

Daneben bietet der „Fachbereich Männer" überregionale, zeitlich oder personell aufwendige Angebote der Männerarbeit, wie die Männertage in Untermarchtal und Stuttgart, die Forschungsreise Mannsein, mehrtägige Pilger- und Reiseangebote für Männer oder die erlebnisorientierten Paarwochenenden an, Angebote, die allein durch Ehrenamtliche kaum zu schultern wären. Allerdings sind Ehrenamtliche an solchen Projekten durchaus beteiligt. Und immer wieder erwachsen aus diesen intensiveren Angeboten auch neue Akteure für die Männerarbeit. Sie folgen dabei einem Muster, das im christlichen Kontext nicht neu ist: Aus einer gründlichen Selbsterfahrung erwächst der Impuls, andere daran teilhaben zu lassen. Und damit dabei auch gewisse Standards der Bildungsarbeit, an denen sich auch die keb orientiert, eingehalten werden, bietet die Männerarbeit Fortbildungen, Beratung und Begleitung für „ambitionierte Männerarbeiter" an, die sich an deren Bedürfnissen und Interessen orientieren.

Der Fachbereich Männer kooperiert in seiner Arbeit mit unterschiedlichen Bildungsträgern, Verbänden und Organisationen, Männerinitiativen, Beratungsstellen, Fachmannern und Fachfrauen, Schulen, Schuldekanatsamtern und Kindertagesstätten und setzt dadurch den programmatischen Titel der Hauptabteilung „Kirche und Gesellschaft" in zwei Richtungen in die Praxis um. Wir wirken als Kirche in der Gesellschaft und wir lernen als Kirche von und mit den gesellschaftlichen Akteuren in den Bereichen Bildung, Männerarbeit, Frauenarbeit, Gender-Politik, Familienbildung und Erziehung.

Geschlechtersensibilität ist ein Qualitätsmerkmal

Keine Frage, der Löwenanteil der Angebote der Männerarbeit richtet sich an Männer. Und die genießen es, dass sie zu manchen persönlichen Themen und zu manchen Aktivitäten unter Männern sind. Auch dass die Anleitung und Begleitung durch Männer wahrgenommen wird, tut ihnen gut.

Aber weil Bildungsangebote „nur für Männer" oder „nur für Frauen" immer wieder auch in Legitimationsnöte geraten, ist es ein wichtiger Teil unserer Arbeit, Männerperspektiven in verschiedenste Bildungsprozesse und -situationen einzubringen. Die Schöntaler und Ravensburger Paarkurse unter Beteiligung eines Mitarbeiters aus der Männerarbeit sind dafür ein Beispiel. Auch in der Elternbildung und der Fortbildung pädagogischer Berufe ist es notwendig, dass – nicht ausschließlich, aber immer wieder auch – die Väter, die Männer unter den ErzieherInnen und LehrerInnen und deren besondere Rolle im Bezug auf Jungen und männliche Jugendliche (und auf Mädchen) in den Blick kommen.

Geschlechtersensibilität wurde, als die keb vor ein paar Jahren um Qualitätsentwicklung gerungen hat, zur Querschnittsaufgabe gekürt – und damit eliminiert, zumindest ein wenig an den Rand gedrängt, aus dem „Mainstream" ferngehalten. Also erst mal eher kein „Gender-Mainstreaming".

Darin ist die keb vermutlich ein Spiegel einer gesellschaftlich verbreiteten Unlust, sich ernsthaft um Verhältnisse zu kümmern, die Frauen und Männern gerecht werden (Stichwort: „Gedöns"). Und es wurden in der keb damit vermutlich Konflikte vermieden, Konflikte, die heute aufscheinen, wenn über „Misandrie" in unserer Gesellschaft geklagt wird oder wenn Frauen sich Gender Mainstreaming wie eine Tarnkappe aufsetzen und darunter weiterhin überwiegend Frauen- und Mädchenförderung verstehen (oder das Ausbremsen von Männern). Wobei es auch zwischen verschiedenen Männer-Szenen Streit gibt, z. B. wenn unter Männern so genannte „Mythopoeten" und „Sozialwissenschaftler", „Maskulinisten" und „Profeministen" im Clinch liegen. Diese Zuschreibungen werden übrigens fast immer von außen getroffen.

In der keb machen Frauen Frauenarbeit und Männer Männerarbeit. Die Fachstellen sind seit vielen Jahren mit den gleichen Leuten besetzt – bei den Frauen noch länger, als bei den Männern. Man respektiert einander, jeder macht seine Arbeit – und die sicher nicht schlecht – und lässt sich weitgehend in Ruhe. Nur hin und wieder mal ragt auf Frauenseite ein moralisch-strenger Zeigefinger auf, mal ist auf Männerseite ein „Wir-habens-auch-nicht-leichter"-Lamento zu hören.

Gesellschaftlich stehen viele Konflikte, sowohl innerhalb der Frauen- und Männerwelten, als auch zwischen Frauen und Männern an. Ich halte es für notwendig, dass diese Konflikte künftig häufiger mal auf den Tisch kommen und gestritten wird – und zwar außerhalb alter Schütz(inn)engräben. Andernfalls schwelen diese Konflikte unter dem Teppich weiter und machen unsere Arbeit, auch in der keb, entweder unnötig schwer oder einfach langweilig für aufgeweckte, zeitgeistinspirierte, junge Männer und Frauen.

Streiten ist angesagt, Experimentierfreude und Humor
Nimmt man mal den Bereich kirchlicher Ämter aus, haben Frauen und Männer heute die gleichen Chancen. Sie nutzen sie nur unterschiedlich. Oder anders gewendet: Wenn wir eine Quote in Vorständen oder Parlamenten brauchen, dann brauchen wir auch eine in der gymnasialen Oberstufe. Dort spricht niemand von gläserner Decke. Eher schon sind die Jungs selber schuld. Oder die Männer, die sich zu wenig kümmern...

Wir wissen heute Vieles, auch viel Widersprüchliches, über Männer (und Frauen). Und wir wissen, dass es auch in unserer aufgeklärten Gesellschaft vielerlei Ungerechtigkeiten und Formen offener oder subtiler Gewalt innerhalb und zwischen den Geschlechtern gibt. TäterInnen- und Opferrollen, sowie MittäterInnen und Mitopferrollen sind dabei vielfältig verschränkt.

Die Empörung über Rainer Brüderles „Herrenwitze" ist die eine Seite; die Frage, wie Jungen und Männer heute eine achtsame, selbstbewusste und sensible Sexualität entwickeln sollen, inmitten einer Bilder- und Medienwelt, in der Frauen(körper) sexuell aufgeladen und aufreizend zum Konsum auffordern, wäre, weil sie damit zu tun hat, in gleicher Deutlichkeit zu stellen und zu besprechen. Und solche Diskussionen werden nicht einfach werden.

Da ist sicher hin und wieder ernsthaftes Streiten und Ringen um Wahrheiten angesagt. Aber die keb böte nach meiner Überzeugung auch Räume, in der das Miteinander von Männern und Frauen – ebenso wie das, wenn Männern oder Frauen unter sich sind, ja durchaus der Fall ist – auch experimentierfreudig, neugierig und durchaus auch humorvoll „bearbeitet" werden könnte. Humor bietet ja einen Weg an, Dinge gleichzeitig mit Leichtigkeit und Tiefgang zu betrachten.

Da und dort gab es schon Versuche in diese Richtung: „Männer, Frauen und die Bibel" war ein größeres Projekt der keb zusammen mit dem Bibelwerk, das in diese Richtung ging. „Warum Frauen gut einparken und Männer gut zuhören können", war ein kleiner Baustein, der drei- oder viermal in der Diözese angeboten wurde. Davon könnten wir mehr gebrauchen. Nicht nach dem Motto: „Wer hat recht?", oder: „Wer behauptet sich gegenüber wem?". Sondern in einer achtsamen, aber auch risikofreudigen und toleranten Suche nach fairem Miteinander in einer Welt voller Frauen und Männer, Jungen und Mädchen.

Tilman Kugler, Bildungsreferent, keb KBW Stuttgart e. V. und Fachreferent Männer, HA XI Kirche und Gesellschaft

Perspektiven für die Familienbildung in kirchlicher Trägerschaft

Mechtild Alber

1 Was ist Familie?

Familie – das sind Menschen, die durch verwandtschaftliche Bande (Eltern-Kind, Bruder-Schwester, Großeltern-Enkel) oder eine frei gewählte Bindung (Ehe) zusammengehören. Jeder Mensch gehört zu einer Familie – seiner Herkunftsfamilie – und er kann selbst eine Familie gründen. Familie bedeutet, dass Menschen miteinander leben und füreinander Verantwortung übernehmen, wobei dies in unterschiedlicher Intensität und in graduellen Abstufungen und auch an unterschiedlichen Orten stattfinden kann (z. B. eine Mutter mit ihrem Baby oder erwachsene Geschwister). Die wichtigste Aufgabe von Familie ist die Weitergabe des Lebens und die gemeinsame Sorge um die Familienmitglieder, die aus eigener Kraft ihr Leben noch nicht oder nicht mehr meistern können (Kinder, alte und kranke Menschen). Familie hat deswegen gesellschaftlich eine große Bedeutung, denn ohne zuverlässige Beziehung, Verantwortung und Fürsorge kann menschliches Leben nicht gelingen. Für die meisten Menschen ist ihre Familie der wichtigste Halt und die entscheidende Lebensaufgabe, und sie sind auch bereit und fähig, Familie zu leben und zu gestalten.

2 „Die" Familie gibt es nicht

Familie hat es zu allen Zeiten gegeben und Familie ändert sich zu allen Zeiten, weil sie immer in die jeweilige Zeit und ihre Lebensumstände eingebettet ist. Das birgt die Chance für Veränderung und kann zugleich Verunsicherung und Orientierungslosigkeit hervorrufen. Stichworte für die großen Veränderungen für Familien heute sind:
- die Infragestellung alter Rollenmuster vor dem Leitbild einer gleichberechtigten Partnerschaft von Mann und Frau auf allen Ebenen, vor allem im Hinblick auf eine gleichwertige Berufstätigkeit,

- der gesellschaftliche Bedeutungswandel von Ehe, Partnerschaft und Sexualität mit der daraus folgenden deutlichen Zunahme von Eineltern- und Patchwork-Familien,
- die Individualisierung der Lebensentwürfe,
- die Pluralisierung der Werte durch die fortschreitende Auflösung geprägter Milieus und die deutliche Zunahme von Menschen mit anderem kulturellen Hintergrund,
- die wachsende Verunsicherung und der Mobilitätsdruck in der Arbeitswelt,
- die ungelöste Problematik im Hinblick auf eine familiengerechte Steuer- und Sozialpolitik.

Trotz Umbrüchen und Krisen gilt jedoch:

„Man kann es allerdings drehen und wenden, wie man will: Im Kern gibt es auch im 21. Jahrhundert keine Alternative zur Lebensform Familie, die sich in modernen Gegenwartsgesellschaften abzeichnet oder gar in nennenswertem Umfang etabliert hätte. Familie ist und bleibt vorerst das einzige Interaktionssystem, in dem es den Menschen einigermaßen erfolgreich gelingt, die vielschichtigen Prozesse des gemeinschaftlichen Zusammenlebens, der materiellen Selbstversorgung, der sozialen Sicherheit, der Verlässlichkeit und basalen Solidarität, der wechselseitigen Anteilnahme und Unterstützung, der Anerkennung sowie der emotionalen Zuwendung zu bewältigen" (Rauschenbach, 2009, S. 3).

3 Wozu braucht es Familienbildung?

Jeder lernt in seiner Herkunftsfamilie, wie Familie „geht". Lange Zeit war dies der ausschließliche „Lernort", wo die Leitbilder und Fähigkeiten erworben wurden, um später selbst Familie leben zu können. Da die meisten Ehen innerhalb eines Milieus geschlossen wurden (innerhalb einer sozialen Klasse, Bildungsschicht, Religionszugehörigkeit, Region etc.), konnten man die erlernten Muster (von der Haushaltsführung bis zur Rollenverteilung) in den eigenen Familien fortführen. In heutigen Familien stoßen viel heterogenere Lebensentwürfe aufeinander, und Menschen können und müssen aus einer größeren Freiheit ihren eigenen Lebens- und Familienstil entwickeln (z. B. wie sie berufliche und familiäre Arbeit in der Familie aufteilen wollen). Die Frage, wie Familie „geht" und wie ich meine Familie leben möchte, stellt sich also in einem weit größeren gesellschaftlichen Kontext. Deswegen muss es auch offene „Lernorte" für Familien geben. Familienbildung versteht sich dabei als ein Bildungsprozess, in dem nicht eine übergeordnete Instanz den Menschen vorgibt, was sie zu lernen hätten und wohin die Reise gehen soll. Vielmehr sind die Menschen selbst die Akteure, die ihren Selbstbildungsprozess betreiben.

4 Familienbildung in kirchlicher Trägerschaft
Orte der Orientierung und der Selbstvergewisserung

Freiheitliche Selbstbildungsprozesse sind nur möglich, wenn Menschen sich orientieren können. Familienbildung in kirchlicher Trägerschaft bietet eine Orientierung auf der Basis des christlichen Menschenbildes: Menschen sind existentiell auf Beziehung angelegt. Wir brauchen die Erfahrung, ohne Einschränkung geliebt und geachtet zu werden, um nicht seelisch zu verkümmern. Und wir wachsen daran, wenn wir selbst diese Liebe weiterschenken. Diese bedingungslose Liebe hat ihren letzten Grund in Gott. In Jesu Zuwendung zu uns Menschen ist sie offenbar geworden. Nach christlichem Verständnis sind Menschen also grundsätzlich beziehungs- und liebesfähig, allerdings fällt ihnen dies nicht einfach „in den Schoß". Menschen sind immer wieder herausgefordert, sich für eine beziehungsförderliche Haltung gegenüber dem andern zu entscheiden. Deswegen hat das uneingeschränkte Ja („bis dass der Tod euch scheidet") zu einem anderen Menschen, wie es in der Ehe gegeben wird, einen hohen Wert, an dem die Kirche auch gegen den Zeitgeist festhält. Trotzdem anerkennt sie, dass es vielfältige Familienformen gibt und dass Menschen darin in verbindlicher Weise füreinander da sein können.

Familienbildung in kirchlicher Trägerschaft will Menschen ermöglichen, für sich die Werte und Haltungen zu entdecken, die für ihr familiäres Zusammenleben bedeutsam sind. Dies kann in einem Rahmen geschehen, wo Menschen auf „Augenhöhe" ihre Ansichten und Erfahrungen mit anderen austauschen können, wo sie Orientierung erhalten, ohne bevormundet zu werden, wo der oder die Einzelne Achtung und Wertschätzung erfährt, unabhängig von Weltanschauung, Bildungsstand, Herkunft usw. So verstanden ist Familienbildung in kirchlicher Trägerschaft immer auch Persönlichkeitsbildung, weil sie die persönliche Verantwortung und Freiheit jedes Einzelnen ernst nimmt.

5 Wichtige Themen in der Familienbildung

I Wie kann Liebe auf Dauer gelingen?

Die meisten Menschen möchten in einer lebendigen und stabilen Beziehung leben, und doch scheitern viele Beziehungen – jede zweite bis dritte Ehe wird geschieden. In unserer Gesellschaft hält sich hartnäckig der Mythos, dass der Verlauf einer

Beziehung quasi „schicksalhaft" ist, also wenig beeinflusst werden kann. Viele Paarpsychologen weisen aber darauf hin, dass Paare (und sogar der Einzelne) sehr wohl etwas für die Qualität ihrer Beziehung tun können und dass auch gesellschaftliche Denkmuster Beziehungen positiv wie negativ beeinflussen können (vgl. Jellouschek, 2004). Familienbildung in kirchlicher Trägerschaft ist eine der wenigen Institutionen, die sich in der Bildungsarbeit für Paare engagiert und so Paare erreichen kann, bevor es „zu spät" ist.

Welche Themen sind dabei wichtig? Wie können Ressourcen gestärkt werden?

- Grundsätzlich geht es immer darum, *Beziehungsfähigkeit zu fördern*. Dafür spielt Kommunikation eine wichtige Rolle (z. B. EPL-/ KEK-Kurse), die Bereitschaft, „in den Schuhen des anderen zu gehen", sowie der Austausch mit anderen, die in einer ähnlichen Situation sind. So können durch die Bildungsarbeit Verbindungen zwischen Menschen und Paaren entstehen, – sei es für die Dauer eines Kurses oder auch darüber hinaus – durch die sie sich gegenseitig stärken.
- Dabei sollten *Zugänge und Methoden* möglichst breit und verschiedenartig sein. Neben Vortrag, Gespräch, Austausch etc. eignen sich erlebnispädagogische Zugänge, ein angenehmer Rahmen – etwa ein schönes Abendessen, kreativ/ künstlerisches Gestalten, Film, Literatur, Theater, Kabarett etc., in denen man die eigenen Erfahrungen wie in einem Spiegel entdecken kann.
- Jedes Paar ist einzigartig, und zugleich erfahren viele Paare gerade an *Lebensübergängen* ähnliche Herausforderungen und Krisen. Erkenntnisse der Paarpsychologie können dabei hilfreich sein, aber auch die *„Expertise des gelebten Lebens"*. Warum nicht verschiedene Generationen miteinander ins Gespräch bringen über ihre Vorstellungen und Erfahrungen in Ehe und Partnerschaft, wenn es dabei nicht um Besserwissen oder Bevormundung, sondern um einen ehrlichen Austausch in Achtung vor den je eigenen Lebensgeschichten geht.
- Für das Gelingen einer Beziehung spielen *Werte und Haltungen* eine wichtige Rolle, die in Gesten, bewusst praktiziertem Verhalten oder in Ritualen zum Ausdruck kommen können. Dazu gehört auch die *spirituelle Dimension,* die im therapeutischen Kontext gerade als wichtige Ressource entdeckt wird. Die Zeit scheint also reif dafür, den Reichtum christlicher Spiritualität neu zu erkunden, die die menschlichen Liebes- und Beziehungserfahrungen im Licht der Gottesbeziehung deutet.
- Paare scheitern nicht selten an unrealistischen und zu hohen Erwartungen aneinander. Daher ist gesellschaftlich wie für das einzelne Paar eine *kritische Auseinandersetzung mit unrealistischen Leitbildern von Liebe, Ehe und Partnerschaft* notwendig.

- Dazu gehört auch das v. a. von den Medien transportierte Bild von Sexualität (rauschhafte Lust als Erweis von Liebe), das wenig mit der Wirklichkeit zu tun hat. Wie kann sich Sexualität positiv als Beziehungskraft entfalten? Und wie können in einer dauerhaften Partnerschaft *Sexualität, Erotik und Intimität* so gepflegt werden, dass sie lebendig bleiben?
- Für Liebe auf Dauer gibt es allerdings kein sicheres Rezept. Auch das *Leben mit zerbrochenen Lebensentwürfen* gehört zur Familienbildung. Es muss Raum sein für die Verletzungen und für das Erkennen der eigenen Verantwortung. Aber es gilt auch neue Perspektiven zu entdecken und verborgene Fähigkeiten zu wecken, wie dies in der Alleinerziehendenarbeit seit vielen Jahren geschieht. Die drängende Frage, wie das katholische Eheverständnis damit zusammengehen kann, muss leider offen bleiben, obwohl es theologisch viele fruchtbare Ansätze gäbe.
- Ehe ist eine Institution, die das Zusammenleben der Paare rechtlich regelt. Es ist wichtig, um diese Gesetze zu wissen – auch für den Fall einer Scheidung. Die *Änderungen der (bürgerlichen) Ehegesetze* spiegeln den gesellschaftlichen Wertewandel im Zusammenleben. Dies gilt es kritisch wahrzunehmen, denn neue Gesetze etablieren zugleich neue Leitbilder und Normen (z. B. fordert das neue Unterhaltsrecht eine eigene existenzsichernde Berufstätigkeit jedes Elternteils).

II Wie können Eltern ihre Kinder zu glücklichen und verantwortungsvollen Menschen erziehen?

„Eltern werden ist nicht schwer, Eltern sein dagegen sehr" – dieses Sprichwort bringt auf den Punkt, dass die Erziehung ihrer Kinder für die meisten Eltern kein „Kinderspiel" ist. Eltern haben das Recht und die Pflicht, ihre Kinder zu erziehen (Art. 6 GG). Familienbildung hat daher die Aufgabe, Eltern in ihrer Erziehungskompetenz zu stärken. Dabei geht kirchliche Familienbildung grundsätzlich davon aus, dass Eltern die ersten Experten ihrer Kinder sind. Wer Eltern in ihrer Kompetenz ernst nimmt, stärkt sie in ihrer Verantwortung!

- Die Phase der Familiengründung ist für die meisten Paare eine echte Herausforderung. Das *„doing family"* muss vielfach erst gelernt werden. (Umgang mit dem Kind, neuer Lebensrhythmus, Rollenverteilung, verändertes soziales Umfeld, Haushaltsführung etc.). Dabei können Angebote der Familienbildung eine große Hilfe sein (angeleitete Krabbel- und Spielgruppen, PEKIP, Babymassage, Elterncafes mit kompetenten Gesprächspartnern, Erste-Hilfe-Kurse für Kinder, Vorträge etc.).
- Wie man seine Kinder erzieht, ist heute nicht mehr selbstverständlich. Viele Eltern sind unsicher und suchen nach der richtigen „Methode". Familienbil-

dung – etwa die Elternkurse „Kess-erziehen" – kann helfen, *Selbstvertrauen in die eigenen Kompetenzen* zu entwickeln. Dabei geht es vor allem darum, eine gute Beziehung zum Kind aufzubauen und ihm das Leben zuzutrauen. Wenn Kurse über mehrere Einheiten gehen, kann sich eine offene Atmosphäre unter Eltern entwickeln, in der sie sich gegenseitig bestärken und ermutigen.

- Für junge Familien ist ein *gutes soziales Netzwerk* von unschätzbarem Wert (Austausch, gegenseitige Hilfe, gemeinsame Unternehmungen, Tipps...). Oft müssen Familien dieses Netz neu knüpfen, da die Herkunftsfamilie oder Freunde nicht am gleichen Ort wohnen. Familienbildung hilft, Kontakt zu anderen Eltern zu bekommen, vor allem dann, wenn sie *in den sozialen Lebensräumen präsent* ist. Es ist für Familien entlastend, wenn es Orte gibt, wo man unkompliziert mit anderen Familien in Kontakt kommen kann – wie z. B. in Familienzentren, Elterncafes oder Familientreffs. Wo es solche Orte nicht gibt, kann die regelmäßige Kooperation mit Kirchengemeinden zu einem festen Anlaufpunkt werden. Hier könnten sich auch Menschen einbringen, die ihre aktive Familienphase schon hinter sich haben (etwa in einer Vorlese- oder Erzählstunde, in der Weitergabe bewährter Hausmittel in der Kinderpflege etc.). Manchmal entstehen daraus Wahlverwandtschaften („Leihomas", Familienpatenschaften etc.), die für alle Beteiligten wertvoll sind.
- Für *Familien in schwierigen Situationen* (alleinerziehend, Kinder mit Behinderung, Tod eines Elternteils etc.) ist ein Angebot hilfreich, das ihre besondere Situation thematisiert. Oft entsteht aus solchen Begegnungen ein Beziehungsnetzwerk, das den Betroffenen weiter hilft. So sind z. B. die „Treffpunkte für Alleinerziehende" (keb) eine echte Lebenshilfe.
- Familienbildung wird oft von bildungsnahen Familien wahrgenommen. Wenn man andere Schichten – etwa Eltern mit Migrationshintergrund – erreichen will, ist es wichtig, im Vorfeld Kontakte aufzubauen und möglichst *mit Betroffenen ein passendes Angebot* zu entwickeln. Dabei sind die üblichen Formen in der Familienbildung (sehr sprachlastig) kritisch zu befragen. Gemeinsames Tun wie Kochen, Essen, Basteln... stiftet oft einen einfacheren Zugang.
- Eltern suchen Orientierung: Welche *Werte* sind uns in der Erziehung wichtig? Wie finden wir Kontakt zu Familien, die ähnliche Wertvorstellungen haben? Mit den Kindern kann auch die Frage nach einer *religiösen Orientierung* an Bedeutung gewinnen. Was „bringt" religiöse Erziehung? Gerade wenn Eltern noch auf der Suche sind, können offene Angebote in der Familienbildung eine wichtige Hilfe sein. Auch *Großeltern* spielen in diesem Bereich eine wichtige Rolle, wenn sie nicht bevormunden, sondern sich auf Augenhöhe mit ihrem Lebenswissen und ihrer Erfahrung einbringen.

- Viele Eltern wollen nur das Beste für ihr Kind und spüren eine große Verantwortung, dass das Leben ihrer Kinder „glückt". Wenn nicht alles so läuft, wie sie es sich vorstellen, kann diese Verantwortung zu einer erdrückenden Last werden. Der bekannte Erziehungsratgeber Jan Uwe Rogge weist darauf hin, wie wichtig eine *spirituelle Rückbindung* in der Erziehung ist. Religiöse Familienbildung kann diese entlastende und stärkende Dimension aufzeigen.
- Erziehung geschieht nie nur isoliert in der Familie, sondern im ganzen sozialen Umfeld, in dem Kinder aufwachsen. Kita und Schule sind wichtige Miterzieher. Je mehr diese Einfluss auf die Erziehung nehmen, desto wichtiger wird *Erziehungspartnerschaft!* Diese kann gelingen, wenn es eine gute Zusammenarbeit auf Augenhöhe gibt, zu der Familienbildung einen wichtigen Beitrag leisten kann.
- Die *Medien* nehmen einen immer größeren Raum in den Köpfen und Herzen der Kinder ein. Eltern fühlen sich in diesen Welten oft unsicher und verloren, gleichzeitig sollen sie ihre Kinder zu einem verantwortungsvollen Umgang damit erziehen.
- Kita ab dem ersten Lebensjahr, Ganztagsschule, voll berufstätige Eltern – die *Familienwelt befindet sich in einem gewaltigen Umbruch,* der von den einen heftig gefordert und von den anderen kritisch hinterfragt wird. Wie wollen wir als Familie leben – wie können wir als Familie leben? Was ist gut für die Kinder? Wie viel Entscheidungsfreiheit gibt es? Welche Lebensentwürfe werden gesellschaftlich bevorzugt, welche geraten ins Hintertreffen? Wird die Leistung, die Familien für die Gesellschaft erbringen, anerkannt? *Politische Familienbildung* kann dazu beitragen, dass Familien auch zu Akteuren dieses Prozesses werden.

III Familie ist mehr – Familienbildung nicht nur für junge Familien!

Die Angebote in der Familienbildung richten sich vorwiegend an Eltern mit kleinen Kindern. Hier besteht auch zweifelsohne eine große Nachfrage. Allerdings bleibt Familie lebenslang ein Thema. Pubertät und Ablösung der Kinder vom Elternhaus sind für Eltern noch einmal eine spannende Herausforderung, die auch für die Paarbeziehung nicht ohne Brisanz ist. Der Übergang aus dem Beruf in die Rente will gestaltet sein. Wie wird sich unser gesellschaftliches Gefüge angesichts der Altersentwicklung der Bevölkerung verändern? Welche Chancen und welche Belastungen wird das bringen? Ein Thema, das immer mehr Familien unter den Nägeln brennt, ist die Sorge für die hochbetagten und pflegebedürftigen Eltern. Welche Möglichkeiten der Versorgung gibt es, sei es zu Hause oder in einem Heim? Wie sehen die finanziellen Möglichkeiten und Belastungen aus? WelcheAnsprüche hat man durch die Pflegeversicherung? Wie komme ich als Sohn oder Tochter mit dem Zustand (z. B. Demenz) der Eltern zurecht? Patientenverfügung, Testament, Vormundschaft... Hier könnten grundlegende Informationen eine wichtige Hilfe sein, ebenso die Möglichkeit, Einblick in Heime zu bekommen (z. B. durch Rundfahrten in die umliegenden Einrichtungen), Ansprechpartner kennen zu lernen und sich mit anderen Betroffenen auszutauschen.

6 Was braucht Familienbildung?

Wer Angebote in der Familienbildung plant, muss diese passgenau anbieten. Angebote „vor Ort" sind hilfreich, wenn es um Vernetzung im Stadtteil geht, für einen Kommunikationskurs für Paare ist mehr Distanz von Vorteil. Wer Eltern anspricht, muss überlegen, wer die Kinder währenddessen betreut. Familienbildung ist daher immer aufwändiger und teurer als „normale" Erwachsenenbildung. Auch wenn Familienbildung grundsätzlich im Sozialgesetzbuch und im Kinder- und Jugendhilfegesetz Baden-Württemberg vorgesehen ist, mangelt es oft an finanzieller Unterstützung. (So wird etwa schon über die Modifizierung bzw. Abschaffung der „Stärke"-Gutscheine gesprochen, kaum dass sie sich einigermaßen bei den Eltern etabliert haben!) Zwar engagiert sich die katholische Erwachsenenbildung auch finanziell in der Familienbildung – doch ihre Mittel sind begrenzt. Gerade für Angebote mit Kindern brauchte es unbürokratische finanzielle Zuschüsse.

Familienbildung lebt von Beziehungen. Die Verantwortlichen brauchen einen langen Atem, um etwa vor Ort die entsprechenden Kontakte zu knüpfen (z. B. zu Kitas, Kirchengemeinden etc.), und Werbung bedarf immer auch der persönlichen Ansprache. Wenn allerdings ein gutes Beziehungsnetz geknüpft ist und Angebote eine gute Resonanz haben, dann wird durch Mund-zu-Mund-Propaganda auch vieles von selbst weitergetragen. Die Frage: Wie erreiche ich Familien? Stimmt das Angebot? Welche Werbeträger taugen? bleibt jedoch immer wichtig. Leider wird nicht in allen Kirchengemeinden erkannt, welche Chancen in einer guten Zusammenarbeit und einer vernetzten Werbestrategie liegen könnten (z. B. ein Hinweis auf das keb-Programm im Gemeindebrief). Unter Werbegesichtspunkten sind auch geprägte Kurse wie „Kess-erziehen", EPL, PEKIP u. a. hilfreich, die wie ein Markenname allmählich eine gewisse Bekanntheit haben. Die geplante Weiterentwicklung von manchen katholischen Kitas zu Familienzentren wird der Familienbildung vor Ort wichtige Impulse geben.

Familien haben heute oft wenig zeitliche Spielräume. Es gibt viele interessante Angebote, die man gar nicht alle wahrnehmen kann. Es ist daher wichtig, dass Menschen über verschiedene Einzelveranstaltungen hinaus in der Familienbildung einen gewissen Stil vorfinden (persönliche Atmosphäre, ganzheitliche Methoden, kompetente Referenten), der sie für weitere Angebote motiviert. Deshalb ist es auch lohnend, längere Kurse durchzuführen, die von den Lernerfahrungen her besonders nachhaltig sind, auch wenn dies in der Regel einen größeren Werbeaufwand bedeutet.

Familienleben ist heute zersplittert. Für das gemeinsame Erleben fehlt oft die Kraft und manchmal auch der geeignete Rahmen. Angebote wie Familienwochenenden oder Bildungsfreizeiten, die einfach mal „raus aus dem Alltag" führen, sind daher gerade für gestresste Eltern eine Chance, nicht nur zu funktionieren, sondern sich wirklich auf etwas Neues einzulassen. Während es für Eltern – besonders die Mütter – eine Verlockung ist, gut umsorgt zu werden, ohne sich um etwas kümmern zu müssen, kann es umgekehrt auch spannend sein, die Komfortzone des Alltags hinter sich zu lassen (z. B. in dem erlebnispädagogischen Angebot: Zu zweit im Boot), um in der Natur „ungeschminkte Erfahrungen" zu machen und sich und den Partner ganz neu zu entdecken. Die Werbung für solche Angebote sollte möglichst einen weiten Radius haben, wofür gerade das Internet gute Chancen bietet.

Familie geht alle an!
„Um ein Kind großzuziehen, braucht man ein ganzes Dorf" – dieses bekannte afrikanische Sprichwort verweist auf den inneren Zusammenhang von Familie und Gesellschaft. Familienbildung ist ein guter Ort, diesen Zusammenhang im öffentlichen Bewusstsein lebendig zu halten.

Quellenangaben

Jellouschek, H. (2004). Liebe auf Dauer. Die Kunst, ein Paar zu bleiben. Freiburg: Herder Verlag.
Rauschenbach, Th. (2009). Neue Realitäten , alte Ideale. Bulletin des Deutschen Jugendinstituts 88 (4), S. 3.

Mechtild Alber, Fachreferentin Ehe und Familie, Hauptabteilung XI Kirche und Gesellschaft

Erwachsenenbildung und Inklusion

Lothar Plachetka

„Ich bin gekommen, damit sie das Leben haben und es in Fülle haben." (Joh 10,10)

„Es ist normal, verschieden zu sein. Es gibt keine Norm für das Menschsein." (Richard von Weizsäcker, 01. Juli 1993)

„Ich finde es sehr wichtig, dass wir zusammen Dinge machen. Jeder kann was, der eine kann gut singen, ein anderer kann gut zuhören. Es ist wichtig, dass wir miteinander sprechen und uns zuhören." (Schauspieler Bobby Brederlow, ein fröhlicher Zeitgenosse mit Down-Syndrom)

„Inklusion als zentraler Gedanke der UN-Behindertenrechtskonvention ist ein Thema, das die gesamte Gesellschaft angeht." (Ursula von der Leyen)

„Es kommt auf die Einstellung an." (Allgemeingut)

Erfahrung mit „Inklusion"
„Inklusion" ist zu einem Wort geworden, das viele Menschen gehört haben. Immer mehr hören es, und befragt, meinen viele zu wissen, was es bedeutet. Sie sagen: „Klar, Integration Behinderter." Tatsächlich sind in dieser Antwort alle drei Worte nicht zutreffend oder passend ...

Dem Antwortenden ist der Begriff nicht „klar": „Integration" ist nicht dasselbe wie „Inklusion". Es ist schöner, von „Menschen mit Behinderung" zu sprechen – weil es um Menschen geht, und das zuallererst. Diese Menschen werden nicht auf ein Merkmal reduziert, nicht automatisch und praktisch ausschließlich auf ihre Behinderung – anders ausgedrückt: Das Mensch-Sein steht an erster Stelle.

Und wurde erklärt, warum „Inklusion" etwas anderes ist als „Integration", ist dann „Inklusion" womöglich viel schwerer verstehbar, erfährt der Fragende in der Reaktion des Befragten, dass dieser plötzlich viel weniger souverän mit dem Begriff umgeht. Das Wort „Inklusion" löst bei näherem Hinsehen Unsicherheit aus, evtl. sogar „Angst und Schrecken", weil Inklusion z. B. beruflich „verordnet" ist, man damit aber weitestgehend allein gelassen wird, man sich theoretisch wohl das Falsche vorgestellt hat und nunmehr die praktische Umsetzung überhaupt nicht mehr vorstellen kann! „Angst und Schrecken" – wohl aus Mangel an Information, aus Mangel an Erfahrung. Und wer soll es irgendjemandem verdenken? Schließlich ist doch auch dieser Mangel an Erfahrung „verordnet" worden, jahrzehntelang: Menschen mit Behinderung wurden separiert, exkludiert.

Bei allen drei Worten der kurzen Antwort oben: „Klar, Integration Behinderter", ist eben nicht klar und bekannt und nicht im Bewusstsein verankert, was „Inklusion" ist und was „Inklusion" bedeutet. Es ist notwendig einen Perspektivenwechsel vorzunehmen, sogar eine Änderung der persönlichen Einstellung. Denn auch wenn es nicht sofort jedem „klar" sein sollte: Das Thema „Behinderung" geht alle etwas an. Trotzdem: Einen Perspektivenwechsel vorzunehmen, tief verankert im Bewusstsein, das ist kein „Umlegen des Schalters und es macht KLICK!", es ist ein längerer Prozess. Deshalb sollten wir so bald wie möglich damit anfangen, diesen Prozess zu starten.

Inklusion – eine Begriffsklärung

„Die UN-Behindertenrechtskonvention hat 2008 ‚Inklusion' als Menschenrecht für Menschen mit Behinderungen erklärt. Inklusion (lateinisch ‚Enthaltensein') bedeutet, dass alle Menschen selbstbestimmt am gesellschaftlichen Leben teilnehmen. Das heißt: Menschen mit Behinderungen müssen sich nicht mehr integrieren und an die Umwelt anpassen, sondern diese Umwelt ist von vornherein so ausgestattet, dass alle Menschen gleichberechtigt leben können – wie unterschiedlich sie auch sein mögen. Das Ideal der Inklusion ist, dass die Unterscheidung ‚behindert'/‚nichtbehindert' keine Relevanz mehr hat"(Leidmedien und Aktion Mensch, 2013).

Die rechtliche Seite der Inklusion

Die UN-Behindertenrechtskonvention (UN-BRK, 2009) ist, mit Zusatzprotokoll am 30.03.2007 von Deutschland unterzeichnet und am 26.03.2009 in Kraft getreten. Die UN-BRK ist mit der Ratifizierung geltendes Recht geworden, und die Bundesrepublik Deutschland hat sich verpflichtet, die UN-BRK umzusetzen.

Die Website „Ich kenne meine Rechte" ist ein Internetangebot des „Deutschen Instituts für Menschenrechte" zur UN-Behindertenrechtskonvention in sogenannter „Leichter Sprache"(Lebenshilfe und Leichte Sprache, 2013). Damit ist die Website speziell auf die Bedürfnisse von Menschen mit Lernschwierigkeiten zugeschnitten: Sie bietet den Konventionstext in „Leichter Sprache", ist übersichtlich gestaltet und leicht bedienbar.

Inklusion und Erwachsenenbildung – das Verständnis der keb FN
Mit dem Wechsel in der Leitung ist für die keb FN (Katholische Erwachsenenbildung Bodenseekreis) ein neues Thema in den Fokus gerückt, das gesellschaftlich eine immer stärker werdende Relevanz bekommt. Es geht künftig nicht darum, Menschen, die es ohnehin schwerer im Leben haben, dazu zu befähigen, sich an ein vorhandenes System anzupassen oder eben nicht dazuzugehören, sondern vielmehr darum, allen den Weg zur selbstbestimmten Teilhabe zu ermöglichen. Dabei ist „Barrierefreiheit" in allen Bereichen wichtig – in baulichen Maßnahmen wie im Bereich der Sprache. Das ist noch zu wenig in den Blick genommen, denn Sprache ist das zentrale Medium sozialer Begegnungen: Die Menschen trachten einerseits danach, den anderen zu verstehen und sich mitzuteilen. Sprache ist andererseits das Mittel, sich die Welt zu erschließen. Unsere (Bildungs-)Kultur ist wesentlich sprachbasiert. Sprache muss so gestaltet werden, dass Barrieren überwunden werden. Man hat dann An-Teil am beruflichen und gesellschaftlichen, kulturellen und sonstigen Leben, man ist Teil des Gesamten, man ist nicht ausgeschlossen.

Die keb FN hat sich auf den Weg gemacht zu zeigen, wie ein Umdenken funktionieren kann, von dem alle profitieren – von: „Hier muss sich jemand an das Vorgefundene anpassen!" hin zu: „Wir ermöglichen es jedem dabei zu sein!" Es geht darum, Barrieren zu überwinden.

Projekt(e) „Erwachsenenbildung und Inklusion" in der keb FN
Begonnen – beinahe unbemerkt „begonnen" – hatte das Projekt schon mit der Bewerbung des Verfassers zum Pädagogischen Leiter der keb FN: Er hatte immer gesagt, dass er den Gedanken der Inklusion in die Erwachsenenbildung, sein neues Arbeitsfeld seit August 2010, einbringen wolle. So fanden sich ab dem Programmheft 2011-1 Angebote zum Thema, schnell wurde die Angebotsreihe „Teilhabe und Inklusion" etabliert.

Folgende Veranstaltungen wurden seit Februar 2011 in der keb FN angeboten:
- „Meditation des Tanzes: Einfach aufblühen – Frühling wird's in mir!" (2011)
- „Die UN-Behindertenrechtskonvention – ihre Bedeutung generell und für die Erwachsenenbildung" (2011);
- „Woche der Sozialen Gerechtigkeit 2011, Region Oberschwaben: Inklusion – Besonders-Sein ist normal!" (2011; Podiumsdisskussion: „Ist Besonders-Sein tatsächlich normal? Wunsch und Wirklichkeit")
- „Wir segeln in den Herbst! Inklusive Familien-Wochenendfreizeit" (Familienfreizeit mit spirituellen Impulsen 2011)

Innovatives Projekt „Erwachsenenbildung und Inklusion"

„Die Öffnung der Erwachsenenbildung als ein Bereich des gesellschaftlich-kulturellen Lebens ist im Zuge der Ratifizierung der UN-BRK – in Deutschland seit dem 26. März 2009 in Kraft – geltendes Recht geworden. Menschen mit Behinderung sollen auch im Bereich der Bildung befähigt werden, ein selbst bestimmtes Leben zu führen"(Antrag keb DRS 2011). So das Gesamtziel des Projekts, benannt in der Antragstellung. Zudem sollte dieses Projekt im Bodenseekreis im Sinne von „Best Practice" aufzeigen, wie inklusive Erwachsenenbildung funktionieren kann und weitere keb-Einrichtungen zu dieser Weiterentwicklung ermutigen. Es kann Modell für alle ähnlichen Einrichtungen im Land sein.

Das Innovative an diesem Projekt ist, dass in der Erwachsenenbildung der Diözese Rottenburg-Stuttgart (keb DRS), wie auch deutschlandweit, allgemein derzeit noch nicht inklusiv gearbeitet wird. Es gibt i. d. R. separate Angebote jeweils für Menschen mit oder ohne Behinderung. Durch die Erprobung und schrittweise Umsetzung einer inklusiven Erwachsenenbildung kann die keb DRS eine Vorreiterrolle einnehmen und früh in eine notwendige Entwicklung einsteigen.

2011 war bei der Antragstellung daran gedacht, einen (wissenschaftlichen, praxisnahen) Mitarbeiter einzustellen, mit dem kontinuierlich an der Fortentwicklung der Inklusion in den verschiedenen Bereichen der Erwachsenenbildung gearbeitet werden sollte: die Etablierung bzw. Neu-Profilierung bereits begonnener Veranstaltungen, die Entwicklung weiterer Veranstaltungen (auch in Kooperation mit keb-Partnern, mit kirchlichen und anderen Partnern wie z. B. dem Dekanat FN, den Partnern im „Arbeitskreis Bildung und Freizeit" des Landratsamts Bodenseekreis/Sozialplanung, dem Lebenshilfe Landesverband Baden-Württemberg, der Lebenshilfe Bodenseekreis, inklusiv arbeitenden Kindergärten, der Hochschule Weingarten); Fortbildungsveranstaltungen sollten besucht und als Angebot im Reigen der keb-Bildungsveranstaltungen etabliert werden. Ein solcher Mitarbeiter konnte nicht eingestellt werden. So wurden und werden, seit dem Programm „September 2011 – Februar 2012" als „Reihe: Inklusion und Teilhabe" benannt, im Rahmen der Erwachsenenbildung bis einschließlich Programm „März – September 2013" die folgenden Angebote gemacht:
- „Leichte Sprache – gar nicht so leicht! Einführung und Übung" (2012);
- „Gemeinsam auf dem Weg zur Inklusion: Wie Integration und Inklusion von Kindern mit Behinderungen im Kindergarten gelingen kann" (Fortbildung für Erzieherinnen, 2012);
- „Qi Gong – ein Weg zur Gesundheit" (2012);
- „Meditation des Tanzes und kreativer Ausdruckstanz: Königin und wilde Frau – Lebe, was du bist!" (zweiteiliger Tanzzyklus für Frauen, 2012);

- „Monica und David – Film und Gespräch" (Filmvorführung und Filmgespräch über zwei Menschen mit Down-Syndrom, die heiraten, 2012);
- „Leichte Sprache – gar nicht so leicht! Einführung und Übung" (2012);
- „Wir segeln in den Sommer hinein! Inklusive Familien-Wochenendfreizeit" (Familienfreizeit mit spirituellen Impulsen, 2012);
- „Qi Gong – ein Weg zur Gesundheit" (2012);
- „Die Humor-Strategie. Gott hat dir dein Gesicht gegeben – lächeln musst du selbst!" (Seminar, 2012);
- „Wu-Wei – im Nicht-Tun ist alles getan" (Wochenendkurs, 2012);
- „Mein Selbstporträt – wie ich mich sehe und/oder gerne sehen würde" (Workshop, 2012);
- „Leichte Sprache – gar nicht so leicht! Einführung und Übung" (2013);
- „Qi Gong für Familien in ganz weitem Sinne" (2013);
- „Schöpfung – nichts und keiner geht verloren" (Vortrag und Gespräch in der Reihe: „Das ist ja unglaublich! Die biblische Botschaft damals und heute", 2013).
- „Qi Gong – ein Weg zur Gesundheit" (2013);
- „Leichte Sprache – Einführung und Übung" (2013);
- „Inklusion für alle!?" (Seminar, 2013);
- „Zeit haben tut gut. Wochenende für Familien mit behinderten Kindern" (2013);
- „Humor für mehr Gelassenheit" (Seminar, 2013);
- Teilnahme beim „Mittendrin 2013! Mittendrin-Fest und Aktionswoche für Menschen mit und ohne Behinderung" (2013);
- „Wir segeln in den Sommer hinein! Inklusives Familien-Wochenende" (2013);
- „Wir gipsen und fliesen ein Bild! Gemeinsam (m)ein Fliesenmosaik herstellen" (2013).
- „Mein Selbstporträt – wie ich mich sehe und/oder gerne sehen würde" (Workshop, 2013);

In Planung ist u. a.:
- „Licht ins Dunkel", eine Wander-Ausstellung zur UN-BRK, eine Zusammenarbeit der Behindertenseelsorge mit der Hochschule Augsburg, mit Gesprächsabend zur Ausstellungseröffnung (Bistum Augsburg 2013).

Alles sind Angebote, die den Gedanken der Inklusion transportieren – einmal durch Information, dann durch das Tun. Die keb FN ist den Referenten sehr dankbar, dass sie von sich aus angeboten haben, ihre Veranstaltungen inklusiv anzubieten und zu gestalten.

Noch sind das alles Angebote, die nicht wissenschaftlich begründet oder begleitet, sondern aus der Einstellung der Referenten heraus (neu) profiliert werden. Teilnehmer mit und ohne Behinderung und die Referenten haben jedoch davon profitiert. Sie haben profitiert im Zusammensein, im Miteinander, im Achtsam-Sein, auch profitiert von Impulsen von Teilnehmern mit Behinderung für weitere Angebote. Die Angebote zeigen, dass Inklusion „machbar" ist. Dass Angebote, einmal wahrgenommen, zur Begegnung und persönlichen Erfahrung werden, die ein Umdenken anstoßen. Die Angebote machen Mut für Weiteres.

Ausschreibung des Ministeriums für Kultus, Jugend und Sport zur „Konzeptionellen Entwicklung und Erprobung von Modellen zur Erhöhung der Weiterbildungsbeteiligung von Bildungsfernen": Projekt „Gewinnung von Menschen mit Lernschwierigkeiten für die Weiterbildung: Erwachsenenbildung und Inklusion"

Nun kommt ein weiteres, seit November 2012 laufendes, zunächst auf ein Jahr begrenztes Projekt hinzu, das als eines von 26 Projekten landesweit bezuschusst wird. In einer E-Mail aus dem Kultusministerium vom 21.06.2012 heißt es dazu: „(...) aus 62 eingereichten innovativen Projektanträgen zum Landesprogramm wurde Ihre Projektidee als zur Zielerreichung besonders geeignet ausgewählt. Damit kann Ihr Projekt durchgeführt werden."

Die Fördermittel des Kultusministeriums ermöglichten es der keb FN, den länger schon gehegten Wunsch umzusetzen, eine/n Sozialpädagogen/in einzustellen. Das „Gesamtprojekt Erwachsenenbildung und Inklusion" kann damit auf eine neue Ebene gehoben werden.

Modellhaft für Bildungseinrichtungen landesweit, trägerunabhängig, auf der Grundlage der im Jahre 2009 von der Bundesrepublik Deutschland ratifizierten „UN-Konvention über die Rechte von Menschen mit Behinderung" (UN-BRK), auf der Grundlage des Koalitionsvertrages Baden-Württemberg 2011–2016: „DER WECHSEL BEGINNT. Koalitionsvertrag zwischen BÜNDNIS 90/DIE GRÜNEN und der SPD Baden-Württemberg" (Koalitionsvertrag) und auf der Grundlage des Menschenbildes des „Keiner darf verloren gehen" basierend, soll das Projekt „Gewinnung von Menschen mit Lernschwierigkeiten für die Weiterbildung: Erwachsenenbildung und Inklusion" vorgestellt werden. Die Katholische Erwachsenenbildung Bodenseekreis e. V. wird im Rahmen dieses Projekts gemeinsam mit ihren Kooperationspartnern mehrerlei in Angriff nehmen:
- Zunächst wird analysiert, welchen Bedarf an Weiterbildung es bei Menschen mit Lernschwierigkeiten gibt, zuerst fokussiert auf Menschen mit kognitiven Einschränkungen, und unter welchen Bedingungen (Ort, Zeit, Ausstattung,

Methode, etc.) dieser Bedarf mit inklusiven Veranstaltungen gedeckt werden kann.
- Alle Referent/inn/en der Bildungsangebote werden qualifiziert, sodass sie ihre Veranstaltungen inklusiv gestalten können.
- Exemplarische Bildungsmaßnahmen werden durchgeführt und evaluiert.
- Die Fortbildungsprogramme der keb FN und ihrer Kooperationspartner werden angepasst. Mittels der inklusiven Seminare sollen die Themenfelder „Erlernen der Kulturtechniken und Grundwerte" sowie „Hilfestellung zur Erreichung von Lernkompetenzen" in besonderer Weise verfolgt werden.
- Die Ergebnisse der Analyse und der späteren Evaluation sollen in einem ferneren Schritt dahin gehend überprüft werden, inwieweit sie z. B. auf Migranten, auf Nicht-Alphabetisierte, auf Demente, oder auf Unfallopfer, die um das Wiedergewinnen ihrer sprachlicher Fertigkeiten ringen, übertragen werden können.

Die im Rahmen des Projekts entwickelten Weiterbildungsangebote für Menschen mit kognitiver Beeinträchtigung werden mit folgenden Stellen kontinuierlich abgestimmt, von ihnen begleitet und mit ihnen weiterentwickelt: Landratsamt Bodenseekreis, Sozialdezernat, Stabsstelle Sozialplanung (Friedrichshafen); „Netzwerk Behindertenhilfe" des Landratsamtes, darin die Kooperationspartner der keb FN im „Arbeitskreis Bildung und Freizeit", der trägerübergreifende inklusive Angebote für Bildung, Freizeit und Reisen entwickelt und durchführt: Lebenshilfe für Menschen mit geistiger Behinderung e. V. Bodenseekreis (Friedrichshafen), Camphill Ausbildungen gGmbH (Frickingen), Offene Hilfen Pfingstweid e. V. (Tettnang und Friedrichshafen), St. Gallus-Hilfe für behinderte Menschen gGmbH (Tettnang), Die Zieglerschen (Wilhelmsdorf), vhs Friedrichshafen; „Informations- und Beratungsstelle für Menschen mit Behinderung" im Landratsamt; Landesverband Baden-Württemberg der Lebenshilfe für Menschen mit Behinderung e. V.

Das dargestellte Projekt soll einen wesentlichen Beitrag zur Weiterbildung und zum lebensbegleitenden Lernen leisten, die „angesichts des raschen Wandels von Arbeitswelt und Gesellschaft unverzichtbare Säulen der heutigen Wissensgesellschaft"(Koalitionsvertrag, 2011. S. 16) sind. Die Menschen sollen auf ihrem Lebensweg Unterstutzung finden. Es soll ein Beitrag dazu geleistet werden, „vernetzte, niedrigschwellige und bezahlbare Weiterbildungsangebote für alle Bevölkerungsgruppen" (ebd. S. 16) sicherzustellen.

Die gesamte Planung ist als ein gemeinsamer Prozess aller Beteiligten zu verstehen. Wie in Art. 8 UN-BRK, Bewusstseinsbildung, ausgeführt, geht es um Bewusstseinsbildung auf allen Ebenen, geht es darum, „in der gesamten Gesellschaft, einschließlich auf der Ebene der Familien, das Bewusstsein für Menschen mit Behinderungen zu schärfen und die Achtung ihrer Rechte und ihrer Würde zu fördern" (UN-BRK, Absatz 1a).

Eine wesentliche Säule des Projekts ist die Bedarfsanalyse bei Menschen mit kognitiven Beeinträchtigungen. Es werden die Bedarfe im Bodenseekreis exakt ermittelt und können auch von anderen Stellen zur Angebotsplanung genutzt werden.

Im Sinne von „Best Practice" werden Erfahrungen im Bereich „Inklusive Erwachsenenbildung" gesammelt, die sich dann, in einem zweiten Schritt, auch auf andere bildungsferne Bevölkerungsgruppen ausweiten lassen. Ebenfalls können die gesammelten Erfahrungen an andere Bildungsträger weitergegeben werden. Die Maßnahme soll aufzeigen, wie inklusive Erwachsenenbildung in seiner gesellschaftlichen, politischen, demokratischen Dimension funktionieren kann und weitere mit der Erwachsenenbildung befasste Organisationen zu dieser Weiterentwicklung ermutigen. So kann die Nachhaltigkeit des Projektes erreicht werden.

Eine Spezialbibliothek soll aufgebaut werden, die von allen Mitarbeitern der Mitgliedsorganisationen der keb DRS genutzt werden kann – z. B. Leitern, die ihr Programm ebenfalls inklusiv gestalten wollen, und Referenten. Externe, etwa Mitarbeiter und Referenten der Kooperationspartner, aber auch andere Anfragende, sollen diese Bibliothek ebenfalls nutzen können – sowohl als Präsenz-, als auch als Leihbibliothek.

Der Internetauftritt der keb FN und deren andere Werbemaßnahmen sollen barrierefreier gestaltet werden. Wichtig ist es, „Erwachsenenbildung umfassend zu verstehen, angefangen von der Werbung für Kursangebote bis zur Veranstaltung selbst. Das Werbe- und Informationsmaterial sollte so gestaltet sein, dass es Menschen mit Behinderung anspricht" (Hüppe, 2011. S.158)

Zwischenstand Ende Januar 2013
Derzeit ist der Fragebogen fertig gestellt– nach einer kleinen Revision im Anschluss an einen „Testlauf" – und den Partnern zugegangen, die die Befragung der Menschen mit Behinderung maßgeblich durchführen. Befragung und Auswertung stellen die Basis für die weitere Arbeit dar. Die Auswertung der gut 200 Fragebögen steht ab März 2013 an. Aus diesen Ergebnissen werden Schlüsse gezogen werden, welcher Art die inklusiven Bildungsangebote sein werden. Viel „terra incognita" liegt vor dem Team, Möglichkeiten und Grenzen werden sich zeigen, „Erwachsenenbildung" und „Inklusion" zusammen zu bringen. Dadurch, dass das Projekt auf zwölf Monate beschränkt ist und Ende Oktober 2013 endet, kann zunächst nur ein Teilergebnis erzielt werden, v. a. im Profilieren und Auswerten der inklusiven Bildungsangebote.

Viele Fragen sind in der Diskussion noch offen. Z.B., inwieweit „inklusiv" auch so zu verstehen ist, dass spezielle Angebote für Menschen mit Behinderung gemacht werden sollen, etwa in den Bereichen „Lebensplanung" oder, wie oben erwähnt, in den Themenfeldern „Erlernen der Kulturtechniken und Grundwerten" sowie „Hilfestellung zur Erreichung von Lernkompetenzen".

Die keb FN wird alle gesammelten Ergebnisse des Modellprojekts veröffentlichen. Insbesondere mit ihren Partnern wird die keb FN über das Ende des Projekts hinaus wertvolle Impulse und Möglichkeiten erhalten haben, inklusive Bildungsangebote in der Erwachsenenbildung zu gestalten und weiterzuentwickeln (keb FN, 2013).

„Inklusion" – eine Zusammenfassung

„Inklusion verlangt viel von uns: Kreativ werden, Zeit investieren, Ängste überwinden, eigene Interessen zurückstellen, Zeit für Persönliches aufgeben, sich denen zuwenden, denen man im Alltag oft fern ist – dies verlangt viel Mut und Offenheit für Neues.

Inklusion birgt aber vor allem: Den besonderen Blick für die kleinen Dinge im Leben, Dankbarkeit, Begeisterungsfähigkeit, Ehrlichkeit, Spontanität, Direktheit, Genießen des Moments, Schätzen des Einfachen, den Blick für die wesentlichen Dinge, Lebensfreude und vor allem den Mut zur Unvollkommenheit, aus welchem sich möglicherweise eine neue und bereicherndere Lebenseinstellung ergibt. Inklusion betrifft uns alle"(Weber, 2012).

Wunsch und Perspektive

Dieser guten Zusammenfassung fügt der Verfasser seinen Wunsch, seine Hoffnung hinzu: Seien Sie offen für Inklusion in der Erwachsenenbildung, seien Sie offen für Inklusion in allen Lebensbereichen, nehmen Sie Barrieren wahr und suchen Sie Wege, diese zu überwinden – es kommt auf jeden Einzelnen und seine Einstellung an, wie gut es gelingt, eine machbare (!) Vision umzusetzen. Der Weg lohnt sich. Sie werden sehen. Und Sie „kommen auf Ihre Kosten", mehr noch: Sie werden reich beschenkt werden.

Bildungsangebote, die für alle Menschen den Weg zur Teilhabe, zur Mündigkeit, zur Selbstständigkeit ermöglichen, stehen in der Tradition und im Selbstverständnis der offenen Erwachsenenbildung der keb DRS. Keiner soll ausgegrenzt werden.

Quellenangaben

Aktion Mensch (2013). http://www.aktion-mensch.de/inklusion/was-ist-inklusion.php.
Bistum Augsburg (2013). http://www.bistum-augsburg.de/index.php/bistum/Hauptabteilung-II/Hoergeschaedigten-Seelsorge/Aktuell/Wander-Ausstellung-Licht-ins-Dunkel-id_100000.
BMAS (2013). http://www.bmas.de/DE/Themen/Schwerpunkte/NAP/inhalt.html.
keb FN (2013). www.keb-fn.de.
Hüppe, H. (2011). Verschiedenheit ist selbstverständlich. Auch Erwachsenenbildung muss UN-Behindertenrechtskonvention umsetzen. In: Erwachsenenbildung. Theorie und Praxis, 4: Inklusive Bildung. Bonn: Katholische Bundesarbeitsgemeinschaft für Erwachsenenbildung (KBE).
Koalitionsvertrag (2011). „DER WECHSEL BEGINNT. Koalitionsvertrag zwischen BÜNDNIS 90/DIE GRÜNEN und SPD Baden-Württemberg".
Lebenshilfe (2013). http://www.lebenshilfe-bremen.de/html/content.php?mainID=3&subID=23.
Leichte Sprache (2013). http://www.leichtesprache.org.
Leidmedien (2013). http://leidmedien.de/sprache-kultur-und-politik/inklusion-was-heisst-das/.
UN-BRK (2009). Übereinkommen über die Rechte von Menschen mit Behinderungen. http://www.institut-fuer-menschenrechte.de/de/menschenrechtsinstrumente/vereinte-nationen/menschenrechtsabkommen/behindertenrechtskonvention-crpd.html#c1945.
Weber, J. & Kleine-Böse, L. (2012). Studieneingangsprojekt auf (http://www.bistum-muenster.de/downloads/Seelsorge/2012/StEP2012_Kinderhaus_20121121.pdf.

Lothar Plachetka, Leiter und Geschäftsführer der Katholischen Erwachsenenbildung Bodenseekreis e. V.

Innehalten

Anmerkungen zum Qualitätsmanagement in der katholischen Erwachsenenbildung

DOROTHEE KLUTH

1 Vorbemerkung

„Wir machen doch einen guten Job! Ist unsere Arbeit nicht per se wertvoll? Wir haben viele Ideen und jetzt schon zu wenig Zeit für die Weiterentwicklung von Bildungsarbeit, und dann sollen wir nebenher noch ein bürokratisches Verfahren betreiben, dessen Nutzen nicht auf der Hand liegt?"

Das sind Aussagen von Kolleginnen und Kollegen, die mit dem Wunsch konfrontiert werden, die Qualität ihrer Arbeit genauer zu dokumentieren und Buch darüber zu führen im Sinne eines Qualitätmanangements.

In der Tat gibt es berechtigte Sorgen vor Überlastung, „das auch noch nebenbei" leisten zu sollen, neben einem gefüllten Arbeitstag mit Gesprächen und dem alltäglichem Kleinkram, mit Sitzungen, Besprechungen, Kursplanung, Finanzkalkulation und vielem mehr.

Gleichzeitig drängt sich die Frage auf, ob sich durch ein Qualitätsmanagementverfahren die inhaltliche und pädagogische Arbeit tatsächlich verbessert. Wozu messen und dokumentieren, überprüfen und vergleichen, sich zertifizieren und re-zertifizieren lassen? Geht das überhaupt bei dieser Art von Arbeit? In der Erwachsenenbildung zeigt sich eben keine Unmittelbarkeit zwischen Produkt und Leistung, es gibt kaum Input-Output-Modelle. Die Arbeit ist prozess- und teilnehmerInnenorientiert und somit trägt der Teilnehmende auch zur Qualität des Produkts bei, ist beteiligt an seiner Qualität. (Streng genommen müssten demnach auch die TeilnehmerInnen einer Qualitätsprüfung unterliegen). Den tatsächlichen Lernerfolg kann letztendlich nur der Teilnehmende selbst für sich feststellen.

Die folgenden Hinweise sind gleichermaßen Werbung für ein Qualitätsmanagement, wie sie andererseits auch die Grenzen von QM aufzeigen. Vor allem aber sind sie ein perspektivischer Sachstandsbericht am Anfang der kommenden Zertifizierung im Rahmen der DEAE (Deutsche Evangelische Arbeitsgemeinschaft für Erwachsenenbildung), die als ebenfalls konfessionelle Dachorganisation, diesen Prozess bereits sehr weit vorangetrieben hat und die ein pragmatisches System der Zertifizierung verfolgt.

2 Was will Qualitätsmanagement (QM)?

a) Messkriterien und deren Vergleichbarkeit

Menschen vergleichen ihr Tun, egal ob privat oder beruflich. Mit Abgrenzungen erklären sie die Welt, machen Geschehnisse verständlich, versuchen mit Typisierungen menschliches Verhalten einzuordnen. Im Sprechen über Erlebtes oder Geplantes, in Rückblicken oder in auf Zukunft gerichteten Gedankenspielen („was wäre wenn, was hätte sein können, wenn ...") versuchen sie sich zu orientieren. Das alles sind bekannte Phänomene: Einmal gewonnene Deutungsmuster sind oft langfristig angelegt, schwer überwindbar und dienen zugleich der Vereinfachung. Einmal festgelegte Kategorien, einmal getroffene Entscheidungen erleichtern den Alltag, nicht jeder Schritt muss neu geplant werden, sie helfen dabei, „aus Erfahrungen zu lernen". „Bewerten" geschieht überall, es ist ein Kennzeichen des Menschen als immer auch Deutenden und letztendlich ein Motor für Entwicklung. Entwicklung ist das Thema der Erwachsenenbildung und damit auch der keb.

Ein gutes Ergebnis zu wiederholen, ohne große Mühe und Risiko, etwas, das als vorteilhaft erfahren wurde, zu reproduzieren, ist Wunsch vieler. Das gilt für ein schmackhaftes Essen, eine gelungene Veranstaltung oder ein hergestelltes Produkt. Gleich ist allen, dass Menschen versuchen etwas nachzumachen, was ihnen einmal als außergewöhnlich vorkam, etwas das sie geschafft haben. Der Wunsch, diese Ergebnisse zu wiederholen und sie nicht dem Zufall zu überlassen, eine gleiche oder vergleichbare Qualität herstellen zu können, gilt erst recht für kommerzielle Produkte: Gleiches Geld für gleiche Qualität. Diese Vorstellung hat sich im Kontext industrieller Produktionsformen und unter dem Druck wirtschaftlicher Konkurrenzen allgemein durchgesetzt. Auch unter sich verändernden Bedingungen muss gleich qualitativ Wertvolles hergestellt werden. Die Vorgehensweise zu einem (gelungenen) Ergebnis muss also gesichert werden.

Hier setzt QM an. Die Universität Hannover verwendet dafür diese Definition: QM umfasst „alle Tätigkeiten des Gesamtmanagements, die im Rahmen des Qualitätsmanagementsystems die Qualitätspolitik, die Ziele und Verantwortungen festlegen sowie diese durch Mittel wie Qualitätsplanung, Qualitätslenkung, Qualitätssicherung/Qualitätsmanagement-Darlegung und Qualitätsverbesserung verwirklichen". Gemeint sind also alle Vorgänge, Planungen von Abläufen, Korrekturmaßnahmen, Zuständigkeiten, ... die zur Erreichung der Organisationsziele beitragen.

Systematisierungen helfen Grundbedingungen zu beschreiben, Voraussetzungen, die gleichbleibende Ergebnisse gewährleisten. Arbeitsvorgänge werden in Einzelschritte aufgelöst und so nachvollziehbar beschrieben. Es entsteht eine Matrix, die eine nahezu lückenlose Vorgehensweise erzeugt und angibt, was zu welchem Zeitpunkt wo und wie gemacht werden muss. Damit dies gelingen kann, braucht es eine lückenlose Dokumentation, damit jede/r auf die gleichen „Zutaten" zugreifen und unter vergleichbaren Bedingungen das gleiche Ergebnis hervorbringen kann. Das klingt nach Bürokratie und Disziplin, denn nur ein detailliertes „Rezept" bei dem Verbesserungen kontinuierlich eingepflegt werden, führt zum Erfolg. Das Ganze ist also hilfreich aber zeitaufwendig.

Die Bildungsarbeit kann durch ein konsequent geführtes QM leichter werden, bestimmte Abläufe, z. B. die Programmplanung oder der Büroalltag, sind klar geregelt und brauchen nicht jedes Mal neu vereinbart zu werden. Unsere Teilnehmenden finden gleiche und vergleichbare Qualität vor. Personalwechsel werden leichter verkraftbar und beschädigen nicht grundsätzlich die Arbeit und deren Abläufe. Nicht ersetzbar bleiben die Persönlichkeiten, die dem ganzen ihren Stempel, ihren Stil aufdrücken. Das erst macht Bildungsarbeit unverwechselbar, neben vielen Standards, die notwendig sind, bleiben so Lebendigkeit und Kreativität gewahrt. Und das ist gut so!

Im Arbeitskontext spricht man von Evaluation, wenn es darum geht Vergangenes zu reflektieren. Das heißt, aus gewonnenen Erfahrungen Schlüsse für die Zukunft zu ziehen, Entwicklung voranzutreiben. Hierzu gibt es Instrumente, um aus Vergleichen – wie soll etwas sein (SOLL-Zustand) und wie ist etwas (IST-Zustand) – Verbesserungsmöglichkeiten abzuleiten. Soweit die Theorie, in der Praxis differiert das Umgehen mit und das Ausschöpfen von Evaluationsergebnissen erheblich.

b) Professionalisierung und Evaluation

Beide Momente gehören zusammen. In den 90er Jahren herrschte geradezu eine Euphorie beim Einzug von Qualitätssicherungssystemen, eine ISO-Zertifizierung erschien als das Maß aller Dinge. Endlich gab es vergleichbare Kennzahlen, die genutzt werden sollten für ein effektiveres Arbeitsergebnis. Das Klagen aus Profit-Unternehmen über den zeitlichen Mehraufwand, vor allem durch Dokumentationen, hat die QM-Lust gedämpft. Hier ist ein pragmatischer Umgang eingetreten mit dem Wissen, dass eine ISO-Zertifizierung nur eine Möglichkeit von Qualitätssicherung ist und QM an die jeweilige Organisationskultur angepasst werden muss.

Die Übertragbarkeit von Qualitätsmerkmalen und deren Evaluation hat Grenzen, und auch das Ergebnis ist nicht in allen Bereichen von gleich hohem Nutzen. Insofern gilt es nachzudenken darüber, welche Form vom QM im Rahmen der Bildungsarbeit sinnvoll und von Nutzen ist.

Bildungsarbeit ist ein ständiger Prozess. Und das prozesshafte Arbeiten verlangt eine stetige Anpassung an die Lernerfordernisse, an die aktuellen Bedürfnisse der Teilnehmenden. Jede Einrichtung ist hier mit einem eigenen Verfahren unterwegs, ihre Arbeit zu evaluieren. Vornehmlich geschieht dies über die Kursarbeit. Mehr oder weniger beständige Indikatoren gelungener Bildungsarbeit sind die Zufriedenheit der Teilnehmer und Teilnehmerinnen und transparente Arbeitsabläufe, die klar nachvollziehbar sind. Eine Messgröße als Bewertungskriterium ist z. B. die Abfrage nach der konkreten Zahl der Teilnehmenden bzw. Anmeldungen. Konnte eine Veranstaltung durchgeführt werden? Gab es genug Teilnehmerinnen und Teilnehmer (TN)? Ist die Kalkulation aufgegangen? Gab es inhaltliche Reaktionen auf das Ereignis? Evaluation geschieht sehr teilnehmerInnennah und institutionenspezifisch.

Gleichzeitig stellt sich die Frage, ob mit diesen Parametern die Arbeit an sich schon evaluiert ist. Kann an ihnen abgelesen werden, was zu verbessern ist, und werden Ideen entwickelt, wie etwas zu verbessern ist? Oder kann gar die erfolgreiche Veranstaltung so wiederholt werden? Sind die nötigen Informationen dazu bekannt? Im schlimmsten Fall weiß nur eine einzige Person über all das Bescheid, eine Vermittlung in die Institution gibt es nicht. Alleinwissen ist gewachsen aus vielen Erfahrungen, wird aber nicht mitgeteilt. Aber wo werden auch scheinbar banale Erfahrungen „aufbewahrt" und weitergegeben? Wie kann es gelingen, die Arbeitsprozesse von einzelnen wissenden Personen abzulösen und grundsätzlich transparent zu machen? Und wie werden Aushilfen oder neue Mitarbeitende informiert über die Abläufe?

„Qualität bedeutet allgemein: Erfüllung von Forderungen. Im Projekt eine gute Qualität zu erreichen, bedeutet die Vorgaben zu erfüllen" (Meier, 2008, S. 282). Das heißt, es werden vorab Kriterien aufgestellt, die dann zu erfüllen sind. Für die Bildungsarbeit bedeutet das eine vorausgehende Verständigung darüber, unter welchen Bedingungen ein Kurs als erfolgreich angesehen werden soll, was in einem bestimmten Kurs gelernt werden kann, wie die Rahmenbedingungen auszusehen haben, wie Lernbegleitung im Kontext selbstgesteuerten Lernens aussehen kann. Und dabei ist immer der Blick auf die Teilnehmenden zu wahren.

QM will dafür sorgen, dass in messbaren Verfahren Informationen analysiert werden. Es geht darum, die finanzielle und inhaltliche Planung der Arbeit zu kontrollieren und zu bewerten. So werden die AkteurInnen der Bildungsarbeit in die Lage versetzt, bewusst steuern und ggf. korrigieren zu können. Deswegen bietet QM Verfahren zur strukturierten Reflexion. Mit verschiedenen Instrumenten (z. B. Fragebogen – Interviews – Beobachtungen – Rückmeldungen) werden Bildungsprozesse erfasst und ausgewertet, um gezielt Veränderungen anzugehen.

Im Wesentlichen geht es um die Beschreibung von sogenannten „Gestaltungsbereichen", Arbeitsfeldern, die verschiedene Arbeitsschritte zusammenfassen. „Dokumentenlenkung", eine übersichtliche Sammlung verbindlich geltender Unterlagen, ist dabei ein wichtiges Element. Es geht dabei um Dokumente, die das Agieren und den Arbeitsauftrag der Institution begründen. Durch die Reflexion der Arbeit beim Erstellen der entsprechenden Beiträge und die Beschreibung von konkreten Verbesserungen – „Entwicklungsprojekten" – wird ein lebendiger Umgang mit der sich ständig entwickelnden Arbeit angestoßen. Dieser Beitrag zur Professionalisierung macht auch „nicht gesehene" Arbeit sichtbar. Viele Abläufe sind nötig, damit Veranstaltungen gelingen, Besprechungen konstruktiv verlaufen, Planungen kreativ angegangen werden können. Viel davon geschieht in den Büros, vor, während und nach den Veranstaltungen. Zur professionellen Bildungsarbeit gehört mehr als der reine Output in Form der Veranstaltung.

Was für die Wirtschaft oder Industrie einleuchtend scheint, ist für den sozialen Bereich in seiner Bedeutung nicht so unmittelbar greifbar. Kennzahlen in der Erwachsenenbildung: Das klingt zunächst fremd. Die Entwicklung des DQR (Deutscher Qualitätsrahmen) in Angleichung an seinen europäischen Vorläufer zeigt, dass es nicht ganz einfach ist, informell erworbene Kenntnisse und Fähigkeiten in Beziehung zu anerkannten und geprüften Leistungen, wie sie die berufliche Bildung liefert, zu bringen. Der Nachweis vom Nutzen sogenannter „softskills" ist schwierig. Dennoch wird in Sozialeinrichtungen und -unternehmen zunehmend mit QM-Systemen gearbeitet, im pflegerischen Bereich sind vielerorts Zertifizierungen vollzogen. Dienstleistungen werden nach einem festgelegten Kriterienkatalog abgerechnet. Das führt nicht in allen Fällen zur Verbesserung der Arbeit, vor allem der nicht messbaren Arbeit, sondern erhöht den Druck, das Zwischenmenschliche, nicht Bezifferbare, abzukürzen.

Hier beginnen für die keb die Probleme, weil gerade die Momente von Miteinander eine am Menschen und seinen Bedürfnissen orientierte Arbeit ausmachen. QM im Kontext der keb dient nicht ausschließlich als Instrument zur effektiveren Arbeitsbewältigung und Kostenersparnis, sondern will helfen, Menschen im Prozess der Bildung gerechter zu werden.

Auf die Bildungsarbeit bezogen wirft das Fragen auf. „EB ist vor allem aber Ermutigung und Begleitung von Menschen auf dem Weg zu sich selbst" (vgl. Krämer, 2013). Lässt sich mit diesem Verständnis von pädagogischer Arbeit überhaupt messen, was „Bildungserfolg" ist? Ist die Entwicklung von Menschen quantifizierbar?

Tatsächlich gibt es Modelle, die seit Jahren erfolgreich genutzt werden auch wenn der Lernerfolg jedes Einzelnen im Rahmen der allgemeinen Weiterbildung nur individuell abfragbar ist. Hier sind wir auf Rückmeldung der Teilnehmenden angewiesen. Sehr wohl lassen sich aber andere Faktoren abbilden, auf die wir Einfluss nehmen können: Wir können die Rahmenbedingungen, die Lernen ermöglichen, gestalten, wir haben Einfluss auf die Inhalte, die angeboten werden, wir wählen die ReferentInnen nach ihren Kompetenzen aus, und wir werden die neuesten Erkenntnisse über Lernen berücksichtigen. Aber wie ist das darstellbar? Oder die Auswahl und Qualifizierung der Trainer/Trainerinnen, Referenten/Referentinnen: Welche Qualifikationen brauchen sie, um in unserem Bereich nach unseren Vorstellungen arbeiten zu können?

Evaluation geschieht vielerorts über die Auswertung von Fragebögen. Diese geben Antwort im Bezug auf Teilnehmerzufriedenheit, auf (subjektiv erlebten) Lernerfolg, auf eine mögliche Relevanz für den Alltag. Das sind durchaus aussagekräftige „Kennzahlen", sie decken aber nur einen kleinen Ausschnitt unserer Bildungsarbeit ab.

Bereits 1999 wurde innerhalb der Erwachsenenbildung der Diözese Rottenburg-Stuttgart mit dem PROjekt BILDUNG ein bis heute andauernder Qualitätsentwicklungsprozess angestoßen, ausgehend von der Initiative u. a. des DBW (heute keb DRS) in „Hoffnung ist Auftrag" (1997). Ziel war schon damals die Sicherung und Optimierung der Qualität der Erwachsenenbildung sowie Entwicklung von Zukunftskonzepten für die Erwachsenenbildung in der Diözese Rottenburg-Stuttgart (PROjekt BILDUNG (1999 – 2002) – „QE-Konzeption"). Im Anschluss an den Qualitätsentwicklungsprozess QEP (2003 – 2006) – unter Beteiligung aller in der EB tätigen Menschen – und dem Projekt Quitte (2001) entstand das Modellhandbuch Qualitätsentwicklung (DBW, 2006), das als Grundlage für die weitere Umsetzungsarbeit in den einzelnen keb-Einrichtungen dient, entsprechende Arbeitshilfen zur eigenen Handbucherstellung stehen bereit.

„Die Formulierung eines Grundverständnisses von Qualität hat noch mal zu einer Profilschärfung beigetragen. Wertebindung und Leitideen gehören zum Selbstverständnis und münden in einer Selbstverpflichtung der Akteurinnen und Akteure" – heißt es in den QEP Unterlagen der keb DRS. Die einzelnen keb-Einrichtungen haben in dem Rahmen einzelne Gestaltungsbereiche für ihre Einrichtungen bearbeitet.

3 Die Arbeit vor Ort

a) Faktoren gelingender Bildungsarbeit

Auch ohne QM wurde und wird gut gearbeitet, reflektiert und weiterentwickelt – vor Ort, in den einzelnen keb-Einrichtungen. Hier, wie in vielen Non-Profit Organisationen zeichnet sich die Arbeit aus durch einen hohen persönlichen Einsatz, viel Kreativität, orientiert an den Bedürfnissen und Interessen der konkret anwesenden Menschen. In diesem direkten Kontakt bedeutet Qualität auch unbürokratisches und flexibles Handeln. Der Mensch steht im Vordergrund, es geht um persönliche Entwicklung, um Begleitung in Lebensphasen und bei Lernschritten. Und Reaktionen von Teilnehmenden, den Kooperationspartnern und auch die aktuellen Zahlen aus den Statistiken belegen, dass hier viel und Gutes geleistet wird, dass der Einsatz gesehen wird und die Arbeit sich lohnt. „Leben ist unser Thema" heißt es im Imagefilm der keb DRS. Erwachsenenbildung, verstanden als Lernbegleitung, ist zeit- und ressourcenaufwendig. Das Handeln der ReferentInnen, ModeratorInnen und PlanerInnen vor Ort ist geprägt durch Empathie, Kompetenz und Engagement und durch jeweils spezifisches Fachwissen. Von den einzelnen Mitarbeitenden wird viel verlangt. Sie haben es mit unterschiedlichen Menschen zu tun, Ehrenamtlichen wie Hauptamtlichen, Berufstätigen wie Arbeitslosen, Menschen verschiedener sozialer und kultureller Herkunft, differierenden Altersgruppen. Sie alle stehen im Focus und werden beachtet. Denn Erwachsenenbildung im Verständnis der keb ist Dienstleistung für Entwicklungsprozesse von Menschen.

b) Unser Bildungsverständnis

„Wenn ich hingegen den Menschen beschreibe als ein Wesen, das ist, sich aber nicht hat (im Sinne eines Fundamentalismus), dann ermögliche ich das Werden des Einzelnen im Sinne von Welt- und Selbstaneignung. Und in diesem Kontext hat dann Bildung ihren notwendigen Ort als Begleitung und Förderung der Selbstaneignung und Ort der kommunikativen Reduktion ansonsten unerträglicher Komplexität" (Krämer, 2001, S. 4). Reflexionsorte werden geschaffen, Orte des freien Denkens für Menschen, unabhängig von ihrer Religion und Herkunft, ihrem Alter und Geschlecht. Hier wird der offene Diskurs gefördert, um die je persönliche

Entwicklung zu fördern. Es geht um gesellschaftliche Herausforderungen, religiöse Orientierung und persönliche Lebensgestaltung. Es wird wörtlich über „Gott und die Welt" gesprochen. Dabei sind alle Beteiligten Lernende.

Unsere Bildungslandschaft stellt sich nicht mehr so homogen dar wie noch vor Jahren. Die Konkurrenz zu anderen Bildungsträgern nimmt zu. Erkenntnisse aus aktuellen Studien zeigen veränderte Strukturen. Die von der deutschen Bischofskonferenz 2003 in Auftrag gegebene Sinus-Studie zur religiösen Orientierung von Menschen brachte beunruhigende Erkenntnisse. Die 2013 erschienene Vergleichsstudie zeigt wiederum ein verschärftes Bild der religiösen Landschaft in Deutschland. Und auch die diözesane PRAGMA-Studie (2013) zu diesem Thema, eine quantitativ breitere Befragung, zeigt deutlich eine Auflösung klassisch vorhandener Milieus. Die klassische Klientel für katholische Bildungsarbeit gibt es so kaum noch.

Schon vor Jahren haben sich keb-Einrichtungen in Leitbildprozessen der Reflexion ihrer Arbeit gestellt. Sich der eigenen Stärken bewusst zu werden und den eigenen Wert hervorzuheben, führte zu einer Schärfung des eigenen Profils. Menschsein ist Werden und Miteinander – dieses prozesshafte Entstehen ist Grundlage der Bildungsarbeit. In einer sich rasch ändernden Welt haben sich auch Lerninhalte und -wege verändert. Menschen haben andere Zeit- und Spielräume zur Verfügung als noch vor 50 Jahren. Älter werdende Menschen bleiben länger lernfähig, lernen aber anders. Wissenschaftliche Forschungen bringen Erkenntnisse über Lernverhalten. Das alles fordert neue Formen und Formate, das Alte ist nicht einfach übertragbar. Demgegenüber steht eine in den letzten zwanzig Jahren zunehmende Knappheit an Personal. Reflexion bleibt eine ständige Aufgabe. Diesem Nachdenken über die eigene Arbeit, über zukünftige Erfordernisse, über die eigenen Möglichkeiten, dieser Reflexion einen festen Ort und eine offizielle Form zu geben, gehört zu einer qualitätsbewussten Haltung.

Im „verordneten" Innehalten durch QM wird ein Ort vorgegeben, die eigene Arbeit so anzuschauen, dass Entwicklung bewusst in den Blick und in die Hand genommen werden kann. Gerade in Zeiten von Stellenabbau und schwindenden Ressourcen muss der Blick geschärft werden auf das Wesentliche. Das will Katholische Erwachsenenbildung, das macht ihr Profil aus und so lässt sich diese Haltung weitergeben. Besinnung auf das Eigentliche: Es geht nicht um immer schneller immer mehr – sondern darum, in einer bewussten Haltung das eine zu lassen und das andere zu tun.

Konkreten Nutzen sehen wir in einer direkten Unterstützung der alltäglichen Arbeit. Es geht darum, Klarheit darüber zu gewinnen, wie die Arbeit vor Ort organisiert ist, welche Schritte sinnvoll aufeinander folgen. Dieses Wissen nutzt unmittelbar, wenn in Krankheitsfällen oder bei Stellenneubesetzungen die Arbeit aufrecht erhalten bzw. weiter geführt werden soll. In vielen Einrichtungen bekleiden die Leitungen seit vielen Jahren ihre Stelle. Vieles hat sich bewährt in ihrer alltäglichen Arbeit und ist zur Routine geworden. In Gesprächen mit Kollegen und Kolleginnen im Verbund, im regelmäßigen Austausch bei Konferenzen auf den verschiedenen Ebenen, durch fachliche Weiterbildung und persönliche Auseinandersetzung, nicht zuletzt in Zielvereinbarungsgesprächen findet Reflexion statt. Dies alles trägt zu einer Weiterentwicklung von Erwachsenenbildung bei. Deren Wirksamkeit zeigt sich in einem stetigen Prozess und ist nicht einfach so abrufbar. Hier braucht es eine Form der Sicherung, die das Handeln nachvollziehbar macht.

So definiert die keb gelingende Bildungsarbeit: Den Rahmen bieten für eine Lernbegleitung, die den Menschen im Sinne einer Selbst- und Weltaneignung Lernerfahrungen ermöglicht. Das muss auch durch das Dokumentieren von Arbeitsprozessen und Evaluation hindurch sichtbar bleiben.

4 Fazit

a) Mehr oder gesicherte Qualität durch QM ?

Die Wichtigkeit von Bildung ist hinreichend bekannt. Wenn es um Teilhabe am gesellschaftlichen Leben geht, ist Bildung zu einem „Türöffner" und Schlüsselbegriff geworden und Voraussetzung für Bürgerschaftliches Engagement und Bürgerbeteiligung, die längst zum öffentlichen Leben gehören.

Der Hintergrund des QM-Prozesses in Einrichtungen der katholischen Erwachsenenbildung ist nicht ein Mangel an Qualität, Menschen haben sich schon immer mit Weiterentwicklung und Verbesserung beschäftigt. Wir tun gut daran, die Qualität dieser Arbeit auch zu dokumentieren. Zunehmend wird die Vergabe von öffentlichen, gerade auch europäischen Mitteln von einem dokumentierten QM und ggf. von einer Zertifizierung abhängen. Dabei wollen wir nicht einer unnötigen Dokumentationswut erliegen, aber da, wo es hilfreich ist, wo ein direkter Nutzen abzusehen ist, sind wir dabei.

QM in unseren Einrichtungen zeigt sich in Prozessbeschreibungen und Abläufen. „Nicht erledigte dokumentierte Prozesse sind wichtiger als erledigte nicht dokumentierte" – diese Aussage aus dem QM scheint zunächst für unsere Arbeit nicht zuzutreffen, gilt doch immer noch das Getane mehr als das bloße Papier. Und dennoch wird es zukünftig immer wichtiger sein, die eigene Arbeit nachvollziehbar zu machen. An Dokumentationen lassen sich die Ist-Zustände ablesen, es wird deutlich, was getan wurde, was offen ist, und das öffnet weitere Handlungsspielraum. Bei immer weniger werdenden Ressourcen ist eine Dokumentation von Arbeitsabläufen unumgänglich. Im Vertretungs- oder Unterstützungsfall ist so ein problemloser Einstieg möglich. Einarbeitungszeiten werden verkürzt und die Chancen für ein kontinuierliches Weitergehen der Arbeiten größer. So hilft QM, die eigene Arbeit zu reflektieren, Nachfolge zu erleichtern und die Voraussetzungen herzustellen, die sehr gute Arbeit fast nahtlos weiterzuführen. Das ist vielleicht momentan unser größter Nutzen.

b) Von einer Zufälligkeit zur Konzeptionierung

Von einer Zufälligkeit zur Konzeptionierung: Das gilt für viele Einzelbereiche in der Arbeit und hilft das bewusst Gewollte sichtbar zu machen. Das Programm einer keb-Einrichtung entsteht nicht zufällig, z. B. weil es gerade die eine oder den anderen ReferentIn gibt, sondern nach profilgelenkten Überlegungen auf der Grundlage von Vorstandsbeschlüssen und diözesanen Vereinbarungen (DBW, 1978).

Die keb kann sich sehen und auch „messen" lassen. Die Skepsis gegenüber Messverfahren ist keine Schüchternheit oder Besorgnis, vielmehr zeigt sie den verantwortungsvollen Einsatz weniger werdender Ressourcen. Viele Ideen können jetzt bereits nicht umgesetzt werden. QM als ein Instrument zur strukturierten Reflexion führt nicht zu mehr Ressourcen. QM hilft aber, im Arbeitsalltag zu priorisieren, sich immer neu den Herausforderungen von Gesellschaft zu stellen und bewusst Schwerpunkte zu setzen.

In Zeiten wachsender Ungenauigkeit brauchen wir seriöse Informationen. Die keb schafft Denkräume, in denen im Sinne der Welt- und Selbstaneignung Menschen zu ihrer begründeten Sicht finden. Tradition und vorhandenes Wissen bereiten den Boden für neue Ideen: „Das aufscheinende Bild von Geschichte, das ein Verwobensein der Vergangenheit und der Zukunft in die Gegenwart postuliert" (Krämer, 2001, S. 3), enthält Sprengkraft. In diesem Sinne verstandenes QM will das Vergangene immer wieder wertschätzend erinnern und Gegenwart, auf Zukunft hin denkend, verändern.

Die keb DRS als Dachorganisation der 24 regionalen Einrichtungen strebt in diesem Jahr eine Zertifizierung an. Das Handbuch dazu ist bereits erstellt und wird aktuell überarbeitet. Eine digitale Pflege der Dokumentenlenkung wird im Intranet sicher gestellt. Die Mitarbeit im Qualitätsverbund der DEAE sichert uns die Anbindung an aktuelle Entwicklungen und gültige Qualitätsstandards.

Mit einem Aufwand, der leistbar, und einem Nutzen, der ersichtlich ist, werden zukünftig QM-Tage eingerichtet, die den einzelnen Einrichtungen die Möglichkeit geben, den eigenen QM-Prozess auf Verbundebene jeweils zu aktualisieren und kollegial beraten zu können. Die Verbund-Struktur – Zusammenschluss mehrerer regional angrenzender Einrichtungen zu insgesamt 6 Verbünden – hat sich seit vielen Jahren als Ort kollegialen Austauschs bewährt. In Qualitätszirkeln werden dann die gemeinsam formulierten Qualitätsstandards in regelmäßigen Abständen – im Wechsel von internen und externen Auditoren – überprüft.

So stellt sich QM als fortlaufender kontinuierlicher Verbesserungsprozess dar. Angesichts des eher geringen Personalschlüssel, einer großen Anzahl an „Teilzeit-Leitungen", versuchen wir einen Weg zu finden, der bei größtmöglicher Ressourcen-Schonung einen möglichst hohen Gewinn für die Bildungsarbeit abwirft. Die keb DRS als Dachorganisation und Service-Stelle für die Erwachsenenbildung in der Diözese Rottenburg-Stuttgart wird das QM durch personelle und finanzielle Förderung in diesem Sinne vorantreiben.

Zum Schluss

QM hat damit zu tun, dass wir dokumentiert Rechenschaft geben von unserer Arbeit und den ihr innewohnenden Prozessen. Damit leisten wir gegenüber der Öffentlichkeit und der Politik die notwendige Transparenz. Wir geraten aus einem Legitimitätsdruck heraus, der dort entstehen kann, wo ausschließlich intuitive Bewertungen stattfinden, die oft genug personal gebunden der Nachvollziehbarkeit nicht offen stehen.

Soweit es in dieser Rechenschaft auch um inhaltliche oder didaktische Fragen geht (Warum machen wir was?) geben wir zugleich auch Auskunft über den Grund unseres Handelns und damit (vgl. 1 Petr 3, 15) über den Grund unserer Hoffnung.

Quellenangaben

Arnold, R./Wieckenberg, U. (1999). Qualitätssicherung in der kirchlichen Erwachsenenbildung. In: Bischöfl. Generalvikariat Trier (Hrsg.). Qualitätsentwicklung in der Kirche am Beispiel des Bistums Trier, CD-Rom. http://imbuk.de/uni-augsburg/qualitaet/onlinetexte/Qualit%E4tKirchlicheE B.pdf
DBW e. V. (Hrsg.) (1978). Grundsätze und Ziele der katholischen Erwachsenenbildung. Stuttgart. http://keb-drs.de/.

DBW e. V. (Hrsg.) (2006). Stuttgarter Hefte – Sondernummer Qualitätsentwicklung Jahrgang 20. Stuttgart.
keb DRS (Hrsg.) (2009). QEP – Handbuch der keb DRS. Stuttgart.
Keunecke, L., Denkena, B. (Hrsg.) (2012). Vorlesung Qualitätsmanagement V2/Ü1. Leipzig Universität Hannover.
Krämer, M. (2001). Bildung und Ehrenamt. Stuttgart.
Krämer, M. (2013). Theologische Begründung einer katholischen Erwachsenenbildung. In diesem Buch. Bielefeld: wbv
MDG MedienDienstleistungsGmbH (Hsrg) (2013). MDG Milieuhandbuch „Religiöse und kirchliche Orientierungen in den Sinus-Milieus®". Heidelberg: MDG.
Meier, R. (2008). Praxis Bildungscontrolling. Offenbach: GABAL Verlag
PRAGMA Studie (2013): Studie zu den religiösen Orientierungen in der Diözese Rottenburg-Stuttgart. (unveröffentlicht).
Zech, R. (2008). Handbuch Qualität in der Weiterbildung. Weinheim: Beltz Verlagsggruppe

Dorothee Kluth, stellv. Leiterin der keb DRS

Im Blick der Anderen –
die Anderen im Blick

Aufsuchende Weiterbildung

Dorothee Kluth

1 Vorbemerkung

Gelernt wird überall. Viel, manchmal zuviel, an Information strömt auf Menschen ein. Wissen ist überall verfügbar. Wie seriös dieses Wissen ist, lässt sich nicht immer sofort sagen. Die Orientierung in diesem Meer an falschem und richtigem, wichtigem, notwendigem oder auch nutzlosem Wissen wird immer mühsamer. Gleichzeitig ändert sich nicht nur die Wissenswelt, auch die Alltagswelt mit ihren Möglichkeiten, Zwängen und Hindernissen wird immer undurchschaubarer.

An dieser Stelle kommt Weiterbildung ins Spiel als eine Möglichkeit, Orientierungswissen zu erhalten und miteinander nach Wegen durch die Informationsflut und Alltagskomplexität zu suchen. Aufsuchende Weiterbildung ist in diesem Zusammenhang *eine* Form von Einladung sich auf den Weg zu machen. Etwas völlig Neues ist sie nicht. Wo Menschen ein Thema bewegt, finden sich auch jetzt schon Initiativgruppen vor Ort zusammen. Das zeigt sich auf kommunaler Ebene genauso wie in Kirchengemeinden. Sorge um Infrastrukturen oder das Ausbleiben von Fahrdiensten können Beweggründe sein, sich vor Ort zu engagieren. „Soziale Mobilisation geschieht, weil Menschen etwas davon haben. Sie erzielen persönlichen Gewinn, indem sie sich selber bewegen, indem sie ihr Denken bewegen, indem sie lernen, anders lernen als gewöhnlich, wenn sie mit anderen zusammenlernen, weil sie andere werden mit anderen zusammen." (Siegenthaler, 2012). Dieses Phänomen findet Siegenthaler auch in den demokratischen Bewegungen der Geschichte. Das kann hier nicht weiter ausgeführt werden.

Hier zu Lande, in ländlicher Gegend vielleicht noch mehr verbreitet unter dem Stichwort Nachbarschaftshilfe, gibt es einiges, was inzwischen auch in Städten ausprobiert wird. Ganztagesbetreuung an Schulen, Beratung für Schulabgänger, Seminare zu Schlüsselqualifikationen: der Lebensraum Schule ist längst zu einem weiteren Bildungsfeld für Weiterbildung geworden. Auch die Stärkung von Bürgerschaftlichem Engagement rückt immer mehr ins Interesse von Bildungseinrichtungen. Sehr beeindruckend sind Initiativen engagierter Menschen. Der bekannte Kölner Kabarretist Jürgen Becker hat einige solcher Initiativen, zusammen mit zwei weiteren bekannten Persönlichkeiten, Meurer und Stankowski, ins Leben gerufen und zum Nachahmen festgehalten, wie im Buch „von wegen nix zu machen" (Becker, Meurer & Stankowski, 2011) beschrieben. Hier finden sich u. a. Projekte zur Unterstützung von Benachteiligten, Hilfestellungen für Jugendliche für einen guten Start ins Erwerbsleben und manch andere anregende Idee. Immer geht es um Benachteiligte.

Zur Zeit entstehen in Baden Württemberg Kinder- und Familienzentren. Verschiedene Städte und auch die Diözese Rottenburg Stuttgart haben hier Projekte angestoßen, um Unterstützungsangebote sozialraumorientiert zugänglich zu machen. In der Diözese Rottenburg-Stuttgart gibt es seit 2008 3 Modellstandorte, weitere werden hinzu kommen. Diese mit der Caritas, der örtlichen keb und örtlichen Kindertagesstätten entstehenden Familienzentren stellen ihre Dienste gebündelt zur Verfügung, an einem bekannten Ort und niederschwellig. Das geschieht nicht irgendwo auf der grünen Wiese, sondern dort, wo Kinder sind, wo Familien hinkommen. Bestehende Kindergärten werden dafür aus- und umgebaut. Eltern, Großeltern u. a. bekommen – wohnungsnah – neben der Kinderbetreuung Angebote aus Beratung und Bildung.

Bildungsveranstaltungen im Kino oder in Räumen eines Bankhauses machen aufmerksam und erhöhen sicher den Bekanntheitsgrad der beteiligten Einrichtungen. So werden bekannte Veranstaltungen, alte Formate an andere Plätze, an Alltagsorte transportiert und vor Ort durchgeführt. Aber macht ein bloßer Ortswechsel schon aufsuchende Weiterbildung aus?

2 Gesellschaftliche Anforderungen und demographische Herausforderungen

Dass Lernen lebensnotwendig ist, ist hinlänglich bekannt. Dass es Benachteiligte gibt, die auf der Strecke bleiben auch. Und ebenso, dass es Menschen gibt, für die Lernen aufgrund eigener Erfahrungen mit dem Bildungssystem eine Strafe ist. Schlagworte wie „selbst gesteuertes Lernen" und „Nachhaltigkeit" bestimmen unsere Bildungsdiskussionen. Auch die seinerzeitige Enquete-Kommission „Fit fürs Leben in der Wissensgesellschaft" des Landtags Baden-Württembergs benennt diese Befunde und leitet daraus die Aufgabe ab, gerade jene Menschen in das Bildungsgeschehen einzubeziehen, die in ihrer Lernbiographie aus unterschiedlichen Gründen zu kurz kommen. Förderprogramme werden aufgelegt und im Bündnis Lebenslanges Lernen (BLLL) konkrete Schritte erarbeitet. Immer noch wird dabei der beruflichen Weiterbildung besondere Bedeutung zugesprochen, mündet sie doch – hoffentlich – in eine Beschäftigung, die den Lebensunterhalt des Einzelnen sichert. So fallen diese Menschen aus der Liste der Leistungsempfänger heraus. In Umschulungen wird investiert, um Arbeitskraft zu erhalten, um die Beschäftigungsfähigkeit zu erhöhen. Demgegenüber hat allgemeine Weiterbildung manchmal den Geschmack von reinem Luxus, nice to have, aber nicht lebensnotwendig, also der Existenzsicherung nachgeordnet. Eine solche Sichtweise scheint verkürzt. Tatsächlich kommen viele Menschen im Rahmen der allgemeinen Weiterbildung zum ersten Mal seit der Schulzeit wieder mit Bildung und Lernen in Kontakt und machen dabei die Erfahrung, dass Lernen gut tut. Menschen sind Lernwesen. Das war einst ihre evolutionäre Chance, das ist heute ihre Chance am Alltagsleben, an demokratischen Prozessen, an kulturellen Angeboten teilzuhaben. Und das trifft so zu auf Menschen jeglicher Herkunft, auch wenn sie in der Bildungsdiskussion als bildungsfern, -ungewohnt oder vielleicht sogar -unwillig beschrieben werden. Unwilligkeiten gibt's in der Tat gegenüber jeglicher Form von einfachem Belehrt werden. Die Freiwilligkeit der Teilnahme an den Veranstaltungen der allgemeinen Weiterbildung und die dort eingesetzten Methoden der Beteiligung werden für so manchen Menschen einen Aha-Effekt im Blick auf Lernen überhaupt haben. So wird allgemeine Weiterbildung auch zu einem Ort des Lernen Lernens. Soziale Herkunft und der Bildungshintergrund prägen allerdings die Einstellung zum Lernen. Hier reicht es nicht, allein äußere Barrieren (z. B. finanzielle Kosten) abzubauen. Das führt nicht automatisch zur vermehrten Teilhabe der oben genannten Gruppen. Dazu braucht es andere Anstrengungen und Unterstützungsformen. Das Wissen um Lernvorgänge gerade auch in prekären Lebenssituationen macht veränderte Formate notwendig. Das Lern-Interesse muss erst geweckt werden, über alte Erfahrungen hinweg. Das Bildungsangebot muss um einen grundsätzlich anderen Typ erweitert werden. Oft ist es notwendig erst oder auch wieder das Vertrauen in eine institutionelle Bildung aufzubauen. Das fordert Zeit und Personal. Die gesellschaftlichen Veränderungen – längere Lebensarbeitszeit, kulturelle Vielfalt, steigende Informationsflut, um nur ein paar zu nennen – sind Herausforderungen an unsere Bildungsangebote und deren Gestaltung.

Die demographische Entwicklung bringt unweigerlich Veränderungen im Leben der Gesellschaft mit. Was bedeutet es für eine Gesellschaft, wenn immer mehr Ältere das Tempo bestimmen, wenn der Alltag „langsamer" wird? Technische Erfindungen versprechen zwar Zeitersparnis und Erleichterungen, dennoch kommen nicht alle Menschen gleichermaßen damit zurecht. Physische Beeinträchtigungen sind keine Frage der Herkunft oder des Bildungsgrads. Auch auf diese Menschen zu achten und entsprechend förderlich bereit zu stehen, ist unsere Aufgabe. Hier sind neben Menschen mit krankheitsbedingten Einschränkungen vor allem ältere Menschen betroffen, die manche fortschrittliche Errungenschaft (z. B. Smartphones) feinmotorisch nicht (mehr) bedienen können. Auch sie sind Benachteiligte.

Gleiches gilt für die wachsende Zahl von Bildungsungewohnten und -fernen. Eine Studie der Hamburger Universität von 2011 (Grotlüschen u. a., 2011) schreibt von 7,5 Millionen Menschen mit starker Lese-, Schreib- und Rechenschwäche. Das sind fast 10 % der Gesamtbevölkerung inklusive Kinder im Nichtschulalter. Diese Menschen sind den steigenden Erwartungen einer sich rasch verändernden Gesellschaft oft nicht gewachsen. Die keb DRS sieht hier, aufgrund ihrer theologischen Begründung (Krämer, 2013), eine ihrer großen Aufgaben. Der diakonische Auftrag zwingt die keb dazu, auf Menschen in dieser Situation zuzugehen, sie aufzusuchen und ihnen Möglichkeiten der Partizipation zu eröffnen. Menschen haben ein grundsätzliches Recht auf Teilhabe, ein Recht auf Bildung. Das gehört zu ihren Grundrechten.

Die Unesco-Dekade zu „Bildung und nachhaltige Entwicklung", mit der Bonner Erklärung auf der Halbzeitkonferenz 2009, dokumentiert die Bedeutung von Bildung gerade auch für Nachhaltigkeit und fordert eine Neuausrichtung der Bildungssysteme als Weichenstellung für eine menschenwürdige Zukunft (Bonner Erklärung, 2009). Was Menschen wissen, gelernt haben, macht sie fähiger Entscheidungen zu treffen, verantwortlicher im Sinne einer nachhaltigen Entwicklung.

Besondere Bedeutung im Kontext lebenslangen Lernens kommt der Beratung zu. Der wachsende Markt von Weiterbildungsträgern und Weiterbildungsangeboten wird immer unübersichtlicher. Eine begründete Auswahl zu treffen ist für den Einzelnen schwierig, für die Gruppe der Bildungsungewohnten vielfach unmöglich. Um hier Abhilfe zu schaffen und auch die Zahl der Bildungsfernen in den Beratungsstellen zu erhöhen, entwickelt sich in Baden-Württemberg gemäß den Forderungen der Enquete-Kommission, ein Landesnetzwerk Weiterbildungsberatung. In einer Fachgruppe des BLLL, unter Federführung des VHS- Verbands und wissenschaftlich begleitet durch die Universität Heidelberg, arbeitet die keb DRS – als Vertreterin der KiLAG (Kirchliche Landesarbeitsgemeinschaft für Erwachsenenbildung in Baden-Württemberg) – an diesem Aufbau mit. Aufgabe ist es, Kriterien für eine gute Beratung und Qualitätsstandards für entsprechende Berater und Beraterinnen fest zu legen. An die bestehende Datenback des Landes www.fort

bildung-bw.de wird eine ergänzende Datenbank für trägerübergreifende Beratungsstellen angeschlossen.

Auch das Wissen um soziale Mileus, die eine Gruppe von Menschen mit einer ähnlichen Lebensführung/-haltung beschreiben, macht ein Umdenken in der Bildungsarbeit notwendig. Die SINUS-Studie erstmals 2003 von der Deutschen Bischofskonferenz in Auftrag gegeben und 2013 (MDG, 2013) erneuert, beruht auf qualitativen Befragungen und beschreibt die Lebensgewohnheiten von Menschen. Grundlegend neue Erkenntnisse bringt die aktuelle Studie nicht, aber eine weitere Differenzierung innerhalb der Mileus. Die von der Diözese Rottenburg Stuttgart in Auftrag gegebene PRAGMA Studie (PRAGMA, 2013) zeigt ähnliche Ergebnisse. In den telefonischen Befragungen sowohl aktiver Kirchenmitglieder als auch einem Teil von Nicht-Katholiken ging es um eine perspektivische Sichtweise. Hier liegt bisher nur eine allgemeine Auswertung vor, die detaillierte, auch auf 24 Dekanate hin ausgerichtete Beschreibung wird im Sommer 2013 erscheinen. Beide Studien versuchen aus dem Status Quo Trends aufzuzeigen. In ihren Ergebnissen sind die Studien nicht unterschiedlich. Aufgabe der keb ist es diese Entwicklungen ernst zu nehmen und darauf zu reagieren. Eine weitere Studie der Universität Münster zur Toleranz (Pollack-Studie, 2010) zeigt eine erschreckende Korrelation auf zwischen eng kirchlich gebunden Menschen und Intoleranz gegenüber anderen Religionsvorstellungen. Hier schafft die keb Denk- und Dialogräume. Der Sprache kommt dabei eine besondere Bedeutung zu. Wie muss sich unsere Sprache verändern, damit sie auch bei den Menschen ankommt, die nicht mehr so in Kirche verorten sind, wie noch vor 30 Jahren? Wir brauchen einen sensiblen Umgang mit Sprache, um Verstehen zu fördern.

Für viele Menschen geht es ganz existentiell um ein Zurechtfinden in wechselnden sozialen Strukturen. Welche Voraussetzungen brauchen Menschen, wie sind die Erfolgsaussichten, dass Lernen gelingt? Welche Bemühungen sind erfolgversprechend, Bildungsferne an Weiterbildung heranzuführen?

3 Erkenntnisse aus der Hirnforschung

Wie wird Lernen optimiert? Was macht schlau? Wir wissen viel darüber, was im Gehirn abgeht. Informationen über Bedeutung und Funktion von Synapsen, von Stimmulationszentren u. a. sind allgemein zugänglich und nicht mehr allein in Fachliteratur nachzulesen. In jüngster Zeit machen Untersuchungen von Hirnforschern von sich reden, die auch gesellschaftlich breiter rezipiert werden. Mit dem Stichwort „Digitale Demenz" beschreibt Manfred Spitzer den Einfluss moderner Medien auf die Gehirnaktivitäten und die zum Teil ungünstigen Entwicklungen fürs Lernen (Spitzer, 2012). Hiervon sind gerade auch Bildungsferne betroffen. Medienkonsum ohne Auseinadersetzung mit den Inhalten, Methoden und Funktionen moderner Medien kann als ein Kennzeichen solcher Milieus gelten.

Unsere älter werdende Gesellschaft wirft eine weitere Frage auf: Wie gehen wir mit unseren Alten um? Wie viel an Partizipation am Leben und damit an Bildung fürs Leben gestehen wir ihnen (noch) zu? Günstig für die Entwicklung älterer Menschen scheinen Wertschätzung und ein fester Platz innerhalb einer Gesellschaft zu sein. Vergleichende Untersuchungen über China und die USA z. B. berichten von einem höheren Lern- und Denkvermögen älterer Menschen bei den Asiaten. Eine Begründung könnte in der allgemeinen Beachtung Älterer in China liegen. Hier hat der „Jugendwahn" noch nicht Einzug gehalten, gleichwohl bleibt abzuwarten, wann auch hier eine Anpassung an westliche Gewohnheiten erfolgt. Noch allerdings empfinden es Chinesen als Makel, Eltern in einem der wenigen Altenheime unterzubringen. Soziale Integration verlängert die menschliche Lernfähigkeit und fördert Selbständigkeit. Untersuchungen der Hirnforschung zeigen, dass Lernen im Alter nicht per se zurückgehen muss. Die Plastizität des Gehirns lässt zwar nach, ein Abbau im Zuge des Älterwerdens lässt sich am Stirnhirn-Volumen ablesen: Verhaltenskontrolle, Aufmerksamkeit, Konzentrationsfähigkeit, Planen und Ausblenden werden unmerklich langsamer, die grundsätzliche Lernfähigkeit bleibt.

Komplexes Leben verführt zu Multitasking: Es gilt vieles zu erledigen, und wir sind geneigt, möglichst vieles gleichzeitig zu bedienen. Und grundsätzlich ist es auch möglich verschiedene Dinge parallel zu betreiben, aber die Qualität leidet. Je mehr Außenreize auf uns einströmen, je mehr unser Gehirn sortieren muss, desto oberflächlicher wird Information abgespeichert. Informationen können sich nicht intensiv „eingraben", nicht vollständig als Erfahrungen verarbeitet werden und stehen deswegen nicht mehr in vollem Umfang zur Verfügung. Eine Sache richtig betrieben, hinterlässt im Gehirn intensivere Spuren als viele nur an der Oberfläche angedockte Lernerfahrungen.

Lernen geschieht durch Befeuern von Nervenzellen in Abhängigkeit von unseren Umwelten. Hierzu gibt es zahlreiche Untersuchungen. Z.B. wurden Lernleistungen unter Wasser und an Land gemessen, oder auch Untersuchungen von Gehirnströmungen beim Hören von Musik. Wodurch die Gehirnaktivität beeinflusst werden kann, ist in jeder Kultur verschieden. Grundsätzlich hat jedes Gehirn überall die gleiche Grundvoraussetzung, kann (fast) alles gelernt werden. Der Mensch als evolutionäres Wesen wählt aus, was für ihn (über-) lebensnotwendig ist.

„Der Mensch ist kein Instinkt-, sondern ein Lernwesen. ... Wir müssen unsere Kultur pflegen, dann können wir in der Zukunft bestehen" (Jäncke, 2012). Im menschlichen Gehirn, im Frontalcortex, ist die Kultur zu Hause, Kultur verstanden als ethisches Konstrukt und soziales Regelwerk einer jeweiligen Gesellschaft, die in frühen Jahren erlernt und abgespeichert werden. In der Anwendung des Gelernten liegt für Jäncke ein entscheidendes Alleinstellungsmerkmal des Menschen: es geht dabei um Selbstdisziplin. Der Mensch kann aufgrund seiner erlernten kulturellen Bewertungen entscheiden und sich dabei gegen seine Instinkte entscheiden, im Gegensatz zu anderen Lebewesen. Im Frontalcortex, der im Vergleich zu Tieren beim Menschen am größten ausgeprägte Region im Gehirn, wird kulturelles Wissen, Erlerntes abgespeichert. Wir reagieren nicht einfach reflexartig, sondern – im günstigen Fall – überlegt, zumindest ist im Gehirn für eine angemessene Reaktion alles vorhanden.

Gelerntes wird verfügbar im Kontext unserer Interpretationsleistungen. Andere Kulturen mit anderen Regeln kommen auch zu anderen Bewertungen: Je nach Kulturkreis sind beispielsweise die Akteure des 11.9.2001 Helden, Verrückte oder Mörder.

„Das Gehirn ist ein hoch komplexes, sich selbst organisierendes System; Selbstbeeinflussung ist letztlich wirksamer als äußere Anregung. Außenimpulse sind nur kurzfristig wirksam. Früh schon im Leben lernen wir – im Kontext unserer Kultur – gewisse Themen und Sachverhalte an Gefühle zu binden. Daraus ergeben sich Konditionierungen, die zu emotionaler Inflexibilität führen (können). Um-Konditionierungen sind möglich, entweder in langwierigen argumentativen Prozessen oder durch harte Konfrontation mit Gegeninformationen und Handlungszwängen." (Jäncke, 2012). Emotionen haben erheblichen Einfluss auf kognitive Leistungen. Das gilt auch für die Bewältigung von negativen Erlebnissen, Stress und unangenehmen Erfahrungen, die nicht adäquat verarbeitet wurden. Sorge und Ängste können Menschen am Lernen hindern. Stolz und frühere Erfolgserfahrungen hingegen treiben an.

Grundsätzlich ist der Faktor der Intelligenz nur eine Größe, wenn es um Lernfähigkeit geht. Jäncke stellt die Formel auf: Lernleistung = Bereitschaft (Wollen) x Fähigkeit (Können) x Möglichkeit. Die Fähigkeit setzt sich zusammen aus Begabung + Lernerfahrung. Das Wollen und die Motiviertheit stehen im Zentrum. Begabung ist hilfreich, aber nicht allein ausschlaggebend für Erfolg. Der Lernprozess ist mehr als das Lernen von Inhalten. Selbst gewolltes und selbst gesteuertes Lernen dient der Entwicklung auf allen Ebenen des Lebens, privat, beruflich, kommunikativ, sozial, etc..

Festzuhalten bleibt: Lernen geschieht ein Leben lang. Das menschliche Gehirn braucht Anstrengungen, um nicht abzubauen. Unser Gehirn ist plastisch angelegt und bietet grundsätzlich die Möglichkeit, dass jede/r Unmengen erlernen kann. Motorische und körperliche Fitness sind wichtig für anspruchsvolles kognitives Lernen. „Use ist or lose it". Untersuchungen mit MusikerInnen bringen hier ermutigende Ergebnisse. Durch die Stimulation verschiedener Ebenen (auditiv, taktil, visuell) auf eine Aufgabe hin ausgerichtet, werden unterschiedliche Gehirnaktivitäten angeregt. Dieses Zusammenspiel ist förderlich für das Abspeichern von Erlerntem und ist nicht altersabhängig. Und dass Musik auch emotional berühren kann, ist leicht nachvollziehbar. Unabhängig vom Alter können musikalische Fertigkeiten erworben werden. Auch diese Erkenntnisse gilt es für die Bildungsarbeit zu nutzen, um die vorhandenen Bildungsfähigkeit zu fördern, gerade auch für Bildungsungewohnte.

4   Unsere Haltung als keb

Wenn wir von „bildungsfern" sprechen, lässt sich dies grundsätzlich von zwei Seiten betrachten. Zum einen aus der Sicht des Einzelnen, der Bildung oder einer Bildungseinrichtung fern ist, sie nicht kennt oder meidet. Barrieren, Gründe „fern zu bleiben", gibt es genug: Der spezifische Ort ist durch negative Lernerfahrungen vorbelastet, der Zeitpunkt passt nicht in den Alltag, zu hohe Kosten bei vermuteter Nutzlosigkeit. Diese Gründe führen zum Selbstausschluss. Zum anderen lohnt ein Blick von der Einrichtung aus. Die Zielgruppe, um die es bei der aufsuchenden Bildung geht, ist der Einrichtung wenig bekannt und eigentlich nicht im primären Focus ihrer ursprünglichen Angebote. Denken, Handeln, Lebensgewohnheiten dieser Menschen sind der Einrichtung fremd. Oft wird der Eindruck vermittelt, dass die Zielgruppe nicht gemeint ist mit den Angeboten. Das führt zum Fremdausschluss. Fremdheit gibt es demnach auf beiden Seiten. Die Aufgabe der keb ist es, auch diese Zielgruppen verstehen zu wollen, und nicht, Menschen passend zu machen. Die keb will Angebote bereit stellen und Begleitung der individuellen Wege fördern. Diese Blickweise zeigt sich in der grundsätzlichen Haltung Menschen gegenüber: nicht bewertend, dem anderen fehlt etwas, sondern er/sie nimmt die Welt anders wahr. So gibt es eine Blickwinkelerweiterung auf beiden Seiten.

Im Sinne einer Anschlussfähigkeit an unsere Gesellschaft braucht es nun aber bestimmte Fertigkeiten. Der Lernzugang eines jeden ist individuell, und auch die Entscheidung, ob etwas gelernt werden will, bleibt in der Verantwortung des Einzelnen. Wir verfügen vielleicht über Wissen, dass nicht jedem sogleich zugänglich ist, wir wissen um Angebote und gangbare Wege. Dieses scheinbare „Mehr-Wissen" zur Verfügung zu stellen, damit schafft die keb Rahmenbedingungen, um Lernen zu ermöglichen.

Die Bezeichnung „Bildungsferne" läuft Gefahr zu stigmatisieren. Egal wie der Begriff definiert wird: ob pragmatisch orientiert an dem jeweils höchsten Bildungsabschluss, ganz allgemein als Fehlen von Bildung oder auch abhängig von der sozialen Herkunft. Es ist nicht gut, Menschen festzulegen. Nicht jeder Migrant ist bildungsfern, und Lebensbewältigung geht nicht nur mit Uniabschluss. Kein Mensch wird als „Bildungsfern" geboren.

Demnach bleibt für uns die kritische Anfrage, wo Bildungsferne produziert werden? Was macht Menschen zu „Bildungsfernen"? Wie sensibel gehen wir z. B. mit Menschen um, die aus einem anderen Kulturkreis kommen und unserer Sprache nicht mächtig sind? Was für eine Chance haben sie mit ihren Qualifikationen? Teilen wir diese Menschen sofort in eine Defizit-Kategorie ein, egal was sie mitbringen? Sicher, Sprache ist unser wichtigstes Instrument, um uns in der Welt zu Recht zu finden. Unsere Sprache muss manchmal erst erlernt werden, das kann aber nicht das einzige Kriterium für eine Einstufung im Rahmen Bildung sein. Im Sinne unserer keb-Haltung nehmen wir andere Menschen ernst mit ihren Schwächen, aber gerade auch mit ihren Stärken. Lernen geschieht mit- und aneinander.

Eine defizitäre Sichtweise kann die Bildungswilligkeit hemmen. Gleichwohl zeigen Erfahrungen aus der Praxis, dass z. B. Analphabeten – trotz Scham – oft froh sind „entdeckt" worden zu sein. Es braucht also „Finder", aufmerksame Menschen, die andere auf ihre Möglichkeiten hinweisen, auch auf die Chancen von Bildung aufmerksam machen. Projekte der Uni Duisburg-Essen, im Rahmen ihrer Forschungen zu „Weiterbildung und Bildungsferne", zeigen die Bedeutung von „Brückenmenschen" auf, Menschen, oftmals Ehrenamtliche, die eine besondere Nähe zur Zielgruppe haben und hier Kontakte herstellen können.

Die keb versteht diese Begrifflichkeiten nicht als Wertungen, sondern als Versuch von Beschreibungen. Der Blick wird geschärft auf das eigene (keb-) Verhalten. Hier gilt einmal mehr, Menschen zu stärken, damit sie in höchstmöglicher Eigenständigkeit ihr Leben gestalten können.

Benachteiligte Menschen gibt es nicht erst heute. Bildungsgerechtigkeit ist nicht erst Wunsch unserer Tage. Soziologische Untersuchungen aus den letzten 30, 40 Jahren belegen dies, Konzepte der 70er Jahre sind nicht umgesetzt worden. (Bremer, 2011). Und heute ist die Notwendigkeit eine andere. In unserer Wissensgesellschaft rückt Lernen immer mehr in den Vordergrund. Noch nie war die persönliche Lebenschance des Einzelnen so eng verknüpft mit Bildung und beruflicher Teilhabe. Bildung ist lebensnotwendig – mehr denn je – und geht alle an. Bildungsgerechtigkeit aber bedeutet nicht Gleichmacherei, Gleichbehandlung würde sogar Benachteiligung verstärken. In der Pädagogik geht es um das Wahrnehmen von Ungleichheit, von unterschiedlichen Voraussetzungen verbunden mit der Forderung nach Chancengleichheit. Heute gibt es verschiedene Begriffe die diese Entwicklung benennen und beachten, zur Zeit ist „Diversity" (Vielfältigkeit) der gebräuchlichste. Die Chance von vielfältigen Begabungen und Erfahrungen, von Heterogenität in Lernzusammenhängen wird erkannt, Lernen am Unterschied bedeutet Zugewinn an Informationen, Ideen, Alltags- und Weltwissen, Bereicherung im Prozess der eigenen Weltaneignung. Spezielle Studiengänge (z. B. Bildungsmanagement an der PH Ludwigsburg) leben diesen Ansatz. Doch was in manchem Lernkontext wünschenswert ist, lässt sich in der Realität nicht immer herstellen: Manche Menschen lernen lieber unter „ihresgleichen", alles andere wäre Überforderung. Vielleicht ist es aber auch nur ungewohnt. Die Realität jedenfalls zwingt uns, mit vielen Menschen irgendwie zusammen zu leben, zu arbeiten, auszukommen. Mit zunehmender Mulitkulturalität wird sich unsere Pluralitätsfähigkeit (Schweitzer, 2013) erhöhen müssen.. Hier ist die keb gefordert.

Sich selbst und andere immer besser zu verstehen, aktiv das eigene Leben zu gestalten, ist Wunsch vieler Menschen, die sich als unfertig erleben in Bezug auf Wachsen und Werden. Das gilt auch für die Menschen, die ihr Gefühl so nie benennen (können). Auftrag einer offenen Erwachsenenbildung in kirchlicher Trägerschaft ist es, Entwicklung zu ermöglichen, Übergänge von Menschen zu begleiten. Und Weiterbildung lebt vom Miteinander. Die einen suchen neue Wege und schaffen Räume, die anderen versuchen – meist vorsichtig – unbekannte Entwicklungswege auszuprobieren. Als kommunikativer zwischenmenschlicher Umgang kann diese Bildungsarbeit modellhaft werden für die Gesellschaft. Getragen von dem Bewusstsein, das Weiterbildung gut investierte Zeit ist für alle Beteiligten, zeigt sich aufsuchende Weiterbildung nicht als Kür, sondern als Notwendigkeit, um den heutigen Erfordernissen an Bildung gerecht zu werden. Hier stehen wir mit professioneller Beratung und Beratungskompetenz zur Verfügung.

Unsere Teilnehmenden bringen ganz unterschiedliche Lernerfahrungen mit. Bisweilen bezieht sich ein sogenanntes Anschlusslernen auf unser Mittelstandspublikum, das neu motiviert werden will. Die Stärkung von Eigenverantwortung und Selbststeuerung beeinflusst das eigene Lerngeschehen. Bildungsbenachteiligte haben andere Vorerfahrungen, brauchen neue Formate, die an ihren Möglichkeiten anknüpfen. Zugänge können bekannte Angebote oder Themen sein, die Gestaltung braucht aber eine Anpassung an die Bedürfnisse der Zielgruppe. Verständigungsprobleme, vor allem bei Menschen mit Migrationshintergrund, Angst vor Misserfolg sind Barrieren, die es schwer machen Beratung und Lernen anzunehmen. Hinderlich sind auch Rahmenbedingungen wie etwa begrenzte Öffnungszeiten. Befragungen haben ergeben, dass die Standortfrage nicht so entscheidend ist. Wichtiger ist der Bekanntheitsgrad, die Attraktivität einer Einrichtung, vor allem aber ein persönlicher Nutzen für die Teilnehmenden. Das Wissen um Lernvorgänge gerade auch in prekären Lebenssituationen macht veränderte Formate notwendig, im Bezug auf Zeitpunkt, Dauer, Kontinuität. Viele Menschen haben heute z. B. Schwierigkeiten 45 oder gar 90 Minuten bei einem Thema zu bleiben. Bei vielen lässt die Konzentration bereits nach 15 bis 20 Minuten nach. Also gilt es, entsprechende Angebote zu machen, auch wenn diese (zur Zeit noch) nicht förderfähig sind.

Ein Experiment aufsuchender Weiterbildung war 2011 das keb DRS-Projekt „bobbimobil" (Gebauer u. a., 2013), um Menschen zu motivieren, einen nachhaltigen Lebensstil zu gestalten, ökologisch und sozial. Ein veränderter Lebensstil gründet auf Um- und Neudenken, das zu Perspektiven der notwendigen Veränderungen führt und einen Beitrag zur Sinnorientierung leistet. Herausforderungen stehen vor der Tür stehen und dort liegen auch Chancen im gemeinsamen Miteinander um Lösungen zu ringen. „Gemeinsam" bezog sich von Anfang an auf Kooperationen, Benachteiligte im Sinne von Inklusion wurden konkret durch die Kooperation mit der Lebenshilfe Zollernalb e. V. beteiligt. Die Leitidee des Projekts ist im Namen umgesetzt:

„B" steht für die Begegnung von Menschen, die miteinander in Kontakt kommen wollen und sich gemeinschaftlich den Herausforderungen der Zeit stellen.

„O" steht für die Orientierung, die Menschen brauchen, die sich in einer Region den gesellschaftlichen Herausforderungen gerade auch in ethischer Perspektive stellen wollen.

„B" steht für Beratung, die beitragen will, dass Neues im Bereich der sozialen und ökologischen Nachhaltigkeit ausprobiert werden kann.

„B" steht für Bildung, weil sich die keb = katholische Erwachsenenbildung einem Bildungsbegriff verpflichtet weiß, der die Menschen ermutigt und stärkt, mit ihren Kompetenzen die Sachen zu klären und aktiv zu werden.

„I" steht für die Haltung der Inklusion, denn die unterschiedlichen Fähigkeiten von Menschen sollen nicht nur respektiert werden, sondern darin entdecken wir eine große Chance zu einer menschlicheren Gesellschaft zu kommen.

Und „mobil" schließlich steht für die Grundstruktur des Projekts, das Ortsnähe nicht nur thematisiert. Die Veranstaltungen fanden an wechselnden Orten statt. Mit einem Bus, als ökologisch sinnvollem Fahrzeug, wurden die Ideen von Ort zu Ort transportiert. Mit einem überarbeitetem „bobbimobil" planen wir einen Neustart, der verstärkt den aufsuchenden Weiterbildungscharakter im Blick hat.

In Heiligkreuztal entsteht ein ökologisches Bildungszentrum für nachhaltige Entwicklung. Gerade im ländlichen Raum brauchen Menschen Unterstützung vor Ort. Es geht um Dorfentwicklung unter aktiver Teilhabe der betroffenen Menschen. „Sowohl in ökologischer als auch in ökonomischer und sozialer, kultureller und spiritueller Hinsicht steht der ländliche Raum einerseits vor großen Herausforderungen, andererseits hat er Potentiale eigener Art." (Drumm, 2013b). Entwicklung von neuen Wohnformen, alternative Energieversorgungskonzepte sind nur zwei Felder, in denen viele Gestaltungsmöglichkeiten liegen. Weiterentwicklungen zu begleiten, Ideen anzustoßen und Aktivitäten zu vernetzen, dazu wurde die Stelle einer Entwicklungspromotorin und Koordinatorin geschaffen. Als traditionell christliche Einrichtung versteht sich das Zentrum Heiligkreuztal auch als ein Ort der Sinnerfahrung und Sinnerschließung, des Austausches und der Begegnung.

Das Münchener Projekt „offene Lernwerkstätten" (LH München, 2012) versucht ebenfalls einen eigenen Weg. Eine Bildungsberaterin zusammen mit einer pädagogischen Fachkraft schafft vor Ort die Möglichkeit individuell zu lernen. Menschen können ohne vorherige Anmeldung in diese Beratungsstelle kommen und den Lernraum nutzen. Begleitet von dem Tandem bestimmen sie selber ihr Lernpensum und -tempo. Sprache ist hier die wichtige zu lernende Komponente. Im Zwischengespräch nach 10 Lerneinheiten wird über weiterführende Angebote von Einrichtungen informiert. Diese Form von Lernen und Beraten hat sich bewährt – das Projekt endet aber im August 2014, eine Verstetigung ist noch nicht in Sicht.

5 Und zukünftig?

Bildungsferne für Weiterbildung zu gewinnen entspricht den Forderungen der Menschenwürde und ist gesellschaftliche Notwendigkeit, also menschlich gewollt und gesellschaftlich notwendig. Menschen aufsuchen an den Orten, an denen sie leben und arbeiten, sie in ihrem Alltag wahrnehmen, ist hier Aufgabe von Bildungseinrichtungen. Bildung ist auch Anpassung an Welt und muss alltagstauglich sein, für die Gruppe der Bildungsbenachteiligten mehr denn je. Schlechte Lernerfahrungen müssen überwunden werden, der persönliche Einsatz muss sich lohnen. Es gibt verschiedene Orte des Lernens. Informelles Lernen gewinnt zunehmend an Bedeutung. Und es ist sicher richtig, die hier erworbenen Fähigkeiten wert zu schätzen. Daneben sind auch systematische Lernprozesse in Institutionen bedeutsam für den eigene Lebens- und Berufsweg.

Damit aufsuchende Weiterbildung in Zeiten zunehmender Konkurrenz unter den Bildungsträgern nicht als heimsuchende Weiterbildung daher kommt, tun wir gut daran Menschen ernst zu nehmen in ihrem Lebensraum, in ihrem Lebensgefühl, in ihrem Lernbedürfnis und in ihrer grundsätzlich vorhandenen Lernfähigkeit. Mehr erfahren, mehr wissen zu wollen ist eine Voraussetzung, einfach Lust auf Lernen zu machen, das ist unsere Aufgabe. Für bestimmte Zielgruppen ist es wichtig, dass wir Menschen aufsuchen an ihren Orten, dort Räume öffnen für Lernerfahrungen und Lernerlebnisse. Je offener hier gelernt werden kann, desto erfolgreicher wird es für den/die Einzelnen.

Erkenntnisse aus Soziologie und Psychologie verändern Lebens- und vor allem auch Altersbilder. Hier gilt es neue Rahmenbedingungen zu schaffen, um lust- und sinnvoll, möglichst stress- und angstfrei zu lernen, z. B. durch Reagieren auf neue zeitliche Möglichkeiten der Menschen. Weitere hilfreiche Faktoren liegen in der Sicherung von Erfolgserlebnissen, im günstigsten Fall als abrufbare Motivation. Dass Selbstverantwortung und autonome Gestaltung nachhaltiges Lernen begünstigen ist allgemein bekannt. Veränderte Settings z. B. ein Lerneinstieg mit Musik erhöht die Lernbereitschaft. Das geschieht vielerorts eher zufällig. Mit den Erkenntnissen der Lernforschung, dass damit das limbischen Systems aktiviert wird, kommt diese Praxis aus der Zufälligkeit heraus und wird Teil eines Lernkonzepts.

Zunehmend sind wir auf interkulturelle Kompetenz angewiesen, um zwischenmenschliche Hindernisse abzubauen. Wachsenden Anforderungen machen hier unterschiedliche Herangehensweisen notwendig. Trägerübergreifend können wir in Kooperationen unsere unterschiedlichen Kompetenzen zusammentragen und sinnvolle Synergieeffekte erzielen. Eine Kooperation der KiLAG mit dem VHS-Verband Baden-Württemberg wird in diesem Jahr ein Projekt zur aufsuchenden Weiterbildung starten. „Bildung im Krankenhaus" lautet der Arbeitstitel und richtet sich mit Bildungsangeboten an Krankenhäuser und Reha-Einrichtungen. Menschen vor Ort, an den sie für eine bestimmte Zeit gebunden sind, aufzusuchen und allgemeine Weiterbildung anzubieten, mit einander ins Gespräch zu kommen, gemeinsam (Lebens-) Perspektiven zu entwickeln, Menschen für Bildung zu sensibilisieren, ist die tragende Idee dahinter. Für 2014 ist ein gemeinsamer Fachtag geplant, um Ergebnisse, Informationen und weitere Perspektiven zusammenzutragen und ein gemeinsames, trägerübergreifendes Lernen zu fördern.

Es gibt viele Anstrengungen auf Benachteiligte adäquat zuzugehen. Die Förderkriterien von Land und Kirche reichen hier aber bei weitem nicht aus! Aufsuchende Bildung ist zeit- und personalintensiv. Das klassische Abrechnungswesen nach Unterrichtseinheiten, festgelegter Gruppengröße oder Teilnehmertagen ist gegenläufig zu Projektkonzepten individueller Förderung und aufsuchender Begleitung. Bildungsungewohnte brauchen einen sensiblen Zugang zu Inhalt und Institution. Diese Zielgruppe lernt in anderen Formaten, die bisher bei der Zuweisung von

Zuschüssen nicht berücksichtigt werden. Bildungsungewohnte an Lernen heranzuführen geschieht oft nur über kürzere Lerneinheiten (s. o.).

Eine zusätzliche finanzielle Förderung geschieht auf Projektebene. Einen Einstieg in ein neues Thema, ein erstes Ausprobieren, um gute Ideen anzustoßen, das ermöglichen Projektgelder. Nachhaltigkeit ist damit nicht gesichert. Im Bereich „Erhöhung der Weiterbildungsbeteiligung von Benachteiligten", wie es die Enquete-Kommission fordert, erfordern diese Projekte einen hohen Personal- und Zeiteinsatz. Das ist nur mit zusätzlichen – auch finanziellen – Anstrengungen leistbar. Lässt sich keine Nachfinanzierung z. B. über andere Träger oder die Kommune finden – endet die Idee mit Projektende. Projekte brauchen eine transparente Finanzierung und eine politische Verankerung. Lernen funktioniert durch Kontinuität, eine schrittweise Heranführung an Inhalte, ein Einüben von Lernverhalten, das alles lässt sich nicht in festgelegten Projektphasen bearbeiten. Schade, wenn die Anstrengungen dann wieder verpuffen. Über die Finanzierung politisch gewollter und menschlich notwendiger Bildungsarbeit muss ernsthaft nachgedacht werden. Jede Investition in diesem Bereich ist sinnvoll.

Eine weitere Anfrage an aufsuchende Weiterbildung liegt in einer möglichen oder vielleicht auch notwendigen Abgrenzung zur Sozialarbeit. Der Zugang zu Bildung geschieht in manchen Mileus gerade über einen sozialpädagogischen Ansatz, der häufig in Bildungsarbeit mündet. Hier sind die Grenzen oft fließend. Es gibt Beispiele, in denen Menschen zunächst im Sinne von Sozialarbeit praktische Hilfen zur Alltagsbewältigung bekommen und später den Wunsch äußern „mehr" lernen zu wollen. Lebens- und Sozialraumorientierung sind hier Schlagworte, die verschiedene Arbeitsbereiche für sich als „neuen" Arbeitsansatz in Anspruch nehmen. Unterschiedliche Menschen brauchen verschiedene Zugänge zur Lebensbewältigung. Immer aber geht es darum, Menschen, die ihren Alltag selbständig gestalten können sollen, auf diesem Weg zu unterstützen. Wie eine Hand-in-Hand-Arbeit unter den verschiedenen Disziplinen gelingen kann, dafür ist die Projektarbeit ein gutes Laboratorium.

Eine genuine Aufgabe der keb ist es, Menschen zu ermutigen, Gesellschaft aktiv mit zu gestalten. Eine Konsequenz ist das Fitmachen von Menschen, damit Sie sich in bürgerschaftliche Prozesse einbringen können. Die keb DRS legt hierzu eine Qualifizierung von ModeratorInnen auf, die erste kommunale Prozesse begleiten, die dann in eine gewollte Entscheidung für oder gegen einen weiteren Entwicklungsprozess münden. MultiplikatorInnen, die über eine moderatorische Qualifikation verfügen, haben wir. Hinzukommen muss aber ein einschlägiges Wissen über kommunale Politikprozesse und (Förderungs-)Möglichkeiten der Gemeinde-Entwicklung.

Dabei auf Menschen zu zugehen, nicht als Experten, sondern als Weg-Begleiter, offen für die Bedürfnisse der Menschen und anpassungsfähig an ihre Lebens- und Lerngewohnheiten, das sehen wir als Aufgabe und in diesem Sinn werden neue Formate entwickelt. Aufsuchende Weiterbildung wird so zu einem wichtigen Bestandteil unseres Bildungsauftrags. In diesem Sinn ist aufsuchende Weiterbildung eine pädagogische Übersetzung des theologischen Ansatzes der „Option für die Armen".

Quellenangaben

Becker, J., Meurer, F. & Stankowki, E. (2009). Von wegen nix zu machen – Modellversuche für Benachteiligte, Köln: Kiepenheur & Witsch.
Bremer, H. (2010). Abschlußbericht der wissenschaftlichen Begleitung des Projektes: Potentiale der Weiterbildung durch Zugang zu sozialen Gruppen entwickeln. Fakultät für Bildungswissenschaften. Institut für Berufs- und Weiterbildung der Uni Duisburg Essen.
Drumm, J. (2013). Konzept zur Zukunft des Klosters Heiligkreuztal. Stuttgart: intern.
Gebauer,E., Hackmann,N., Kluth,D. & Schmitt,C. (2013). Projektbericht bobbimobil. Stuttgart: intern.
Jäncke, L. (2008). Macht Musik schlau? Neue Erkenntnisse aus den Neurowissenschaften und der kognitiven Psychologie, Bern: Huber.
Jäncke, L. (2012). Lernen ein Leben lang. Seminarbericht WS 11/12. Psychologisches Institut, Universität Zürich.
Klemm, U. (2011). Zielgruppen und Strukturmodelle der Weiterbildungsberatung. 2. Bildungskonferenz: Bildungsberatung und Bildungsgerechtigkeit. Erziehungswissenschaftliche Fakultät, Universität Leipzig. http://www.leipzig.de/imperia/md/content/51_jugendamt/lernen_vor_ort/2._bildungskonferenz_10.10.2011_web.pdf.
Krämer, M. (2013). Theologische Begründung der kath. Erwachsenenbildung. In diesem Buch. Bielefeld: W. Bertelsmann Verlag.
LH München (Hrsg.) (2012). Bildungslokal Neuperlach – Offene Lernwerkstatt, München.
MDG MedienDienstleistungs GmbH (2013). MDG Milieuhandbuch „Religiöse und kirchliche Orientierungen in den Sinus-Milieus®". Heidelberg: MDG Verlag.

Pollack, D. (2012). Studie „Wahrnehmung und Akzeptanz religiöser Vielfalt". Bevölkerungsumfrage des Exzellenzclusters „Religion und Politik". Westfälische Universität Münster. http://www.uni-muenster.de/imperia/md/content/religi on_und_politik/aktuelles/2010/12_2010/studie_wahrnehmumg_und_akzeptan z_religioeser_vielfalt.pdf.
PRAGMA (2013). Studie zu Kirchenbindung, Werte und Erwartungen der Kirchenmitglieder in der Diözese Rottenburg-Stuttgart. Reutlingen: PRAGMA– Institut für empirische Strategieberatung.
Schweitzer, F. (2013). Religiöse und interreligiöse Bildung im Erwachsenenalter. In diesem Buch. Bielefeld: W. Bertelsmann Verlag.
Siegenthaler, H. (2012). Koordiniert lernen und handeln: Wann gelingt's? Vortrag beim Ersten Stuttgarter Denkatelier 9.11.2012.
Spitzer, M. (2012). Digitale Demenz. Wie wir unsere Kinder um den Verstand bringen. Ulm: Droemer.
UNESCO Weltkonferenz (2009). Bildung für nachhaltige Entwicklung. Bonner Erklärung Deutsche UNESCO Kommission e. V., Bonn.

Dorothee Kluth, stellv. Leiterin der keb DRS